Hanns Dieter Hüsch – Du kommst auch drin vor

KLARTEXT

Wir in Nordrhein-Westfalen
Unsere gesammelten Werke
58

Hanns Dieter Hüsch

Du kommst auch drin vor

Gedankengänge eines fahrenden Poeten

Neuausgabe Januar 2008

Umschlagbild: Hanns Dieter Hüsch: »Ich sing für die Verrückten«, 23.12.1999 – © WDR/Thomas Brill
Satz und Gestaltung: Klartext Medienwerkstatt GmbH, Essen
Umschlaggestaltung: Marketing und Kommunikation, WAZ Mediengruppe
Druck und Bindung: CPI Books, Leck

ISBN 978-3-89861-945-5

www.klartext-verlag.de

Inhalt

Orthopädie
und
Entertainment

Mein Leben verdanke ich meinen Füßen. Natürlich hatte niemand damit gerechnet; denn meine Füße standen bei meiner Geburt 180 Grad exakt nach hinten und in der Achse 90 Grad nach innen, so daß, wenn ich gleich zu Beginn hätte tanzen wollen, um zu zeigen, daß ich ein neuer Eulenspiegel, nicht aus Magdeburg oder aus Flandernland, aber vom Niederrhein bin –, dann hätte ich auf den Enkelknochen hin und her springen müssen. Das hätte gewiß recht komisch ausgesehen. Aber keiner hatte das vorausgesehen. Meine Eltern nicht. Meine Großeltern nicht. Und ich auch nicht. Und sofort lagen sich die von Mutters Seite mit denen von Vaters Seite in den Haaren. Wie im Mittelalter. Und die von Mutters Seite sagten sofort, daß die von Vaters Seite in einem kleinen Dorf namens Alpen ja schon seit Jahrtausenden Inzucht getrieben, und dadurch wären jetzt meine vermaledeiten Füße zum Vorschein, ans Tageslicht gekommen. Und die von Vaters Seite sagten sofort, daß die von Mutters Seite schon immer sehr trunksüchtig gewesen seien und nicht zuletzt sei ja meine Mutter am Zapfhahn großgezogen worden, und so sei es kein Wunder, daß der Junge gleichsam als Strafe Klumpfüße bekommen habe. Und dann sagten die von Mutters Seite wieder, daß die von Vaters Seite ja eigentlich doch Proletarier seien und daß sie froh sein könnten, daß ihre Adele, meine Mutter, überhaupt den Heinrich, meinen Vater, genommen habe, denn ihre Adele hätte, weiß Gott, eine bessere Partie machen können, weiß Gott. Und dann sagten die von Vaters Seite wieder, daß die von Mutters Seite sich nur nichts einbilden sollten, sie wären auch einfache, aber anständige Leute. Und so weiter, und so weiter. Das ging so bis zum Tode meiner Mutter. Und da sagte ein Bruder meines Vaters, daß es ja doch für die Adele wohl ganz gut sei, sie wäre ja jetzt erlöst, und sie hat ja auch unseren Hein viel Geld gekostet. Da wurden die Schwestern meiner Mutter, Elisabeth, Anna, Katharina, Maria und Margarete, wachsbleich und schneeweiß an Haut und Haaren und guckten die von Vaters Seite mit dem Hintern nicht mal mehr an. Das war zuviel, denn ihre Adele, die Jüngste, meine Mutter, war ihre Lieblingsschwester und hatte genug Elend mitgemacht, zuerst die Steißlage bei meiner Geburt und den Kaiserschnitt und dann meine Füße und zuletzt die Rückenmarkskrankheit, genannt Multiple Sklerose, das war zuviel. Und es soll ja im Leben schließlich nicht alles für die Katz sein: Wenn man schon sechs Monate in einem Wasserbett liegt, um eine offene Wunde direkt über dem Gesäß zu heilen, meine Mutter hatte sich wegen der Lähmung der Beine und des Unterleibs durchgesessen, und dann doch zuletzt an einer Blutvergiftung stirbt, dann versteht man die Welt nicht mehr. Ich habe damals überhaupt nichts verstanden, nur alles mitgekriegt, wie man sagt, und alles ging immer nur von einer Krankheit zur anderen. Und wenn es mal zwei Jahre gutging, dann wurde man schon mißtrauisch und war auf der Hut. Es muß doch bald wieder irgend etwas passieren. Und dann hat man natürlich auch gesagt, daß die ganze Rückenmarksgeschichte, so sagt man am Niederrhein, Rückenmarksgeschichte, sicherlich auch mit meinen vermaledeiten Füßen zusammenhinge, weil das ja wohl ein Schock gewesen sei. Aber was sollte ich machen? Ich war nun mal da und machte der Welt Kummer. Und folgende Frage ging ständig reihum: Was wird aus dem Jungen wohl werden? Ich war ein Sorgenkind. Und so blieb mir eigentlich gar nichts anderes übrig: Ich mußte ein Glückskind werden! Und bin es auch geworden, gar keine Frage, und zwar mit Hilfe all derer, die sich um mich Sorgen gemacht haben. Und das sind genau die von Mutters Seite und die von Vaters Seite. Jetzt sind sie natürlich alle schon längst im Himmel und gucken zu, was ich so mache. Und da kann ich hundert Jahre alt werden, dann bin ich für die da oben immer noch »de kleine Jung« von Adele Sonnen, die ja wirklich am Zapfhahn großgezogen worden ist und es so schwer mit mir hatte, weil ich ja ein komplizierter Junge war, obwohl ich heute natürlich meine Geburt ganz anders beschreibe. Und wenn ich gefragt werde, wann ich denn geboren worden sei, sage ich immer, am 6. Mai 1925 – zusammen mit dem damaligen deutschen Kronprinzen, und wenn der Kaiser geworden wäre, hätte ich schulfrei gehabt. Aber so genau wollen es die meisten gar nicht wissen, im Gegenteil, sie wollen es noch genauer wissen, sie wollen von mir immer die genaue Zeit wissen, also morgens, abends oder in der Nacht, und das kann mir jetzt kein Mensch mehr sagen, denn alle meine Verwandten sind ja unter der Erde, und ich hab nur noch eine Cousine, die wohnt aber in Northeim und kann es deshalb auch nicht wissen. Und ich hab noch einen Vetter, dessen Vater lange Zeit Bürgermeister war, aber der ist zu schüchtern, was für ihn spricht. Dann gibt es noch zwei Vettern von Mutters Seite, oder sogar drei, aber die sind verschollen. Und einen Vetter von Vaters Seite, hinter dem sind alle immer her, weil er ein Hochstapler ist. Also, und wenn ich dann den Geburtstagsforschern, Jägern

und Sammlern sagen muß, daß ich meine genaue Geburtszeit nicht mehr weiß, dann sagen die immer: Jaaa, dann können wir auch keine Schicksalsbestimmung von Ihnen machen, wenn Sie nicht genau wissen, zu welcher Stunde Sie auf die Welt gekommen sind, und welche Venus in welcher Transparenz zum Stier steht, und was die dann alles erzählen. Aber ich weiß es wirklich nicht mehr. Aber *wie,* das weiß ich noch genau, denn ich sagte noch: »Langsam, langsam!«, da hatten die mich aber schon am Wickel, die Brüder. Ich war, wie schon geschrieben, eine komplizierte Steißlage, weil ich hatte schon von Anfang an einen niederrheinischen Dickkopf, und dann natürlich Kaiserschnitt, logisch, und dann hab ich gleich zu den Ärzten gesagt, die alle um mich herumstanden:
Ja, dann mal ran ans Speck, was sein muß, muß sein, guten Morgen!
Obwohl es, glaube ich, Nacht war, aber das weiß ich eben nicht mehr. Und dann haben die mich furchtbar verhauen, damit ich also Luft bekam, und da war wieder die große germanisch-katholische Schwester dabei, mit dieser weißen Tüte auf, die begleitet mich ja mein ganzes Leben, und zu der hab ich damals, das weiß ich noch wie heute, gleich gesagt:
Ich hätte gerne ein Salamibrot, doppelt zugeklappt.
Ich weiß nicht, warum gerade Salami. Und da sagte die zu mir:
Nix, von wegen Salamibrot. Heute gibt es Linsensuppe.
Also gut, hab ich da gesagt.
Ja, und dann hab ich ein bißchen mit den Ärzten zusammengesessen, die haben mir dann gesagt, daß ich jetzt auf der sogenannten Welt wäre, aber das wußte ich ja schon lange, und hab denen noch gesagt, sie sollten jetzt mal nach Hause gehen, ich käm schon allein zurecht, und dann sind die auch nach Hause, also erst haben sie sich noch stundenlang die Hände gewaschen, und dann hat mich einer noch gefragt, ob er mich im Auto mitnehmen könnte, er hätte ungefähr den gleichen Weg, nee, hab ich gesagt, ich geh jetzt erst noch mal zu meiner Mutter, weil, wir müssen noch die Zeitungsannonce besprechen, und das haben wir dann auch gemacht und haben gelogen, was das Zeug hielt: Hiermit zeigen wir die Geburt eines prächtigen, hübschen, gesunden Stammhalters an! Kein Wort stimmte. Prächtig war ich nie, hübsch nee, hüsch schon, und gesund, das war die Notlüge für die Leute, obwohl es doch die ganze Stadt sofort wußte. Aber in einer Kleinstadt muß immer ein bißchen was vertuscht werden, sonst kommt man da auf keinen grünen Zweig. Und

mein Vater war ja erst ein kleiner preußischer Verwaltungsobersekretär, obwohl er gut singen konnte. Er hatte meine Mutter in dem Tanzzelt von meinem Großvater väterlicherseits eines Sonntags kennengelernt. Und meine Mutter war eine schöne Frau. Sie sah aus wie eine Zigeunerin. Und mein Vater sah aus wie ein Skandinavier, der sich nach Holland verlaufen hatte und nun an der Ecke stand und nicht mehr weiterwußte. Und da kam meine Mutter des Wegs, mit vollem Namen Adelheid Auguste (wenn du nicht willst, dann mußte, sagten die unflätigen Männer immer), und hat sich meinen schwachen Vater unter den Erbarmungsnagel gerissen und dann mit ihm gelebt und gelitten. Meine arme Frau Mutter, die so einen schönen Pelzmuff hatte, in den sie im Winter ihre beiden Hände steckte, um sich zu wärmen. Dann sah sie wirklich aus wie eine Zarentochter, obwohl sie nur die jüngste Tochter eines niederrheinischen Schankwirtes war. In meiner Mutter waren oft alle Menschen versammelt: Spanier, Preußen, Franzosen, Österreicher, Lothringer und Römer. Und ich natürlich, ich hatte ja auch neun Monate in ihr gesteckt. Und ich soll ja auch mit pechschwarzen Haaren auf die Welt gekommen sein. Die fielen aber urplötzlich aus, und auf meinem kleinen Schädel machten sich dann diese irischen Roßhaare breit, Drahthaare, rostrot. Ich war, glaube ich, Vaters Kind und Mutters Kreuz. Ich glaube, sie hätte gerne einen anderen Sohn gehabt. Und mein Vater, der aus Homberg am Rhein, gegenüber von Ruhrort, kam und eigentlich Kapitän oder Tenor werden wollte, brachte mich meist abends zu Bett. Ich versuche immer mal wieder, mich so weit wie irgend möglich zurück zu erinnern. An den Anfang, ganz an den Anfang kommt man nie. Ich weiß auch mein erstes Wort nicht mehr. Aber ich weiß noch, wie ich mit zwei Jahren eine Treppe rauf krabbelte, immer weiter krabbelte, bis ich meine Omma mütterlicherseits sah, und die sagte dann:

Da kömp ja mein Stömmken.

Sie hatte immer ein schwarzes Kopftuch um, war eine geborene Lohbeck, und bestand nur aus Gemüt, hatte zwölf Kinder in die Welt gesetzt und kannte Leben und Sterben in- und auswendig. Sie hatte sich diesen Jakob Sonnen zum Mann genommen, der zuerst Fuhrmann war und sich dann die winzige Wirtschaft »Zum kleinen Reichstag« in Moers auf der Uerdingerstraße gekauft hatte. Und das jüngste von diesen zwölf Kindern war eben meine Mutter, die auch später, wenn es

Bier zu trinken galt, einen gewaltigen Zug am Leib hatte, und sie sagte dabei immer:
Der erste Schluck ist der beste!
So bin ich immer durch die Welt, gezogen und hab all diese Sätze aufgeschnappt, in meinem Kopf gespeichert und später wieder ausgespuckt. Ich weiß nicht, wie die Phantasie in meinen Kopf gekommen ist und die Melancholie. Beide gehörten immer zu meinen Waffen, von klein auf. Meine Mutter fuhr mich im Kinderwagen ins Krankenhaus Bethanien. Dort meinte nämlich ein ehrgeiziger Chirurg namens Försterling meine Füße schnell in den Griff zu bekommen, und zwar mit Bandagen, Schienen und Ledergamaschen. Alles dummes Zeug. Manchmal meinen Chirurgen wohl, sie könnten auch mal eben den Orthopäden spielen. Aber meine ratlosen Eltern wußten im ersten Moment einfach nicht, was tun, wohin mit dem Jungen. Und was weiß man schon im ersten Moment. Nichts. Und mein Vater war zwar schon Obersekretär, aber völlig unbeholfen. Noch unbeholfener als ich. Und meine Mutter ging dann, wenn es sein mußte, stumm ans Werk und fuhr mich den schweren Weg ins Krankenhaus Bethanien. Und wenn ich das Krankenhaus von weitem sah, fing ich sofort an zu weinen, hat man mir später immer wieder erzählt, und hörte erst nach Stunden damit auf, wenn ich auf dem Rückweg das Krankenhaus aus den Augen verlor. Und all die Ledergamaschen, Schienen und Bandagen halfen gar nichts, sondern taten nur weh. Und Narkose hat es damals auch schon gegeben. Da bekam man so eine Art Teesieb über die Nase gestülpt, dann mußte man zählen, dann drehte sich vor den Augen alles, wie bei den Bildern von Severini und Boccioni. Die ganze Welt stank nach Äther, und ich fiel in Ohnmacht, und man konnte jetzt mit mir machen, was man wollte, die Sehnen verlängern und sehr viel später noch einen Knochen, der im Weg stand, heraussäbeln. Das passierte aber erst in Süchteln. Denn mein Onkel Johannes aus Vluyn, der eigentlich gar kein Onkel war, sondern er war der Bruder meiner Omma mütterlicherseits, aber das Altersgefälle war nicht so groß, außerdem wußten wir Kinder nie, wie und wer mit wem alles zusammenhing und sagten einfach drauflos fast zu jedem Onkel und Tante. Onkel Johannes aus Vluyn war Schiedsmann und Friedenstifter, obwohl er immer eine alte Uniform, ich glaube von 70/71, trug, und meist hatte er so einen Helm mit Spitze, eine Pickelhaube, auf, und er hatte drei Töchter, warum weiß ich nicht, Tante Lene, Tante

Hitt, das ist die Koseabkürzung von Grete, und Tante Mariechen. Und Tante Mariechen, das ist die, bei der ich später, als ich schon ein Künstler war, in Basel oft übernachtet habe. Tante Lene war Stationsoberschwester im Krankenhaus Bethanien und sollte später mal, so hörte ich sagen, nachdem meine Mutter schon gestorben war, meinen Vater heiraten. Daraus ist aber nichts geworden, obwohl viele das gern gesehen hätten. Und ob das gut gegangen wäre, weiß ich nicht. Ich kenne doch meinen schwachen, ewig Streit vermeidenden Vater. Obwohl, na ja. Die niederrheinischen Frauen machen ja sowieso aus all ihren Männern immer wieder Kinder. Ich weiß auch nicht, wie das geht. Und die Männer lassen sich das auch gefallen. Die Tante Hitt, die ja eigentlich Grete hieß, war eine »alte Kämpferin« bei den Nazis, Mitgliedsnummer unter 25 000, und ihr Mann, der Willi Höffken auch, der eigentlich ein ganz einfacher, stiller, bescheidener Beamter war. Aber Tante Hitt hat ihn zum Bürgermeister von Aldekerk gemacht, ist von Hü nach Hott gelaufen, damit ihr Willi Bürgermeister wurde. Ohne ihre Frauen sind die Männer vom Niederrhein meistens nur die Hälfte wert. Meine Omma väterlicherseits auch. Das war eine kleine, flinke Frau, hieß Katharina, und war eine geborene Husmann, und kochte die leckersten Armeleutsessen, die ich je gegessen habe. Ein Armeleutsessen hieß: Doppelstein. Das waren Kartoffeln und Speck in Würfel geschnitten, daß es so aussah wie kleine Kartoffel- und Specksteinchen, durcheinander gemengt mit Bohnen, und daran dann einen Schuß Essig, und fertig war der Wohlstandsbraten. Bei diesem Essen war ich nicht zu bremsen. Und mein Großvater väterlicherseits saß mir immer gegenüber und schnitt das Brot. Dabei stand er jedesmal auf und schnitt das große Brot nicht gerade ab, sondern von jeder Seite schräg, so daß ein Dach entstand. Aber sonst war er das große alte Kind von meiner Omma. Er war Fuhrmann. Die meisten meiner Vorfahren waren Fuhrleute. Was Wunder, daß auch ich immer noch unterwegs bin, on the road, zwar nicht mit Karren und Pferd, aber die Kreuz und die Quer bei Regen und Wind, wie mein Großvater väterlicherseits. Er hatte eine Hindenburg-Frisur, also die Haare ziemlich geschoren, und sagte so gut wie nichts. Er ging immer so, als trüge er die ganze Welt auf seinen Schultern. Er hatte fast keinen Hals, der Kopf saß direkt auf den Schultern, und er ließ, glaube ich, alles einfach über sich ergehen. Er hieß Johann und lächelte immer ganz leise, als wollte er sagen, es hat alles seine Richtigkeit, obwohl alles falsch ist. Er war ein Freiberufler, genau wie ich. Er saß in der Küche und wartete auf Arbeit, genau wie ich. Und meine Omma hielt ihn auf Trab. Und dann zog Johann mit seinem Pferd und seinem schweren zweirädrigen Karren los, um von Homberg nach Rheinkamp oder von Friemersheim nach Hülsdonk Rüben, Kartoffeln und Briketts zu fahren. Er hatte nicht viel zu sagen, aber mich hat das sehr beeindruckt. Er setzte vier Kinder unterschiedlichster Art in die Welt. Sein ältester Sohn, Heinrich, war mein Vater, der ja Tenor oder Kapitän werden wollte, weil er hatte seine ganze Kindheit in den Rheinwiesen von Homberg verbracht, und das mit dem Tenor, das war wohl der Sprung in eine andere Welt. Aber meine Großeltern wußten natürlich nicht, wie das geht, wie man Tenor wird, keine Ahnung. Und außerdem ist das eine brotlose Kunst. Und Kapitän, da war meine Omma strikt dagegen, weil, so sagte sie, das Wasser hat keine Balken. Und sie schickten meinen Vater in die Verwaltungslehre als Stift, da mußte er dann Bleistifte spitzen und Akten umhertragen und Kaffee besorgen und zuhören und zugucken, wie und was die anderen alle machen. Und das hat er dann auch gemacht, mein Vater, wie ich ihn kenne. Stiekum, das ist ein niederrheinisches Wort für klammheimlich, hat mein Vater alles abgeguckt, bis er zuletzt Verwaltungsdirektor war. Bei der Kreisverwaltung in Moers, im Landratsamt, im sogenannten, direkt neben dem Schloßpark, wo mein Freund Norbert Schmidt sein Park-Café" hat, Norbert Schmidt, der immer, wenn ich ihn nach früher frage, sagt:

Kannze vergessen.

Manchmal sagt er auch, wenn er mir was Ernstes mitteilen will:

Kannze de Wahrheit vertragen?

Ich merke, daß mir die Pferde durchgehen, denn ich wollte ja doch erzählen, wie Onkel Johannes aus Vluyn, der ja familiengeschichtlich der Onkel meiner Mutter war, und meine Mutter war die Cousine von seinen drei Töchtern, wie Onkel Johannes zu meinen Eltern sagte:

Jetzt ist Schluß mit Bethanien. De Jung muß nach Süchteln, da ist doch die berühmte orthopädische Kinderheilanstalt, und da gehören die Füße hin, zu Dr. Röhren und Dr. Kochs, und nicht nach Bethanien zu Försterling.

Das wurde alles immer in Vluyn besprochen. In dem schönen alten Lohbeckschen Haus, wo wir sonntags immer so gerne hinfuhren, weil, das Haus hatte eine große Diele, dort spielten wir Verstecken bis zum Umfallen. Und in der Küche gab es noch eine große Wasserpumpe. Und

an dieser Pumpe stand immer, wenn wir durch den Hausflur um die Ecke kamen, stand immer die Bella und pumpte den ganzen Niederrhein blank. Sie hatte richtiges strohblondes Haar und eine ganz tiefe rauhe Stimme. Und direkt neben dem Haus war die Feuerwehr. Und in dem Haus wohnte auch Tante Hitt mit ihrem Willi, als er noch kein Bürgermeister von Aldekerk war, und sie hatten da, glaube ich, schon vier Kinder. Eines davon war mongoloid und hieß Lorchen. Aber dort konnte immer alles unter einem Dach sein. In einem anderen Haus, aber ganz in der Nähe, wohnte Tante Mariechen, die Schwester von Tante Hitt, mit ihrem Ernst Gertsch, der ein Schweizer war und ein bißchen ein Kommunist und vieles voraussah. Beide sind dann später mit ihren Kindern Johannes und Annelene in die Schweiz gezogen und haben in Basel in der Wanderstraße 165 gewohnt, fast am Stadtrand, gegenüber von einem kleinen Fußballplatz. Als Onkel Ernst so krank wurde und nicht mehr aufstehen konnte, und wenn ich dann dort wohnte, wenn ich im Théatre Fauteuil am Spalenberg gastierte, dann saß ich immer am Fenster und mußte ihm wie ein Reporter das Fußballspiel auf dem Platz vor dem Haus schildern. Er ist dann wie sein Sohn Johannes an Lungenkrebs gestorben, hat aber vorher seiner Tochter Annelene, die jetzt noch in Riehen bei Basel lebt, gesagt:
Kind, es lohnt sich nicht.
Tante Mariechen war eine außergewöhnliche Frau. Sie hielt ihre Familie über Wasser, indem sie überall putzte, wo es dringend nötig war. Aber Tante Mariechen war nicht nur eine Putzfrau, sie war auch eine Ratgeberin. Und wenn sie bei feinen Familien die noch feineren Häuser putzte, dauerte es nicht lange, und sie saß auf Geheiß der Dame des Hauses mit am Tisch und durfte vieles mitüberlegen und empfehlen. Meistens trug sie schwarze hochgeschlossene, leicht protestantische Kleider, oben mit einem kleinen weißen Krägelchen, mit einer Brosche verziert. Sie kannte das Leben und ließ sich nichts vormachen. Wenn ich in Basel war und dort wohnte, hat sie für mich gesorgt wie für ihr eigenes Kind, denn schließlich war ich auch der Sohn ihrer Lieblingscousine Adele, die so früh mit einundvierzig Jahren an Multipler Sklerose hatte sterben müssen. Und wenn ich von der Vorstellung spät nach Hause kam, oft erst gegen Morgen, war sie noch wach und sagte immer nur:
Na, wie war et denn?

Gut, sagte ich dann, *ausverkauft.*
Hauptsache, sagte sie dann, *nu geh ma schön nach Bett und schlaf dich aus.*
Und wenn ich dann am anderen Morgen, meist erst so gegen zehn Uhr aufstand, hatte sie schon das Frühstück parat, und das war dann ihre große Stunde, dann wollte sie erzählen und alles noch mal von vorne wissen. Und dann mußte ich Rede und Antwort stehen. Und dann erzählte sie von meiner Mutter, wie wunderschön die Frau gewesen sei und ob ich denn nicht wüßte, wer die schöne goldene Brosche von meiner Mutter hätte. Und ich sollte nur gut aufpassen und mich immer schön warm anziehen und auch das Essen nicht ganz vergessen. Und kaum hatte ich gefrühstückt, stand schon das Mittagessen auf dem Tisch, und ich mußte, um sie nicht zu beleidigen, alles aufessen. Und während ich aß, erzählte sie von früher, und während sie erzählte, aß ich. Ich habe immer bedauert, daß ich nicht insgeheim ein Tonbandgerät aufstellen konnte, ich hätte heute die schönsten Lebensgeschichten vom Niederrhein, wo ich ja meine Kindheit erlebt und gelebt habe. Und es ist für mich ganz hell und klar, meine Heimat ist meine Kindheit, nicht ein Landstrich, keine Adresse, sondern es sind diese Jahre der Wärme, der Krankheit, der Sorgen und der Liebe. Und Tante Mariechen, zuerst Vluyn, später Basel, gehört dazu. Sie war ja die Tochter von Onkel Johannes, eine Cousine meiner Mutter und meine Extratante, die ebenfalls noch in Vluyn schon gesagt hatte:
De Jung muß nach Süchteln.
Süchteln, direkt neben Viersen, nicht weit von Krefeld gelegen, Süchteln, das ist heute noch ein Wort für mich wie ein Brandzeichen. Süchteln, ein kleines katholisches Städtchen am Niederrhein. Süchteln, das war damals für mich ein Schreckenswort. Dort lag für mich die große orthopädische Kinderheilanstalt, und nebenan lag die Anstalt für geistig Behinderte. Damals sagte man: Geisteskranke. Und ich habe sie schon früh gesehen, meine Brüder, in gestreiften Drillichanzügen liefen sie manchmal durch den Anstaltswald und schleppten riesige Milchkannen von einem Haus zum anderen, oder sie standen am Weg und winkten mir zu, wenn wir mit dem Auto etwas den Berg hinauf fuhren, bis zur Hauptpforte der Kinderheilanstalt. Übrigens erscheinen die Milchkannenträger von Süchteln in einer Hagenbuch-Geschichte, nämlich in der Geschichte »Hagenbuch in Bless-Hohenstein« als Pra-

ger und Kretzschmer. Ja, wir fuhren immer den Berg hinauf, und die Milchkannenträger winkten.

Im Leihwagen des Landrats
neun Jahre alt
saß ich
aussichtslos
die dunkle Allee entlang nach St. Tönis
fuhren wir ohne Umweg
weiter nach Süchteln
um meine niederrheinischen Füße
zu reparieren.

Ja, so war es. Mein Vater bekam immer vom Landrat den großen Horch oder den großen Wanderer geliehen, mit Fahrer. Aus Mitleid mit mir, wahrscheinlich. Aber immerhin, ich fuhr, Enkel eines Fuhrmanns und eines Schankwirtes hochherrschaftlich in die Orthopädie nach Süchteln. Der Fahrer, Herr Nass, immer braungebrannt und regelrecht in Fahreruniform mit einer Schirmmütze auf, war ein sehr netter Mann. Er wußte, wohin es ging und daß ich Angst hatte. Ich saß hinten, in Kissen eingepackt, die wurden hauptsächlich für die Rückfahrt gebraucht, denn nach der Operation, wenn ich halbwegs aus der Narkose kam, das dauerte immer unterschiedlich lange, wurde ich wieder hinten ins Auto gepackt, und ich fuhr dann, noch halb betäubt, aber selig, wieder mit zurück. Im Arm meines Vaters oder im Arm meiner Mutter, und in späteren Jahren im Arm meiner über alles geliebten Tante Liese. Und das ging so Jahr für Jahr. Die Operation war eine unblutige, es war eine sogenannte Redression. Meine Füße wurden aus ihrer absurden Geburtsstellung in die richtige Stellung gedreht, unter Narkose im Teesieb natürlich, immer schön zählen, sagte die große germanisch-katholische Schwester mit der weißen Tüte auf, die ja bei mir immer und überall dabei war, schön zählen, und ich zählte und zählte und hätte doch am liebsten um mich geschlagen. Aber so verliert man jede Art von Aggression und läßt sich von oben bis unten mit Äther beschütten und weiß am Anfang nicht einmal, warum, und da geht dann schon ein ganz schönes Stück Vertrauen in die Binsen. Kurz nach dem Krieg bin ich noch jedem, der sein

Feuerzeug mit Äther füllen mußte, meilenweit aus dem Wege gegangen. Nun ja, machen wir weiter. Wenn meine Füße in der sogenannten normalen Position waren, wie andere Füße eben auch, dann wurde Gips drumgewickelt, vom Knie abwärts, nur die Zehen guckten raus, und der Gips blieb dann sechs Wochen drum, dann wurde er in Süchteln wieder abgemacht, mit so großen silbernen Gipsschneidezangen machte sich dann ein Pfleger an die Arbeit, und das ging auch manchmal ins rohe Fleisch hinein, denn Füße und Beine waren ja inzwischen so aufgeweicht wie nasses Löschpapier. Und dann kam Gehgips drum, Gott sei Dank ohne Narkose, aber da mußten die Ärzte die Redression mit der Hand machen und kamen dabei sehr ins Schwitzen. Und wenn ich sagte: Ich kann nicht mehr, dann sagten die Ärzte: Wir auch nicht. So entstand dann sehr bald ein Witzeln und Frotzeln. Und oft erzählte ich den Ärzten einfach alles, was ich so wußte, einfach um anzugeben, einfach um die Schmerzen besser aushalten zu können, das ging kreuz und quer durch die Geschichte und von einer Nordpolexpedition zur anderen. Und die Ärzte sagten dann immer: Mach weiter. Und so wurde ich regelrecht zum Conferencier auf dem Operationstisch, und die große katholisch-germanische Schwester mit der weißen Tüte auf, fegte derweil die Gipsschalen rundherum zusammen und sagte dabei immer:
Na also, war doch halb so schlimm.
Sie war es auch, die mich immer aus dem Wartezimmer abholte, wo ich meine Schuhe immer schon ausgezogen hatte und dann auf Strümpfen mit ihr in den Operationssaal ging, wo meine Lieben ja nicht mit hinein durften. Später durften sie durch ein kleines Fenster in die Kinderstation hineingucken, um zu sehen, ob ich schon aus der Narkose aufgewacht war. Meistens mußte ich, wenn ich aus der Narkose wach wurde, mich heftig erbrechen. Aber das war mir egal, ich wußte, jetzt ist alles vorbei, jetzt kann nichts mehr passieren, jetzt gehts nach Hause. Und wenn ich dann den Gehgips drum hatte, dann zog mir meine Mutter ganz große Strümpfe darüber und machte mir ganz große Schuhe aus Filz, und damit bin ich sogar später in die Schule gegangen. In den Pausen konnte ich zwar nicht auf den Schulhof, aber es blieben immer ein paar Freunde mit mir in der Klasse, die von mir irgendwelchen Blödsinn erwarteten. Und der Gehgips kam dann nach acht Wochen wieder ab, und dann gab es Gipsschalen. Das sind der normalen Fußstellung angepaßte Schalen, in

die ich nachts meine Füße hineinlegen mußte und die dann mit einem Verband zugewickelt wurden. Und dann fuhren wir zum orthopädischen Schuster nach Viersen, der hieß Wedderhoff, hatte selbst einen behinderten Sohn aus erster Ehe und lebte jetzt mit einer dunkelhaarigen, kapriziösen Dame zusammen. Und bei ihm wurden also meine Schuhe erst angemessen, dann ausprobiert, dann noch mal angemessen, dann noch mal probiert, und schließlich gekauft und angezogen, und dann hätte ich sie am liebsten weggeschmissen, weil sie taten überall weh, und wenn ich sie eingelaufen hatte und ich endlich schmerzfrei war, dann sahen sie nach nichts mehr aus. Es war ein Kampf mit den Schuhen. Später habe ich um Halbschuhe gekämpft. Ich wollte auch mal schöne Füße haben, wenigstens schöne Schuhe. Die hab ich dann aber erst nach dem Krieg bekommen, als ich es leid war und den ganzen orthopädischen Kram in die Ecke geschmissen und in Mainz mit meinem Freund Jörg Wehmeier zu Viehoff gegangen bin und mir ganz normale braune Wildlederhalbschuhe mit einer dicken Kreppsohle gekauft habe. Triumph, Triumph! Bis dahin hatten mich meine Füße immerhin schon gebracht. O ja, sie hatten mich weit gebracht. Ich lebte noch. Aber vorher war natürlich noch eine Menge dran gemacht worden. Mit zehn Jahren haben mich zwei Pfleger oben an den Armen und zwei Schwestern unten an den Füßen festhalten müssen, um mir die Narkosekappe aufsetzen zu können. Ich war es leid, mußte mich aber dann doch fügen. Mit vierzehn Jahren kam dann endlich die alles entscheidende, große Schlußoperation. Es mußte noch ein Knochen, der der letzten endgültigen Redression im Wege stand, entfernt werden. Und dafür mußte ich nun doch längere Zeit in Süchteln bleiben. In den Tagen vor der Operation gab es an einem Tag ein großes Sommerfest, auf dem der Chefarzt Dr. Kochs sich für uns Kinder als Clown und Spaßmacher produzierte, obwohl mich so gut wie nichts ablenken konnte und ich auch keinem traute. Ich hatte sehr große Angst und Heimweh. Mit ein bißchen mehr Mut wäre ich vielleicht sogar weggelaufen. Nachts, durchs Klofenster. Aber ich wollte ja auch endlich schöne Füße. Als mir ein junger Arzt sagte, ich bekäme kein Narkosekäppchen, sondern sie würden mir eine Evipanspritze geben, und er es mir sogar mit Handschlag versprach, glaubte ich kein Wort. Es gab tatsächlich kein Narkosekäppchen, sondern sie spritzten Evipan, und ich merkte in fünf Sekunden, wie Zunge und Mund ineinanderschwammen, wie ich hinübersegelte, ganz schnell, nur noch mit dem Gedanken, Gott sei Dank, und jetzt könnt ihr mit mir machen, was ihr wollt. Die Operation soll acht Stunden gedauert haben, sagte mein Vater. Ich bin in der Nacht einmal kurz aufgewacht, hab versucht, meine Beine zu bewegen, und das ging natürlich nicht, denn ich hatte Gips bis über beide Knie, so ähnlich wie die hohen Stiefel des Reitergenerals von Seydlitz, und dann bin ich wieder weggedämmert: Gott sei Dank. In der Nacht aber soll ich mich noch im Schlaf erbrochen haben. Am nächsten Morgen kamen meine Gipsbeine unter eine Trockenhaube, und als die Betäubung langsam nachließ, fielen die Schmerzen ganz schön über mich her. Sobald ich einen Fuß auch nur einen Millimeter bewegte, wußte ich, da unten am linken Fuß, da hat eine Säbelei stattgefunden. Und die war ja wohl auch nötig, denn im Laufe der jahrelangen Redressionen hatten sich die linken Mittelfußknochen ganz schön übereinander- und zusammengeschoben, und da stand jetzt dieses Höckerchen von sieben bis acht Zentimetern im Weg, und das mußte jetzt herausgemeißelt werden, damit ich auch endlich meine Schuhe richtig zuknöpfen konnte. Und wie heißt das alte Wort; Wer schön sein will, muß leiden. Aber nun war es ja auch gut. Und meine Lieben holten mich nach Hause. Und eigentlich war doch nichts gut, denn es brach in diesem Jahr der furchtbare Krieg aus. Und als der erste feindliche Flieger sich über meiner Heimatstadt Moers blicken ließ, hatte ich schon Halbschuhe an und konnte schon mit auf den höchsten Balkon laufen, um den feindlichen Flieger zu sehen. Das war in dem Haus, in dem ich eigentlich erst so richtig groß geworden bin, nämlich auf der Uerdingerstraße, Hausnummer 21, das Haus mit dem Erker, die Pappeln im Wind, die Straße nach Schwafheim, Wer weiß, wo die Menschen von damals jetzt sind? Ich verdanke mein Leben wirklich meinen Füßen. Sie haben mich zu Höhenflügen verleitet, mir Schmerzen zugefügt, mich gezwungen zu lesen und zu phantasieren, mich zu überschätzen, von der Gleichheit der Kreaturen zu schwärmen, Respekt vor dem Unvollendeten zu üben, und sie haben mich wehruntauglich gemacht. Das war so: Eigentlich wollte ich ja zu den Fliegern, denn die jungen Fliegeroffiziere, wie bei uns der Fritz Stratmann, die hatten immer so gelbe Schals um und die Schirmmütze so keß im Nacken und waren eigentlich gar keine Soldaten, sondern mehr so Sportler, meinten wir Schüler, und so was wollten wir natürlich auch sein. Ich war ja schon in der Flieger-Hitlerjugend und hatte schon an so Segelflugzeugmodellen rumgebastelt. Vorher war ich schon im Jungvolk gewesen, obwohl ich da nie hin wollte. Aber mein Vater sagte immer, du mußt da hingehen, sonst kannst du später nicht studieren. Und die kamen ja auch und holten mich ab, mittwochs und samstags. Meine Tante Liese hat mich dann immer versteckt, und abends haben wir dann meinem Vater was vorgeflunkert, weil der Mann hatte furchtbare Angst und brachte es nicht mal fertig, mich vom Geländespiel zu befreien. So bin ich dann oft als sogenannter Pimpf mit durch die Gegend gehumpelt, bis man mich dann zur Staatsjugend steckte. Das war son verlorener Haufen ohne Uniform, ohne Lust, ohne Klampfe und gar nicht flink wie Windhunde. Wir mußten immer samstagsmorgens antreten, und dann wurde exerziert. Aber mit uns klappte nichts, und meistens wurden wir wieder nach Hause geschickt. Aber in die Flieger-HJ bin ich dann doch gegangen wegen des gelben Schals. Und als ich dann 1942 zur Musterung mußte, wurde ich w. u. geschrieben, das heißt wehruntauglich. Damit war meine Karriere als Flieger beendet, und ich durfte nach Hause gehen, und das war ein großes Glück. Denn von meinen Freunden, die mit mir im Frühjahr 1943 schnell das Abitur gemacht hatten, lief schon die Hälfte im Herbst mitten in die russischen Maschinengewehre hinein, und keiner kam zurück. Und der ganze Gymnasiumhumanismus war umsonst. Auch mein Vetter Günter aus Homberg blieb in Rußland im Schnee liegen. Seine Eltern fragen sicher heut noch im Himmel jeden, ob er ihn gesehen hätte. Da haben mich meine Füße doch ganz schön aus dem Schlamassel rausgehalten. Mit meinem Vetter Günter, der ein Sohn von Tante Gretchen, einer Schwester meines Vaters, war, und mit vollem Namen Günter Vonderschen hieß, bin ich immer in Homberg am Rhein über die vielen schwarzen Schlackenberge gestiegen, und ich hatte dann das Gefühl, am Himalaya zu sein oder am Südpol, und ich wollte eigentlich nie mehr nach Hause zurück. Einmal hab ich mit einem Schulfreund den Plan gehabt, einfach in die Welt zu ziehen und nie mehr zurückzukehren. Immer hatte ich die Sehnsucht, irgendwann verschollen zu sein, und von mir findet man erst nach Jahren zufällig eine Blechbüchse, und in der Blechbüchse entdeckt man zwei, drei winzige, verwelkte Zettel mit Notizen von mir, vielleicht: Gestern letzten Zwieback gegessen. Und auf einem anderen Zettel steht: Gehen seit Tagen im Kreis. Und auf einem weiteren Zettel steht: Hoffen Packeis zu erreichen. Hm. Wir sind dann auch losgezogen, mein Schulfreund und ich, am Morgen, gegen Abend waren wir wieder zurück. Na ja, jedenfalls waren die Schlackenberge in Homberg am Rhein für mich die große Ferne und Fremde. Dort haben wir uns Kartoffeln gebacken und einfach so lang in den Himmel geguckt, bis wir nicht mehr wußten, wo wir waren. Der Vater von meinem Vetter Günter hieß Gerd Vonderschen und war Anstreicher auf der Hütte bei Sachtleben. Zu Hause aber war er Maler und malte immer so kleine Landschaften und Tiere, und modellierte manchmal auch Frauenköpfe und ganze Frauenfiguren, und er wäre lieber ein richtiger Künstler gewesen als nur ein Anstreicher bei Sachtleben. Aber er war ein bescheidener Mann. Das Häuschen seiner Eltern stand direkt am Rhein, und sie waren alle sehr genügsam. Sie waren mit dem zufrieden, was sie hatten. Und sie hatten nicht viel. Und was sie hatten, nahm ihnen manchmal der Rhein noch weg. Mein Vetter Günter, der jetzt irgendwo im Himmel von Rußland liegt, nicht weil er bei der Waffen-SS war, sondern er kam einfach nicht wieder, weil er so groß war, wohnte mit seinen Eltern im Haus meiner Großeltern väterlicherseits. Es war ein kleines Häuschen in der Bergstraße 16, mit einem kleinen Garten hintendran. Meine Omma sah da nach den Tomaten und Stachelbeeren. Und durch diesen Garten, erzählte mein Vater immer, kam dann der Rhein, wenn er wieder mal größenwahnsinnig wurde. Dann kam der Rhein von hinten durch den Garten, fiel über die Tomaten und Stachelbeeren her und kam dann ganz langsam ins Haus und stieg dann bis unters Dach, blieb ein, zwei Wochen, alle mußten sehen, wo sie in der Zeit unterkommen konnten, und dann ging der Rhein wieder, der vielbesungene, hochverehrte und hochgelobte Vater Rhein, der sich durch nichts aufhalten ließ, in alle Ecken, Kanten und Ritzen kam, alles schön anknabberte und aufweichte, sich seelenruhig mit seiner maßlosen Oberfläche überall einnistete, die Häuser und Gärten ruinierte und die Menschen obendrein, denn die mußten nun wieder von vorne anfangen, renovieren, tapezieren und alles wieder schön machen, wie man am Niederrhein sagt. Wer in seinem Leben mit viel Wasser zu tun hat, der weiß das ja alles und wird ein gelassener Mensch. Vielleicht hat mein Großvater, der Fuhrmann, deshalb nicht mehr so viel gesagt. Und sie lebten ja wirklich alle auf engstem Raum. Mein Vetter Günter lebte mit seinen Eltern in einer mittelgroßen Wohnküche, und dann hatten sie noch eineinhalb Schlafzimmer unter dem Dach. Das war alles. Und wenn der Rhein zu Besuch kam, war alles im Eimer. Und wenn ich zu Besuch kam, meist in den großen Sommerferien, dann schliefen wir Knaben in einem Bett und überlegten oft die ganze Nacht durch, was wir denn am nächsten Tag auf den schwarzen Schlackenbergen wohl anstellen könnten, und schliefen erst am Morgen so richtig ein. Und am Sonntagnachmittag bin ich oft mit meinem Vetter Günter ins Kino gegangen. Kindervorstellung. 14.30 Uhr. Da habe ich die ersten Wildwestfilme gesehen, wie: Die Schlacht am blauen Berge. Und Pat und Patachon, die ich fünfunddreißig Jahre später für das ZDF synchronisiert habe. Und nach dem Kino gingen wir zu Onkel Johann, das war der, der mal eine Zeitlang einen Klümpkesladen hatte, ich meine eine Trinkhalle, heute sagt man Kiosk. Onkel Johann, das war einer, der wußte eigentlich nie so recht, was er tun sollte. Heute meine ich fast, er hätte am liebsten nichts getan, denn er hatte ja auch eine tüchtige Frau, die Tante Maria, eine Bäckerstochter aus Hochheide, das liegt, wenn Sie von Moers kommen, direkt vor Homberg, und wenn Sie von Ruhrort kommen, direkt hinter Homberg. Wenn Sie mit der Straßenbahn von Homberg nach Moers fahren, kommen Sie unweigerlich mitten durch Hochheide. Ob das allerdings heute noch so ist, weiß ich nicht, aber damals war das so. Und an der Haltestelle Hochheide-Markt, da liegt, wenn Sie von Homberg kommen, links eine Wirtschaft, und da konnte man von der Straßenbahn aus immer die Girlanden sehen, wenn Kirmes war. Dort fuhr ich immer so gerne vorbei, mit meinem Vater, wenn wir am Sonntagabend von meiner Omma väterlicherseits kamen. Und dann standen wir zwei, mein Vater und ich, vorne neben dem Straßenbahnfahrer und guckten zu, was der alles so machte, und guckten dann immer in Hochheide am Markt in die Wirtschaft hinein, wo die Girlanden an der Decke hingen, weil Kirmes war. Und getanzt wurde da, glaube ich, auch. Wahnsinn. Und dann fuhren wir mit der Straßenbahn weiter nach Hause, nach Moers, wo wir ja zuerst auch unter dem Dach wohnten, Beamtenwohnung, Lessingstraße 1. Aber Onkel Johann in Homberg, zu dem wir immer, mein Vetter Günter und ich, nach der Kindervorstellung im Kino hingingen, der hatte eine richtige große Wohnung, jedenfalls sah es so aus, und dort waren auch am Weihnachtsbaum immer so Wölkchen aus Watte, und bei Onkel Johann und Tante Maria gab es immer viel Kuchen und Plätzchen und Teilchen. Nach dem Klümpkesladen hat Onkel Johann dann auch noch ein richtiges Lebensmittelgeschäft gehabt. Aber es kann gut sein, daß er damit auch eingegangen ist, obwohl er ein herzensguter Mensch war, oder vielleicht gerade deswegen. Ich weiß es nicht. Er soll sich übrigens auch nicht selten in den Hafenkneipen von Ruhrort herumgetrieben haben. Und sie hatten ja auch alle immer so eine dunkelblaue Schiffermütze auf. Onkel Gerd Vonderschen auch. Abgeschabte kleine Aktenmappe unterm Arm, Schiffermütze auf und dann aufs Fahrrad gesprungen, im Laufen gesprungen, und dann zur Schicht. Ich kann mir nicht helfen, manchmal sehne ich mich nach diesen Augenblicken zurück und möchte nach Homberg auf den Fußballplatz gehen, zu Homberg03. Homberg03, das war damals der Pokalschreck, die schlugen Eller 04, und mein Onkel Fritz Sonnen, der damals Bürgermeister von Homberg war, mußte immer mitfahren und die Daumen halten. Dann spielten sie auf eigenem Platz gegen Holstein Kiel, und die Mannen um Peter Hochwahr gewannen. Mein Vater hat ja auch lange Zeit Fußball gespielt. Verteidiger. Ich habe keinen Fußball gespielt, wegen meiner Füße, aber im Tor habe ich gestanden, denn meine Freunde ließen mich immer mitspielen, weil sie mir nicht weh tun wollten und ich auch immer so viel Blödsinn machte, damit sie lachen konnten. Orthopädie und Entertainment. Ich weiß nicht, wie sie alle dahingegangen sind, Tante Maria ist, glaube ich, an Unterleibskrebs gestorben, und wie es Onkel Johann ergangen ist, kann ich nicht sagen. Später hat man sich aus den Augen verloren, zwar nicht aus dem Sinn, aber man hat nur noch von weitem gelebt und sich zwischen Stielmus und Thrombose mit eigenen Gebrechen herumgeschlagen, man hat auch nicht alles behalten wollen und auch nicht können. Der jüngste Bruder meines Vaters, Onkel Willi, trug zuletzt immer einen hellbraunen Kamelhaarmantel und war Fernfahrer. Seine Frau war genauso schön wie meine Mutter und hieß Käte und ist vor ihm gestorben. Onkel Willi war ein bißchen der typische Niederrheiner, der typische Hornberger. Er kannte immer Gott und die Welt, auch wenn er nur zwei kannte. Er hatte ein bißchen einen kleinen Stich nach oben und wollte auch mit allen mal an der Theke gestanden haben. Und wenn er seinen Sohn, meinen Vetter Wilfried, der sich gerne als meinen Bruder ausgibt, das hat er von seinem Vater, wenn er seinen Sohn beim Wasserwerk unterbringen wollte, dann sagte Onkel Willi:

Dat krieg ich schon hin, ich kenn doch die Brüder all.
Er ist nach seiner schönen Frau Käte gestorben, ist noch so ein bißchen rumgeirrt, hat überall noch ein bißchen von früher erzählt und noch ein wenig geprahlt, und ist dann wohl ziemlich ergebnislos einfach auf und davon. Er kennt im Himmel schon bestimmt die einflußreichsten Leute und erzählt am laufenden Band, wen er auf der Erde alles gekannt hat. Aber ich muß zugeben, daß in meinen Niederrheingeschichten sehr oft Onkel Willi und Onkel Johann mit Sprache und Gestus angesiedelt sind. Der Fernfahrer und die liebenswerte verkrachte Existenz, beide haben mir, ohne es zu wissen, ihre Art und ihre Weise vermacht, die ich jetzt in meinen Geschichten zurückerzähle. Ach ja, meine Kindheit ist ein Urwald, durch den ich mich heute noch mit mehreren Macheten hindurchschlage. Mit der Machete der wilden Lust, der Machete der Sanftmut und der Machete der Versöhnung. Zwischendurch muß ich natürlich auch noch was anderes machen, als mich ewig nur erinnern, obwohl das eine niederrheinische Krankheit ist, und ich habe ja mal gesagt: Wir sterben an Erinnerung. Meine Omma väterlicherseits ist zwar an Lungenentzündung gestorben, aber was so einer Geschichte vorausgeht, weiß ja kein Mensch. Und zwar ist sie an der zweiten Lungenentzündung gestorben. Die erste Lungenentzündung hat diese zähe Frau regelrecht Tag für Tag niedergekämpft. Wir standen alle um ihr Bett und beobachteten gespannt den kurzen flachen Atem. Aber diese Frau hat das Ein und Aus in den Griff bekommen. Sie wollte noch nicht mitgehen. Ich meine, einmal kommt man nicht drumrum. Aber ich werde diesen Kampf der alten Dame mit dem Atem nie vergessen. Und allein eine solche Erinnerung macht mich krank. Dieses ewige Zurückfühlen ist eine feine Sache, aber es macht einsam. Gut, wer das will, dann hab ich nichts gesagt. Ich weiß nicht, was aus dem Haus Bergstraße 16 in Homberg geworden ist. Onkel Willi hat es wohl seinem tunichtguten Sohn Wilfried vermacht, und der hat sicher damit seine Schulden bezahlt. Vielleicht auch nicht. Lassen wirs offen. Es ist nicht so schlimm. Die Familie stirbt aus. Onkel Johann hatte zwar noch einen Sohn adoptiert, der heißt auch Wilfried. Also, irgendwie wirds schon weitergehen. Am Rhein ist es immer noch weitergegangen. Moers liegt ja nicht direkt am Rhein, aber man kann den Rhein schon riechen. Und das ist immer gut. Ein Fluß gehört zum Leben. Da, wo ich mich jetzt rumtreibe, in Köln, da habe ich den Rhein hun-

dertfünfzig Meter neben mir, und ich spüre ihn überall, in meinen Füßen, in meinen Augen und in meinem Magen. Und als ich von Mainz nach Köln ging, habe ich gesagt, ich muß mal den Dom wechseln, aber den Rhein verlasse ich nicht. Das hab ich von meinem Vater geerbt. Wenn er mich in Mainz besuchte, kaum daß der gute Mann eine halbe Stunde saß, schon sprang er auf, griff sich seinen Mantel, zog sich an und ging an den Rhein. Nach zwei Stunden kam er dann zurück, selig, manchmal sogar ausgelassen, und das wollte bei ihm viel heißen, und er hatte eigentlich nur am Rhein auf einer Bank gesessen und die Schiffe rauf und runter passieren lassen. Mal ein holländisches, mal ein helvetisches, mal ein deutsches Schiff. Und immer hatte man das Gefühl, er kennt die Kapitäne alle. Nun, er wäre ja auch gern Kapitän geworden, auf dem Rhein natürlich, war aber nun Verwaltungsbeamter auf Lebenszeit. Schicksal. Als ich geboren wurde, war er zwar erst Obersekretär, aber meine Mutter, so sagt man, soll ihn sehr angetrieben haben, so daß er nicht umhinkonnte, seinen Inspektor zu machen. Mein Vater war, glaube ich, ein guter Inspektor, nicht allzu preußisch, aber auch nicht allzu großzügig. Er war ein unsicherer Träumer, stark aggressiv gehemmt, obwohl er später lange Zeit die Personalabteilung leitete, er war auch wohl anfällig fürs Kungeln: Hein, wenn du mir de Jung, unser Erwin, unterbringst, dann bring ich dir nächste Woch auch wat vonne Ferkesfott mit. Die Bauern brachten gerne ihre Kinder, die sie auf dem Land nicht mehr gebrauchen konnten, bei Heinrich Hüsch unter. Und wenn der erste Eindruck der beste war, dann nahm mein Vater die Kinder auch. Er war ein Streitvermeider, und bauernschlau war er auch. Als ich einmal im Winter von mehreren Bengels bei einer Schneeballschlacht überfallen wurde und im Schnee zuunterst zu liegen kam und mich gegen die Übermacht nicht wehren konnte und nach allen Regeln der Frechheit »gewaschen« wurde, stand er dabei und griff nicht ein, Das war im Leben später auch so, sagte er, da müsse ich mich auch ganz allein behaupten. Richtig, später ja. Aber ich hätte als Vater eingegriffen und die Bengels in die Flucht geschlagen. Genau besehen war es so, er hatte nicht die Kraft, den Bengels links und rechts eine Feige hinter die Ohren zu hauen, eine sogenannte Ohrfeige, er hatte nicht die Kraft und nicht den Mut, er stand immer nur dabei und guckte zu. Und wie er wohl an meine Mutter gekommen ist, weiß der Kuckuck. Allerdings, er soll ein sehr guter Tänzer gewesen sein und soll immer die Taschen voller Tanzbilletts gehabt haben. Er gehörte ja zu einem Trio, das sonntags die Tanzzelte am Niederrhein unsicher machte. Das waren Hein Wefels, Hein Bongartz und Hein Hüsch. Und Hein Wefels hatte eine fast thailändisch aussehende, ganz kleine, wundersam-liebliche Frau, und die beiden hatten einen bildhübschen Sohn, ein angenommenes Kind, wie es heißt, und dieser angenommene Sohn lebt, glaube ich, jetzt in Bremen. Er heißt Herbert und soll sehr nierenkrank sein. Wenn man sich am Niederrhein vorstellt, sagt man am besten gleich die Krankheit dazu, denn man kommt doch in fünf Minuten drauf: Brinksken, Wilhelm, evangelisch, Konditor, Hüftleiden. Ja, und die Tochter von Hein Bongartz, Friedchen, die hat dann später meinen Vetter Ferdinand geheiratet, der einzige Sohn von Onkel Fritz, der in Homberg Bürgermeister war und das EK I hatte und es in der Familie am weitesten gebracht hat. Jedenfalls hatte er einen Chauffeur, den Herrn Angenendt, der immer sagte: Jawoll, Herr Bürgermeister, vielen Dank, Herr Bürgermeister. Und wenn Onkel Fritz Geburtstag hatte, kam die ganze Familie zusammen, aus allen niederrheinischen Ecken und Kanten strömten sie dann zusammen, setzten sich an einen ganz langen Tisch und tranken ganz dünnen Tee, weil das vornehm war, und ich mitten unter ihnen, ich, der »kleine Jung« von Adele Sonnen, der mit den roten Haaren und den verkehrten Füßen, und ich wurde immer von allen von oben bis unten betrachtet und ich saß dann stundenlang mit an dem langen Tisch, sehr schüchtern, und verfolgte die sich ständig überschneidenden Gespräche, und wenn sich die Gespräche zu sehr überschnitten und ich wirklich kaum noch was Wirkliches heraushören konnte, dann waren die Gespräche für mich auf dem Höhepunkt angelangt, und ich hatte meinen großen Spaß daran. Und wenn ich mich frage, woher wohl meine Vorliebe für bizarre Klänge, für Schichtungen von Wortkaskaden, für monomanische Wiederholungen, kommt, das muß damals an diesen langen Familientischen begonnen haben. Das hab ich mir damals inmitten von hundert Erwachsenen als Spiel angetan, ganz für mich, und keiner hat es erfahren. Und Ferdinand, mein Vetter, der einzige Sohn von Onkel Fritz, der mit Friedchen, die eine hervorragende Orgelspielerin ist, verheiratet ist, muß ja auch wohl ein bißchen verrückt gewesen sein, denn in seiner Bibliothek fand ich meine Frühexpressionisten, die ich bis auf den heutigen Tag und weiter noch, immer in meinem Herzen transportiere, den Alfred Lichtenstein, den Jakob van Hoddis und den Ferdinand Hardekopf. Es war eine kleine Heftreihe, sie hieß, glaube ich, »Die Silbergäule« und war im Paul-Steegemann-Verlag erschienen. Ich weiß es nicht mehr ganz genau, und ich hätte es ja eigentlich auskundschaften müssen, wenn man schon so etwas schreibt. Aber das »Ungefähre« hat auch seinen Reiz und steigert den Redefluß, und macht aus Nebensätzen Hauptsätze und läßt Erinnerung und Phantasie wild wuchern. Und von meinem Vetter hörte ich auch zum erstenmal den Namen Hindemith. Das war aber in Orsoy, als Onkel Fritz noch Bürgermeister in Orsoy war, bevor er dann nach Homberg ging. Orsoy, das kleine, wunderschöne Städtchen, damals noch mit seinen rumpeligen Katzenaugenpflastersteinen, seinen kleinen Stadttoren und dem alten Fährhaus, direkt am Rhein. Und dort hatte Onkel Fritz ein schönes, schmales, altes, fast holländisches Haus, und in dem Haus hatte mein Vetter ein kleines Zimmer ganz für sich, und in diesem Zimmer hat er mir immer diese spannenden und merkwürdigen Sachen erzählt, von verrückter Musik und verrückter Malerei und verrückten Gedichten. Und das war für meine kleine scheue Seele Rauschgift. Aber es war kein Gift, es war Besitz und Befreiung. Ich hatte was, ich kannte was, ich wußte endlich, was mich aufrechthielt und was mich an langen Tischen unter tausend Menschen nicht mutlos machte. Eine Musik, die mich rettete, eine Sprache, die mich tröstete, und Bilder, die mich träumen ließen. Und alle und alles zusammen waren für mich Auferstehung und Elektrizität. Onkel Fritz hatte ja ganz am Anfang in Moers in der Zahnstraße gewohnt, da wohnte meist das gebildete Besitzbürgertum, die Backhaus, die Dahls, die Lenzens und so weiter, und das Haus von Onkel Fritz hatte ein ganz eigenartiges Dach, es war nicht flach und auch nicht schräg zugespitzt, es lief nach innen gebogen oben zusammen, und dadurch fiel das ganze Haus furchtbar auf. Wenn ich heute ein Haus mit einem solchen Dach sehe, denke ich sofort an Onkel Fritz und die Zahnstraße in Moers. Onkel Fritz war in der Familie der sogenannte Lieblingsbruder, so wie meine Mutter die Lieblingsschwester war. Das gibts ja überall: Lieblingsbruder, Lieblingsschwester, Lieblingsonkel, Lieblingstante. Meine Lieblingstante war Tante Liese, eigentlich Elisabeth, die immer mit Holzschuhen in die Schule ging, die man an der Tür zum Klassenzimmer ausziehen und in die Hand nehmen mußte, und wenn meine Tante dann in die Klasse kam, sagte der Lehrer:

Kumma, da kömp Elsa von Brabant mit de Klompen in de Hand.
Tante Liese war ja die Frau von Onkel Hein, der später im Sarg verwechselt wurde und mein Lieblingsonkel war. Die beiden hatten keine Kinder und schlugen sich ziemlich durchs Leben. Eigentlich waren sie die ärmsten in der Familie, aber die gemütvollsten. Onkel Peter zum Beispiel, der älteste Sohn meines Großvaters mütterlicherseits, war ein kühler Spötter, Sekretär bei einem Notar, aber auch Presbyter, hatte einen Sohn, Fritz, der später als Drogerist nach Braunschweig ging, und eine schöne Tochter, Hanni, die mit Eugen Bargatzki verheiratet war und eine noch schönere Tochter hatte, Hildegard. Alle schon tot. Aber alle schwirren immer wieder mal an meinem Gedächtnisfenster vorbei, winken und rufen:
Vergiß uns nicht.
Oder sie rufen:
Wir sind noch nicht tot, wir leben noch, solange du lebst.
Und manchmal sitzen sie ganz plötzlich neben mir und sagen:
Wann kommsse denn mal wieder nach Trompet, oder nach Oestrum, oder nach Rumeln, oder nach Kaldenhausen, kriess auch en lecker Tass Kaffee un en Schinkenbutteramm. Kannz doch mal vorbeikommen. Du mußt doch auch mal an de frische Luft. Kannz doch nicht ewig nur am Schreibtisch sitzen, dumme Jung.
Das sind so Augenblicke, in denen ich noch mal die ganze Wärme meiner Kindheit spüre, und wo ich auf Intellekt, Geschmack, Wissen und Anspruch pfeife und mich furchtbar gern in das gemachte Bett meiner Jugend fallen lassen möchte und auf alles pfeife, was gerade so in der Weltgeschichte vor sich geht, und eigentlich zurück nach Hause will und doch nur auf die Friedhöfe gehen kann, vor den Gräbern hilflos stehe und mir vorstelle, wie sie jetzt wohl alle aussehen. Onkel Peter, der Presbyter und Sekretär eines Notars, der immer, wenn man ihn traf, unterwegs zum Gericht war, hat auch die Familienrede an meiner Konfirmation gehalten. Was er gesagt hat, weiß ich nicht mehr, sicher, daß es schade wäre, daß meine Mutter nicht dabeisein könne, und daß der hebe Gott mein Leben in seiner Hand habe und daß ich auch im finsteren Tal nichts zu befürchten hätte. Ich hatte einen dunkelblauen Anzug, zum erstenmal mit langer Hose, an, bekam eine Armbanduhr, war aber noch weit davon entfernt, alles das zu verstehen, was da gesungen und gesprochen wurde. Aber es heißt ja auch bei der Taufe, daß man alles erst hernach erfahre,

obwohl ich doch schon eine ganze Menge Leben mitgekriegt hatte, am Rande und auch mittendrin. Die Konfirmationskuchenfeier fand im Wohnzimmer von Tante Liese statt, das war das Zimmer mit dem vorspringenden Erker, wo ich oft saß und in die Welt hinaussah. Und es waren alle gekommen, die von Mutters Seite und die von Vaters Seite, und mein Großvater väterlicherseits war wie immer der stillste, und Onkel Peter, der älteste Bruder meiner toten Mutter, sprach und sprach, als stünde er vor Gericht, Er hatte beinahe eine kleine Habichtnase, und sein kugeliger Kinnapfel wippte fast bei jedem Wort hin und her und zeigte damit an, wieviel Spaß er an seinen eigenen Worten hatte. Wie gesagt, er war nicht ganz ohne und an manchen Tagen voller Ironie, die hatte er von seinem Vater, dem Schankwirt, meinem Großvater väterlicherseits, geschenkt bekommen, der sah nämlich nicht nur elegant aus, groß und mit einem kurzgeschnittenen dunklen Vollbart, sondern der war auch ein Entertainer hinter der Theke, und wenn er durch die Wirtschaft ging, hätte er am liebsten jedem in die Suppe gespuckt. So wurde es mir erzählt, aber ich habe lange genug vor seinem großen Bild gestanden, das hing bei Tante Maria, die später an einem Kopftumor langsam zugrunde gegangen ist, im Schlafzimmer, und ich habe mir die Augen meines Großvaters mütterlicherseits angesehen und mir gesagt, der muß wahrhaftig ein Spötter gewesen sein, sonst wäre er wahrscheinlich nicht durchs Leben gekommen. So eine kleine Wirtschaft – es gibt sie heute noch – ist ja auch wie ein Zirkus. Wen man da alles begrüßen, bewirten, hofieren, trösten und ermuntern muß und was man sich alles anhören muß, bis tief in die Nacht hinein, und das muß man alles behalten und beim nächsten Mal wieder hervorkramen und aufs neue besprechen. Und gut auf den Beinen muß man auch noch sein. Später hat ja Onkel Heinrich die Wirtschaft übernommen, Onkel Heinrich, der mit dem weißblonden Haar und dem großen wilhelminischen Schnurrbart, der immer so unterdrückt niesen mußte, nicht der Schnurrbart, sondern Onkel Heinrich, der eine geborene Lambrecht zur Frau hatte und dadurch mit dem Friseur Lambrecht verwandt war, der mir immer die Haare so kurz schnitt, sonst gäbe es Ungeziefer, und das war in der Friedrichstraße oder in der Pfefferstraße. Diese beiden Straßen habe ich immer verwechselt. Es waren eigentlich zwei schmale Gäßchen. In der einen schnitt der Friseur Lambrecht einem die Flausen aus dem Kopf, und in der anderen sorgte der Friseur Baltes für Ordnung und Sauberkeit. Da ging mein Vater immer hin. So schließt sich der Kreis. Onkel Heinrich jedenfalls, der die Wirtschaft übernommen hatte, war Matrose gewesen und mußte einmal, als Kammerdiener zugeteilt, auf einem großen Schiff in Tsingtau das Bett der Kronprinzessin machen und fand dabei eine silberne Nadel, die die Kronprinzessin schon lange vermißt hatte. Als Dank durfte Onkel Heinrich die Nadel behalten, und sein Lieblingslied war; Stolz weht die Flagge schwarz-weiß-rot an unseres Schiffes Mast. Samstagabends gingen mein Vater und ich oft zu Onkel Heinrich in die Wirtschaft und holten fürs Abendessen Bier, zwei Krüge voll mit einem Deckel drauf. Der eine Krug war für meinen Vater und der andere für meine Mutter, und ich bekam Himbeersaft mit Sprudelwasser, und dann sagte meine Mutter immer: *Der erste Schluck ist der beste,* und trank fast in einem Zug den ganzen Krug leer. Und wenn sie den Krug absetzte, machte sie immer: Haaaa. So gut hatte ihr der Schluck geschmeckt. Das war in unserer kleinen Küche in der Lessingstraße 1, oben unterm Dach. Und wo ich saß, konnte ich immer auf das Überhandtuch mit den Handtüchern drunter gucken. Und mein Vater saß links von mir, und meine Mutter saß rechts. Und manchmal gab es samstags Aal. Aber nicht so oft. Und Ölsardinen gab es auch. Wir hatten eine kleine Küche, daneben ein Bauernwohnzimmer mit ganz alten Möbeln, die mein Vater später, ohne mich vorher zu fragen, einfach verkauft hat, mein Sohn schwärmt ja nur für so moderne Sachen, meinte er, die alte Truhe hat er mir wenigstens übriggelassen, und dann hatten wir ein Herrenzimmer, für wenn mal Besuch kam, und ein Kinderschlafzimmer und ein Elternschlafzimmer und einen Flur und ein Klo. Gebadet wurde in einer Zinkbadewanne, die auf zwei Stühle gestellt wurde. Aber meistens saßen wir in der kleinen Küche, in der auch immer der Hase abgezogen wurde, den mein Vater von der Jagd mitgebracht hatte. Mein Vater ging manchmal als Treiber mit seinem Freund Wöllenweber, einem Bäcker aus Homberg, dem mein Vater auch die Steuern machte und der eine hübsche Tochter hatte, Gerda hieß sie, auf die Jagd. Und als Dank bekam er einen Hasen geschenkt. Der Hase wurde an einer Stuhllehne aufgehängt, und dann wurde das Fell abgezogen. Zu Weihnachten gab es auch meistens einen Hasen. Zwischendurch schon mal ein Rebhuhn oder zwei. Und Fisch aßen wir viel. Aber Aal selten. Und wenn, dann nur samstags. Fleisch und Wurst kaufte meine Mutter bei Mechmann.

Manchmal auch bei Pannenbecker. Aber meistens doch bei Mechmann. Und die ganz feinen Sachen gab es bei Julius Genner, das war so ein ganz großer Mann mit einem rötlichen Gesicht, und seine Frau war ganz klein, aber tüchtig. Und schräg gegenüber lag das Spielwarengeschäft Schmitz-Freude. Das war das Schaufenster, an dem ich mir oft die Nase platt gedrückt habe. Und einmal stand eine Ritterburg mit Zugbrücke und Wassergraben in dem Schaufenster, und die Burg mußte ich unbedingt haben. Ja, wir wollen mal sehen, sagte mein Vater dann immer, wir wollen mal sehen. Und immer lief ich in die Stadt, um mir die Burg anzusehen. Und nun kam Weihnachten herbei. Und ich wünschte mir diese Burg. Ja, sagte mein Vater, wir wollen mal sehen, was sich machen läßt. Das Christkind hat natürlich viel zu tun, aber wenn du schön brav bist, kommt es vielleicht auch zu uns, mal abwarten. Der Heilige Abend kam, und das war bei uns so üblich, am Nachmittag gingen mein Vater und ich noch mal für ein Stündchen in die Stadt, damit meine Mutter alles in Ruhe für die Bescherung vorbereiten konnte. Ich zog natürlich meinen Vater sofort wieder zu dem Spielwarengeschäft, und siehe da, die Burg war weg. Was jetzt? Mein Vater ging mit mir in das Geschäft, und wir fragten, wo denn die Burg geblieben sei, sie habe doch die ganze Zeit immer an ihrem Platz gestanden, ob sie jemand im letzten Moment noch gekauft habe? Nein, sagte der Besitzer, nein, nein, aber es sei ihm so vorgekommen, als habe das Christkind eben ganz schnell seinen Laden betreten und habe, ohne groß zu fragen, die Burg einfach mitgenommen. Hm, machte da mein Vater. Und der Besitzer des Ladens, der mit meinem Vater befreundet war, sagte noch, wohin das Christkind dann geflogen sei, wisse er nicht, nur daß es die Burg einfach mitgenommen habe, ohne zu bezahlen, einfach so. Dann könnte es ja vielleicht sein, sagte nun mein Vater, daß das Christkind möglicherweise zu uns geflogen ist. Möglich ist das alles, sagte der Besitzer des Ladens, aber ganz genau wisse er es auch nicht. Und dann sind wir natürlich wie die Irren nach Hause gerast und haben sofort alles meiner Mutter erzählt, die ganze Geschichte, und ob sie was gesehen oder gehört habe. Und meine Mutter sagte, gesehen habe sie nichts, aber ein Poltern habe sie gehört. Na, dann wollen wir mal gukken gehen, am Niederrhein sagt man »gucken gehen«, nicht gucken, sondern »gucken gehen«, das kommt vom Englischen, sagte mein Vater. Wartet mal einen Augenblick, ich gehe mal voraus. Mein Vater ging immer auf einem Umweg in das sogenannte Christbaumzimmer, um dann mit einem Glöckchen zu läuten, und kam dann ganz schnell und ängstlich wieder zurück, fast atemlos, und sagte dann immer, er habe ganz wirklich das Christkind gesehen, es wäre ganz dicht an ihm vorbeigeflogen und wäre wunderschön. Und dann gingen wir in das Christbaumzimmer, und unter dem silbernen Baum stand wahrhaftig meine Kitterburg mit Zugbrücke und Wassergraben, und ich konnte es gar nicht fassen, wie sollte ich auch, denn mein Vater hatte die Geschichte so gut dramaturgisch aufgebaut und auch mit dem Spielwarenladenbesitzer so gut gespielt und mit meiner Mutter alles so eingefädelt, daß es ein Wahnsinnsheiligabend wurde. Meine Eltern haben immer alles getan, um mir meine Naivität so lange wie möglich zu erhalten. Ob das auf allen Gebieten immer so richtig ist, weiß ich auch nicht. Aber Weihnachten und Silvester, das sind zwei Zeiten, da muß ich zu Hause sein, da kann ich nicht wegfahren, nach Mallorca oder in die Karibik, vielleicht in ein kleines Gebirgsdorf mit einer alten Kapelle. Und einen Baum muß ich haben. Er kann krumm sein, aber er muß dabei sein. Und ich muß etwas von der Botschaft hören, egal wie. Ich, der Kabarettist, der sogenannte Aufgeklärte, der sich sonst über vieles lustig macht, brauche diese Zeit, um zu begreifen, wie sehr wir doch alle auf der Durchreise sind und daß im nächsten Jahr hoffentlich alle wieder dabeisein werden. Heute ist für mich »Plätzchen backen« immer noch ein Zauberwort. Und Äpfel und Nüsse und Marzipan haben immer noch einen besonderen Klang. Und an Silvester holte mich mein Vater um Mitternacht aus dem Schlaf, nahm mich auf den Arm und machte das Dachfensterchen in meinem Zimmer auf und zeigte auf die Kirche, die angestrahlt wurde, und oben auf dem Kirchenrund, da wo der Turm beginnt, stand jedesmal der Posaunenchor und spielte einen Choral. Oft lag Schnee um diese Zeit in unserer kleinen Stadt, in der ich anfing zu leben, zu lachen und zu weinen, laufen zu lernen, und rechnen und schreiben und lesen. Nicht zufällig ist Thornton Wilders »Unsere kleine Stadt« mein Lieblingstheaterstück. Es kommen ein Friedhof und eine Küche darin vor, eine Liebe, eine Heirat und der Tod. Ich durfte sehr viel später das Stück im Staatstheater Darmstadt inszenieren, und ich hätte es sicher nicht gekonnt, wenn ich nicht jahrelang mein Moers gehabt hätte. Meine kleine Stadt, in der ich wie ein Besessener Dreirad gefahren bin, in unserer Wohnung, indem ich die

Türen vom Wohnzimmer, vom Flur und von der Küche weit aufmachte und immer im Kreise von der Küche ins Wohnzimmer, vom Wohnzimmer in den Flur und vom Flur in die Küche fuhr, und dann wieder ins Wohnzimmer, wie auf dem Nürburgring. Mit dem linken Hinterrad blieb ich allerdings sehr oft an den Kanten der Türrahmen hängen, so daß meine Mutter die Hände über dem Kopf zusammenschlug. Damals konnte sie es Gott sei Dank noch. Auch auf der Straße war ich ein gefürchteter Rennfahrer. Und mein Vater sagte immer, das ist gut für die Füße, für die Beine, für die Waden, die waren nämlich ganz schön zurückgeblieben von dem vielen Gips, heute noch. Es sieht aus, als müsse ein Elefant auf Pferdebeinen gehen. So ungefähr sieht es schon aus. Gott sei Dank sehen es die meisten nicht. Ich betrete heute noch ein Freibad mit gemischten Gefühlen. Ich weiß, es ist Quatsch. Und alle, die mich lieben und geliebt haben, besonders Frauen, die mich lieben und geliebt haben, sagten immer: Sei doch nicht töricht, mich haben deine Füße noch nie gestört. Und guck dich doch mal um, was hier alles an Figuren herumläuft. Richtig, sage ich dann, ist schon in Ordnung, und für einen Moment bin ich dann beruhigt, aber ich weiß ganz genau, daß der Stachel zu früh kam und daher zu tief sitzt, um ihn einfach so locker herauszuziehen. Damals bin ich gegen diesen Stachel mit dem Dreirad Sturm gelaufen, später mit dem Wipproller und dann mit dem richtigen Fahrrad. Aber die Waden wurden nicht voller, nicht kräftiger, also nicht normaler. Dennoch versuchte ich mein Leben lang etwas für meine Waden zu tun. Andere arbeiteten an ihren Lungen, ich an meinen Waden. Aber viel hat es nicht gebracht. Ich komme mir heute noch vor wie die Achte von Schubert, nämlich unvollendet. Nun, ich habe dafür schöne Hände bekommen, der liebe Gott ist ja gerecht. Mein Vater und ein befreundeter Bademeister, der im Winter die Häuser abging und fürs Gaswerk im Keller die Uhren ablas und Leo Pöll hieß und immer ganz braun war, haben mir das Schwimmen beigebracht. Ich war am Anfang ziemlich wasserscheu und unsicher. Aber für meine Füße sollten ja die Beinbewegungen sehr gut sein. Und ich habe dann auch nach Wochen der Mühe und der Angst den sogenannten Freischwimmerschein gemacht und bin später sogar mit meinem Freund Gerd Lisken, der jetzt schon lange Musikprofessor in Bielefeld ist, tausend Meter geschwommen, hab allerdings eine ganze Stunde dafür gebraucht. Du mußt mit den Beinen nur so machen wie ein Frosch, hatte mein Vater, der ein richtiger Schwimmer war, ein Kanalschwimmer, so hießen die Schwimmer in Moers, die den Ärmelkanal durchschwammen, wie ein Frosch, hatte mein Vater immer gesagt, mußt du machen, mit den Beinen das Wasser verdrängen, wie ein Frosch. Und das hab ich dann auch gemacht, wie ein Frosch. Du mußt mal einen Frosch im Wasser beobachten, wie der das mit seinen Beinen macht, die Beine sind das Wichtigste für einen Frosch, ohne seine Beine geht er unter. Und hast du schon mal gesehen, wie kräftig er damit schlägt, sieh dir das mal an, dann weißt du, wie du es machen mußt. Etwas später bekam ich ein richtiges Fahrrad zum Geburtstag. Und ich bin gleich damit in die Stadt gefahren, nicht nur so ums Haus herum, nein, gleich in die Stadt, blieb in einer Straßenbahnschiene hängen und mußte mich regelrecht zur Seite hinfallen lassen, richtig absteigen konnte ich ja noch nicht. Aufsteigen konnte ich auch nicht. Da hab ich einen Herrn, das war in Moers auf der Kirchstraße, wo Maria und Lisbeth Hansen ihren Zigarrenladen hatten, gebeten, mir das Fahrrad zu halten, bis ich draufsaß, und noch ein bißchen länger, bis ich losfuhr, und dann bin ich nach Hause gestrampelt, wußte aber immer noch nicht, wie halten und absteigen, bin erst noch eine Zeitlang um unser Viertel herumgefahren, Lessingstraße–Goethestraße–Hopfenstraße, und bin dann einfach gegen eine Wand gefahren, denn einmal mußte die Reise ja ein Ende nehmen, auch wenn ich gleich am ersten Tag eine Acht im Vorderrad hatte. Aber ich darf das vorwegnehmen, ich bin dann doch noch ein großer Radrennfahrer geworden und hab für meine Waden getan, was ich konnte, besonders wenn ich mit meinen Freunden zur Badeanstalt Bettenkamp um die Wette hin und zurück fuhr. Da leisteten wir uns erbitterte Zweikämpfe, die dann meist erst an den Ecken bei Biefang und Averdunck und zuletzt auf der langen Diergardstraße entschieden wurden. Ich war ein zäher Hund von Anfang an. Und ich hatte ja nur diese beiden Möglichkeiten: Schwimmen und Radfahren. Ich wäre natürlich auch noch wahnsinnig gern ein 1000-Meter-Läufer geworden, wie der kleine Japaner Murakuso, so hieß er, glaube ich, der bei den Olympischen Spielen 1936 in Berlin rundenlang geführt hatte und dann am Ende eiskalt von drei baumlangen Finnen überholt wurde, Salminen, hieß, glaube ich, der erste Finne. Schlittschuhlaufen wollte ich auch immer, aber mein Vater sagte, da brichst du dir noch die Beine, und dann ist es ganz aus. Rollschuhlaufen und Tennisspielen, unmöglich. Und so stand ich denn oft im Winter am Rande des zugefrorenen Stadtgrabens und guckte neidisch und traurig den flotten Schlittschuhläufern zu, oder im Sommer hing ich an dem hohen Drahtzaun, der um den Tennisplatz gezogen war und guckte gespannt den Spielern zu. Und fiel mal ein hoher Tennisball über den Maschenzaun und ich durfte ihn behalten, zog ich glücklich und strahlend nach Hause ab. Ein Tennisball, ein richtiger Tennisball vom Tennisplatz, auf dem nur Tennisclubmitglieder spielen durften, das war eine Sensation, denn in dem Tennisclub, das wußten auch wir Kleinen schon mit unseren paar Jahren, da waren nur die vornehmsten und feinsten, die reichsten und die führenden Menschen von Moers drin. Dagegen waren wir einfache und klassenlose Anfangsbürger. Und manchmal schielten wir schon ein bißchen nach diesen Großkopfeten. Und so ging das ja auch immer von unten nach oben, und dann wieder von oben nach unten. Ich war der erste in unserer Familie der Hüschs, der ein Gymnasium, ein humanistisches Gymnasium besuchte, und der erste, der später auf eine Universität ging, der erste sogenannte Akademiker. Im Tennisclub waren damals nur Akademiker und Kaufleute. Kein Wunder, daß man an dem Tennisplatz immer mit einer Mischung aus Neid, Respekt und Zorn vorüberging. Und die Akademiker und Kaufleute waren ja meistens noch in der Sozietät, das war ein geschlossener Gesellschaftsverein, da hatten wir nun gar nichts zu suchen, denn die hatten ein eigenes Haus, direkt gegenüber von der evangelischen Volksschule am Kastei, und auch da gingen wir ehrfürchtig und neugierig zugleich vorbei, und wenn in der Sozietät mal was passiert war, wenn auf einem Pest jemandem beim Tanzen die Hose gerissen war oder ein schlechter Witz hatte die Runde gemacht, solche Geschichten gingen wie ein Lauffeuer durch die ganze Stadt, die ja eine Kleinstadt war und fast ohne Zeitung hätte auskommen können, denn jeder erzählte ja alles gleich jedem, mal aus Spaß und mal aus Bosheit. Der Tennisplatz und die Sozietät waren für mich damals kleine Heiligtümer. Heute bin ich Ehrenmitglied der Sozietät, und alles ist ganz anders. Tennisbälle sind zwar für mich nicht mehr so faszinierend, aber ich würde immer noch gerne mitspielen, nicht wegen Boris und Steffi, sondern wegen meiner Füße. Ich wäre ja auch gerne Tänzer geworden, so wie der Baryschnikow oder der Nurejew, aber es hat eben nicht gereicht. Ich wär auch gerne Jazzpianist geworden, aber das hat schon gar nicht gereicht. So wie Erroll Garner hätte ich am liebsten ein ganz fröhliches Klavier in den Kneipen gespielt. Aber es hat nicht sollen sein. Ich wollte ja auch immer auf den Nanga Parbat, den deutschen Schicksalsberg, 8100 oder 8400 Meter hoch, von der Märchenwiese über den Silbersattel auf den Gipfel, mit einem Träger den letzten Schlafsack teilen und dann wie Peter Aschenbrenner am Seil erfrieren. Ich weiß nicht, warum ich das alles wollte, warum ich den verschollenen Sir John Franklin so verehrte, und heute noch vom Stuhl aufspringe, wenn im Fernsehen plötzlich die Eisgräber der elend umgekommenen Expeditionsmatrosen gezeigt werden und ich den Herrn Messner mal so gerne begleiten würde. Ich weiß, ich käme nicht weit, und es ist meine kranke Romantik, die mich in die arktische und antarktische Leere schickt, weil man da mit sich auf Leben und Tod ganz allein sein kann und endlos gehen und gehen und gehen muß, bis man alle Himmelsrichtungen verloren hat. Es müßten allerdings zwei Schlittenhunde dabeisein, und da fängt es dann schon an, unwahr zu werden, denn in Wirklichkeit sitze ich ja zu Hause in der niederrheinischen Küche und gucke zum Fenster hinaus, um von da aus die Welt zu sehen. Mit dem Gips bis über beide Knie mußte ich ja viel herumsitzen und konnte viel herumträumen. Fast kann man sagen, was ich in den Beinen nicht hatte, hatte ich im Kopf. Ich war ein bißchen autistisch, und ich war ein bißchen hospitalistisch und schaukelte mich oft in meine, in eine andere Welt hinein. Ich saß auf dem Fußboden und schaukelte vor mich hin, sicher auch, um auf mich aufmerksam zu machen: Hallo, hier bin ich. Hallo, ich bin noch da. Entertainer, wie ich schon sagte, vom Fußboden aus, schaukelnd und träumend. In eine andere Welt hinein. In meine ureigene Welt, die mitten in meinem Herzen saß, eine kleine Knospe und eine Schlingpflanze, ein Nachtschattengewächs und eine Tagträumerblume, vielleicht ein Stiefmütterchen oder ein Vergißmeinnicht. Eine Blüte, die Musik machte, Bilder und Wörter herbeizauberte, oft völlig zusammenhanglos, einfach als Klang oder Farbe. Heute noch, gestern noch, sage ich den Namen Irina Kirschenstein, das ist oder das war eine berühmte polnische Leichtathletin, einfach so vor mich hin, Irina Kirschenstein, und ich bins zufrieden. Ich brauche keine Drogen. Ich war und bin immer meine eigene Droge. Ich weiß nicht, wie das gekommen ist, und weiß auch nicht, wie das gewachsen ist, und bin heute nicht wenig erstaunt, daß das immer noch so ist. Und es hat ja ganz früh angefangen. Ich muß schon ein Assoziations-Embryo gewesen sein. Sprünge, Brechungen, Weithergeholtes und Naheliegendes, Banales und Transzendentes ständig zu mischen und wieder zu zerlegen, das war immer meine Vorliebe, meine Spezialität. Gassenhauer und Choral, Spottvers und Bibelstelle, Unterhaltung und Philosophie, und im Leben: Küche und Kirche, Heilige und Huren, Freunde und Feinde. Und alles ganz schnell vorüberziehen lassen, wie einen großen Kreuzzug mit Narren und Heimatlosen, entsprungenen Mönchen und büßenden leichten Mädchen, siehe Maria Maddalena. Und Christus gibt jedem die Hand, ein Stück Brot und einen Schluck Wein, und sagt zu mir, ich hab gestern im Himmel deine Tante Anna getroffen, du weißt schon, die mit 90 Jahren noch alle Zähne hatte und mit 91 Jahren zum erstenmal zum Zahnarzt ging und mit 93 Jahren starb, die zuletzt bei ihrer Tochter Hannegret in Northeim wohnte, die hab ich gestern im Himmel getroffen, und sie hat sich nach dir erkundigt, ob du zugenommen oder ob du abgenommen hättest, und du hättest doch so lange bei ihr gewohnt, im Krieg und nach dem Krieg, auf der Lessingstraße 25, gegenüber von dem Etzoldschen Haus, in dem 1945 die Amerikaner ihr Hauptquartier hatten, und in der Straße hätten auch die Wiedelmanns und die Kramers und die Biens und die Piepers gewohnt und die Kühls und auf der anderen Seite die Feinds und die Heymanns und ganz vorne die Czischkes und die schöne Frau, die immer mit einem SA-Mann fremdging und eine Tochter hatte, die Fee hieß, und weiter oben wohnten die Sackermanns und die Meinens und die Nabers, und direkt nebenan hätte der etwas elitäre Medizinalrat Schalloer gewohnt, ob ich das alles noch wüßte. Aber natürlich, hab ich da zu Christus gesagt, der schon weitergegangen war, um einem anderen die Hand zu geben, aber natürlich, in der Straße wohnte auch die hübsche Mausi Scheibner, die war so schön, daß ich wegguckte, wenn sie an mir vorüberging. Ich war doch so schüchtern. Wenn mein Vater mich mit zu fremden Leuten nahm, um dort einiges zu besprechen, stand ich oft stundenlang neben ihm, Kopf nach unten, und wartete, bis das Gespräch zu Ende war, aber ich hatte mir alles im Kopf notiert und kam so immer ein Stückchen weiter. Es war eine kleine Theaterübung, unbeweglich auf der Stelle stehen, auf den Boden gucken, zuhören und alles behalten, nicht nur den Inhalt, sondern auch den Ton, das Tempo, die Färbung und die Pausen. Nichts geht verloren, nichts ist umsonst, wenn man drauf

aus ist, was mitzunehmen. Und ich wollte, ich mußte was mitnehmen, denn mein Vater sagte immer zu mir:
Gerade du mußt ganz besonders aufpassen und fleißig sein, viel lesen und viel wissen, denn Wissen ist Macht, und was du nicht mit deinen Füßen kannst, das mußt du, gerade du, mit deinem Kopf machen.
Und das hab ich dann auch gemacht. Nicht immer, aber ziemlich oft. Aber Tante Anna, die mein Christus im Himmel zufällig getroffen hatte, Tante Anna, die sich einen Mann aus dem Harz, aus Goslar, genommen hatte, der immer Zucker über die Bratkartoffeln streute, Tante Anna ging es nicht um mein Wissen, sie hat immer nur gefragt, ob ich auch genug zu essen hätte, und ob ich auch warm genug angezogen sei, und ob ich auch ein sauberes Taschentuch hätte, wenn ich sonntags morgens in den Kindergottesdienst ging. Den Kindergottesdienst leitete, nein, so kann man es nicht sagen, gestaltete Lehrer Lambrecht, der ein sehr sanfter Mann war, und er hatte gleichzeitig noch das Waisenhaus unter sich, und seine Tochter Ruth, mit der ich zusammen die evangelische Volksschule am Kastei besuchte, lebt jetzt in Luzern. Tante Anna, das war eine ältere Schwester meiner Mutter, und es hieß immer:
Unser Anna ist von 93 und uns Adele ist von 94.
Tante Anna war ein bißchen simpel und außerordentlich propper, und sie verließ ihr Haus nie, ohne überall nachzugucken, ob auch alle Wasserhähne zugedreht waren, und sagte noch auf dem Weg zum Friedhof, auf den wir samstagnachmittags alle Mann hoch, mit Gießkannen und Harken bewaffnet, zogen: Zu zu zu, zu zu zu. Sie war ziemlich unwissend, aber sie konnte sehr gut rechnen, dennoch kam es nicht zu Höhenflügen. Nach dem Tode ihres Mannes, Onkel Heinz aus Goslar, der kurz nach dem Kriege von einem zurück- und irrelaufenden Lastwagenanhänger auf der Brücke von Rheinhausen mit seinem Fahrrad vollkommen zerquetscht wurde, zog sie mit ihrer Tochter Hannegret und deren Mann nach Northeim, um da nach dem Rechten zu sehen: Zu zu zu, zu zu zu. Ganz zuerst hatte Tante Anna in Moers in der Essenbergerstraße gewohnt, zusammen mit meiner Omma mütterlicherseits und Tante Maria, einer weiteren Schwester meiner Mutter, die im Kirchenchor war und eine gute Schneiderin obendrein. Sie hatte ein richtiges großes Nähzimmer und meistens zwei Nähmädchen, die ihr bei der Arbeit halfen, denn sie machte viele feine Kleider für vornehme Kundinnen. Aber sie hatte keinen Mann.

Dafür war sie fast 1 Meter 90 groß, trug immer einen hellbeigen Popelinemantel und konnte manchmal sehr streng sein, wenn ihre Mädchen was falsch gemacht hatten. Eine davon hieß Käthe Spieß, die ich viele Jahre später im »Kleinen Reichstag«, der alten Wirtschaft meines Großvaters väterlicherseits, wiedergetroffen habe. Ich hatte nämlich mal wochenlang, als ich noch ziemlich klein war, auf der Fensterbank im Nähzimmer von Tante Maria gesessen und immer zum Fenster rausgeguckt, ob meine Eltern wohl bald kämen, denn die waren einfach für vierzehn Tage nach Rüdesheim in die Drosselgasse gefahren, denn sie wollten auch mal was vom Leben haben. Und nun saß ich da auf der Fensterbank und wartete, und die Nähmädchen von Tante Maria sagten immer: Jetzt sind es nur noch fünf Tage, jetzt sind es nur noch vier Tage. Und wenn ich nachts im Bett lag und die Straßenlaterne einen schmalen hellen Strich an die Zimmerdecke warf, sagte ich immer: Fahnentange, Fahnentange. So klein war ich damals noch, als ich bei Tante Maria auf der Fensterbank im Nähzimmer saß und immer in Richtung Bahnhof guckte, denn der war ja nur hundertfünfzig Meter weit weg. Und direkt nebenan lag das Klär- und Pumpwerk von Moers, geleitet von Herrn Ohlischläger, und der hatte zwei hübsche Töchter, das konnte ich damals schon sehen, die Mathilde und die Maria. Die Maria war die schmalere, blassere und traurigere, und die Mathilde war die fülligere und aufregendere. Und dazwischen, also zwischen Tante Marias Nähzimmer in Tante Annas Wohnung und dem Pump- und Klärwerk von Ohlischlägers fuhr immer der Zug von Moers nach Krefeld, und hinter dem Pump- und Klärwerk lag gleich der Schlachthof, und hinter dem Haus, in dem Tante Anna und Tante Maria wohnten, war ein großer Platz mit mehreren Sandkästen und mehreren Reckstangen, auf denen immer Teppiche geklopft wurden. Und hinter dem Haus wurde auch mal ein großes Familienfoto von Onkel Heinz geknipst, alles, was noch lebte, war zusammengekommen, alles stellte sich kniend, sitzend und stehend zusammen, und ich saß ganz vorne in der Mitte auf einem Stühlchen mit Lehne, neben mir Cousine Hannegret und Großcousine Hildegard, die später auf einem Ferienrückflug zwischen Spanien und Deutschland im Flugzeug einen Blutsturz bekam, rettungslos verloren war und buchstäblich, wie es heißt, verblutete, oder es passierte noch in Spanien, und das Flugzeug kam zu spät, jedenfalls saß sie auf dem Foto noch neben mir und war damals schon so hübsch. Ich hab sie Jahre später bei einem Gastspiel, kurz vor ihrem Tode, mit ihrem Mann und ihrem Sohn in Krefeld wiedergetroffen, da war sie noch hübscher. Und einmal hab ich sie noch gesehen, und zwar im Garten von meinem Vetter Ferdinand in Homberg, der ja mit Friedchen Bongartz verheiratet ist, die so gut Orgel spielt. Aber Hildegard war eine Frau, die man gleich überall hätte hinküssen mögen. Obwohl ich das nie getan hätte, denn in Wirklichkeit war ich ja ein Platoniker reinsten Wassers. Warum, erzähl ich noch. Entweder alles der Reihe nach oder alles durcheinander. Auf dem Foto bei Tante Anna hinter dem Haus waren alle drauf, die noch lebten. Heute leben nur noch zwei davon: meine Cousine Hannegret in Northeim und ich. Aber damals lebten noch alle, muß ja, denn sonst hätte sie Onkel Heinz ja nicht fotografieren können. Ach ja, mein Vetter Ferdinand lebt auch noch. Er ist Staatsanwalt, aber längst pensioniert. Ja, und die Fräßdorfs-Kinder, die Kinder von Tante Kathchen aus Duisburg, könnten auch auf dem Foto gewesen sein und noch leben, Richard, Heinz und die schöne Käthi. Nehmen wirs mal zu ihren Gunsten an, daß sie noch leben, in Duisburg oder in Braunschweig oder sonstwo, sich abstrampeln, um dem Ende zu entgehen. Nach Duisburg fuhr ich immer gerne, denn da konnte man von einem Fenster aus direkt auf die Eisenbahn sehen, und wenn ein Zug vorbeifuhr, konnte ich ihn fast mit der Hand berühren. Das ist für mich alles auf diesem Foto drauf. Und daß wir am Heiligen Abend nach unserer Bescherung mit der Ritterburg noch hinterher zu Tante Anna gingen, um dort noch mal beschert zu werden, das ist auch auf dem Foto drauf. Und ich sammelte überall die Tafeln Schokolade ein. Und manchmal war eine lausige Kälte. Aber das machte nichts, der strahlende Christbaum wärmte uns. Tante Anna hatte immer einen ganz hohen Tannenbaum, vom Fußboden bis zur Decke, den Onkel Heinz immer nachmittags ganz allein schmückte. Und sie hatten eine richtige Krippe, mit allem Drum und Dran. Das war wahnsinnig spannend für mich, so eine Krippe. Das war mein erstes Bühnenbild. Und je mehr Ochs und Esel und drei Heilige Könige und Josef und Maria und Krippe und Jesum in der Krippe vorkamen, desto mehr und desto länger lag ich auf dem Fußboden davor und hab mir die Geschichte, es begab sich aber zu der Zeit und so weiter, vorgestellt. Und bei Tante Anna gab es wieder ganz andere Plätzchen als bei uns und auch mehr Marzipan, denn sie waren, glaube ich, etwas reicher als wir. Aber der

Heilige Abend nahm fast kein Ende, wenn wir zu Tante Anna gingen. Und wenn wir dann zu uns nach Hause zurückkamen, lag so ein schöner Weihnachtsduft in der Wohnung herum. Kerzen und Baum, Äpfel und Nüsse saßen die ganze Nacht in meiner Nase, auch wenn ich schlief, spürte ich die Allgewalt von Marzipankartoffeln und Spritzgebäck, ganz abgesehen von der Ritterburg, die es natürlich nicht jedes Jahr ab. Nein, wenig später gab es einen sogenannten Matador-Holzbaukasten, mit dem man Dampfwalzen bauen konnte. Meine Eltern wollten wohl peu á peu meine frühe technische Begabung auf die Probe stellen. Danach gab es in logischer Folge einen Baukasten mit Stangen und Muttern und Schrauben, Schraubenziehern und Schraubenschlüsseln, und ich muß schon Öffentlich sagen, daß meine Eltern sehr viel versucht und in mich hineingesteckt haben, so heißt das, glaube ich, um herauszubekommen, wohin der Junge denn wohl tendiere, was denn wohl in ihm stecke und was man dementsprechend fördern müsse, was jetzt schon ganz augenfällig sei, und was ganz abwegig, ich möchte das schon ohne ein Fünkchen Ironie bekennen, daß sich meine armen Eltern schon früh darum sorgten, für mich etwas wirklich Passendes und Gutes herauszufinden, nicht ahnend, geschweige denn wissend, daß ich später völlig aus der Art schlagen würde. Nun, sie hatten eine Mutation in die Welt gesetzt, und bei Mutationen muß man mit allem rechnen. Aber vorläufig spielte ich ja noch mit Ritterburgen, Dampfwalzen und Weihnachtskrippen und kannte die Befreiungskriege von 1806 an bis 1812 und 1814 fast auswendig. Mein Vater hatte mir zur besseren Überwindung meiner frühen klinischen Erfahrungen ein großes, dickes Buch geschenkt, und da stand das alles in »Wort und Bild« drin. Ich kannte die ganzen Schlachten, den Hohlweg, in dem ganz zu Anfang der Prinz Louis Ferdinand von Preußen vom Pferd runter getötet wurde, die elf Schillschen Offiziere, dann Theodor Körner, und Scharnhorst und Gneisenau, und Blücher natürlich, und Yorck von Wartenburg, der oben in Tauroggen mit dem russischen General Diebitsch verhandelt hat, die kannte ich alle wie meine Gipsschalen, die ich mir ja immer nachts um die Füße wickelte, obwohl ich immer auf einem Pferd saß und mit Friedrich Wilhelm III. und dem Zaren und dem Fürsten Schwarzenberg in Paris einritt. Und den Pariser Einzugsmarsch hab ich mir auf meinem ersten Grammophon stundenlang vorgedudelt. Aber ich kannte auch die französischen Marschälle Murat und Ney. Und da muß damals bei uns in Orsoy jemand gewohnt haben, die waren mit dem Marschall Ney sogar verwandt, und ich bin da mal mit meinem Vater zum Essen gewesen. Das machte mein Vater wohl gern, er nahm mich öfter mal zum Essen mit, sogar zu ganz feinen Leuten, obwohl ich ja dann immer schüchtern vor mich guckte, kein Wort sagte, und wenn mein Vater dann bei diesen feinen Leuten in Orsoy sagte, mein Sohn hier kennt auch diesen Marschall Ney, dann wurde ich noch verlegener und wäre am liebsten aus dem Zimmer gerannt. Aber heute möchte ich schon manchmal keck meinen, daß das meine ersten Auftritte waren, stumm zwar, aber nicht ohne Atmosphäre. Und wenn mich meine Ärzte in Süchteln an den Füßen triezten, erzählte ich ihnen, daß Napoleon während der Schlacht bei Wagram geschlafen habe, und dann lachten die Ärzte alle, und die Schwestern auch, besonders die große germanisch-katholische Schwester mit der weißen Tüte auf. Das waren meine ersten Pointen. Egal, ich besiegte damit meine Schmerzen, ohne auf die Zähne zu beißen. Und ich hatte mein ganz ureigenes Repertoire, auch wenn es bis dahin nur zusammengelesen war. Aber ich konnte mich an Namen berauschen wie Wellington oder Waterloo. Manchmal hatte ich von den Ereignissen selbst keine Ahnung, aber die Namen behielt ich und machte damit meine eigene Geschichte, eine unblutige Geschichte, als Kontrapunkt zur sogenannten wahren Geschichte. Ich bin ja kein großer Freund von der wahren Geschichte, die immer eine blutige Geschichte ist. Ich bin gegen die wahre Geschichte und für das Erbarmen. Ich hab zuviel von der wahren Geschichte gesehen. Es ist die Geschichte von Gangstern, die meinen, mit uns Geschichte machen zu müssen. Und wir machen ja auch meistens mit. Und am Ende wissen wir alle nicht mehr ein noch aus, wie meine Tante Gretchen aus Meiderich, die sich im Nähzimmer, im ehemaligen Nähzimmer von Tante Maria, erhängte, aber da war Tante Maria schon tot und hat das nicht mehr erlebt, als wir schon alle bei Tante Anna in der Lessingstraße 25 wohnten, weil wir alle ausgebombt waren und nicht mal mehr Messer und Gabel hatten, da hat Tante Gretchen sich einfach im ehemaligen Nähzimmer von Tante Maria an einem Türhaken oben aufgehängt, und ich, ausgerechnet ich, hab sie gefunden, als erster. Sie hat sich einfach einen Strick genommen, weil sie es nicht mehr aushalten konnte, wie Kurt Tucholsky, der einfach Gift nahm, weil er auch nicht weiterwußte, obwohl er so viel wußte, viel mehr jedenfalls als meine

Tante Gretchen aus Meiderich. Sie hatte in jungen Jahren, wie man sagt, einen gewissen vom Bruch geheiratet, ein großer stattlicher Mann mit kleinen, aber flinken Augen, die dann etwas später sein Sohn Hans augenblicklich geerbt hat. Kleine, aber flinke Augen. Und dieser Hans vom Bruch, der Sohn von Tante Gretchen, mein Vetter, war ein Hansdampf in allen Gassen. Fast 1 Meter 90 groß, konnte gut organisieren, wurde auch nach kurzer Zeit Betriebsführer in einem technischen Werk, den Namen der Firma weiß ich nicht mehr, fuhr immer einen großen Wagen und hatte eine kleine Frau, mit Namen Christel, eine geborene Bordelius. Wir haben diesen Hans alle sehr gemocht, weil er so ein schneller und heller Junge war, und die Frauen haben sich bald umgebracht, denn so einen richtigen Mann gab es selten in unserer Familie. Und wenn was fehlte, Hans vom Bruch wußte Bescheid, wußte Rat, dann rief er rasch irgendwo an, und alles kam ins Lot. Kühlen Bierchen war er auch nicht abgeneigt, und so kam es, daß er furchtbar viel Leute kannte und dadurch furchtbar viel Verbindungen und Beziehungen entstanden, wie das am Niederrhein, auch rechtsrheinisch, so geht. Und Hans vom Bruch wurde immer berühmter und landete zuletzt bei Hitlers Organisation Todt, als Organisations- und Einsatzleiter natürlich, und die ganze Familie staunte immer wieder über diesen flotten Hans, der alle Hürden spielend nahm und schließlich mit seiner Christel einen Sohn in die Welt setzte, der natürlich auch Hans hieß, von Anbeginn vergöttert und verzogen wurde, ein eigensinniges und ungemütliches Söhnchen wurde, selbst seine Omma, meine Tante Gretchen, die sich später erhängte, wurde mit dem Bengel nicht fertig. Aber es kam, daß die blutige Geschichte alles in Sekundenschnelle über den Haufen warf, den großen Hans und seine Christel, meine Tante Gretchen und den kleinen Hans, blond und hübsch, aber vollkommen verwöhnt und voller Widerstand und immer nur seinen Willen durchsetzend, bis man keine Lust mehr hatte, sich mit ihm zu beschäftigen. Kurz, die vom Bruchs wurden in Meiderich mit Sack und Pack ausgebombt, kamen dann nach Moers und Homberg unter die Dächer von Tante Liese, meiner Lieblingstante, von Tante Anna und von Onkel Fritz. Und es begab sich kurz darauf, daß neues Asyl gesucht werden mußte, denn das Haus, in dem Tante Liese mit ihrem Mann, dem Schneider Heinrich Lisken, der aber schon tot war und im Sarg bekanntlich verwechselt wurde, wohnte, zusammen mit Tante Gretchen, dem kleinen Hans und mit mir, das Haus wurde im November 1944 von einer Luftmine in tausend Stücke gerissen, also erst wie eine Streichholzschachtel in die Luft gehoben und dann einfach aus riesiger Höhe wieder fallen gelassen, und das ganze Haus, ein dreistöckiges Familienhaus aus dem Jahre 1912, mit dem Erker vorne dran, in dem ich immer so gerne, besonders wenn ich Gips hatte und nicht laufen konnte, gesessen habe, dieses wunderbare alte Haus lag jetzt da wie eine Wüste aus Sägemehl, nur obendrauf lag, völlig unberührt, ein Fahrrad, das auf dem Speicher gestanden hatte. Dieses völlig verschwundene Haus war mein Kindheitshaus, ist mein Kindheitshaus, heute noch, mein musikalisches Haus, mein Träumereihaus, mein Jugendhaus, mein Lebenshaus. Und das lag jetzt da und atmete nicht mehr. Im ersten Augenblick dachte ich, du hast ja noch den Haustürschlüssel. Dann erst fiel mir ein, daß der ja zu nichts mehr nutze war. Und wir hatten alle noch Glück gehabt. Ein Vierteljahr vorher hatten wir mit unserem Nachbarn zur Rechten, dem Heinrich Tillosen, der wie mein Vater auf dem Landratsamt bei der Kreisverwaltung war und dessen Sohn Heinz auch immer nach Süchteln wegen der unvollkommenen Füße mußte, im Garten gemeinsam einen Bunker gebaut, der nach der Luftmine nun ganz schräg in der Erde steckte, aber gehalten hatte. Ansonsten, na ja. Wir hatten nämlich bis dahin immer in den üblichen Kellerräumen unter dem großen alten Haus von 1912 gesessen. Wir wären alle mausetot gewesen, denn die paar Stützpfeiler, die wir dort angebracht hatten, hätten, weiß Gott, die Luftmine nicht ausgehalten, und wir wären alle im Nu erstickt, und ich möchte nicht wissen, wie wir alle ausgesehen hätten. Wir waren ja schon vorher immer in einen anderen Bunker, in einen Gemeinschaftsbunker gegangen, in dem Baumannschen Garten, in der Gasse bei Volker Behmer, mit dem wir so oft in der Gasse Old Shatterhand und Winnetou gespielt haben, und da war links in der Gasse ein kleines Häuschen, vor dem wir immer so Angst hatten, warum, weiß ich nicht mehr, und in dem Gemeinschaftsbunker ging immer das Licht aus, wenn die Bomben fielen, Gott sei Dank vorbeifielen, aber sie fielen ja dann woanders hin, und wir stellten uns im Dunkel vor, wie es da wohl aussehen würde, und immer wenn die Bomben im Dunkeln an uns vorbeifielen, ging so ein Windzug durch den sogenannten Gemeinschaftsbunker, in den ungefähr vierzig bis fünfzig Menschen paßten, und wenn wir von einer Bombe getroffen worden wären, das hätte ein heilloses

Durcheinander gegeben, mal gelinde ausgedrückt, wie bei Laokoon. Aber wir konnten ja nichts machen, und der Bunkerwart, der Luftschutzwart, der Blockwart, so hieß das ja damals bei den Nazis, sagte immer:
Jetzt ist es bald vorbei, jetzt fallen die Bomben auf Duisburg.
Und ich habe das tatsächlich einmal am hellichten Tag bei ganz klarem Wetter von Moers aus gesehen, wie die Bomben auf Duisburg fielen. Ich stand mit meinen Freunden Gerd und Fritz Lisken oben auf dem höchsten Balkon des schönen, alten Hauses von 1912, und wir sahen ganz deutlich, wie aus den Flugmaschinen die Bomben reihenweise ausgeklinkt und auf Duisburg abgeworfen wurden, jedenfalls sagten wir, das muß Duisburg sein, oder Rheinhausen, oder Hamborn und Meiderich, und wir standen ganz kaltblütig auf dem Balkon und sahen diesem grausamen Spiel zu, dann gingen wir wieder in unsere Wohnungen und machten unsere Schularbeiten. An dem Tag, an dem der zerstörerische Bombenangriff auf meine Heimatstadt Moers stattfand und an dem auch das schöne alte Haus auf der Uerdingerstraße niedergemäht wurde, war ich gar nicht zu Hause, Ich hatte 1944 in Gießen noch rasch ein Semester Medizin studieren können, im Sommer, aber der Sommer half mir auch nicht weiter, ich erkannte sofort: Medizin, das ist doch nichts für dich, Naturwissenschaften schon gar nicht, aber ich habe dann noch im Herbst im katholischen Krankenhaus in Homberg meine sogenannte praktische Zeit absolviert, aber schon gleich viel Blödsinn mit den Schwestern und Halbschwestern gemacht. Da gabs eine Marga Rüsenberg, Marga hieß sie, glaube ich, und die hatte es mir ziemlich angetan, und ich war mit den Patienten sofort auf Duzfuß, warnte sie immer vor den Ärzten, wenn sie rauchten, und mit meinem Kollegen Ellersiek, einem baumlangen blonden Jungen, der heute schon lange Arzt in Oberkassel oder direkt in Düsseldorf sein muß, wenn ich mich irre, nehm ich das natürlich selbstverständlich auf mich, trieb ich meistens einen Wahnsinnsunfug. Wir banden uns immer so weiße Tücher um die Stirn und erzählten den Schwestern, daß wir zusammen an einem Film arbeiteten mit dem Titel: Der Westwall hält nicht. Und der lange Ellersiek lachte immerzu, wenn ich meine Späße machte. Also das mit der Medizin war eine vorgeschobene Sache, und ich habe mir in der Stationsküche mit meinem platonischen Unterhaltungscharme so manchen Pfannkuchen illegal erarbeitet, bis eines Tages die Oberschwester auf mich zuschoß und sagte, ich solle ein bißchen mehr

Ernst an den Tag legen und das mit den Pfannkuchen müsse auch aufhören, die Zeiten wären nun mal nicht danach. Und da hatte sie natürlich recht, und es war mir auch sehr peinlich, und ich habe mich dann doppelt angestrengt, und mit den russischen Gefangenen, die man in Pflegekittel gesteckt hatte, zuerst den Krankenhausluftschutzbunker mit ausgebaut, und später zusammen mit den russischen Gefangenen die Schwerkranken in ihren Betten mit dem Aufzug hinunter in den Bunker gefahren. Und an dem Tag, an dem Moers zerstört wurde, fielen auch viele Bomben auf Homberg und in den Rhein, und wir mußten in aller Eile die Schwerkranken und die frisch Operierten in ihren Betten mit dem Aufzug in den Bunker fahren, eine Fahrt nach der anderen, und der alte Aufzug zitterte und ächzte, und jedesmal wenn eine Bombe in der Nähe einschlug, flog der Aufzug hin und her, und ich guckte die Gefangenen an, und die Gefangenen guckten mich an, aber es half nichts, rauf und wieder runter, so haben wir alle bettlägerigen Patienten in den Bunker bekommen. Und als wir endlich selbst unten bleiben konnten, da ging das Licht aus, und wir standen im Dunkeln und hörten die dumpfen Detonationen der Bomben, die in den Rhein fielen, wohl eine Stunde lang, und die Schwerkranken und frisch Operierten stöhnten, und die Schwestern beteten lateinische Dinge, und es ging auch hier immer ein Windzug durch den Bunker, wenn eine Bombe ganz nah gekommen war, und der Windzug wirbelte Staub auf, und ich stand regungslos, seltsam ruhig zwischen all den vielen Betten, in denen junge und alte Menschen lagen, die wir in letzter Minute hinuntergefahren hatten, aber ich konnte die Hand vor Augen nicht sehen, es war die Finsternis, von der in der Bibel so viel steht, und ich spürte, wie sehr ich auf der Durchreise war und daß die Geschichte ein blutiger Witz ist, in dem ich nur ganz vorübergehend vorkomme. Als ich wieder auf der Erde stand, das heißt wieder nach oben kam, noch lebte, und mich aufs Fahrrad schwang, um dann auf der langen Straße über Hochheide, wo ja immer, wenn Kirmes war, die Girlanden in der Wirtschaft zu sehen waren, nach Moers zu fahren, da wußte ich, was die Glocke geschlagen hatte. Ich mußte ständig mit dem Fahrrad den noch brennenden, glühenden und glimmenden Holzbalken, den langsam verkohlenden Ästen, die von den Bäumen, die die lange Straße größtenteils rechts und links säumten, abgefallen waren, ausweichen, und ich sah vor mir das schwelende Moers, und ich kam

immer näher, und die Rauchschwaden wurden immer dichter, und dann mußte ich das Fahrrad in die Hand nehmen, es zum Teil über eingestürzte Häuserwände hinwegtragen, dann wieder vorsichtig schieben, bis endlich mir jemand entgegenkam und mir zurief:
Alle leben, nur das Haus ist weg.
Ich weiß nicht mehr, wer es war, und er lief dann auch gleich weiter, und ich war für den ersten Moment erlöst: Alle leben. Das war die Hauptsache. Das Haus kann man wieder aufbauen. Und als ich dann um die Ecke kam, Ecke Augusta-Uerdingerstraße, und wie gewohnt, Augen rechts, das Haus suchte, da war dann doch große Trauer in mir. Nichts war mehr da. Kein Tisch, kein Stuhl, kein Bett. Ich übernachtete in den ersten drei Nächten danach im Musikzimmer meines Klavierlehrers Walter Zoers, der ein Kettenraucher war, allerdings mit einer Spitze, in der er bei jeder Klavierstunde die Nikotinhülse austauschte. Dort übernachteten wir. Meine Tante auf der Couch und ich auf dem Teppich direkt unter dem Flügel, auf dem mir Walter Zoers die Sonate von Clementi, die verlassene Dido, Didone Abbandonata, beizubringen versucht hatte. Aber das ist eine andere Geschichte. Nach den drei Nächten unter dem Flügel zogen wir alle dann zu Tante Anna. Alle, das waren: Tante Gretchen und der kleine Hans, Tante Liese und ich. Und Tante Liese weinte sehr, als sie zum erstenmal mit einer fremden Gabel und mit einem fremden Messer essen mußte, und nun nicht mehr mit dem eigenen Messer und der eigenen Gabel am eigenen Tisch auf einem eigenen Stuhl. Tante Liese litt darunter sehr, und niemand konnte sie trösten. Auch Onkel Heinz nicht, der immer sagte, unsere Gabeln und Messer sind auch deine Gabeln und Messer. Schließlich ist doch meine Frau deine Schwester, und ich bin dein Schwager, Herrgott noch mal. Aber Tante Liese war immer ganz Gefühl und wenig Vernunft. Daran ist sie auch gestorben. Erst war ja ihr Hein, mein Lieblingsonkel, der im Sarg verwechselt wurde, gestorben, und jetzt keine eigenen Messer und Gabeln mehr, das bekam Tante Liese alles nicht mehr zusammen, so wollte meine Tante Liese nicht lange weiterleben, obwohl sie noch unter dem vernichteten Haus, Uerdingerstraße 21, die besten und feinsten und kostbarsten englischen Stoffe herausbuddeln ließ. Und das dauerte tagelang. Und das war auch nur mit Hilfe von Hans vom Bruch, dem Cheforganisator des Lebens und der Familie, dem Sohn meiner Tante Gretchen, möglich, der mit einem Ausgrabungstrupp

eines Morgens anrückte und, als ginge es um ein ägyptisches Königsgrab, vorsichtig in die Tiefe vorstieß, und nach Tagen dann auch ganz unten den großen Korb mit den besten und feinsten und kostbarsten englischen Stoffen vorfand. Und an einem dieser archäologischen Tage passierte dann diese Geschichte, die ich schon vor Seiten erzählen wollte, nämlich, der kleine Hans vom Bruch spielte, während sein Vater nach dem Korb mit den Stoffen suchte, ganz in der Nähe mit gleichaltrigen Freunden, und sie fanden wohl eine liegengebliebene Brandbombe oder zumindest den gefährlichen Teil davon, und es gab eine Explosion und dem kleinen Hans fuhr ein Splitter in die Lunge, und man brachte ihn nach Homberg ins Krankenhaus, genau in das Krankenhaus, in dem ich mir Pfannkuchen unter den Kriegsnagel gerissen und in dem Bunker noch einmal so eben davongekommen war. Dort lag der kleine Hans sechs Wochen in einer Holzkiste und starb. Ich habe ihn besucht, und seine großen Augen und seine fiebrigen Backen gehen mir nicht mehr aus dem Kopf. Und das war zuviel. Et is zuviel, sagen die Niederrheiner oft, wenn sie mit dem Leben nicht mehr fertig werden. Und weil die Niederrheiner ja zur Schwermut neigen, das kommt von dem weiten, flachen Land, von der Aussichtslosigkeit, und die macht schwermütig, tun sie sich sehr oft was an. Nicht alle, um Gottes willen, aber viele. Und Tante Gretchen, die Mutter von dem großen Hans und die Omma von dem kleinen Hänschen, war so eine Frau, die immer beim Bügeln summte, und das wegen der Schwermut, obwohl sie eigentlich ziemlich groß und stattlich war. Und ich spielte an einem Samstagnachmittag wieder einmal Klavier, denn die anderen waren alle wie immer mit Harke und Gießkanne zum Friedhof gegangen, und ich spielte meine ersten kleinen eigenen Kompositionen immer wieder hintereinander herunter, bis mir der schöpferische Schweiß auf der Stirn stand, und wenn die anderen zum Friedhof waren, dann konnte ich mich immer auf dem Klavier mal so richtig austoben, weil es sonst immer hieß, da sind jetzt keine Zeiten für da, und ich auch damals schon der Familie ziemlich komisch vorkam, weil ich immer so verrückte Ansichten hatte und schon einen kleinen Relativitätshumor verbreitete, der aber nirgendwo ankam, und unter »De Jung spinnt en bissken« abgehakt wurde. Aber das machte mir nichts aus, ich wußte, daß ich damit eines Tages groß herauskommen würde. Ich hatte Zeit, behielt alles für mich und war eigentlich ganz zufrieden. Und spielte an jenem Samstagnachmittag Klavier und berauschte mich an meinen winzigen exotischen Raffinessen, die ich mir mit einigen impressionistischen Akkorden herbeizauberte. Nur Tante Gretchen war nicht mit zum Friedhof gegangen, sondern arbeitete irgend etwas im ersten Stock, wahrscheinlich nähte sie an einem Kittel herum oder stopfte Strümpfe. Und es war merkwürdig still in dem Haus, und ich verließ einmal kurz das Klavier, ging auf den Flur und rief nach oben; Tante Gretchen!? Keine Antwort. Nun, dachte ich, sie schläft wohl, und ich versuchte ganz leise das Klavier zu bedienen. Ich versuchte den merkwürdigen Klang herauszukriegen, den ich bei Peter Kreuder gehört hatte und den ich auch bei der Donkey-Serenade von Rudolf Friml immer hörte. Ich weiß nicht mehr, ob ich diesen speziellen Klang an diesem Samstagnachmittag herausbekommen habe, sicher erst später. Der Klang ist ganz einfach herzustellen: Man spielt einfach die Melodie in jeder Hand, aber zwei Oktaven auseinander! Georg Shearing ist dadurch später weltberühmt geworden. Allerdings hatte er auch noch ein Vibraphon dabei, und das hat mich wahnsinnig gemacht. Und nach einer halben Stunde ging ich noch mal auf den Flur und rief noch mal: Tante Gretchen!? Keine Antwort. Diesmal ging ich nicht ans Klavier zurück, sondern ging die Treppe hinauf in den ersten Stock, in dem das Nähzimmer, das ehemalige Nähzimmer von Tante Maria lag, denn sie lebte ja nicht mehr, und ich ging in das Nähzimmer hinein: Nichts. Doch gerade als ich die Tür wieder zumachen wollte, sah ich die Beine, zuerst sah ich die Beine, etwa dreißig Zentimeter über dem Fußboden, und dann langsam den ganzen Menschen, aufgehängt an dem oberen Haken, mit dem man die Tür oben in die Angel hängt. Sie hatte sich wohl alles genau überlegt, alle sind zum Friedhof, der Junge spielt Klavier, da gehts, da leg ich mir eine Schlinge um den Hals und hänge mich an dem Türhaken auf und sehe nichts mehr und höre nichts mehr, und meine arme Seele hat Ruh, und unser Herrgott wird schon wissen, was er mit mir macht. Ich habe im ersten Augenblick geflucht. Ich kam aus dem Elend nicht mehr raus. Ich fand mich nicht mehr zurecht. Ich lief wie ein Verfolgter hinüber in das Etzoldsche Haus, in dem jetzt die Familie Twardokus wohnte, die wir später, als die Amerikaner im Frühjahr 1945 kamen und aus dem großen Etzoldschen Haus ihr Hauptquartier machten, in unser Haus aufnahmen, Lieselotte Twardokus war eine Schulfreundin meiner Cousine Hannegret, und da lief ich hin, in das Etzoldsche Haus,

in dem auch der Organist Munzert, der so einen schönen musikalischen Kopf hatte, mit seiner Familie wohnte oder später gewohnt hat, und nach dem Krieg sonntags um 17.00 Uhr in der evangelischen Kirche Orgelkonzerte gab und auch lange den Kirchenchor leitete, unser Kirchenchor unter Munzert, sagte man, in dieses Haus lief ich fast kopflos hinein und sagte:
Meine Tante Gretchen hat sich aufgehängt, und die anderen sind zum Friedhof, und ich weiß nicht, was ich machen soll.
Und Herr Twardokus holte einen Arzt, und dann schnitten wir die Schnur durch und legten Tante Gretchen ganz vorsichtig auf ein Sofa, und dann standen wir sprachlos und hilflos herum und warteten, bis die anderen vom Friedhof kamen und von allen Geistern verlassen waren, denn darauf waren sie nicht vorbereitet, und jeder fragte jeden, ob er Tante Gretchen gegenüber was falsch gemacht habe, und alle liefen immer so sinnlos hin und her, weil sie es nicht wahrhaben wollten, und machten mir schließlich den Vorwurf, daß ich nicht auf sie gewartet hätte und gleich zu Twardokus gelaufen sei, und jetzt wisse es natürlich schon die ganze Stadt, daß Tante Gretchen sich erhängt habe, nicht aufgehängt, sagten sie, sondern erhängt, und das sei immer noch ein bißchen eine Schande, meinten sie, die mit Gießkanne und Harke vom Friedhof kamen, und Unkraut auf den Komposthaufen geworfen hatten, auf dem Friedhof, auf dem auch ein richtiges Einfamilienhaus stand, aus dem immer eine Frau rausguckte, die Nasenkrebs hatte und zuletzt ein großes Pflaster über der Nase trug, und dann auf einmal nicht mehr gesehen wurde. Ich hatte mein Bestes getan, dachte ich, und nun war doch wieder alles falsch. Was so ein Freitod alles auslöst, dachte ich, aber so was kommt ja selbst in den tapfersten Familien vor, dachte ich, und konnte mich damit etwas beruhigen und mich von dem Vorwurf, ich sei zu früh in das Etzoldsche Haus gelaufen, zu Twardokus gerannt, um Hilfe zu holen, frei machen, obwohl ich dann einen noch schwereren Gang vor mir hatte. Ich musste nämlich am anderen Morgen mit dem Fahrrad über die lange Straße von Moers nach Homberg fahren, um meinem Vetter Hans vom Bruch, der bei Onkel Fritz untergebracht war, die schreckliche Nachricht zu überbringen, daß seine Mutter sich im ehemaligen Nähzimmer von Tante Maria an einem Türhaken aufgehängt habe. Solcherlei Botschaften habe ich oft überbringen müssen. Sie gehören halt zum Leben dazu und sind

gute Übungen. Es ist auch immer gut, sich frühzeitig mit dem Friedhof vertraut zu machen, damit man später nicht aus allen Wolken fällt. Sterben kann man zwar nicht üben, aber Beerdigungen schon. Und eine Todesnachricht überbringen, das muß wohl jeder mal im Leben machen, aber angenehm ist so was nicht. Ich mußte schon an diesem Morgen alle Kraft und allen Mut zusammennehmen, und ging auch zuerst zu Onkel Fritz und Tante Paula, die beide noch nicht aufgestanden waren, so früh war es noch, und, ich glaube, wenn man so eine Nachricht im Liegen erhält, das macht ganz schön ohnmächtig. Im Stehen erträgt man so was besser. Deshalb hat ja wohl auch der Söldnerführer Ernst von Mansfeld im Dreißigjährigen Krieg, gestützt auf zwei Landsknechte, stehend den Tod erwartet. Das wußte ich, weil ich so kleine Zigarettenbildchen sammelte, um mir daraus ein Album über die Deutsche Geschichte zu machen. Gott sei Dank kam mir Hans vom Bruch, der Sohn von der erhängten Tante Gretchen sehr entgegen, denn als ich auf ihn zuging, sagte er:
Du brauchst mir gar nichts zu sagen, ich weiß schon Bescheid, ich kenne meine Mutter, ich hab damit gerechnet.
Aber als ich dann sagte, daß sie sich erhängt habe, ganz allein, da mußte er sich dann doch festhalten und zum Fenster rausgucken, weil er so weinte. Und so konnte ich immer alles genau sehen, und es war vieles traurig und komisch zugleich. Und das meiste war tödlich. Wenn ich da an meine Tante Maria denke, die ja eine hervorragende Damenschneiderin war, mit einem ganz eigenen Kopf, und sich wohl aus Männern nichts machte oder keinen mitbekommen hatte, weil sie eben ein bißchen eigen und auch sehr anspruchsvoll und eine gute Stütze im Kirchenchor war, und die bei uns Neffen und Nichten nur »Tammaria« hieß, genauso wie man am Niederrhein »Donnestach« sagt, wenn ich an diese schlanke, hochgewachsene Frau, die ihren sogenannten Nähmädchen nicht nur das Nähen beibrachte, sondern auch mal ein Auge zudrückte, wenn sie über die Stränge schlugen, aber auch sehr nachtragend sein konnte, wenn ich an diese nähende und singende Einzelgängerin denke, die ihr Leben im Hause ihrer Schwester Anna verbrachte, weil es nirgendwo anders ging, und die die Lieblingstante von meiner Cousine Hannegret war, aber immer auch Rücksicht nehmen mußte und sich sicher auch oft überflüssig vorkam, dann kann ich mir schon ausmalen, daß da in ihrem schma-

len Kopf mit der römischen Nase etwas gewachsen ist, ganz allmählich und ganz klein am Anfang, und zuletzt war es ein bösartiger Tumor, und sie packte ihren Kopf immer mehr ein, mit Tüchern und Decken, und saß in der Küche zwischen Spülstein und Gasherd, hielt sich den Kopf mit beiden Händen und schaukelte mal nach vorne und mal zur Seite, immer leise wimmernd und manchmal aufstöhnend, und das ging jahrelang. Alle acht Wochen mußte sie so merkwürdige Würfel ohne Wasser zu sich nehmen, immer dann, glaube ich, wenn der Mond ganz besonders günstig stand. Und das war eine qualvolle Nacht, denn sie kriegte das Zeug kaum runter, erzählte sie immer, und es half alles nichts. Aber alle meine Verwandten glaubten immer an Wunder und sind manchem Kurpfuscher auf den Leim gegangen. Und Tante Maria kam eines Tages nach Düsseldorf in die Klinik und kam gar nicht mehr nach Hause, denn als die Ärzte den Schädel öffneten, hatten sie schon genug gesehen und machten den Schädel gleich wieder zu, und Tante Maria ist nicht mehr aufgewacht, sondern gleich in den Himmel geflogen, dort sitzt sie in einem großen Baum und näht und spinnt vor sich hin und singt vom Weltende, und manchmal winkt sie mir zu und ruft dann von oben: *Dumme Jung.* Ich frage mich oft, auch während ich dies hier schreibe, warum sich all diese Menschen so sehr in mein Herz eingegraben haben, warum ich sie immer noch um mich habe, wie gestern, warum sie meine Seele so sehr besetzt halten. Ich weiß darauf keine Antwort. Vielleicht ist es die Güte, die sie mir zuteil werden ließen, und das ofenwarme Gemüt, das sie wie ein Netz täglich über mich warfen, und ich will es ruhig sagen: Ich war ein Glückskind und bin es heute noch. Dabei hab ich ja noch längst nicht alles aufgezählt. Im Sommer, in den großen Ferien, fuhren wir in den Harz, nach Goslar, fast jedes Jahr, denn mein Onkel Heinz, der Mann von Tante Anna, der immer Zucker über die Bratkartoffeln streute, war aus Goslar, und sein Vater war dort Hausmeister eines großen ehrwürdigen Gebäudes, das einer reichen Loge gehörte, und in diesem Haus durften wir so gut wie kostenlos wohnen, es wurde in den Ferien nicht benutzt, und der Vater von Onkel Heinz stand dafür gerade, und für uns Kinder war das eine Sensation. Denn da war noch ein großer Garten mit mehreren Springbrunnen, und wir konnten dort herumspringen, soviel und solange wir wollten. Wir fuhren dort immer mit Tante Anna, Onkel Heinz und Hannegret zusammen hin, und Hannegret mußte sich immer beim Umsteigen in Langendreer übergeben, und ich bekam immer in Goslar, kaum, daß wir da waren, Keuchhusten. Aber es gab dort bei Tante Erna, einer Schwester von Onkel Heinz, den besten Schokoladenpudding und die beste Weincreme der Welt. Und die Männer, mein Vater und Onkel Heinz, bestiegen den Brocken, und wir Kinder kletterten auf den Rammeisberg, und alle zusammen gingen wir nach Hahnenklee und wir sahen den Herzbergerteich, der so kalt war, daß, auch wenn man nicht hineinsprang, einen schon fror. Ich bekam meinen ersten Spazierstock, auf den ich dann sofort eine Reihe von Erstbesteigungsplaketten nagelte. Wenn es auch nicht der Himalaya war, so war es doch immerhin der Rammeisberg bei Goslar. Später, 1931, als meine Mutter noch gehen konnte, haben wir in Goslar in einem anderen Haus gewohnt, aber auch bei Tante Erna und ihrer Schwester, die verwitwet war und eine hübsche Tochter hatte. Sie hieß Agathe und trug ganz lange, dicke, dunkelblonde Zöpfe und hatte Grübchen, wenn sie lachte, und kannte natürlich den ganzen Harz auswendig. Einmal fuhren wir von Goslar aus nach Hildesheim, und kamen dabei an sieben abgebrannten Häusern vorbei. Die Häuser standen ganz dicht nebeneinander, als hätte ein Haus das andere angesteckt. Wir Kinder fanden das irrsinnig aufregend und konnten an dem Tag nichts essen und auch nicht richtig einschlafen. Die Ferien in Goslar waren immer die schönsten Ferien. Aber als meine Mutter nicht mehr gehen konnte und alles so schwierig wurde, sind wir nicht mehr nach Goslar gefahren. Und Onkel Heinz, Tante Anna und Hannegret fuhren dann alleine in den Harz. Und Onkel Heinz hat ja später die Rendantenstelle auf der Kreissparkasse nicht bekommen, nicht weil er immer in den Harz fuhr, sondern, so wurde behauptet oder vermutet, weil Onkel Fritz, der Bürgermeister von Homberg, der ja das EKI und eine ziemlich knollige Nase hatte, kein gutes Wort für ihn eingelegt habe, so daß die Rendantenstelle ein anderer bekam, obwohl Onkel Heinz ein sehr ordentlicher Nazi war, der sonntags morgens »Das Reich« las und für den der Herr Alfred Rosenberg ja auch seine Kleinbürgerphilosophie gemacht hatte. Jedenfalls hatte Onkel Fritz nicht seine Bürgermeisterposition in die Waagschale geworfen, und Onkel Heinz ging leer aus, obwohl er sich große Hoffnungen gemacht hatte, denn er war ein tüchtiger Beamter und brachte sich oft sogar noch Arbeit mit nach Hause, um die Kreissparkasse über Wasser zu halten, und eigentlich hätte er die

Stelle haben müssen, aber weil sein Schwager Fritz, der sich wohl als aufrechter Deutschnationaler nicht nachsagen lassen wollte, daß er Familienfilz betreibe, nicht spurte, saß er jetzt da und war ein geschlagener Mann und hätte doch diese Rendantenstelle durchaus verdient gehabt. Von da an sahen sich die Familien nicht mehr an, schnitten sich, wo sie gingen und standen, wollten nichts mehr miteinander zu tun haben und waren füreinander gestorben. Erst viele Jahre später, als dann wirklich mal einer starb und beide Familien mit Kind und Kegel zur Beerdigung mußten, weil alle den Toten gut gekannt und tief bewegt waren, ging die lange Familienfehde zu Ende. Man schlug sich gegen den Kopf, dann lag man sich in den Armen, dann schüttelte man sich die Hände und sagte sich, daß man nun alles vergessen wolle, der Tod sei doch stärker und schneller als alle Rendanten und Bürgermeister. Heute, glaube ich, weiß kein Mensch mehr von dieser Geschichte, aber ich weiß sie noch und sicher meine Cousine Hannegret, die Tochter von Onkel Heinz, die ja jetzt in Northeim wohnt und der man eine oder sogar beide Brüste abnehmen mußte und die deshalb immer mal wieder zur Kontrolle muß, wegen der Metastasen. Ob oder ob nicht. Man kennt das ja. Aber die Kinder sind schon lange aus dem Haus, und sie wohnt jetzt mit ihrem Heinz, der sein Leben lang im Dienste des Bauamts stand, in einer Wohnung zur Miete. Und über allem ist Gras gewachsen, und jeder sieht zu, wie er zurechtkommt. Und wenn man alles im voraus gewußt hätte, hätte man sicher alles ganz anders gemacht oder auch nicht, denn es gibt ja Dinge, die kann man nicht anders machen, Rätsel, die kann man nicht lösen, Konflikte, die kann man nicht beheben, Krankheiten, die kann man nicht heilen, Schicksale, die kann man nicht vorausberechnen, und noch Jahre danach fischt man im trüben, weiß nicht, woher, wodurch und warum. Warum mußte meine Mutter 1935 mit einundvierzig Jahren sterben? Woher kam diese merkwürdige Krankheit, Multiple Sklerose? Wodurch ist die rätselhafte, schleichende Lähmung entstanden? Alle zerbrachen sich den Kopf, und allen fiel immer wieder eine Geschichte ein. War nicht Adele mal so schrecklich hingefallen, hatten meine verkehrten Füße sie zu sehr erschreckt, ließ mein Vater es an der nötigen Liebe mangeln, waren die Geldsorgen zu bedrückend, oder war die Welt für meiner Mutter Seele zu laut, zu roh? Dabei haben alle immer wieder zu mir gesagt:

Also, Ihre Frau Mutter, die konnte lachen, die konnte ja lachen, da waren wir alle Waisenkinder dagegen. Ihre Frau Mutter, ach, war das eine lustige Frau, und eine schöne Frau. Ihre Frau Mutter war ja überall so beliebt. Und wissen Sie, wenn sie dann mit Ihnen im Kinderwagen, weil Sie ja Gips an den Füßen hatten, über den Markt fuhr, dann haben wir immer gesagt, guckt mal, da kommt die schöne Adele Hüsch mit ihrem Jungen, der immer nach Süchteln muß. Und alles hat sich rumgedreht, denn Ihre Frau Mutter war ja nicht nur schön, sie war ja auch schön an Leib und Seele, hat doch Pastor Baedecker auf der Beerdigung gesagt. Und sie hat sich sehr viel Sorgen um Sie gemacht, was aus Ihnen mal werden würde, wenn sie mal nicht mehr wäre. Und dann ist sie schon so früh gegangen, zu früh. Furchtbar. Furchtbar war das damals. Aber Sie haben das ja wohl alles nicht so mitgekriegt. Wie alt waren Sie damals? Zehn Jahre alt. Na, sehn Sie, in dem Alter kann man das gar nicht so mitkriegen. Da ist man doch mit dem Kopf ganz woanders, nicht wahr.

Und ob ich das mitgekriegt habe, was sich da abspielte, und ob ich das gesehen habe, wie meine Mutter sich in der Küche nur vom Schrank zum Stuhl, vom Stuhl zum Tisch und vom Tisch zum Spülstein bewegen konnte, sich überall festhalten mußte und später nur noch geführt werden konnte und zuletzt nur noch saß, in einem großen, schweren Stuhl mit hoher Lehne, und in die Sitzfläche war ein Nachtgeschirr eingebaut, weil sie gar nicht mehr bis zum Klosett gehen konnte. Und sie hatte ein kleines Notizbuch, darin notierte sie sich minutiös, wann sie Wasser lassen mußte, denn die Schließmuskeln funktionierten nicht mehr, und sie mußte manchmal alle drei Minuten Wasser lassen. Und alle möglichen Quacksalber boten ihre Dienste an. Eine Zeitlang nahm meine Mutter ausgelassenes Pferdemark, mit einem Eigelb und Rotwein verkleppert, zu sich. Zweimal ging sie nach Bad Salzuflen zur Kur und konnte nur Spazierengehen, wenn zwei Menschen sie auf jeder Seite in den Arm nahmen. Da war sie immer noch wunderschön, und auf vielen Fotos warf sie trotz allem den Kopf in den Nacken und hatte manchmal ein Doppelkinn. Später hatte sie eine große Wunde, direkt über dem Gesäß, weil sie ja nicht mehr stehen konnte, und sie hatte sich diese Wunde, die so groß und so tief wurde, daß man eine Faust hätte hineinlegen können, regelrecht durchgesessen. Und meine Tante Liese, meine Lieblingstante, kam jeden Abend extra zu uns und spritzte diese große Wunde mit einer dunkelvioletten Tinktur aus, verband und wickelte meine Mutter, und blieb dann oft noch ein Stündchen, und wir saßen um meine Mutter herum, aber es half alles nichts. Meine Mutter mußte dann doch zuletzt wegen dieser Wunde nach Bonn, in die Universitätsklinik zu Professor Martini. Dort hat sie ein halbes Jahr in einem sogenannten Wasserbett gelegen. Das war eine übergroße Badewanne, und in dieser Badewanne lag meine Mutter in einer Art Hängematte, aber mit einem richtigen Kopfkissen und einem Oberbett, aber sie lag mit dem Rücken und dem Gesäß ständig in einem lauwarmen Heilwasser, das jeden Morgen erneuert wurde. Wir haben sie sonntags immer besucht, und manchmal fuhren wir mit der ganzen Familie hin, und dann saßen wir alle um das Wasserbett, und ich hatte meinen Kieler Matrosenanzug an, und selbst da sah meine Mutter immer noch aus wie das blühende Leben, wie man so sagt. Sie strahlte immer, wenn wir durch die Tür kamen, sie strahlte und lachte, und wir machten ihr Hoffnung, und sie war großartig in ihrer Geduld. Und neben ihr stand noch ein Wasserbett. Da lag ein Mann drin, der in einem Steinbruch in der Eifel verunglückt war und dessen Rückgrat wohl nicht mehr auf die Beine kam, Und seine Familie kam auch immer sonntags, und wir erzählten uns alle immer, wo wir herkämen und wie es bei uns zu Hause aussähe, und einmal durfte ich am Wochenende bei meiner Mutter übernachten. Ich durfte auf einer Krankenbahre schlafen und konnte mich noch abends, kurz vor dem Einschlafen, leise mit meiner Mutter unterhalten, ganz leise natürlich, damit der Mann, der im Steinbruch verunglückt war, nicht aufwachte, und zwar darüber, daß ich jetzt bald in die Sexta käme, aufs Gymnasium Adolfinum in Moers, und meine Mutter sagte mir, daß sie mir dann meine erste Schülermütze kaufen werde, für die Sexta eine schwarze mit einem blanken Schirm dran. Am anderen Morgen durfte ich in einem kleinen Zimmer nebenan in einem Sandbad liegen. Ich durfte mich ganz in den warmen, braunen Sand eingraben, nur noch mein Kopf guckte oben heraus, und ich hab da so eine Viertelstunde dringelegen, weil das sollte gut gegen Rheuma sein. Dann holte mich mein Vater ab, und ich weiß nicht, was meine Mutter wohl jedesmal gedacht hat, wenn wir uns verabschiedeten und nach Moers zurückfuhren. Ich wüßte gerne, was sie sagen würde, wenn sie mich heute sähe, ob sie wie früher die Hände über dem Kopf zusammenschlüge oder vielleicht ein bißchen glücklich und stolz wäre. Ich bin nicht das geworden,

was sie sich noch gewünscht hat. Sie hätte mich gerne als Arzt gesehen, als Chirurg, vielleicht weil sie selbst so krank war oder weil meine Füße nicht richtig standen, oder war es der Traum einer Gastwirtstochter, eines letzten Kindes unter zwölf Geschwistern. Ich möchte so gerne wissen, was meine Mutter sagen würde, wenn sie mich sähe. Ich hab so wenig von ihr gehabt. Ich hätte sie schon gerne manchmal an meiner Seite gehabt, bei meinen runden Geburtstagen oder meinen kleinen Ehrungen. Sie hätte dann sehen können, daß aus ihrem Sorgenkind doch noch was geworden ist, aus ihrem Krüppel, kein Arzt, aber ein Künstler, ein Artist. Sie wollte immer mit einer Kutsche über Land fahren, aber mein Vater lief immer nach Duisburg in die Tonhalle, um Musik zu hören. Ich weiß nicht, ob meine Mutter Gedichte mochte. Sie besaß über dreißig Sammeltassen. Ich würde sie so gerne meinen Freunden und Freundinnen vorstellen und vielen feinen Leuten und sagen: Das ist meine Mutter. Das weiße Haar zu einem Knoten zusammengesteckt, stumm und verlegen stünde sie dann da, verwirrt und alles nicht begreifend. In den Augen, den dunklen spanischen Augen, tiefste Müdigkeit und private Passion. Dann würde ich sie an die Hand nehmen und sagen:
Schön, daß du wieder da bist, mach dir keine Sorgen, es geht mir gut.
Aber ich muß mich damit zufriedengeben, daß, wenn ich nach Moers komme, immer und überall gesagt wird:
Mein Gott, was konnte Ihre Frau Mutter lachen. Und: *Was Gott liebt, das nimmt er früh zu sich.*
Und als sie damals aus dem Wasserbett von Bonn wieder zurück nach Moers kam, haben wir sie wie eine Königin empfangen. Sie saß hinten in einem großen schwarzen Opel, mit Kissen und Decken warm eingepackt, und sie sah aus wie die Begum, und die große Wunde über dem Gesäß sei abgeheilt, sagte mein Vater, und nur noch so groß wie ein Pfennigstück, und mit einem kleinen Pflaster darüber, sei die Sache so gut wie ausgestanden. Und wir freuten uns alle und brachten meine Mutter ins Krankenhaus Bethanien. Dort sollte sie noch ein paar Wochen zur Beobachtung liegen und dann wieder ganz nach Hause kommen. Ich hatte gerade meine erste Lateinarbeit in den Sand gesetzt: mangelhaft. Aber nachdem ich das grammatische System durchschaut hatte, schrieb ich eine Zwei und dann sogar eine Eins, und meine Mutter hatte auf einmal ganz runde samtige Augen, sie freute sich, und sie weinte. Und ich trat

von einem Fuß auf den anderen und durfte mich auf die Kante ihres Bettes in Bethanien setzen, und mein Vater sagte, und wenn du jetzt noch die Fettflecken in deinen Schulheften vermeidest, er sagte »vermeidest«, denn mein Vater suchte immer nach besonders eindringlichen Worten und haute dabei immer völlig daneben, dann bekommst du demnächst die Note Auszeichnung. Und danach gibts nur noch summa cum laude, aber soviel verlange ich gar nicht, ich bin schon froh, wenn du eine Eins ohne Fettflecken schreibst. Aber meiner Mutter reichte schon die Eins mit Fettflecken. Und Fehler machte ich ja meistens nur, weil ich dachte, so einfach kann es gar nicht sein, daher alles komplizierte, und dann saß ich in der Falle. Meine Mutter war zwar sehr ehrgeizig, aber ebenso großzügig. Und wenn man liegt, in einem Krankenbett, sieht die Welt sowieso ganz anders aus. Man weiß nicht, was auf den Gängen gesprochen wird, was der Stationsarzt den Angehörigen gesagt hat, was die Oberschwester wohlweislich verschweigt, und was der Angehörige für sich behält, und was man überhaupt den Angehörigen anvertrauen kann und anvertraut hat. Davon weiß der Kranke nichts, er spürt es vielleicht und stellt oft Fragen, aber er traut den Antworten nicht, und wenn die Krankenzimmertür von außen zugemacht wird, muß er sich seine Geschichte selbst zu Ende denken. Meine Mutter wußte schon, daß die Lähmung weiter vordringen würde, von unten nach oben, von den Füßen und Beinen über den Unterleib bis zum Herzen, und dann noch vom Herzen zum Kopf, und wenn es von oben nach unten gegangen wäre, hätte alles im Kopf angefangen. Aber sie war erst mal froh, die Wasserbettzeit hinter sich zu haben und wieder in Moers zu sein, wenn auch im Krankenhaus, und wer sie sah, sagte, sie habe noch nie so gut ausgesehen, schade, das Wetter ist so schön, sie müßte jetzt ein bißchen draußen sein können, und alle Welt besuchte sie, weil sie alle Anteil nahmen und mitlitten und mithofften und sich freuten, wenn sie einen guten Appetit hatte. Und dann starb sie, ganz plötzlich. An einer Blutvergiftung, hieß es. Die kleine Wunde über dem Gesäß war noch mal aufgesprungen. Aber ich glaube, das Herz wollte nicht mehr, und die Seele wohl auch nicht. Ich kenne diese Augenblicke, in denen der kranke Mensch nicht mehr will, wo er es leid ist und die ganze Welt ihn nicht mehr interessiert, und dann geht er hinüber und nimmt seine kleine Geschichte mit, und wer es nicht grausam findet, der findet es lächerlich, und friert mitten im Sommer, angesichts eines kleinen Leibes, der soviel hatte aushalten müssen und jetzt aufgebahrt war, mit Blumen geschmückt und in einem weißen Kleid. Drei Tage haben wir meine Mutter in Tante Annas Eßzimmer auf der Lessingstraße 25 aufgebahrt, und es kam die halbe Stadt, um Abschied zu nehmen, und Pastor Baedecker, der mit seinem langen Bart immer ein bißchen wie Jesus aussah und es wohl auch ein bißchen so wollte, sprach auf der Totenfeier und sagte:

Sie war schön an Leib und Seele.

Und es gab Kränze über Kränze, und gesungen wurde, und die Menschen sahen alle für einen Tag so aus, als wären sie auch bald an der Reihe. Ich durfte meine Mutter in der Kapelle dann noch einmal sehen. Sie sah an vielen Stellen im Gesicht und an den Händen schon sehr violett aus, und es roch nach Tod und Verwesung, und ich wußte noch nicht genau, was es war, aber damals begann meine Vergänglichkeitsphilosophie in mir Fuß zu fassen, und weiß heute, warum mich meine vier Gottfried-Benn-Zeilen ständig begleiten:

Ob Rosen, ob Schnee, ob Meere,
was alles erblühte, verblich,
es gibt nur zwei Dinge:
Die Leere und das gezeichnete Ich.

Und auf der Nachfeier im Café Schroer wurde ich überall herumgereicht. Oder war die Nachfeier im evangelischen Gemeindehaus? Jedenfalls, ich mußte an jeden Tisch und wurde mit Streuselkuchen vollgestopft, und immer wieder wurden mir die verwandtschaftlichen Beziehungen ganz genau beschrieben:

Das ist eine Cousine von dem Vetter, der da hinten neben dem Schwager deines Vaters sitzt, der jetzt gerade aufsteht und zu deinem Großvater väterlicherseits geht, und daneben sitzt die Nichte von deinem Onkel aus Kaldenhausen, der ja die Achterraths zur Frau hat, und die ist ja wieder verwandt mit dem angeheirateten Onkel, dessen Sohn dein Großvetter ist, der jetzt die Kaffeetasse so hochhält, und davon die Schwester, das ist eine Cousine deiner Großmutter mütterlicherseits, die die Beine so gewickelt hat und meistens am Stock geht, und ihr Mann, der sitzt da drüben zusammen mit dem Ditz Hüsch, der ja Lokomotivführer bei der Kreisbahn ist, und Onkel Wilhelm ist sein Vater und ist gleichzeitig ein Onkel deines Vaters, und der Ditz war ja lange Zeit beim Grafschafter Spielverein Schwarzgelb, und da drüben, da

sitzt eine Lohbeck, deiner Großmutter mütterlicherseits wie aus dem Gesicht geschnitten, mit ihrer Tochter und ist, glaube ich, eine Großcousine deiner Mutter aus Duisburg, und ihr Mann ist Ingenieur in Rheinhausen.
Und schon stand ich am nächsten Tisch, und alle gaben mir die Hand und eilten dann wieder in alle Himmelsrichtungen ihren Behausungen zu, und wußten mich ja auch gut aufgehoben und sagten immer wieder, auch um sich selbst zu trösten, daß die Adele jetzt doch erlöst sei und daß sie es jetzt doch gut habe, keine Schmerzen und keine Angst mehr, und daß sie schon viel weiter sei als wir alle zusammen. Das müsse man doch auch mal bedenken. Naja, es sei doch wirklich so. Bei aller Trauer, der Tod sei doch für viele eine regelrechte Befreiung. Und das sagten sie eigentlich nur, um was zu sagen, beim Abschied, denn in Wirklichkeit waren sie ja mit ihren Köpfen schon ganz woanders. Und ich hab das damals alles über mich ergehen lassen, ohne es zu verstehen. Heute kann ich das gut verstehen. Die Menschen wissen nicht, was sie sagen sollen, sind verlegen, machen so was nicht alle Tage, haben einfach keine Erfahrung mit solchen Ereignissen, wollen und meinen das Beste, aber wissen nicht, wie das geht, und sind ratlos und erfinden die unglücklichsten Redensarten. Deshalb sage ich heute auch immer, man muß viele Beerdigungen schon frühzeitig gezielt mitmachen, damit man später weiß, wie das geht, und ganz allmählich die falschen Töne von den echten unterscheiden kann, obwohl das eigentlich völlig egal ist. Wenn Ihr's nicht fühlt, Ihr werdet's nicht erjagen, sagte Altmeister Goethe. Aber in einem hatten sie alle recht: Ich war gut aufgehoben. Ich zog nun mit meinem Vater ganz zu Tante Liese und Onkel Hein auf die Uerdingerstraße 21. Ich hatte schon vorher da gewohnt, als meine Mutter gar nicht mehr konnte, aber nun zogen wir richtig dahin und bekamen ein großes Schlafzimmer direkt neben der Küche, die eigentlich eine Wohnküche war, denn es stand ein Sofa darin, das ewig kaputt war, immer guckte eine Feder aus dem Leder heraus. Vor dem Sofa stand ein Tisch, daran wurde alles gegessen, was auf den Tisch kam, Frühstück, Mittagessen und Abendessen. Zum Mittagessen wurde der Tisch auch oft in die Mitte der Küche gerückt, weil dann saß Luise noch mit am Tisch. Luise war das sogenannte Dienstmädchen bei Tante Liese und Onkel Hein und kam aus Schwafheim, das liegt südlich von Moers, wenn man nach Düsseldorf fährt. In der Lessingstraße 1, als meine Mutter noch gesund war, hatten wir auch ein Dienstmäd-

chen, meine Hedwig. Sie kam aus Meerbeck. Meerbeck lag am Stadtrand von Moers und war eigentlich eine Bergarbeitersiedlung. Dort hatten die Bergleute alle ihre kleinen Klinkerhäuschen mit Vorgarten und hinter dem Haus standen die Kaninchenställe. Und ich ging dort gerne hin, weil die Menschen hatten da noch mehr Gemüt als in der Stadt, obwohl sie sehr ehrgeizig waren und nach oben wollten. Und besonders Hedwigs Vater wollte aus seinen Töchtern was machen und schickte sie der Reihe nach, Hedwig, Martha und Auguste, zu uns Kleinbürgern, denn da sollten sie was Ordentliches lernen. Und der Vater kam mit seiner Hedwig zu uns und sagte zu meinem Vater:

Und nehmen Sie sie ruhig kräftig ran, sie soll bei Ihnen was lernen.

Und so kam die Hedwig Grundmann zu uns, und die Martha Grundmann kam zu Tante Anna, und ganz viel später kam auch die Auguste Grundmann zu uns, und alle sollten den Kleinbürgern abgucken, wie man den Haushalt richtig macht. Und als Hedwig zu uns kam, war ich noch so jung oder noch so klein, daß ich das W noch nicht sprechen konnte, und sagte immer Hedpig, Hedpig. Und darüber habe ich 50 Jahre später ein Lied gemacht, denn all diese Dinge verfolgen mich mehr als das, was gestern war. Hedpig war eine Seele von Mensch, ein Menschenkind, ein Arbeiterkind, nur aus Zuneigung bestehend. Sie lächelte immer und ewig, hielt ihren runden Kopf immer etwas schief und fuhr mich, wohin ich wollte, durch die Stadt, über den Markt, in den Schloßpark, zu den Schwänen, über den Damm, auf den Spielplatz. Ich saß im Kinderwagen, in einem kleinen Sportwagen, so hießen die Dinger damals, ihr zugewandt, und ich guckte sie an, und sie guckte mich an. Hedpig war meine erste Freundin. Und wenn sie lachte, dann lachte ich mit, und wenn ich weinte, dann weinte sie auch. Und wenn ich Gips an den Füßen hatte, fuhr sie mich auch in die Schule und holte mich wieder ab. Ich hatte immer das Gefühl, daß Hedpig mich durch die ganze Welt fuhr, und wenns drauf angekommen wäre, hätte sie mich auch durch die ganze Welt getragen, bis nach China. Diese einfache Bergmannstochter hatte mehr Gefühl im kleinen Finger als hundert gebildete Damen der besseren Gesellschaft zusammen in ihrem Hintern haben, und sie trug das Kopftuch um ihren runden Kopf, wie andere ihre breitkrempigen Sonnenhüte auf der Kö in Düsseldorf trugen. Ich habe sie viele, viele Jahre später besucht und ihr gesagt, daß ich über sie ein Lied gemacht habe, und sie

sagte mir, daß ihr Sohn schon davon erzählt habe und ob ich denn das überhaupt dürfe, ein Lied über sie machen. Und ich sagte zu ihr, ich dürfe das, aber nur ich. Und da war sie zufrieden, guckte mich wie damals wieder so schief von der Seite an und sagte ein über das andere Mal:
Mein Gott, daß du schon so groß bist, ich weiß noch, wie du so klein warst und nicht laufen konntest und wir zusammen immer die Schwäne gefüttert haben.
Ja, sagte ich, *das waren noch Zeiten.*
Ich weiß nicht, ob sie noch lebt und ob sie überhaupt weiß, wie wichtig sie für mich war, und ich weiß auch nicht, ob sie je in ihrem Leben glücklich geworden ist, aber sie konnte sich ganz genau an alles erinnern, wie schwer damals alles war, und sie freute sich, daß es mir heute gutgeht.
Luise, das Dienstmädchen bei Tante Liese auf der Uerdingerstraße 21, blieb immer nur bis nach dem Mittagessen, danach räumte sie alles noch weg und spülte und fegte die Küche aus, und dann fuhr sie nach Schwafheim zurück. Sie war scheu wie ein Reh, und wenn Onkel Hein, der Schneider beim Mittagessen mal einen Witz machte, wurde sie über und über rot im Gesicht und am Hals. Sie scheuerte nach dem Mittagessen auch noch den Herd blitzblank, und zwar fuhr sie zuerst mit einem dunkelgrünen, dicken Stift über den Herd, schmierte damit die ganze Herdplatte ein, das stank zum Himmel, und dann wienerte sie mit einem Tuch die Platte so blank, daß man sich drin spiegeln konnte. Neben dem alten Herd, der noch mit einer Kohlenschaufel bedient wurde, und unter dem Herd stand noch ein Kohlenkasten, neben dem Herd stand eine Topfbank, mit einer Gardine davor, und darüber hing der Handtuchhalter. Halt, zwischen der Topfbank und dem alten Herd stand noch ein neuer Gasherd, auf dem Tante Liese immer Unmengen von Obst einmachte, in so einem ganz großen Kessel, und da war ein Einsatz drin, wo man die Einmachgläser mit Kirschen, Pflaumen, Pfirsichen und Stachelbeeren unterbringen konnte. Und zwischen dem Einmachglas und dem Deckel mußte immer ein Weckgummi sein, damit alles schön dicht hielt. Und Tante Liese machte auch Schnibbelbohnen in einem ganz großen Tontopf ein, das gab dann später Schnibbelbohnen mit Rindfleisch und Kartoffeln, und das Ganze war immer ein bißchen säuerlich und schmeckte durcheinander besonders himmlisch. Auf dem neuen Gasherd kochte Tante Liese auch immer die Muscheln im November, und auch

noch im Dezember. Muscheln kann man ja in allen Monaten essen, die ein R im Namen haben. Nachmittags wurden die Muscheln erst mal geschrappt, saubergemacht, und abends saßen wir Männer um den Tisch herum, der jetzt wieder an seinem richtigen Platz stand, und warteten auf die Muscheln. Onkel Hein und ich, wir saßen auf dem Sofa, er saß rechts, und ich saß links, und neben mir am Kopfende saß mein Vater, und Tante Liese, wenn sie sich überhaupt bei Muscheln setzte, saß mir gegenüber und schmierte unzählige Scheiben Schwarzbrot mit dick Butter. Schwarzbrot mit dick Butter ist schon für sich eine Delikatesse, aber zusammen mit Muscheln, die in einer feinen Soße mit viel Zwiebeln und Pfeffer lagen, ist das eine Lebensnotwendigkeit, und wir Männer lagen unverschämt nach immer neuen Muschelportionen auf der Lauer, und Tante Liese war sehr guter Dinge, wenn sie für ihre Männer kochen konnte, und die fielen dann wie die Haie über ihr Essen her. Und ich aß ja wie ein Landsknecht. Auch heute noch. Ich bin für eine feine Gesellschaft ein Risiko. Ich weiß schon, wie man sich benimmt, aber ich vergesse es immer, wenn feine Dinge aufgetragen werden, und möchte dann am liebsten wie Burt Lancaster in dem berühmten Film »Vera Cruz« mir so einen knusprigen Hühnerschenkel durch die Zähne ziehen, daß das Fett mir in den Bart läuft, und möchte auch meinem reizenden Gegenüber, der Komtesse von Pfirsichburg, eine dunkelblaue Traube ins Dekollete werfen, oder dem Geheimrat Kalk von Kalkstein langsam die Smokingfliege aufblättern und ein Trostpflaster über seinen Mund kleben, damit er zu kommandieren aufhört, und dann möchte ich mich noch an den Kronleuchter hängen, hin und her schaukeln, um dann schließlich mitten in die große Geburtstagstorte hineinzuspringen. So einer bin ich heute. Und das hat am Tisch bei Tante Liese mit den Muscheln angefangen. Lang, lang ist's her, aber immerhin einmal sittenlos, immer sittenlos. Ich hab nämlich damals die Muscheln, wie es die meisten sonst handhaben, nicht mit einer leeren Muschel als Zange aus ihrem Gehäuse gezupft, sondern die Muschel schön in ihrem Teil des Gehäuses gelassen, die Schale samt Muschel dann durch den pikanten Sud gezogen, und dann die Muschel samt Sud, wie die Auster des kleinen Mannes, locker heruntergeschlürft. Lecker. Dieserhalb bin ich mal in Essen in einer einfachen Wirtschaft rausgeflogen, weil der Wirt mir beibringen wollte, wie man anständig Muscheln ißt, eben, daß man das leere Gehäuse als Zange benutzt und

dann möglichst mit spitzen Fingern die Muschel herbei-, also an sich heranzieht, um sie dann dezent in den Mund zu geben.
Sehen Sie, hab ich diesem Pädagogen unter den Gastronomen gesagt, *sehen Sie, und genau das mache ich nicht, ich bin nicht jahrelang bei meiner Tante Liese in Moers auf der Uerdingerstraße 21 in die Muschellehre gegangen, daß Sie mir jetzt in Essen Ihre bezaubernden Ratschläge, wie man Muscheln adäquat ißt, um die Ohren hauen.*
Da hätten Sie was erleben können. Da hat dieser Wirtschaftserzieher, dieser Muschelgesellschaftslehrer, sich aufgebäumt und hat um sich gerudert und vor lauter Entrüstung drei Worte auf einmal gesagt, das könne er in seinem Haus nicht einreißen lassen, wir sollten gefälligst woanders hingehn, mein alter Freund Helmut Ruge, Kabarettist und Feinschmecker, war noch dabei, und wir bräuchten uns in seinem Lokal nicht mehr blicken zu lassen, Muscheln esse man auf der ganzen Welt anders, und das müsse er sich nicht antun, und auf Nimmerwiedersehen, die Herren. Ich kann Ihnen das Lokal zeigen. Es liegt ganz in der Nähe vom Essener Jugendzentrum in der Papestraße. War das ein Spaß. Und vielleicht ißt man Muscheln wirklich anders, aber mir schmecken sie so gegessen am besten, und man ißt ja auch immer ein Stückchen Erinnerung mit. Und auf dem Sofa an Tante Lieses Tisch in der gemütlichen Wohnküche hat mir sowieso damals alles am besten geschmeckt, obwohl die Linsensuppe bei Tante Anna, wo ich samstags zum Baden hinging, denn die hatten in der Lessingstraße 25 schon ein richtiges Bad, die Linsensuppe, ein ganzer Teller, der extra immer samstags für mich übriggelassen wurde, mit einem Schuß Essig dran, war ganz große Klasse. Aber Tante Liese machte auch alles so raffinierte Geschichten. Es waren eigentlich alles ganz einfache Sachen, wie Hasenpfeffer und Kuschelemusch, aber wie sie das machte und was sie darantat, das schmeckte einfach alles. Kuschelemusch, das war eine Mischung aus Stockfisch und Kartoffeln, und ich konnte davon Berge essen. Warum erzähle ich eigentlich immer so viel vom Essen? Ich weiß nicht, ob es ganz stimmt, aber mein saarländischer Freund aus Dortmund, Karl-Heinz Schmieding, Hauptabteilungsleiter beim Saarländischen Rundfunk, Unterhaltung, hat mal zu mir gesagt:
Ihr Niederrheiner habt, genau besehen, immer nur zwei große Themen: Essen und Sterben.

Zuerst hab ich einen Schrecken bekommen, aber nach ein paar Tagen mußte ich mir sagen, etwas ist da dran: Essen als Verdauung und Sterben als Verwesung. Denn wir Niederrheiner können doch stundenlang erzählen, was wir gern essen und was wir nicht so gern essen und wie der gestorben ist und woran, und wie lang das gedauert hat, und welcher Arzt das alles verpfuscht hat, und wer schließlich das Ganze erbt, und daß gar nichts mehr da ist, weil, alles ist für die Operation draufgegangen, und wir hatten am Sonntag Dicke Bohnen. Das wird alles durcheinandererzählt, genauso wie ich hier mein Leben erzähle. Beim Essen reden wir vom Sterben, und beim Sterben reden wir vom Essen:
Du mußt jetzt tüchtig was essen, es kommen jetzt schwere Tage auf dich zu. Und gerade wer trauert, muß zwischendurch tüchtig was essen, sonst stehst du das gar nicht durch. Und vom Hungern wird der Hein ja auch nich wieder lebendig. Da mußt du schon was zwischen den Rippen haben.
Ja, beim Sterben reden sie vom Essen, und auf den großen Familiengeburtstagsfesten, wo immer viel gegessen wird, da reden sie vom Sterben. Das kommt wohl, weil wir alle immer aus einem Dorf sind. Das wird es sein, und deshalb ist das in anderen Landstrichen genauso. Mein alter lebenslanger Freund Rudolf Jürgen Bartsch, der aus Pommern ist, aber jetzt schon lange mit seiner Erika in Köln-Rodenkirchen wohnt, sagte mir neulich:
Ich glaube immer mehr, daß ich ein richtiger Dörfler bin.
Da hätt ich ihm fast um den Hals fallen mögen, aber das ging nicht, denn wir fuhren Auto, und er saß am Steuer. Ich bin gewiß ein Dörfler und eigentlich so gar keiner von den Intellektuellen, die immer wieder so gerne auf dem Land wohnen möchten. Nein, ich bin ein Dörfler, der in der Stadt wohnen muß, aber die Stadt muß überall wie ein Dorf aussehen. Mit etwas Glück ist das ja manchmal so. Und da wird auch überall beim Essen vom Sterben geredet, und die Menschen rufen quer über den Tisch, ganz laut, und meistens noch mit vollem Mund: Der hat sich das Genick gebrochen, der ist so unglücklich vom Fahrrad gefallen, daß er sich das Genick gebrochen hat, war ein schöner Tod, er hat jedenfalls nichts mehr gemerkt, Erna, der Kartoffelsalat ist ganz große Klasse, und der Vater ist ja damals in dem großen Kornsilo umgekommen, der ist regelrecht im Korn ertrunken, hieß es doch damals immer scherzhaft, der ist in dem großen Speicher vom Brett ausgerutscht, und weg war er, kein

Mensch hat ihn rufen gehört. Ja, und dann? Ja, und dann sind die langsam draufgekommen und haben aus dem ganzen Silo, also, erst mal das Korn raus, und dann haben sie ihn ganz unten gefunden, furchtbar, die alte Frau ist ja auch kurz drauf gestorben und jetzt der Junge, also ich sage immer, manche Familien kommen einfach auf keinen grünen Zweig, sagt mal, kauft ihr eigentlich die Leberwurst immer noch bei Pannenbeckers, ich sage ja immer, man kann sich seinen Tod nicht aussuchen, aber das Essen schon, das ist doch wenigstens etwas im Leben. Aber Tante Liese und Onkel Hein hatten ja nicht nur eine Küche, sondern auch ein Wohnzimmer, das mit dem berühmten Erker, von dem aus man fast bis nach Schwafheim sehen konnte. Und in diesem Wohnzimmer stand auch das berühmte Klavier, an dem am Heiligen Abend Onkel Hein saß und, mitsingend, erst mal alle Weihnachtslieder mit seiner eindringlichen Stimme heruntersang, bis Tante Liese sagte:
Hein, hör jetzt auf, der Junge will jetzt endlich seine Geschenke.
Auf dem Klavier, an dem ich sonntagmorgens immer für meinen Vater das Largo von Händel spielen mußte, und mein Vater ging dann hinter meinem Rücken auf und ab, mit einer Zigarre, die er sich für den Sonntag aufgespart hatte, denn er durfte eigentlich gar nicht rauchen, weil er herzkrank war, einerseits durch eine Kriegsverletzung von 1917 im linken Oberarm, andererseits durch eine Herzmuskelschwäche wegen der Sorgen. Auf dem Klavier habe ich dann meine ersten eigenen Akkorde gespielt, manchmal so lange und laut, daß die Leute in der Leihbibliothek, die direkt unter unserem Wohnzimmer lag, mit dem Besenstiel an die Decke klopften, um mir damit anzudeuten, daß ihnen meine Musik nicht gefiele und daß ich doch bitte meine Monotonismen einstellen solle. Gut, ich hab das dann auch meistens gemacht, denn ich wollte ja mit meiner Musik nicht durch die Wand, sondern mich selbst nur ein Viertelstündchen berauschen, und hab dann wieder meine Etüden von Bach bis Beethoven gespielt oder Tonleitern rauf und runter oder Terzen und Quinten. Quinten und Quarten waren mir meine liebsten Zweiklänge. Einfache Dreiklänge lagen mir nicht so. Ich mengte immer noch so einen Halbton dazwischen, und gab noch jede Menge Pedalkleister, wie mein Klavierlehrer Walter Zoers immer sagte, dazu, und so entstand ein rauschendes Fest aus für mich fremdartigen Klängen, die mich in eine andere Welt trugen, und doch in dem Wohnzimmer von Tante Liese und

Onkel Hein von mir gespielt wurden und nicht in irgendeinem Tempel der Maharani von Karipengazur, obwohl ich dort auch gerne vorgespielt hätte, um zu hören, was wohl die Maharani von meinem monomanen Spiel gesagt hätte. Vielleicht hätte sie gesagt: Wollt Ihr nicht zu mir kommen und mir in der Früh einige Eurer musikalischen Versuche vorzimbeln, ein Brot und eine kräftige Suppe sind dafür allemal noch drin. Ich hätte das natürlich nie gemacht, nie, denn ich wäre dann vor lauter Heimweh jeden Tag gestorben, denn ich hätte dann ja nicht mehr auf dem Klavier im Wohnzimmer von Tante Liese und Onkel Hein spielen können, hätte in der Küche keine Muscheln mehr essen und auch kein Radio hören können, hätte mir meinen niederrheinischen Kopf mit dem Roßhaar nicht mehr mit unendlichen Phantasien füllen können und wäre ja dann auch kein deutscher Kabarettist geworden. Sicher säße ich heute in einer chinesischen Opiumhöhle und hätte mein Gedächtnis verloren. Und wer mich fände, würde auch nicht mehr sagen können, ist das nicht »de kleine Jung« von Adele Sonnen, die aussah wie eine Zigeunerin. Und das möchte ich schon bis an mein Lebensende sagen können, und daß ich später nach Mainz gegangen bin und dann eine Zeitlang nach Bern, und dann wieder von Bern nach Mainz, und schließlich von Mainz nach Köln, um mal den Dom zu wechseln. Aber ein Leben ohne Musik ist für mich unvorstellbar, gar schier unmöglich, genauso wie ich mir ein Leben ganz ohne Tiere nicht vorstellen kann. Essen und Trinken halten Leib und Seele zusammen, Lachen und Weinen halten den Menschen am Leben. Ich bin ja kein Musikwissenschaftler, kein Musiktheoretiker, so was kann ich überhaupt nicht sein, ja, ich behaupte sogar, ich bin nicht mal musikalisch, wirklich, ich kann kaum eine Note vom Blatt, geschweige denn irgendeine zweite Stimme irgendwo dazusingen. Aber ich glaube schon sagen zu dürfen, daß ich sehr musikantisch bin. Musik erregt und bewegt mich, hat mich in schweren und in leichten Zeiten begleitet, und ich wäre genauso gerne ein echter Musiker geworden, so wie ich heute ein echter Kabarettist bin. Es sollte doch wohl eben alles anders kommen, obgleich sich in vielen meiner Texte, echte Musiker bestätigen das immer wieder, ausgesprochen klangsprachliche Augenblicke befinden. Ich sage bewußt mal Augenblicke, weil ich Musik auch optisch erlebe, deshalb muß man ja nicht gleich jeder Programm-Musik huldigen und nicht allen sinfonischen Dichtungen eine Gemälde-Ausstellung unterlegen. Gleichviel, ich war in meiner Klavierstunde nicht der allerfleißigste Schüler. Montags von 14.00 bis 15.00 Uhr lag diese Stunde der Wahrheit, und sonntags vormittags, meinen Vater mit Zigarre im Rücken, so zwischen 11.00 und 12.00 Uhr, begann ich meistens erst zu üben. Zuerst die rechte Hand und dann die linke Hand, und dann zusammen, und wenns nicht ging, dann noch mal die rechte Hand allein und dann die linke Hand allein, und dann wieder zusammen, und wenns dann immer noch haperte, sagte mein Vater:

Das kommt davon, wenn man sonntags erst anfängt zu üben, das kommt davon, wenn man dauernd was anderes im Kopf hat, genau wie bei deinen Schularbeiten.

Ich konnte damals einfach keine Deutsch-Aufsätze schreiben, wollte es wohl auch nicht, und bei einem Aufsatz über eine Moselfahrt ließ ich mir von meinem Vater den Satz diktieren: Von beiden Ufern grüßen uns freundlich die Weinberge. Manchmal kaute ich ganze Bleistifte kurz und klein, bis ich den ersten Satz auf dem Papier hatte, und mein Vater sagte:

Ich verstehe das einfach nicht, aber das kommt davon, wenn man den ganzen Tag nur rumträumt und immer auf den Nanga Parbat will, jetzt wird die Sonatine von Kuhlau so lange geübt, bis es klappt, und ich gehe nicht eher aus dem Zimmer, bis alles am Schnürchen läuft.

Mein Vater war ja ein Musiknarr, Richard Wagner ging ihm über alles, und er nahm mich schon sehr früh mit nach Duisburg in die Oper, in der ich im Sommer 1988 nach einem Text von Calvino in Berios Oper »Ein König horcht« den Schauspieler gespielt habe. Und gesungen wie verrückt, die Serenata auf italienisch, und auswendig, und mit großem Orchester, unter der Regie meines Freundes Holk Freitag, der lange Zeit das kleine Schloßtheater in Moers zu Ruhm und Ehren geführt hat und jetzt Generalintendant in Wuppertal ist, bei dem ich immer, wenn ich achtzig Jahre alt bin, den King Lear spielen will. Mal sehen, was sich machen läßt. Bis dahin ist ja noch ein bißchen Zeit. Aber ich kam damals an dem Klavier, im Wohnzimmer von Tante Liese und Onkel Hein, in den vier Jahren eines typischen höheren Klavierstundensohnes immerhin bis zu den ersten Beethovensonaten, immerhin, und ich spielte bei einem Schüler-Klaviernachmittag mit Eltern irgendein Perpetuum mobile von Carl-Maria von Weber. Auswendig! Und alles zweiunddreißigstel Noten. Es war, glaube ich, gleichzeitig der letzte Satz einer Weber-Sonate. Und Valse Impromptu von Franz Liszt spielte ich auch, mit allen Kadenzen. Und dann mußte ich aufhören, weil ich in der Schule so schlecht stand. Nicht weil ich dort im Schülerchor bei Otto Kiel »Es reiten itzt die ungrischen Husaren« mitgesungen hatte, sondern weil ich wirklich mit meinem Kopf immer woanders war. Insofern kann ich auch nicht genau sagen, auch wenn ich mich noch so anstrenge, wann es bei mir mit der Musik angefangen hat, wahrscheinlich schon ganz früh. Was ist doch das Ohr für ein feines Instrument, obwohl gar manche davor warnen, Musik mit geschlossenen Augen zu hören, Jean Cocteau zum Beispiel, damit es nicht zu romantisch werden möge. Gut, aber als Kind ist sowieso alles noch unerklärlich, man weiß nicht, was das alles ist und sein soll. Da muß sich schon mancher Klang in meine kleine Seele hineingeschlichen haben, und manche Melodie ist sicher mitten auf ihrem Weg steckengeblieben, und den Rest hab ich dann mein Leben lang gesucht. Ein Leben ohne Musik ist für mich unvorstellbar, das ist ganz unmöglich. Und in dem Haus in Moers auf der Uerdingerstraße 21, in das ich dann nach dem Tode meiner Mutter mit meinem Vater zog, zu Tante Liese und Onkel Hein, war Musik sowieso eine Lebensnotwendigkeit, war wie täglich Brot, war einfach von morgens bis abends dabei. Ich glaube, wenn man anfängt Musik überhaupt zu entdecken, da kommt vielerlei zusammen, wenn auch zuerst noch ganz undeutlich, nicht faßbar. Wenn ich Musik entdeckte, stand ich immer in Flammen, war völlig in meiner Welt, lichterloh, als hätte ich als erster den weißen Indianer gesehen. Musik trieb mich voran, ließ mich seelisch tanzen. Und Sie wissen ja hinreichend, daß ich als Kind lange Zeit nicht in der Lage war, so wie andere Kinder herumzuspringen und herumzutollen, und so stand ich ja oft unbeweglich da und Heß das Ereignis, die Entdeckung, das akustische Abenteuer über mich ergehen, durch mich hindurchgehen, und so kam ich zu einer völlig anderen Motorik. Hinzu kam noch, daß ich wohl ein feines und ein derbes Ohr, ein wildes und ein sanftes Ohr hatte, wohl auch heute noch habe, denn ich habe mein Ohr nie gegen das absolute Gehör eingetauscht, nein, einerseits war ich immer empfänglich für ganz elementare Rhythmen und fremdartige Klänge, andererseits für ganz zarte, melancholische Melodien, und je weiter sie mich in die Ferne, sogar in die Fremde wegtrugen, desto lieber ging meine

Seele mit. Es war immer eine Musik aus Heimweh und Fernweh, die an mein Ohr drang und mich alles andere vergessen ließ. Ähnlich ist es mir ja mit den Gedichten der frühen Expressionisten vor dem Ersten Weltkrieg gegangen. Freude und Schmerz, Aufbruch und Müdigkeit, wenn ich es mit Worten erklären darf, das waren damals meine Stimmungen, von denen ich als Junge tatsächlich lebte. Ich war oft in die Namen der Komponisten verliebt, obwohl ich manchmal kein Werk von ihnen kannte. Neulich noch, da gab es im Stuttgarter Theaterhaus, dessen heimlicher Intendant wohl mein alter schwäbischer Freund Werner Schretzmeier ist, dessen Lebensklugheit und dessen Menschenliebe ich immer bewundere, da gab es Tage für Neue Musik, ich war nicht da, aber da wurde eine Komposition gespielt, die hieß »Staub für großes Orchester«. Das ist für mich schon Musik genug, das macht mich schon leicht, das läßt mich schon schweben, Staub für großes Orchester, hab ich gedacht, das ist es, und in der Thorax-Klinik in Heidelberg, wo ich mal eine Zeitlang wegen einer anderen Geschichte aus und ein ging, die Geschichte kommt später noch dran, da gab es ein Schild, auf dem stand: Kapelle der Chirurgie. Solche Worte nehme ich mit in mein Grab, und ich erkläre auch meine Verzückung darüber nicht, ich kann es gar nicht. Es waren vor allem zuerst die Russen, die mich begeisterten. Besonders waren und sind es, bis heute noch, die Polowetzer Tänze aus der Oper »Fürst Igor« von Alexander Borodin, Und ich muß Ihnen unbedingt beschreiben, wie ich die Polowetzer Tänze damals gehört habe. Ich war zwölf Jahre alt, und Tante Liese, Onkel Hein, mein Vater und ich, wir hatten nur einen Volksempfänger, jenes ominöse Propagandaradio der Nazis, preiswert bis billig, damit auch jeder »Volksgenosse« so ein Gerät erstehen konnte, um für Herrn Goebbels immer an der Strippe zu sein. Nun, dieser Volksempfänger stand bei uns in der Küche auf dem Küchenschrank. Und der Küchenschrank bestand aus zwei Teilen. Unten war die Anrichte mit den Schubladen und Schränkchen, und auf der Anrichte stand dann der eigentliche Schrank für die Tassen und Teller. Und ich kletterte zuerst auf einen Stuhl, dann auf die Anrichte, und wenn ich auf der Anrichte stand, mich also vor dem eigentlichen Schrank befand, dann war mein Kopf genau in der Höhe des Volksempfängers, der ja oben auf dem Schrank thronte, hätte ich beinahe gesagt, und dann lehnte ich mein Ohr an ihn, hing meinen Kopf fast in ihn hinein und hörte so nachmittags, meist zwischen 16.00 und 17.00 Uhr »meine« Musik. Es war eine richtige Expedition, und auf der Anrichte mußte ich ganz ruhig stehen, sonst wäre ich runtergefallen. In dieser »Hörposition« habe ich auch oft die diversen Autorennen gehört, mit den spannenden Duellen zwischen Rudolf Caracciola und Bernd Rosemeyer, Tazio Nuvolari und Manfred von Brauchitsch, Hans Stuck, Achille Varzi, Louis Chiron, Graf Pintacuda, Etancelin und so weiter. Aber das nur als Zeitansage am Rande. In der Hauptsache hörte ich zitternd und schweigend Musik, die »Scheherazade« von Nikolai Rimski-Korssakow oder das »Italienische Capriccio« von Peter Iljitsch Tschaikowski. Merkwürdigerweise blieb in all meinen Jahren das Klavier immer mein Haupt- und Lieblingsinstrument. Ich kann es nicht genau beschreiben und begründen, warum das so ist, wahrscheinlich weil ich selbst ein bißchen gespielt habe oder weil man mit dem Klavier feine und feinste Klangdifferenzierungen zaubern kann. Es hat ja schon mal ein Klavier mit einem Vierteltonsystem gegeben. Und als Schüler hab ich mir das immer so vorgestellt und fortgesetzt bis zum Zweihundertsechsundfünfzigstel-Tonsystem, wo man ja dann kaum noch was unterscheiden kann, eben Staub für großes Orchester, aber so hab ich mir das in meinem Kopf vorgestellt, weil ich schon ganz früh eine große Vorliebe für ganz feine, schwebende Akkorde hatte, vielleicht weil darin alle Farben hochdifferenziert vorhanden waren, alle Klangfarben, und das löste in meinen Ohren ein »Seid umschlungen, Millionen«-Gefühl aus, nicht für immer, aber ich nahm diese zarten Musik-Wolken immer mit, hatte sie für mich parat, wenn ich sie für meine Psychohygiene brauchte, und war jedenfalls glücklich, daß es so was gab, und wenn die Sanftmut dieser Musik manchmal noch durch plötzliche, tänzerische Elemente gebrochen wurde, war ich ganz oben, konnte mir kein Mensch was anhaben, hatte mein Herz alles, was es wollte, ging ich siegessicher zur Schule, obwohl ich meine Mathematikaufgaben noch nicht ganz fertig hatte, ich hatte nicht gesucht, sondern wieder was gefunden. Picasso hat ja, glaube ich, einmal gesagt: Ich suche nicht, ich finde. Und ich fand damals für mein kleines Leben diese wichtigen Kunst-Stücke, um mich über Wasser zu halten. Wie ein Geschenk fielen diese »Lebensmittel« für mich vom Himmel. Und ich wußte, daß es sie gibt und daß man sich auf sie verlassen kann, auch heute noch und morgen auch noch. Übrigens, schuld an meiner Musikleidenschaft, um nicht zu sagen Musikbesessenheit, ist eigentlich mein Vater, der ja, wie Sie inzwischen hinreichend wissen, ein rechtschaffener preußischer Verwaltungsbeamter war, aber als Jüngling ja Tenor oder Kapitän werden wollte, aber da machten ihm das Leben und meine Großeltern, seine Eltern, einen Strich durch. Aber mein Vater sang sein ganzes Leben lang in allen möglichen und unmöglichen gemischten Chören, Kirchenchören, Männergesangvereinen und Bergwerkschören, den sogenannten Knappengesangvereinen, mit, als Aushilfstenor, das heißt, mein Vater mußte überall einspringen, wenn ein Tenor fehlte, auf Abruf sozusagen, und mein Vater sang sehr gut. Er hatte auch in Duisburg ein Abonnement in der Tonhalle. Er blieb aber in der Tonhalle oft nur bis zur Pause, denn nach der Pause kamen die Modernen dran, Milhaud, Ravel, Debussy, Hindemist und Stawiski, sagte er immer, das war nichts für ihn, damit konnte er nichts anfangen. Aber Tannhäuser, Lohengrin, Aida, der Freischütz, oder Schubert und Schumann, oder das Violinkonzert von Max Bruch und das Largo von Händel, das ich ihm ja immer sonntagvormittags vorspielen mußte, wenn er meine pianistischen Fähigkeiten begutachtete, das waren alles seine Stücke, da ist wenigstens Melodie drin, sagte er dann immer, aber dieses ganze moderne Zeug, wie heißen die Brüder, diese Impressionisten und Expressionisten, das versteht ja kein Mensch. Manchmal lenkte er, typisch niederrheinisch, ein und sagte dann:

Die Musik mag ja gut sein, sicher, aber ich versteh nix davon; tut mir leid.

Aber: Er nahm mich mit in die Oper, in die große, seriöse Oper, zu »Lohengrin«, »Tannhäuser«, »Meistersinger«, »Aida« und »Freischütz«. Und eines Tages sagte dieser Mann, mein Vater, der eigentlich nichts von einem Pädagogen hatte und nun mit mir unter dem Dach bei Tante Liese und Onkel Hein wohnte und hauptsächlich seine Ruhe haben wollte und sich den Nazis, die ihm immer einen Posten andrehen wollten, dadurch entzog, daß er in Zivil und als Blockwart die Beiträge für die Volkswohlfahrt einmal im Monat in unserem Viertel kassierte, dieser Mann, der nach dem Tode meiner Mutter, so hieß es, ein Verhältnis zu einer kleinen drallen Chefsekretärin, die immer, mit einer Lederkappe auf, mit einem Motorrad abends nach Hause fuhr und Fräulein Hirsch hieß, gehabt haben soll, dieser zutiefst unglückliche Mann sagte eines Tages zu mir:

Das nächste Mal gehen wir in eine Spieloper. Das ist auch eine große Oper, aber leichter, lustiger und unterhaltender.
Und wir gingen gemeinsam in Lortzings »Zar und Zimmermann«. In eine Opera buffa. Und das war ein entscheidender Moment. Auch mein Klavierlehrer, Walter Zoers, der eine singende Frau hatte, und im ersten Stock arbeitete ein Dentist, und wenn man an dem Haus vorbeiging, wußte man nie genau, singt nun Frau Zoers oder zieht Bruno Knappstein im ersten Stock gerade einen Weisheitszahn. Mein Klavierlehrer gab mir im Laufe der Zeit auch oft so leichte Unterhaltungssachen zu üben auf, Impressionen von Walter Niemann, glaube ich, und das berühmte »Poeme« von Zdenko Fiebig, oder er spielte mir eigene Kompositionen vor, zum Beispiel eine »Toccatina« von John Walzör, das war sein Pseudonym. Und dann wechselte er wieder die Nikotinhülse in seiner Zigarettenspitze aus. Er hatte einen interessanten schmalen Schädel und darauf in der Mitte nur eine Haarsträhne. Er ließ sich das wohl vom Friseur so machen, extra, er war eben ein Künstler, und wir haben uns immer sehr amüsiert, ihn aber auch sehr gemocht, denn er war gar nicht streng und wirkte immer ein bißchen unbeholfen und weltfremd. So was hat mir damals schon sehr imponiert, wenn jemand ungeschickt und lebensuntüchtig war. Das waren für mich Komiker, und die waren immer glücklich und traurig zugleich. Mein Vater hatte auch etwas davon, obwohl er manchmal sehr streng sein konnte. Einmal wollte ich in den Film »Meuterei auf der Bounty« mit Charles Laughton und Clark Gable. Und Taschengeld gab es keins. Und der Film kostete damals 50 Pfennig. Also mußte ich zu meinem Vater und um die 50 Pfennig betteln. Da hat der Mann mit seinem weichen Gesicht, manchmal sah mein Vater so aus wie Erich Fromm, da hat der Mann zu mir gesagt:
Schlag dir das bitte aus dem Kopf.
Viermal hab ich einen Anlauf genommen, jeden Tag aufs neue, nichts:
Schlag dir das bitte aus dem Kopf.
Er hat mir aber nie gesagt, wie das geht. Das ist deutscher Väter Art, ihren Kindern alles mögliche zu sagen, aber nie zu erklären, wie es geht. Richtig schofel ist das, finde ich. Natürlich wollte er mich schützen, er hatte nämlich mitgekriegt, daß der Film sehr grausam sei, und da hat der Mann sich gesagt, da kommt mir mein Sohn nicht hinein. So wird es gewesen sein. Aber in die Oper hat er mich mitgenommen. Und es gab einen Zeit-

punkt, von da an verfiel ich der Oper voll und ganz. Also ganz eigentlich nicht, denn es war ja nur eine Oper, der ich mit Haut und Haaren verfiel, so wie man dem Roulettespiel oder leichten Mädchen verfallen kann. Und diese Oper war ja auch keine richtige Oper, so wie ich sie bisher gesehen hatte. Aber alles der Reihe nach. Ich fuhr ganz alleine auf eigene Faust von Moers, meiner Heimatstadt, nach Duisburg, das heißt, ich fuhr mit dem Bus über Rheinhausen nach Duisburg, um mir dort in der Oper Werner Egks »Columbus« anzusehen. Und das war keine Oper, sondern ein Bilderbogen, und das Ganze nannte sich auch »Columbus, Bericht und Bildnis« und war zunächst auch nur für den Rundfunk geschrieben worden. Aber Georg Hartmann hatte es in Duisburg in Szene gesetzt, Fenneker besorgte die Ausstattung und die Bühnenbilder, und die Tänze waren von Carl van Hacht und Heinrich Trapp. Ach, ist das lange her. Aber die Namen weiß ich noch und bitte um Vergebung, wenn sie vielleicht nicht haargenau stimmen. Es muß 1939 oder 1940 gewesen sein, ich war dementsprechend vierzehn oder fünfzehn Jahre alt, und kurz danach wurde die Duisburger Oper bei einem Bombenangriff völlig zerstört. Ich hatte mir fünfzehn Mark, oder warens sogar fünfundzwanzig Mark, Reichsmark, zusammengebettelt und gespart, um mir eine Eintrittskarte für den Ersten Rang, Mitte, kaufen zu können, denn von da aus konnte ich gleichzeitig auf das Orchester sehen. Und vor jedem Bild in diesem Opern-Bilderbogen traten zwei Sprecher auf. Einer sprach für Columbus, der andere gegen ihn. Und die Königin, Isabella von Kastilien, war für ihn, und der König war gegen ihn. Columbus durfte zwar schließlich lossegeln, mußte sich aber seine Gefährten von einem Werber am Hafen zusammensuchen lassen, nachdem ihn die Wissenschaftler gewarnt hatten: Wie willst du den Weg zu einer neuen Welt finden. Columbus findet den Weg, landet auch erfolgreich, wird aber später durch den Gouverneur Bobadilla ersetzt und in Ketten nach Spanien zurückgebracht. Ich zitiere heute noch mehrere Textstellen aus den Szenen »Die Anwerbung« und »Das Konzil« in meinen Programmen. Zweimal bin ich ganz alleine, als Kleinstadtkind, in die große Stadt Duisburg gefahren, um mir dort Werner Egks »Columbus« anzusehen, und es gab jedesmal schlaflose Nächte, mächtiges Herzklopfen auf der Hinfahrt. Bei der Aufführung, wenn das große Schiff ganz weit von hinten, hinter einem Schleier, immer näher kam und der Schleier dann riß und das

Schiff ganz vorne an der Rampe landete, stand ich immer in Flammen. Und auf der Rückfahrt stand ich immer hinten auf der Plattform des Busses von der NIAG, der Niederrheinischen Automobilgesellschaft, bei der ich später mal als Werkstudent gearbeitet und dort die Mitarbeiter durch ein von mir aus Jux erfundenes, neues anarchistisches Fahrkartensystem äußerst verwirrt habe, so daß mein Vater eingreifen mußte. Auf der Rückfahrt vom »Columbus« nach Hause wußte ich, um welches Geschenk ich reicher geworden war. Und von da an wollte ich Opernregisseur werden, und zwar modernes Musiktheater natürlich, ganz klar, nicht die alten Schinken, darüber habe ich sogar mal eine Parodie geschrieben, nein, es sollte eine »Oper« sein, in der alles nebeneinander gespielt, gesprochen, gesungen und getanzt wurde, Lieder, Geschichten, Tänze, Gedichte, Informationen, Chöre, eine Oper, von der man vom Hundertsten ins Tausendste kommen konnte, mit Erzählern und Kommentatoren, gesprochenen Gesängen und gespielten Manifesten, eine Oper, in der Himmel und Hölle, Gott und die Welt, Liebe und Tod vorkamen, einfach »meine Oper« sollte es sein oder werden. Und wenn ichs mir recht bedenke, dann mache ich das ja alles, nur nicht in der Oper, sondern im Kabarett, und nicht mit einem Riesenensemble, sondern allein, als Einzelsänger und Einzelgänger, als Gedankengänger mit Poesie und Prosa, überall da, wo Deutsch gesprochen oder verstanden wird, denn meine »Opern« kann man schlecht übersetzen, eigentlich überhaupt nicht. Ich war damals schon ein Glückskind, denn ich bin ja in diesem ganz und gar musikalischen Haus großgeworden. Onkel Hein, der Schneider, der im Sarg verwechselt wurde, dirigierte Kirchenchöre, Männergesangvereine, Bergwerkschöre und hatte sich selbst mit Freunden ein Schubertquartett zusammengestellt, mit dem er von einem Sängerwettstreit erfolgreich zum anderen zog, zum Leidwesen von Tante Liese, denn die Frauen huldigten ihm sehr. Aber so einer war Onkel Hein nicht. Er hat das zwar alles genossen, aber seine Liese ging ihm doch über alles. Er war Schneider, Musiker und Romantiker. Und unten in dem schönen alten Haus von 1912 wohnten meine Freunde Fritz und Gerd, deren Vater lange Zeit arbeitslos war, dann Hefe für die Bacco ausfuhr, später Steuerhelfer aus eigener Kraft wurde und bei seinen Kindern einfach voraussetzte, daß sie hochintelligent, an allem interessiert und überdurchschnittlich fleißig seien, das hat mir mal seine Tochter Emmy gesagt, deren Mutter Änne hieß und auch die Mutter meiner Freunde Fritz und Gerd war, kurzum, die Familie hieß auch Lisken, und dort unten, zu ebener Erde auf der Uerdingerstraße 21, wurde von morgens bis abends gesungen, Klavier, Flöte und Gitarre gespielt. Vater Lisken war ein großer Nazi, merkwürdigerweise, denn eigentlich hätte ihn die Musik davor warnen müssen. Er war so ein Nazi, der am liebsten die Klaviere bei wohlhabenden, aber unmusikalischen Leuten herausgeholt hätte, um sie dann zu armen, aber musikalischen Leuten zu bringen. Er war ein Robin-Hood-Nazi. Alle hatten ein bißchen Angst, wenn er seine große Hand hob und Heil Hitler sagte. Er hatte auch manchmal eine Nazi-Uniform an, und ich habe mich immer gefragt, warum ausgerechnet dieser Mensch mit seiner großen Sucht, hinter die Dinge zu kommen, in so eine Scheiß-Uniform geschlüpft ist, wo er doch abends immer mit seiner Frau und den Kindern in dem kleinen Wohnzimmer, direkt hinter der Küche, in der ich oft Heringe mit Pellkartoffeln mitgegessen habe, in dem kleinen Wohnzimmer saß, in dem links die Couch stand, auf der mein Freund Gerd damals einmal krank lag, als ihm die Polypen rausgenommen worden waren, in dem kleinen Wohnzimmer, das ja mehr ein Musikzimmer war, saß und seine Lieben und sich selbst antrieb, unaufhörlich zu musizieren. Denn alle waren ja wirklich und wahrhaftig über und über musikalisch, spielten und sangen sich das Blaue vom Himmel, um auf der Erde ein gutes Gefühl zu haben. Ich, wie ich ja schon gestand, war weniger musikalisch, aber ich war dabei, ich hörte zu, ich entzündete mich, ich steckte mich an und entdeckte auch für die anderen oft das Neue, was sie überhört hatten. Mag sein, daß ich andere Ohren hatte. Ich hörte damals zum erstenmal Carl Orffs »Carmina Burana«. Und ich war sogleich mitten ins Herz getroffen und berichtete davon meinen Freunden, denn wir tauschten immer unsere musikalischen Nachrichten aus und saßen dabei bis spät in den Abend auf der langen, langen Treppe, mit hundertzehn Stufen, wie ich es in meinem Lied von der Hedwig singe, und träumten dort von unserer Zukunft mit Musik. Wenn die Erwachsenen abends im Sommer noch lange im Garten saßen, lagen wir Kinder noch heimlich im Fenster und flüsterten, damit die Erwachsenen nichts mitkriegten, uns zu: »In Hindemiths OPUS 22, da gibt es eine Stelle, da soll man das Klavier wie eine Art Schlagzeug behandeln.« Und zwar hatte mir mein Onkel Willi, der jüngste Bruder meines Vaters, der ja zuletzt mit einem beigen

Kamelhaarmantel rumlief, der hatte mir auf mein Drängen und Bitten hin aus Paris, wo er eine Zeitlang den deutschen Soldaten spielte, das Notenheft von Hindemith mitgebracht, ein graues Heft, und darauf stand in einem satten Rot: OPUS 22. Ich nahm das Heft oft mit in die Schule, zeigte es überall, und das war mein erster kleiner Protest gegen die Nazis, denn ich hatte schon mitgekriegt, daß diese Unholde Künste und Künstler zu Feinden erklärten, Musiker, Maler und Dichter brotlos machten und aus dem Lande jagten. Und da begann ich eigentlich genauer politisch zu fühlen und poetisch zu denken, auch wenn wir noch Kinder waren und an den Sommerabenden, schon im Nachthemd, uns leise Geschichten zuriefen, denn mein Fenster lag drei, vier Meter entfernt, schräg gegenüber von dem Fenster, in dem meine Freunde Gerd und Fritz lagen, das war das Schlafzimmer, in dem später ihre Schwester Emmy übernachtet hat und in das ich gerne mal hineingekrochen wäre, um zu wissen, wie die große Emmy sich in ihrem Bett angefühlt hätte. Und gleich neben diesem Schlafzimmer lag ja Onkel Heins Schneiderwerkstatt, mit den zwei Nähmaschinen, dem großen langen Schneidertisch, dem alten Ofen, in dem immer die großen Bügeleisen richtig in die Glut gestellt wurden, und den vielen Stoffmustern von Druyn & Krahl und Buddeberg & Weck. Und auf diesem Zwischenstock, zwischen den Familien oben und unten, Heinrich und Fritz Lisken, lag auch das Klo, auf dem man sich im Winter alles mögliche zufror. Und auf dem Hof haben wir mit umgedrehten Spazierstocken Hockey gespielt und mit Küchenbrettchen Tennis. Und hinten im Garten, bei den drei Pappeln, haben wir einmal eine große Grube ausgebuddelt, so tief, daß wir bis über den Kopf hineinpaßten. Dort haben wir auch die ersten Zigaretten geraucht, und Gerd Lisken, drei Jahre jünger als ich, hatte immer eine Fahne in der Hand, wo er ging und stand, die Fahne mußte mit, und zwar bestand die Fahne nur aus einem großen Besenstiel, an dem ein Tuch geknotet war. In den großen Ferien saßen wir zu dritt in den drei Kirschbäumen, die an einer Mauer zum Nachbarn entlangstanden und immer übervoll mit ganz dicken schwarzen Kirschen waren. Das war für uns ein großer Ferientag, denn manchmal pflückten wir, aber meistens aßen wir, denn die Kirschen waren wirklich eine Wolke, und Onkel Hein rief dann immer aus seinem Fenster: Ich hör euch gar nicht flöten. Wir sahen aus wie die Indianer, denn der schwarze Kirschsaft lief uns wie ein Lauffeuer durch

alle Gesichtswinkel der Welt, und am Abend waren wir dann so reif fürs Bett, daß wir schon beim Ausziehen einschliefen, aber dabei immer noch erzählten, wie schön es doch in den drei Kirschbäumen gewesen sei und daß wir morgen auf dem Hof wieder mit Erichsken Balters Hockey spielen würden, der wohnte mit seinem Bruder Willy, der bei der Kreissparkasse eine große Hoffnung war, und seinen Eltern über uns, und wenn er von der Arbeit auf der Waggonfabrik in Uerdingen nach Hause kam, dann spielten wir mit ihm Hockey oder Tennis auf dem Hof, auf dem auch ein großer, aber kranker und langsam verfaulender Birnbaum stand. Erich und Willy Balters leben nicht mehr. Die alte niederrheinische Planstellengeschichte hat sich an ihnen vollzogen: von der Küche ins Krankenhaus, vom Krankenhaus auf den Kirchhof. Das sind die drei großen Ks des Niederrheiners, und von diesen Plätzen erzählt er auch immer sein Leben lang. Die Welt interessiert ihn nicht so besonders. Der große Niederrheiner Josef Beuys, dessen Phantasie und Kunst für mich, so behaupte ich jetzt mal, die Gebrüder van der Grinten mögen mir widersprechen, nur am Niederrhein wachsen und werden konnte, soll einmal, als er aus Venedig zurückkam, auf die Frage:
Na, Josef, wie war et denn? folgendes gesagt haben: *Bissken kleinkariert.*
Und genauso war auch unser Hof hinter dem Haus auf der Uerdingerstraße 21 in Moers unsere Welt. Hier konnten wir unseren Phantasien nachgehen, hier fühlten wir uns gleichsam von dem großen Haus eingerahmt und beschützt, hier spürten wir, daß jemand immer für uns da war, daß wir pünktlich um vier Uhr unsere Nachmittagsbutterbrote bekamen und dann weiter spielen durften. Und diese Butterbrote bestanden aus Weißbrot und Schwarzbrot und Rübenkraut und wurden, in Zeitungspapier eingewickelt, aus dem Küchenfenster von Tante Liese auf den Hof geworfen. Patsch! Die Zeitung war natürlich hin, aber die Butterbrote waren lecker. Und es gab auch einen Hund, der hieß Fox, und einen Leiterwagen und eine Schaukel. Und einmal mußten wir uns ganz genau unter dem Fenster von Onkel Heins Schneiderwerkstatt aufstellen, und er schüttete uns dann einen Eimer Wasser über den Kopf, weil wir irgendwas ausgefressen hatten. Unser Hof hätte auch ein Hinterhof in Italien sein können, denn es war immer was los. Im Wohnzimmer von Tante Liese hing ja auch ein großes Bild: Waschfrauen auf einem Hinterhof in Genua. Genauso war es bei uns auch, denn auf Höhe des Hofes,

etwas höher, lag die Waschküche, mit zwei Waschmaschinen aus Holz, in denen immer durch die Wasserkraft die vier Holzstäbe die Wäsche hin und her schleuderten. In diesem Keller mit den vielen Holzlattenverschlägen, hab ich immer etwas Angst gehabt, wenn ich mal Kohlen oder Eingemachtes raufholen mußte. Es war wie in einem englischen Fort in Indien, wo sich auch einmal ein Spion durch tausend Lattenverschläge hindurch schmuggeln mußte. Das hab ich mal in einem Film gesehen. Aber auf dem Hof waren wir alle in unserem Element und mußten nur aufpassen, daß wir uns nicht beim »Landhacken« das Messer in den eigenen Fuß warfen, denn manchmal stand man ja bei diesem Spiel nur noch mit einem Bein auf seinem »Land« und mußte schwankend und balancierend das Messer in des Gegenspielers Gebiet werfen. Mein lieber Mann, wer das konnte, der mußte schon ein Tänzer sein, mit einem Bein in der Luft und mit dem anderen auf der Erde, der mußte sekundenlang balancieren können und dazu noch aufpassen, daß er das Messer nicht in den eigenen Fuß warf. Aus in der Mitte durchgesägten Besenstielen, die wir an einer Seite in der Mitte drei Zentimeter einsägten, machten wir uns richtige Gewehre. In die eingesägte Kerbe legten wir ein Weck-Gummi, das zogen wir dann über den Besenstiel nach hinten, legten einen Stein in das Gummi, und dann ließen wir los, und oft rannten wir weg, denn wir hatten zufällig eine Fensterscheibe getroffen. Aber meistens zogen wir mit unseren Gewehren zu Volker Behmer in die Gasse und spielten dort Lederstrumpf oder Old Shatterhand und machten uns aus ausgehöhlten Holunderzweigen kleine Blasinstrumente, und zwar immer neue und immer bessere. Da wurde in das ausgehöhlte Holunderröhrchen noch ein Loch gemacht, darüber kam als Membrane ein Stück Butterbrotpapier, das mit einem Gummibändchen festgemacht wurde, und dann bliesen wir, was uns gerade in den Sinn kam, meistens Unsinn. Manchmal hatten wir auch Krach mit einer Bande aus einer anderen Gegend, und ich schlug mir einmal bei einer Verfolgungsjagd das Knie so maßlos auf, daß ich heute noch jedem die Narbe zeigen kann, wenn er sie sehen will. Volker Behmer war der Sohn eines Rechtsanwalts, und das schöne alte Haus steht tatsächlich noch auf der Uerdingerstraße, und die Gasse, die am Anfang so etwas bergab ging, ist auch noch da. Und wenn man diese Gasse ganz durchging, lief man direkt auf den berühmten Damm zu, der sich um ganz Moers schlingt und auf dem die Familien mit ihren

Kindern, Verwandten und Anverwandten, Freunden und Bekannten, lebenslang umherwandeln. Ich jedenfalls habe als Kind den Damm in- und auswendig kennengelernt, wenn wir sonntagnachmittags, einmal rechts rum, einmal links rum, Moers umkreisten. Alle dreihundert Meter blieben wir stehen, stießen immer wieder auf neue Bekannte, und jedesmal wurden die gleichen Geschichten erzählt. Aber wenn man durch die lange Gasse ganz durchging und dann quer über den Damm stieg, kam man an eine große Kuhle, die durch einen Teil des Dammes eingerahmt wurde, und da haben wir immer Fußball gespielt, und an der rechten Seite der Kuhle hatten Zimmers ihr kleines Häuschen, und die waren mit uns verwandt, wie, weiß ich nicht mehr genau, ich glaube die Frau Zimmer war eine Schwester von Onkel Johannes »aus de Vluyn«, somit auch eine Schwester meiner Großmutter mütterlicherseits, aber es kann auch ganz anders gewesen sein, jedenfalls sie waren mit uns verwandt, und er, der Herr Zimmer, war auch der Platzwart vom Tennis-Club, und manchmal bekamen wir auch von ihm einen ganz neuen Tennisball, keinen gebrauchten, sondern einen noch unberührten, und dann gingen wir wie die jungen Götter nach Hause und spielten dann mit dem ganz neuen Ball auf unserem Hof Gottfried von Gramm oder Fred Perry, das waren damals die Beckers und Edbergs, oder wir nahmen den Ball auch mit in die Badeanstalt Bettenkamp und spielten auf der großen Wiese damit, wenn ich nicht gerade in der Sonne lag und Vokabeln lernte, wobei ich oft nicht merkte, wie meine Haut langsam verbrannte, und deshalb nachts nicht wußte, wie ich mich legen sollte. In der Schule war ich ja kein großes Licht. Das ist schwer zu erklären. Meine gute Frau Marianne hat mir das später haargenau erklären können. Sie sagte:
Du bist nicht lernfähig, weil nicht lernbereit.
Da ist und war ganz bestimmt was dran. Ich habe immer woanders hingeguckt und hingehört, mit einem Wort: Ich wußte nichts. Ich weiß nichts. Ich werde nichts wissen. Und jetzt ist es zu spät. Ich bin deswegen nicht unzufrieden. Ich staune nur immer, wenn ich sehe, wenn ich höre, was die anderen alles wissen. Ich höre dann auch zu und denke mir, na ja, interessant, das hast du ja gar nicht gewußt, und bin dann dankbar, es doch noch, wenn auch spät, erfahren zu haben. Ich lerne also heute noch, und es macht mir nichts aus, auf Leute zuzugehen und sie zu fragen:
Bitte, sagen Sie mir doch um Himmels willen, was heißt eloquent?

Es stellt sich dabei um meinen Mund natürlich ein leichtes Kräuseln ein, ganz zu schweigen von meinen Augen, die dann so etwas Zeitlos-Bohrendes bekommen. Aber alles in allem ist es eine Lust für mich, heute noch zu lernen, denn auf den Schulen, auf allen, hab ich nichts gelernt. Das lag aber nicht an den Schulen, nicht an den Lehrern, sondern einzig und allein an mir, und ich kann es mir heute leisten, es einfach so zu sagen, also alles auf mich zu schieben. Ich hatte anderes im Kopf, Pardon, anderes in den Beinen, in den Lenden, im Magen und in meinem Herzen, nichts Besseres, nur anderes. Schon in der evangelischen Volksschule am Kastei in Moers konnte ich auf verschiedene Fragen nur ganz verschiedene Antworten geben und mich immer nur leicht achselzuckend aus der Schlinge ziehen. Als ich einmal im Naturkundeunterricht, so hieß das damals, der Name der Lehrerin ist mir entfallen, ich glaube, sie hieß so, wie sie aussah, als ich also diverse Blättersorten aufzählen sollte, Blätter, die wir alle schon gehabt hatten, und meistens redet der Schüler sich ja damit heraus, indem er einfach sagt, das haben wir noch nicht oder noch nie gehabt, sagte ich jedenfalls mit erhobenem Haupt, wohl wissend, daß ich mich damit in eine Sackgasse begab, aber es hatte so etwas von einem heroischen Ironismus, sagte ich:
Es gibt grüne Blätter, gelbe Blätter, rote Blätter und braune Blätter und setzte mich wieder, als hätte ich gerade ein ganz neues Denken und Fühlen in die Welt gesetzt. Von der Lehrerin kam keine Silbe. Die Klasse grinste. Ich hielt es für angebracht, ganz ernst zu bleiben, damit es so aussah, als hätte ich mir diese ganz neue Erkenntnis tagelang erarbeitet. Fortan wurde ich im Naturkundeunterricht in Ruhe gelassen. Das Fräulein hatte eingesehen, daß man mir mit so simplen Fragen nicht kommen durfte. Und ich bekam dennoch eine Zwei im Zeugnis. Merkwürdig. Natürlich wußte ich, daß das auf die Dauer nicht gutgehen konnte, und deshalb gewöhnte ich mir, auch später auf dem Gymnasium Adolfinum, so ein irritierendes Timing an, und zwar ein halbes Jahr lernte ich wie verrückt und dann wieder ein halbes Jahr nicht. Sie müssen nun nicht denken, daß ich der typische Pennälerflegel war. Keineswegs. Ich war ein stiller, ordentlicher Junge, leicht rötlichblondes Haar, ganz sanfte hellbraune Augen, ein paar Sommersprossen, nicht hübsch, aber komisch. Aber ich muß schon sehr introvertiert geguckt haben. Auch Lehrer Wolf, der auf der Rheinbergerstraße wohnte und immer einen zeitlosen grünen

Lodenmantel anhatte und bei dem wir immer »Jesu, geh voran, auf der Lebensbahn« gesungen haben, war immer sehr lieb zu mir. Es wagte keiner mir ein Leids anzutun. Lehrer Wolf hat mich jedenfalls nicht am Ohr durch den Klassenraum gezogen. Er hat es nicht gewagt, bei mir seinen Spruch anzubringen:

Geht ein Mann durch Syrerland, führt ein Kamel am Halfterband.

Ach, was war das doch für eine dumme Welt. Unsere Volksschule lag direkt neben der katholischen Volksschule, aber die Schulhöfe waren durch einen Drahtzaun getrennt, und in der großen Pause hingen von beiden Seiten die Schüler und Schülerinnen an dem Drahtzaun und beschimpften und bespuckten sich. Da kam das dann alles raus, was die Eltern ihren Kindern mit auf den Weg gegeben hatten, eben nicht nur Butterbrote, sondern Vorurteile und Verteufelungen. Und auf dem Heimweg gab es oft Schlägereien, denen man sich nur durch frühzeitige Flucht entziehen konnte, oder ich guckte von ganz weitem zu, wie die Tornister auf das Trottoir geknallt wurden, und es war schrecklich für mich anzusehen, wie sich da manchmal sogar Freunde schlugen und schließlich mit Nasenbluten heulend nach Hause liefen. Idiotisch. Einmal war man auch hinter mir her, aber ich konnte in letzter Sekunde unsere Haustür in der Lessingstraße 1 erreichen und dieselbe meinen Verfolgern vor der Nase zuknallen. Am nächsten Tag ging man dann wieder zusammen in die Schule und hat sich auf dem Hinweg Geschichten erzählt. Schlägereien gabs meistens erst auf dem Rückweg. Was ist das? Deutsch? Hildebrand und Hadubrand? Ich weiß es nicht. Ich hab immer gedacht, jetzt wissen sie alle soviel, aber die wichtigste Sache lernen sie immer erst, wenn es zu spät ist, nämlich sich in den Arm zu nehmen und zusammen durch die Welt zu ziehen. Ich weiß, ich weiß, es ist dies alles schon sehr lange her, und kein evangelischer Schüler hängt heute an einem Schulhofzaun und beschimpft und bespuckt dort einen katholischen Schüler. Aber für mich gingen damals die ersten Risse durch die Welt, das heißt zuerst durch mein Herz und dann durch die Welt, von der ich natürlich noch keine Ahnung hatte. Ich wollte immer, daß alle an einem Tisch sitzen und sich alte Witze erzählen, und jeder kann kommen und gehen, wann und wie er will, und kann denken, wie er mag, und essen und trinken auch, und wenn er Hilfe braucht, dann wird ihm geholfen, und wenn wir in Not sind, dann hilft er uns. Was soll denn der Chirurg machen, dem nachts um halb drei ein schwerverletzter katholischer Kommunist oder ein evangelischer Kapitalist auf den Operationstisch gelegt wird? Na, also! All das muß damals schon mächtig in meinem kleinen Kopf herumgegangen sein, wahrscheinlich weil es mir immer selbst darum ging, angenommen zu werden. Ich kann mich mit dem größten Gesindel an einen Tisch setzen, wenn das Gesindel sanft ist. Aber das kommt alles daher, weil ich ja selbst eine unvollständige Kreatur bin, mit meinen großartigen Füßen, die so klein sind, daß ich bei einem Schuhkauf oft mehrere Tage brauche, manchmal Monate, weil die Schuhe extra aus der Schweiz oder aus Italien kommen müssen, Und in die sogenannte evangelische Volksschule wurde ich oft regelrecht hineingefahren, mit meinen Gipsbeinen, und kämpfte dort um meine erste Liebe. Sie hieß Ortrud Schmitz, war die Tochter eines Studienrats vom Lyzeum, eine Schülerinnenschönheit, und Ortrud Schmitz ging oft neben dem Kinderwagen her, in dem meine Mutter mich zur Schule brachte, und ich war stolz und verlegen zugleich, und meine Mutter lachte immer, wenn ich ihr sagte, daß Ortrud Schmitz meine ganz große Liebe sei. Ich war damals acht Jahre alt und schon voller Gefühle, romantisch und ganz platonisch, und ich merkte und spürte ganz deutlich meine herzzerreißende Neigung zu schönen Mädchen, und gleichzeitig fühlte ich meine riesengroße Angst, nicht angenommen zu werden. Ortrud Schmitz sah aus, wie eine Märchenprinzessin aussehen muß, Margot Göbel dagegen sah immer frech und leichtsinnig aus, aber nicht uninteressant. Aber Ortrud Schmitz hatte doch meine größere Liebe, während Margot Göbel wohl mehr ein Seitensprung gewesen wäre. Aber beide waren natürlich für mich unerreichbar, weil ich immer im Sportwagen saß und in der Pause in der Klasse blieb und von dort auf den Schulhof sah, wo sich Ortrud Schmitz und Margot Göbel mit den anderen Mädchen unterhielten und die evangelischen und katholischen Schüler Dreißigjährigen Krieg spielten. Die evangelische und katholische Volksschule am Kastei in Moers, die gibts heute nicht mehr. Da ist jetzt ein großer Parkplatz. Auch nicht schlecht. Aber vielleicht kann man da mal ein schönes, grünes Plätzchen draus machen, mit ein paar Bänken, einem Springbrunnen. Ein bißchen was zum Ausruhen gehört dahin. Genau zwischen die katholische und evangelische Kirche gehört ein bißchen was zum Ausruhen. Es ist ja sonst noch alles da. Das Schloß, das Landratsamt, die Sozietät, die kleine Straße, in der die Lüsebrinks mit ihrer schönen Tochter gewohnt haben. Ich kann sie hier nicht alle aufzählen, die Albecks und die Angerhausens, die Küppers und die Sempels, die Peschkens und die Pannens und den weißblonden Sohn des katholischen Küsters und den Imhorstschen Laden.

De Stadtgraben haben se zugeschütt
Un de Schwän abgeschafft
Un de Altstadt sind se auch am zerstückeln

Aber als noch der dicke Holtmann
Im Blauen Affen
Auf dat alte Klavier rumklimperte
Un man bei lmhorst von de Schul aus
Noch Studentenfutter kriegen konnte
Un wir in de Schloßpark
Einfach so auf de Bank saßen un Lakritz kauten
Un Schäumkes zogen aus so kleine Fläschkes

Un als noch Ass Düntschen
Der hatte son Augenklapp wie ne Pirat

Zu uns sachte
Nu geht ma na Haus

Da waren wer eigentlich überall
In Amerika un in Rußland
In de Wüste un auf dem einen Ozean
Wo immer de Rhein reinfließt
Heut is doch de Welt mit Brettern zugenagelt
Weil man überall hinkann
Un doch nirgends is

Meinzeit
Als noch de Kopp voll krumme Gedanken war
Da waren wer eigentlich älter als heut
Aber wat willze machen

Morgen fracht da kein Mensch mehr nach
Aber vielleicht frachse dich ma selbst
Bevor de nach Bett gehst
Wie et dir geht
Dann kommsse schon wieder en Stücksken weiter
Un sach ich hätt et gesacht.

Als ich mit knapp zehn Jahren in Moers das Gymnasium Adolfinum betrat, war meine Mutter gerade aus dem Wasserbett der Universitätsklinik in Bonn nach Hause zurückgekehrt, und ich bekam eine schwarze Sextaner-Schirmmütze, und alles guckte natürlich nun voller Erwartung auf mich. Aber ich sagte mir beiseite, wenn du die ersten Volksschuljahre mit Ach und Krach hinter dich gebracht hast, dann wirst du auch die Jahre auf einer sogenannten höheren Schule mit Hangen und Bangen oder auf Biegen und Brechen hinter dich bringen, und ich saß in der Bank neben meinem Freund Helmut Czischke, neben dem ich auf Wunsch auch schon immer in der Volksschule gesessen hatte, und ich guckte nach vorne und war sehr gespannt, denn jetzt sollte ja alles viel schwerer werden, hatte mein Vater gesagt, aber ich merkte schon von Anfang an, daß auch diese Schule mich nicht umwarf, mich nicht faszinierte, und ich machte brav das, was gemacht werden mußte, wußte nie genau, wohin alles lief, ließ mich treiben und ging den Dingen nach, meiner Musik, meiner Poesie, meinen kleinen Expeditionen in unbekannte Regionen. Natürlich mußte ich meine Schularbeiten machen, und ich machte sie auch immer, ich war ja kein Wolkenkuckuckskind, wie vielleicht mancher annehmen möchte, nein, ich wußte schon, worum es ging, und strengte mich manchmal sogar an, aber es langweilte mich. Ich brauchte immer erst einen charismatischen Lehrer, bis mein Kopf sich entzündete, Lehrer, bei denen ich mich geschämt hätte, wenn ichs nicht gewußt hätte. Aber sonst. Später habe ich ja geschrieben:
Ach, schick doch dein Kind auf ein humanistisches Gymnasium, mens sana in corpore sano sanatorium, da lernt es was, da hat es was, da wird es was, da ist es was, ja, das macht Spaß. Denn man weiß ja nicht die Zeiten, wenn man so darüber nachdenkt, und außerdem das Musische, das Platonische, das Pentatonische und das Chronische, es sollen ja auch die Kinder heutzutage vom Altertum, und überhaupt das Logische beim Lateinischen als Grundlage, als

Grundlage für all die anderen Sprachen einerseits, und außerdem die Fremdwörter, die hat man ja doch überall, beispielsweise als Jurist und als Dentist, als Marxist und Egoist, und sehn Sie mal die Atmosphäre und dieser Untergang von Rom, und auch für Kunst und Wissenschaft und Sophokles und Sokrates, ich sage immer, wenns nur ein Hauch ist, son kleiner Hauch von der Antike, das macht doch erst den Menschen aus, so ein kleiner Hauch aus Mazedonien, oder Cicero und die Grammatik oder ora et labora, und Perikles und Alkibiades und Demosthenes und Euripides, und auf dem Lateinischen, da baut sich ja alles auf (sagt man doch auch immer: Wer Lateinisch kann, kann auch Französisch!), da baut sich alles auf das Italienische und das Spanische, das Portugiesische und das Rumänische, das gibt doch gleich einen ganz anderen Blick, ach, schick doch dein Kind auf ein humanistisches Gymnasium, wenn es nur mal so den Atem spürt, wie das alles so zusammenhängt und auseinanderfällt, und den Rücken jetzt kräftig strecken, und die Arme hoch, dann hat man doch gleich dieses abendländische Gefühl vom wieder Werden und wieder Sterben, und wieder Wechselschritt und wieder hoch das Bein, und später hat man dann so einen richtigen, so einen wichtigen Begriff davon, dieses ganze, na, wie soll ichs ausdrücken, dieses ganze große Griechentum von der Pike auf, richtig schön ist das, ja man müßte noch mal selber jung sein, das Gehirnchen ölen und auch sprachlich, diese ganze Disziplin, mal ganz abgesehen vom ideellen Wert, der dahinter und auch da drin steckt, mein ich wenigstens, nur ein Spritzerchen von dem Odysseus und der Akropolis über Stock und Stein, ist ja auch heute noch die Ausgangsstellung, dieses Innere sich selbst Bezwingende und auch Dichtende und auch Singende, mein ich immer, wenn man später dann auch was andres wird und mal untergeht, das macht dann nichts, man hat jedenfalls davon gehört, wie man Troja auf die beste Art zerstört!

Genauso und nicht anders hatte es mein Vater gehört, als er sich aufmachte, um überall zu fragen, ob es denn einen Sinn hätte, den Jungen, also mich, auf ein humanistisches Gymnasium zu tun. Aber natürlich hatte es einen Sinn, Herr Vater, aber natürlich einen ganz anderen Sinn, als den, den du gesucht hast. Ich weiß heute, daß Humanismus eine feine Sache ist, aber dafür muß man keine höhere Schule besuchen. Aber vielleicht muß man sie doch besuchen, um dahinterzukommen, oder man besucht sie, um einfach was Neues zu sehen und zu hören, um Atmosphäre zu schnuppern, um Sprache zu schmecken, ohne abzuheben, ohne sich gleich die römische Toga um den Leib zu werfen, sondern einfach mehr als Spiel auf dem Wege zur Philosophie. Philosophie muß bei mir dabei sein. Eine Politik ohne Philosophie: spießig. Eine Wirtschaftslehre ohne Philosophie: Finger davon. In den naturwissenschaftlichen Fächern war ich dementsprechend von Anfang an unten durch. Aber das hat mich nie gestört. Ich hab fleißig bis zum Abitur meine Mathematikarbeiten in den Sand gesetzt. Es war nichts zu machen. Für Mathematik und Physik war ich völlig unbrauchbar, für Chemie ebenfalls, ich schwamm auf all diesen Gebieten völlig verloren herum, schrieb zur Freude meiner Klasse ganze Tafeln voll mit falschen Formeln, gab Klassenarbeiten, ohne eine Zahl hingeschrieben zu haben, einfach und stoisch ab, machte mir im Laufe der Jahre nichts mehr draus, selbst Geometrie, wo es ja noch ein bißchen formal und ästhetisch zugeht, war keine Musik für mich. Ich war überhaupt, um es noch mal zu schreiben und zu sagen, ein schlechter Schüler. Heute noch denke ich manchmal, wie bist du nur da durch gekommen, du mußt eine Muse oder einen Schutzengel gehabt haben. Dabei hatte ich nur mich und meine Freunde. Mein Vater konnte mir nicht helfen, denn er hatte nur eine Volksschule besucht, aber er lief ab und zu, glaube ich, der arme Mann, zum Direktor, dem Professor Dr. Friedrich Heinz, der so ein deutschnationaler Charakterfürst war, mit leicht vorgeschobenem Kinn, einem Gibraltarkinn, wie ich es mal beschrieben habe, der immer bei Umzügen in voller Uniform, mit Pickelhaube auf, voranmarschierte, da ging mein Vater manchmal hin, zum Direx Heinz, der so aussah wie Erich von Stroheim, und meine Mutter hatte sogar für den jüngsten Sohn ein Jäckchen und ein Mützchen gestrickt, so was machte meine Mutter immer und war auch dafür stadtbekannt, und der gefürchtete Direx war dann meinem Vater sehr gewogen und ließ wohl, was mich betraf, ein paarmal Gnade vor Recht ergehen, und mein Vater sagte dann immer, wenn er nicht zum Professor Heinz gegangen wäre, na, dann gute Nacht, mein Sohn. Und dann sagte er auch immer einen ganz blödsinnigen Satz zu mir:

Wenn du es nicht verstehst, dann lern es wenigstens auswendig.

In der Mathematik brauchte ich nichts auswendig zu lernen, denn da drehte ich den Spieß immer um und schrieb mir mit meiner Phantasie ganze Mammutaufgaben zusammen, die kein Mensch verstand, selbst die besten Mathematiker nicht, nur ich. Und ausgerechnet bei einem meiner wenigen Lieblingslehrer mußte ich meine Phantasie aufs radikalste vorantreiben. Er hieß Rudolf Gebühr, gab Mathematik und Physik bei uns, war ein sehr strenger Lehrer, aber beeindruckend durch seine Selbstdisziplin, sagte nie »Heil Hitler«, sondern immer nur »Heil«, oder hob nur die Hand und sagte gar nichts, trug immer einen grünen Lodenjagdmantel, ging ständig mit seinen Jagdhunden spazieren, war wohl ein Patriot und Freidenker, aber kein Nazi, das wäre bei ihm gar nicht gegangen, hatte zwei Söhne und eine Tochter und eine Frau, die sich um alles sorgte und ständig lief und rief und eine Schwester von der Frau Scheibner aus der Lessingstraße war, dieser Rudolf Gebühr, elitär in seiner Haltung, aber zwischen den Augen doch ein bißchen weich, dieser Mann, der noch für mich eine wichtige Entscheidung fällen sollte, übrigens wußte er genau, wo er bei mir dran war, dieser Mann holte mich eines Tages im Mathematikunterricht an die Tafel, und ich sollte schriftlich eine Aufgabe mit x und y und hoch zwei und minus a-Quadrat und so weiter, man kennt das ja, an der Tafel lösen. Nichts leichter als das, sagte ich mir, und begann zu schreiben. Rudolf Gebühr, der wohl auch mit Otto Gebühr, dem damals allseits beliebten Schauspieler, der immer wieder den Alten Fritzen spielen mußte, damit jeder Deutsche auch wußte, wie der Alte Fritz wirklich ausgesehen hat, verwandt war, Rudolf Gebühr stellte sich etwas seitlich der Tafel auf, hatte die Klasse und mich fest im Blick, stand eisern an seinem Platz, wippte nur ein bißchen auf den Zehenspitzen rauf und runter, als wollte er sagen, Kinder, jetzt gibts ein Schauspiel, paßt alle auf, wie der Hüsch sich über uns und die Welt hinwegsetzt. Das hat er natürlich damals nicht gedacht, das hab ich jetzt dazugemacht, aber seine Haltung hatte schon etwas Ironisches, hatte dieses Mokant-Friderizianische, und so etwas fand ich immer hinreißend, jedenfalls es gefiel mir, auch wenn es in dem Augenblick gegen mich gerichtet war. Ich schrieb also die Tafel ganz voll mit Zahlen und Formeln, nichts stimmte, es war eine reine Phantasie-Geschichte, aber es sah toll aus, wie eine Partitur, nach der keiner spielen konnte. Nur ich. Ich ging eben einen anderen Weg, und zwar den über die Phantasie, und war felsenfest davon überzeugt, eines Tages zu demselben Ergebnis zu kommen, wenn ich nur genug Tafeln gehabt hätte, um alles aufzuschreiben. Es muß da irgendwo eine Logik zwischen Mathematik und Musik geben, zwischen Lyrik und Geometrie, die ich nur durch endloses Aufschreiben von Zahlen und Formeln eines Tages

erreichen kann. Und mit dieser selbstbewußten Haltung legte ich, nachdem ich die Tafel restlos vollgeschrieben hatte, die Kreide in den Kasten, klatschte ein paarmal locker die Hände zusammen, um den Kreidestaub von den Fingern zu kriegen, und guckte dann, wissend, daß ich der Zeit weit voraus war, Rudolf Gebühr an, und der guckte mich an, dann guckte er zu Boden, dann guckte er die Klasse an, die Klasse wieherte, dann guckte er mich wieder an, als wolle er mir den Nobelpreis überreichen, und sagte endlich:
Hüsch, Sie Roß, setzen!
Die Klasse lachte laut auf. Ich hatte einen Auftritt. Ich wars zufrieden. Ich hatte ein Bild gemalt, eine Irritation, Lehrer und Klasse waren in ihren Gewohnheiten unterbrochen worden, und obwohl meine Note dadurch nicht besser wurde, ich hatte mit meiner Phantasie Neuland hergestellt, ich war der Abenteurer, und die Klassenfreunde nannten mich »Spinner«, und ich weiß nicht, was Rudolf Gebühr damals wirklich gedacht hat, aber es hat ihn sicherlich amüsiert, es muß ihn amüsiert haben, denn er ließ mich ja drauflosschreiben, bis die Tafel voll war. Er hat mich dann auch durchs Abitur gebracht, und zwar war das so, und daran glaube ich ganz fest, als sein Lieblingssohn in Rußland fiel, verlor er jede Strenge, jede Haltung, war kein gebrochener, aber ein geschlagener Mann, ließ den Unterricht laufen, wie er gerade lief, jeder konnte lernen oder nicht lernen, wie er gerade lustig war, Rudolf Gebühr war nicht mehr anwesend, hatte nichts von stolzer Trauer, wie es ja die Nazis infam formulierten, er war fertig mit dem Leben, und wir Schüler, wir Kinder, wir spürten das. Wir trauerten mit ihm, er sah uns an, und wir sahen ihn an, und es gab auch keine schlechten Noten mehr, weil er darin keinen Sinn mehr sah, denn jeder von uns konnte ja nun jeden Tag sein Leben verlieren. Und so bekam ich in Mathematik ein Mangelhaft und in Physik ein Ausreichend und bestand somit die Reifeprüfung und war fortan ein Humanist mit dummem Zeug im Kopf. Und das ist auch bis auf den heutigen Tag so geblieben. Als ich von Studienrat Kickartz einmal im Geschichtsunterricht danach gefragt wurde, wohin denn wohl der Große Kurfürst damals die Schweden verfolgt und vertrieben habe, sagte ich: »Nun ja, er trieb sie immer weiter.« Darauf Kicki, so nannten wir unseren Geschichtslehrer, ja, aber wohin? Darauf ich: »Nun ja, immer weiter.« Aber wohin? »Einfach immer weiter, immer weiter.« Darauf kam der Herr

Studienrat Kickartz vom Pult angeflogen und verpaßte mir zwei, drei Kopfnüsse, daß es nur so krachte. Aber mir machte das nichts. Ich hatte eine glänzende Unterhaltung in Gang gebracht und sagte in der Pause zu meinen Freunden:

Kopfnüsse kommen, Kopfnüsse gehen, aber der Große Kurfürst bleibt ewig bestehen.

Die Klasse war natürlich immer begeistert und lauerte geradezu auf neue Zwischenfälle. Mit meinem Englischlehrer, der an unserer Schule der einzige Demokrat war und das auch nicht versteckte, konnte ich es sehr gut. Es war eine Art Haßliebe. Er hieß Heymann und wohnte auch in der Lessingstraße. Hatte einen Sohn, der später zum Theater ging, und eine Tochter, namens Dorli, die wahnsinnig gut Tennis spielte, und eine Frau, die auch nach Künstlerin aussah, also die ganze Familie hatte so was Flippiges, und das war für die damalige Zeit sehr ungewöhnlich, dazu noch in Moers. Aber ich fand das toll. Ich weiß gar nicht mehr genau, ob die Heymanns sich mit y oder mit i schrieben. Macht ja nichts. Ich schreibe es so auf, wie ich es weiß, und bleibe jetzt bei dem y. Und mit meinem Englisch war das so eine Geschichte, eigentlich wie in allen Fächern mal gut, mal schlecht, aufgrund meines interesselosen Wohlverhaltens. Aber mit dieser Einstellung war mein Englischlehrer nicht zufrieden. Er verlangte mehr von mir und schaffte das auch mit Hilfe eines Tricks: Er ließ mich links liegen. Und das gefiel mir nicht. Also fing ich eines Tages an zu pauken und meldete mich wie verrückt, kam aber nicht dran. Extra. Gut, dann spielte ich wieder den Teilnahmslosen, meldete mich nicht, und eines Tages nahm er mich dran, und ich rasselte die Grammatikparagraphen so schnell runter, daß ihm Hören und Sehen verging. Und so machten wir dauernd unsere Spielchen, wobei er eigentlich der Sieger blieb, denn zuletzt konnte ich alles, nur um ihn immer wieder reinzulegen, und manchmal, wenns besonders schwierig war, fragte er nur noch mich, denn er wußte inzwischen genau, daß er sich auf mich verlassen konnte. Er kam auch in die Klasse mit dem Satz:

Die Rose blüht, der Dorn, der sticht, wer früh bezahlt, vergißt es nicht, Heil Hitler, wir schreiben eine Arbeit!

Er war wirklich der einzige Demokrat an unserer Schule, und er brachte uns die »dirty sounds« in der englischen Sprache bei und mahnte uns, im

Englischen möglichst viel zu binden: Thatitmightappear. Eines Tages bekam er im Nacken ein bösartiges Geschwür, furunkelähnlich, gab keinen Unterricht mehr und verließ die Schule. Ich habe ihn nicht mehr gesehen. Die anderen Lehrer waren meist deutschkonservativ oder der Dinge müde. Viele hatten schon resigniert, hielten den Mund, waren auch zu unbeholfen, um mit den Nazitypen fertig zu werden. Selbst unser langjähriger Klassenlehrer, den wir Kinder sehr liebten, weil er so burschikos und locker mit uns umging, obwohl wir ihn den »Tod auf Sokken« nannten, denn er war eigentlich nur ein Skelett mit Haut, war ein dicker Nazi. Und bei Feiern und festlichen Anlässen erschien er in SA-Uniform mit Braunhemd, Koppel, Breecheshosen und hochgeschlossenen Schnürstiefeln, die reine Karikatur, und er war es auch, der uns, wenn man uns in der Pause beim Rauchen erwischt hatte, erzählte, daß es jetzt überall Arbeitslager gäbe, in denen lichtscheues Gesindel arbeiten müsse, und die schlimmste Bestrafung dort sei das Rauchverbot, damit wir Bescheid wüßten. Wir wußten natürlich nicht Bescheid, aber durch die katholischen Schüler, die wußten durch ihre Eltern immer etwas mehr als wir evangelischen Schüler, erfuhren wir dann schon einiges von den »Arbeitslagern« mit dem »Rauchverbot«. Und wir lernten Sprüche, wie« »Führer befiehl, die Folgen tragen wir.« Oder: »Heil Hitler! Heil du ihn doch.« Und in der Stadt sagte man, daß die Emmi Leiser jetzt auch nach Holland sei, und was sich die Moerser alles erzählten, nur um nur gar nichts zu sehen. Und wir Schüler mochten einfach diesen ganzen Nazigestank mit Zucht und Ordnung, Deutschtümelei und Intoleranz, Uniformkitsch und Marschmusik nicht, wir lehnten das fast dandyhaft ab, aber es war alles sehr unausgegoren, so wie wir ja Goethe auch ablehnten und Jazzmusik wollten und nachmittags Hilversum II hörten. Und in die Tanzstunde gingen. Und da war ich immer der letzte. Bei der Damenwahl. Überhaupt die Tanzstunde, meine Tanzstunde, da könnte man einen Film draus machen, von einem, der auszog, das Tanzen zu lernen, sich aber frühzeitig wieder auf den Heimweg machte. Na ja, es war eben nichts, obwohl ich heute ein flotter Tänzer bin, beim Swing, sonst passe ich auch, muß ich passen, beim Walzer oder Tango, aber beim Swing, je beatiger, desto besser für mich, und ich führe meine Partnerin hin, wohin sie will, weil, ich tanze sehr musikalisch, rhythmisch. Die meisten tanzen gar nicht richtig, nicht musikalisch, sondern müde, ohne Akzente, ich nicht. Ich wäre ja auch gern Tänzer geworden. Jazztänzer. Aber meine Tanzstunde als Schüler, eine kleine Tragödie. Und ich habe mich wirklich angestrengt, fleißig geübt und immer schön angezogen, aber es war eben meine Jugend mit meinen Füßen. Und der dicke Holtmann am Klavier hat immer wunderbar gespielt, und er war ja auch so ein Einzelgänger, wohl weil er so dick war. Meine Schwierigkeit war ja immer die Balance. Aber auch meine Schüchternheit. Und wenn Damenwahl war, kam ich nie dran, blieb ich immer sitzen. Und wenn die Herren wählen durften, hab ich mir immer das Mädchen geholt, das bei den Damen sitzen geblieben war, damit konnte ich das Schicksal ein bißchen ausgleichen. Aber ich bin dann zuletzt nicht mehr hingegangen. Ich war das Spielchen leid. Ich wußte schon, wo ich hingehörte. Zu mir. Das soll nicht heißen, daß ich mich nicht ständig verliebte. Meine große Schüler- und Jugendliebe hieß Hella Becker, die lief aber mit dem Horst Billig immer über den Moerser Damm, und mein Freund Helmut Czischke und ich konnten sie immer nur von weitem beobachten, und wir wußten auch, daß da nichts zu machen war. Hella Becker hatte ein wunderschönes Gesicht, und ihre dunkelblonden Zöpfe trug sie schneckenartig um den Kopf, sie hatte blaue Augen und eine leicht protestantische Ausstrahlung und war einfach eine Anselm-Feuerbach-Schönheit, ein bißchen unnahbar, wenigstens für mich. Gleichviel habe ich ihr eine verrückte Komposition, die natürlich kein Mensch spielen konnte, geschrieben, und abends bin ich ihr mal mit der Kreisbahn bis nach Baerl nachgefahren. Sie stand vorne und ich hinten im Wagen, und in Baerl stieg sie aus und lief in die Dunkelheit hinein, und ich stand da und bin mit dem nächsten Gegenzug wieder zurückgefahren. Aber das Herz voll Gefühl und den Kopf voll Musik, und heute behaupte ich noch, daß es keine verlorene Zeit war. Und neulich erfuhr ich, daß Hella Becker die Tante eines Schwiegersohnes der weltberühmten Kabarettistin Lore Lorentz ist, mit der ich wiederum sehr befreundet bin. So schließen sich die Kreise. Kein Schritt war umsonst, kein Gedanke vergebens, kein Gefühl »dumme Quatsch«. Auch meine verlorene Tanzstunde, die mich damals so sehr in meinem kleinen Leben zurückwarf, war keine eindeutige Niederlage. Goethe hat recht, und wenn es sich noch so masochistisch anhört, wenn er sagt: »Leiden gibt dem Gemüt doppeltes Streben und Kraft.« »Dumme Quatsch«, wie der Niederrheiner sagt, ist und wird alles erst, wenn man nichts daraus macht. Und wir machten was daraus, meine Freunde und ich, wir trafen uns jeden Nachmittag im Café“ Bongert, und zwar im hinteren Teil, machten dort unsere Schularbeiten, gingen anschließend die Rennbahn auf und ab, vom Grafschafter Kino bis zum Rheingold-Kino und zurück, hin und her, auf und ab, bis es dunkel wurde, und verabschiedeten uns am Königlichen Hof und kamen uns vor wie die Könige, denn wir dachten ja noch, das Leben würde immer so weitergehen, und auf der Uerdingerstraße 21 war ich ja gut aufgehoben mit all meinen Sachen und Geschichten, und wenn meine Füße im Winter an den Gelenken schmerzten, dann nahm sich Tante Liese die Füße vor und rieb sie mit Franzbranntwein ein. Ohne Tante Liese hätte ich meine Jungensjahre gar nicht so gut überstanden, Sie konnte mir zwar nicht bei den Schularbeiten helfen, aber sonst war sie immer in meiner Nähe und machte sich Gedanken, ob aus mir wohl was werden würde. Und was wohl geschehe, wenn sie mal nicht mehr sei, und ob ich dann wohl auch genug zu essen hätte und auch immer warm angezogen sei, und ich solle auch immer schön aufpassen, es sei nicht alles Gold, was glänze, und draußen wäre die Welt noch schlechter, ich sollte am besten schön zu Haus bleiben, dann würd auch nichts passieren. Und so vergingen die Jahre. Die Deutschen gewannen einen Krieg nach dem anderen. Die alten Veteranen liefen alle fünf Minuten zu den öffentlichen Schaukästen, um nachzusehen, ob wieder ein Blitzsieg gemeldet worden sei und ein kleines Fähnchen die Landkarte neu verziere. Und ob der Führer wieder recht gehabt habe, nur möge er die Finger von Rußland lassen, da sei doch schon der Napoleon vor die Hunde gegangen, so klug würde ja der Führer wohl sein, da er der größte Feldherr aller Zeiten sei, und er müsse das wohl auch am besten selbst wissen, besser als unsereiner, der ja nur ein kleiner Mann sei. So wurde ja überall geredet, auch in Moers. Und wir Kinder, wir Jungens, wußten noch immer nicht alles ganz genau. Nur daß unser Schulfreund Baer, der Sohn des jüdischen Arztes Baer, von Primanern auf dem Schulhof umringt und im Kreise angespuckt worden war, der kleine Schüler, der sich ängstlich an einen Baum drückte und weiter verlacht, verhöhnt und angespuckt wurde, bis schließlich der mutige Kaplan Peus herangeflogen kam, sich dazwischenstürzte, die Primaner auseinandertrieb und den geschockten Jungen nach Hause brachte, das hatten wir mitbekommen, und ich hatte erfahren, daß die Nazis

Dichter, Maler und Musiker verfolgten, verjagten und ermordeten, nur weil ihre Kunst den Nazis nicht paßte. Und daß die Nazis keine andere Meinung gelten ließen und Volksverräter ins Konzentrationslager schickten. Und ich träumte in meinem kleinen Gehirn genau vom Gegenteil, von Toleranz, Freiheit des Andersdenkenden und vollkommener Rede- und Meinungsfreiheit. Weg mit den Uniformen. Ich wollte ein Leben unter Zivilisten. 1941 heiratete mein Vater wieder, und es begann für mich keine schwere, aber eine schwierige Zeit. Einerseits wollte ich nicht weg von der Uerdingerstraße 21, von Tante Liese und Onkel Hein, von dem Liskenschen Haus, und andererseits wollte ich kein neues Leben mit einer neuen Frau, mit einer neuen Mutter, sie hieß Sophie und war eine merkwürdige Protestantin, der mein Vater wohl unter Beihilfe ihrer Verwandten direkt in die Arme gelaufen war, und wie das so ist, es ging alles sehr schnell, und Sophie brachte auch noch ihre Eltern mit, und so zog denn alles in die Gellertstraße 32, in den ersten Stock, in das Haus, in dem unten die Drießens wohnten. Der einzige Vorteil dieses Umzugs war für mich, daß ich nun bis zum Gymnasium Adolfinum nur um die Ecke mußte, aber sonst war es für mich ein Trauerspiel. Ich sehe mich noch mit Sack und Pack von der Uerdingerstraße 21 losziehen. Zu Fuß. Am Königlichen Hof vorbei, dann an Hegers Zigarrenpavillon vorbei, der ja mit seinem Hinterteil schon fast über dem Stadtgraben hing, rechts dann Radio Moseler, später dann das Waisenhaus, und dann am Adolfinum vorbei, in die Seminarstraße, in der Pastor von der Mühlen wohnte, bei dem ich im Katechumenen- und Konfirmandenunterricht war, dann aber doch von Erich Vowe konfirmiert wurde, von der Seminarstraße dann rechts in die Gellertstraße hinein, es war schon dunkel, und ich dachte, du mußt das jetzt machen, du bist jetzt dran, du hast nur dich, also komm, es wird schon gehen, du mußt das jetzt speichern, später kannst du dann all diese Gemütsbewegungen auf der Bühne wieder abrufen. Ich nenne so was immer Grünspan ansetzen. Und das hat bei mir schon ganz früh begonnen, und ist eine sehr gute Sache, im Augenblick des Erlebens weniger, aber später besitzt man eine Fülle von Erfahrungen, die für die eigene Haltung im Umgang mit Lebewesen aller Art sehr nützlich sein können. Zuerst ging natürlich alles noch ganz gut, ich nahm auch Rücksicht auf meinen Vater, ich hatte ein eigenes Zimmer mit Klavier, kann man nicht klagen, wirklich nicht, denn meine zweite Mutter wußte schon, daß ich ein schwieriger Brocken war, und ich will auf keinen Fall ihr alles in die Schuhe schieben, ich war nur einen anderen, einen wärmeren, einen ärmeren zwar, aber einen weicheren Ton gewöhnt, und jetzt kam sie mit so einer ganz neuen, pseudofreien, christlich-lockeren Pädagogik auf mich zu, sicher um mich zu gewinnen, ganz bestimmt sogar, aber sie konnte eben nicht mein Melos heraushören, meine Bescheidenheit, die aber faustdick hinter meinen beiden Ohren saß, und aus diesem Gestus heraus konnte ich mir erlauben, zunächst mal zu allem ja zu sagen, aber nö zu denken, das ist, ich konnte sie durchschauen, aber sie mich nicht. Natürlich hatte sie die Macht. Aber ja. Denn schließlich, als ich ihr nachmittags zuviel Jazz auf Hilversum II hörte, schloß sie mir einfach den Volksempfänger in ihren Schlafzimmerschrank ein, steckte den Schlüssel ein und ging in die Stadt. Aber auch das steckte ich stoisch weg. Und noch einmal, ich möchte sie nicht schlechtmachen, sondern nur mich ins rechte Zwielicht setzen, denn ich war ein Filou mit meinen sechzehn Jahren, aber auch immer noch abhängig von den warmen Küchentönen bei Tante Liese und Onkel Hein, und nun wollte ich meinem Vater die neue Ehe auch nicht kaputtmachen, so ging ich also mit, und nun saß ich da, hatte keinen Schlüssel und konnte keinen Jazz auf Hilversum II hören, um am nächsten Tag in der Schule mit meinen Freunden darüber zu reden. Da gab es nämlich gewaltige Auffassungsunterschiede, denn ich schwärmte neben den Holländern auch noch für das deutsche Tanzorchester unter Willi Stech, zum Entsetzen meiner Freunde. Zugegeben, deutsches Tanzorchester hört sich ein bißchen tümelnd an, aber die Jungs machten feinen Jazz mit Streichern, con sordino, mit Dämpfern, und spielten meistens Kompositionen von Georg Haentschel, Werner Eisbrenner, Horst Kudritzky und Willi Stech. Naja, ich hatte mir auch die Haare etwas länger wachsen lassen, war aber kein Bilderstürmer, sondern nur ein musischer Jüngling, der vieles für sich behalten mußte und schon früh onanierte, während die anderen Schulfreunde schon ständig von ihren Riesenabenteuern mit Mädchen erzählten und unzählige Witze kannten und immer so auftraten, als hätten sie an jedem Finger ein Mädchen oder als bräuchten sie nur mit dem Kopf zu winken und schon käm eine über die Straße und die Sache wäre geritzt, obwohl das natürlich auch meistens Angeberei war. Meistens. Aber nicht immer, zumindest gingen die Mädchen schon mal mit über die Rennbahn vom Grafschafter Kino bis zum

Rheingold-Kino und zurück. Aber Rolf Stedem, Robert Suhr und Gerwin Holtmann waren da besser dran, die wußten schon, wie man mit Mädchen umgeht, und hatten da einen ganz schönen Vorsprung, und wenn, dann konnte ich auch da immer nur den Schauspieler markieren und von meinen Phantastereien reden, was bei Mädchen nicht so gut ankommt. Natürlich gibts Ausnahmen, aber die bekommen wir erst später. Und ich hatte ja Zeit. Ganz komisch und ganz merkwürdig, ich habe immer das sichere Gefühl gehabt, daß alles noch kommt, daß mir nichts entgeht, daß sich die Dinge erfüllen, manchmal ein bißchen später als gewünscht, aber dafür dann um so gründlicher und tiefer. Aber zunächst lief man mal mit den Freunden durch Moers, blieb am Königlichen Hof immer eine Weile stehen, um sich zu verabschieden oder auf neue Freunde zu warten, und ging dann am Café Bongert vorbei, in dem man ja schon vorher stundenlang gesessen hatte, bis zum kleinen Marktplatz, dann am »Braunen Haus«, der Nazihochburg, direkt neben der evangelischen Kirche, vorbei, und dann am großen Markt vorbei, am Peschkenschen Haus vorbei in Richtung Steinschen, und dann wieder zurück. Jahrelang. An Rudolf Braun, dem jetzigen Textilimperium, vorbei. Rudolf Braun, der immer »Oh, Verzeihung« sagte und ein unendlicher Spaßmacher sein konnte, wenn er wollte, und mit seiner Gitarre später in unserem Club eine wichtige Rolle spielte. An Küppers, Rolf Küppers vorbei, dessen Bruder Helmut aus dem Krieg nicht nach Hause kam, Küppers, Uhren und Schmuck. Und dann auf der anderen Straßenseite das etwas zwielichtige Lokal »Der Blaue Affe« oder »Zum blauen Affen«, eine Mischung aus Ringelnatz und Professor Unrat, in dem der dicke Tanzstunden-Holtmann auch immer Klavier spielte. An dem Lokal gingen wir Schüler doch immer etwas schneller oder etwas langsamer vorbei, denn wir wußten nicht ganz genau, was sich da abspielte, aber wir hätten es gerne gewußt, denn dort gingen schon mal ganz kesse und freche und grellgeschminkte Damen ein und aus. Das machte mich wahnsinnig, und meine Augen konnten das kaum verarbeiten, weil sie alles mögliche dazusahen und weil ich mir dann die bizarrsten Geschichten dazuphantasierte. Schöne, aufregende Geschichten von leichtlebigen Damen und süchtigen Nächten. Aber in den »Blauen Affen« einfach mal reinzugehen, um mal zu gucken, was da wirklich läuft, das hätte ich nie gewagt. Wahrscheinlich war alles ganz harmlos, und mit mir gingen wieder mal die Pferde durch. Und wir gingen weiter, wieder zum Königlichen Hof, zum tausendsten Mal, vorbei an einem großen Bekleidungsgeschäft, dessen Namen mir jetzt nicht einfällt, aber dessen Chefin eine wunderschöne Frau war, die ein Verhältnis mit einem Chemiker hatte, der so ausgezeichnet Flöte spielen konnte. Ich hab nicht alle Einzelheiten behalten, aber doch vieles, was so durch oder über Moers schwirrte, elegante und weniger elegante Geschichten. Die schöne Frau Eichhorn, die Eichhorns-Frauen waren alle schön, aber die Jüngste, die Hohe, Schmale, war besonders schön und soll, so sagt der Moerser Volksmund, mal im Büro auf dem Tisch des Landrats getanzt haben. Wenn ja, warum nicht? Wenn nein, schade. Ich hätte das gerne gesehen, denn sie hatte so was, was nicht alle Nächte vorkommt. Aber manchmal sind solche Frauen ja auch elend dran, schön zwar, aber elend dran, denn sie brauchen immer jemand, der sie auffängt, wenn sie fallen. Und von den Männern gibt es nicht so viel. Ich bin so einer. Damals natürlich nicht. Damals war ich noch ein scheuer, sanfter Junge, der mit seinen Füßen zu tun hatte und sich überhaupt nicht vorstellen konnte, daß irgendein Mädchen sich für Hanns Dieter Hüsch interessieren könnte. Und so machte ich denn meine Schularbeiten recht und schlecht, bin zwar nicht sitzengeblieben, aber es war immer ein Zittern und Zagen, fast wie beim Stabhochsprung, wo man sich ängstlich umguckt, ob die Latte auch tatsächlich liegengeblieben ist. Und so kam denn das herbei, vor dem mich mein Vater ja schon jahrelang gewarnt hatte, das sogenannte Abitur oder auch die Reifeprüfung. Und das mitten im Krieg. Und zwar im Februar 1943. Es war ein Witz. Es war eine Posse. Aber es mußte gemacht werden. Und es ging auch ruckzuck. Keiner fiel durch. Die Lehrer wollten es auch schnell hinter sich bringen. Und abends feierten wir in Rheinberg ein großes Fest, das hatte Leo Feltes mit seinen Rheinberger Freunden organisiert, und das dauerte bis zum Morgen, und dann zogen wir zu Fuß die lange Straße von Rheinberg nach Moers zurück, nicht ahnend, daß schon wenige Monate später viele nicht mehr lebten und irgendwo in Rußland unter der Erde liegen sollten und nicht mal mehr dazu gekommen sind, sich zu fragen, wofür. Da weiß man dann nicht mehr weiter und bekommt eine irrsinnige Wut auf die Nazis und überhaupt auf alle, die meinen, daß man mit Kriegen die Welt verbessern kann. Ich sehe uns noch auf der langen Straße, neben mir ging mein guter Freund Rudolf Balters aus der Hopfenstraße, der mir so oft bei den Schularbeiten geholfen hatte, weil er von uns der beste Schüler war. Und es machte uns gar nichts aus an dem Morgen, völlig übermüdet, und ganz schön den Alkohol in Kopf und Beinen, kilometerweit zu marschieren, denn es konnte ja nichts schiefgehen, die Straße führte geradenwegs auf Moers zu. Wir mußten nur sehen, daß wir nicht über Moers hinausliefen, das hätte durchaus passieren können, denn wir redeten und sangen alles mögliche durcheinander, waren glücklich, endlich wer zu sein, nämlich Abiturienten, und meinten, die Welt jetzt in der Tasche zu haben. Und einige sehe ich ja heute noch, Rolf Backhaus, Helmut Frenzen, Franz Trüpel, Helmut Czischke, Hans-Peter Botz, Gerhard Pannen, Hans-Gerd Baum, Leo Feltes, Walter Böckenhoff, Otto Reuß. Der Himmel verzeihe mir, wenn ich hier jemanden vergesse, o weh! Dann kommen sie im nächsten Buch dran. Georg-Wilhelm Botz seh ich nicht mehr, Hans Lesaar und Tutti Imhof seh ich nicht mehr. Tutti Imhof, der kleine Bergmannssohn aus Kamp-Lintfort, der so ein richtiger Schüler nach meinem Geschmack war. In Musik und Zeichnen war er ein Genie, alles andere interessierte ihn nicht. Aber er spielte ein Klavier, und er konnte zeichnen! Und war ein ganz kleiner Bursche. Wenn er auf einem Klavierstuhl saß, kam er mit den Beinen nicht bis zum Boden. Er saß neben mir in einer Dreierbank: Tutti Imhof, ich und Helmut Czischke. Oft konnte ich Tutti Imhof bei einer Lateinarbeit Hilfestellung leisten, denn er hatte von diesen Dingen keine Ahnung, und er wurde manchmal nur versetzt, weil er in Musik und Zeichnen ein Genie war. Ein Kind mit dunklen Knopfaugen und einer fast weißen Haut spielte alle Impromptus von Franz Schubert wie ein Engel ohne Flügel und ging dann nach Rußland für Führer, Volk und Vaterland und liegt heute, zweimal verwest, im Lande der Tschaikowskis, Rimski-Korssakows und Borodins. Wenn man über die Stelle geht, wo die Erde ihn hat, müßte eigentlich Musik zu hören sein. Cornelius Peschken seh ich öfter noch und Pussy Rohde. Rudolf Balters seh ich nicht mehr. Hermann Achterberg auch nicht. Claus-Heinz Wehr seh ich manchmal, aber von vielen weiß ich gar nichts mehr. Alle sind dann ihren Weg gegangen, wie man sagt, haben Frauen und Kinder und Enkelkinder, gewinnen und verlieren sicher, wie wir alle. Ich war ja mit meinen Füßen »wehruntauglich« geschrieben worden und konnte so als erster von allen studieren. Allerdings mußte man, damit man den Soldaten zeitlich nicht allzuviel voraus war, einen sogenannten

Studentischen Ausgleichsdienst leisten, ableisten. Und das sah so aus: Alle Wehruntauglichen, ob Krüppel, herzkrank oder sonstwie unsoldatisch, mußten in Hannover-Herrenhausen einen Monat lang eine Luftschutzschule, zwecks Ausbildung in theoretischer und praktischer Brandbekämpfung, besuchen und wurden anschließend zur Mitarbeit für elf Monate auf die verschiedenen Luftschutzortsgruppen im Lande Niedersachsen verteilt. Schwachsinnig, aber es mußte gemacht werden, und mein ängstlicher Vater war auch dafür, also hab ich es gemacht, bin mit Sack und Pack nach Hannover-Herrenhausen, hatte in Duisburg auf dem Bahnhof schon Heimweh, und meine Tante Liese verdrückte sich ein Tränchen nach dem anderen, zumal ich inzwischen aus der Gellertstraße 32 von meiner zweiten Mutter wieder zurück zu Tante Liese und Onkel Hein in die Uerdingerstraße 21 gezogen war, es ging auf die Dauer doch nicht, und es war auch das Beste, was damals passieren konnte, denn die Vorstellungen vom Leben, die meine zweite Mutter, Sophie, aus ihrer Kindergärtnerinnenseele zu speisen pflegte, das waren doch nicht meine Vorstellungen, und mein armer Vater hat wohl da mal einen Strich ziehen müssen, obwohl ich heute befürchte, daß er damals gar nicht wußte, wo er dran war, und er hat ja auch in der Zeit seine ganzen Gefühle immer im verborgenen gehalten und nur ganz selten guten Freunden gesagt, daß er seine erste Frau, also meine Mutter, mal so gerne für fünf Minuten, nur für fünf Minuten, zurückhaben möchte, aber es war jetzt zu spät, aber so ist das. Tante Liese und Onkel Hein waren natürlich überglücklich, als ich zurückkam, und ich selbst wußte, daß ich jetzt wieder an dem Platz war, wo ich hingehörte. Und nun fuhr ich nach Hannover-Herrenhausen und mußte mich in Duisburg auf dem Bahnhof verabschieden, und das war gar nicht so einfach, denn ich war ja noch nie in die Fremde gefahren, und ich wußte, daß jetzt der Ernst des Lebens anfängt, aber ich hatte ja meine Reifeprüfung, was konnte da schon passieren, höchstens daß Tante Liese auch nicht ganz glücklich war. Ich hatte als Kind schon immer großes Heimweh gehabt, in Süchteln oder auch wenn mein Vater, nach dem Tode meiner Mutter, 1936 und 1937 mit mir in die Ferien fuhr. Einmal nach Detmold, um in die Nähe des Hermannsdenkmals zu gelangen, und ein andermal nach Tabarz in Thüringen, unweit von Gotha, Vollpension 6,35 Reichsmark. Ich wurde in Detmold wie in Tabarz sofort krank und war erst wieder richtig gesund, wenn ich zu Hause war. Das hat sich aber alles inzwischen gelegt. Heute schwanke ich oft zwischen Fernweh und Heimweh. Aber damals, katastrophal. Aber was sollte ich machen, der Zug fuhr aus dem Duisburger Bahnhof, Tante Liese wurde immer kleiner, und auf einmal war sie weg, und da saß ich da und guckte mir den Kohlenpott vom Zug aus an und dachte mir, na ja, du wirst ja sehen, und aß mir ein Butterbrot und dann einen Apfel, denn Tante Liese hatte mir die Taschen wieder bis oben hin pickepackevoll gestopft, als müßte ich auf eine Arktis-Expedition. Aber ich mußte ja nur nach Hannover-Herrenhausen auf eine Luftschutzschule. Und als ich dort ankam, nach meiner frühen Devise »Alles der Reihe nach«, war da schon ganz Deutschlands, Verzeihung, Großdeutschlands Krüppelgarde versammelt, jedenfalls alles Abiturienten oder Erstsemester, denen man in vier Wochen nun beibringen wollte, wie man Vorträge hält und wie man mit einer Brandpatsche ein Feuer ausschlägt. Auf dieser Luftschutzschule gab es richtige Offiziere, Luftschutzleutnants, Luftschutzhauptleute und so weiter, sehr komisch. Aber ich fand gleich Anschluß an mehrere Schicksalsgenossen, besonders an Erich Heßler, einen Physik-Studenten aus Gießen, der sehr herzkrank war und der an meinen komischen Bemerkungen sehr schnell Gefallen fand. Es ging sehr schnell rund, daß ich der geborene Entertainer war, und nach kurzer Zeit mußte ich einen sogenannten Bunten Abend aufziehen, so hieß das, auf dem ich hauptsächlich Klavier spielte und dummes Zeug redete. Ich hatte schon auf der Schule eine Parodie auf die alten Spartaner geschrieben, die ich auch auf unserem Abiturfest in Rheinberg mit großem Erfolg vorgetragen hatte, und jetzt konnte ich mich zum erstenmal vor fremdem Publikum vorstellen. Natürlich hab ich damals alles nicht ernst genommen. Nicht die Bohne. Es hat mir nur Spaß gemacht, daß die Menschen über mich lachten, und das war für mich ein Beweis, daß sie mich akzeptierten, so hing das zusammen. Und die Herren Luftschutzoffiziere waren aus dem Häuschen, und ich war sofort persona grata und konnte morgens zur Flaggenparade als letzter kommen, dann lachte nur alles. Diese Luftschutzmenschen waren überhaupt, wie wir langsam merkten, zu unserem Glück keine Nazis, sondern sie hatten alle so was Unglückliches in ihren Gesichtern, und am liebsten hätten sie mit uns den ganzen Tag zusammengesessen und Blödsinn gemacht. Denn wir waren zwar alle »wehruntauglich«, aber die Elite, die Verwachsenen-Elite, die Krüppel-Elite, die Mißgebildeten-Elite und die Herzfehler-Elite. Mit uns konnte man sich über Gott und die Welt spielend unterhalten. Und als die vier Wochen um waren und wir alle wußten, wie man mit Brandbomben umzugehen hat, da standen die Herren Offiziere richtig bedröppelt da und sahen alle aus, als wollten sie sagen, mal gucken, was jetzt fürn verlorener Haufen kommt. Wir konnten uns die Luftschutzortsgruppe, welch ein schlimmes Wort, Gott sei Dank selbst wählen, denn wir sollten ja nun, im Anschluß an unsere »Ausbildung«, dort elf Monate als Ausgleichsstudenten Büroarbeit machen und theoretische und praktische Luftschutzübungen abhalten. Ich wählte Osnabrück. Osnabrück lag Moers am nächsten, man konnte bis Duisburg durchfahren und dann weiter nach Moers. Auf jede Luftschutzortsgruppe kamen zwei Studenten, und so kam es, daß Erich Heßler, der Physikstudent aus Gießen, mit mir nach Osnabrück ging, wo wir uns in dem uralten Gasthaus »Walhalla«, direkt neben dem Rathaus, einquartierten und wo uns der Kellner Paul Milde monatelang Mittagessen und Abendessen ohne Marken gab, und alles kostete so gut wie nichts. Wir saßen immer links, direkt neben der Eingangstür oder manchmal auch oben am runden Stammtisch. Ich hab mich dort sehr wohl gefühlt. Die Luftschutzortsgruppe lag in einem großen, schönen, alten Haus in der Wittekindstraße, direkt an der Hase, fast gegenüber von der Hauptpost, jedenfalls 1943. Und dort mußten wir zunächst statistische Tabellen aufarbeiten. Dabei lernten wir die Namen der verschiedenen Luftschutzuntergruppen kennen, wie Oesede I und Oesede II, Ibbenbüren und Georgsmarienhütte, Hasbergen und Haste. Und mittags rasten wir die schmale Hauptstraße entlang zur »Walhalla« und waren jedesmal gespannt, ob Paul Milde auch diesesmal auf die Essensmarken verzichtete. Am Wochenende fuhren wir beide nach Hause, obwohl es nicht erlaubt war. Aber wir fuhren einfach. Wir waren ja montags wieder pünktlich zur Stelle. Nach einiger Zeit wurde der Wochenendurlaub dann auch stillschweigend geduldet. Manchmal mußten wir auch mit einem Luftschutzlehrer in die Außenbezirke zu einer praktischen Vorführung. Und einmal mußte ich ganz allein den Vortrag halten und die praktische Brandbekämpfung vorführen. Ich hatte ja noch nie ganz richtig vor Menschen gesprochen und war auch immer noch sehr schüchtern. Aber ich hatte keine Wahl, und es mußte wohl sein, und so kam allmählich alles in die Reihe, ich gewöhnte mich an Osnabrück. Erich Heßler brauchte nur ein halbes Jahr Ausgleichsdienst zu machen, weil er schon Student war. Und nach seinem Weggang von Osnabrück zog ich dann eine Zeitlang direkt in die Ortsgruppe, machte dort auch Nachtdienst und hörte dabei heimlich Bremen-Friesland-Calais, den Auslandsender mit der schrägsten Jazzmusik. Allerdings konnte ich die Musik nur unter der Wolldecke hören, wenn ich überhaupt was hören wollte. Dann habe ich noch eine Zeitlang privat gewohnt, und von meinem Zimmer aus konnte ich jeden Morgen beobachten, wie etwa vierhundert russische Frauen in langen Steppmänteln, grüngrau, und mit Holzpantinen an den Füßen, und das Klappern hörte man schon weit im voraus, zur Arbeit geführt wurden. Was wissen die von Osnabrück, dachte ich, ein verlorener Haufen, jedem Unmenschen ausgeliefert. Ab und zu ging ich zu Verwandten von Tante Erna aus Goslar, wo wir ja immer viele Sommerferien verbracht haben, und die Verwandten von Tante Erna hatten in Osnabrück auf der anderen Seite der Bahnlinie ein großes Geschäft mit Süßwaren und Rauchwaren, und ab und zu bekam ich eine Schachtel Overstolz ohne Bezugsschein. Lange Zeit bin ich jeden Tag zum Bahnhof gegangen und hab den Zügen zugeguckt, meistens den Zügen, die nach Süden fuhren. Der Bahnhof war für mich fast mein zweites Zuhause. Ich studierte immer wieder die Fahrpläne, obwohl ich sie schon auswendig kannte, ob sich vielleicht nicht doch noch was geändert hatte, daß der Zug, mit dem ich nach Duisburg und dann weiter nach Moers fahren wollte, vielleicht plötzlich nicht mehr ging, und jeden Abend sah ich mir den Zug an, mit dem ich am Wochenende dann auch fahren sollte. Ich konnte stundenlang durch den Bahnhof schlendern, daß die Leute mich schon anguckten, als hätte ich was verbrochen, und dann ging ich wieder die lange Straße zurück bis zur Wittekindstraße, dann links und dann rechts die schmale Hauptstraße runter bis zu dem kleinen Platz, wo sich fast immer die Straßenbahnen in die Quere kamen, Nicolaiort oder Marienort, das weiß ich nicht mehr so genau, wie der Platz hieß und wahrscheinlich auch heute noch heißt, und von dort aus dann direkt zur »Walhalla«, wo ich mich freute, wenn ich Paul Milde sah, der mit einer ungeheuren Schnelligkeit die Speisen und Getränke durch das schmale Restaurant trug. Hinten raus, ein paar Stufen höher, gab es ja noch einen großen Saal, aber da gefiel es mir nicht so sehr, ich saß am liebsten vorne links in der schmalen Wirtschaft, in der damals immer der Seniorchef hinter der Theke stand und das gute Pils zapfte und sich dann, etwas erhöht, an den runden Stammtisch setzte. Da fühlte ich mich geborgen und mußte nicht immer auf den Fahrplan gucken. Osnabrück war eine gute Übung, und innerlich spürte ich auch sehr deutlich, daß das jetzt notwendig gewesen war. Verliebt war ich natürlich auch zwischendurch, und zwar von meinem Büroschreibtisch in der Wittekindstraße konnte ich immer ein hübsches blondes Geschöpf beobachten, das jeden Tag, vormittags und nachmittags, sie war wohl Sekretärin in einem großen Anwaltsbüro, zur Post eilte, um dort ein Bündel Briefe loszuwerden, sie war immer in Blau mit Weiß gekleidet und sah aus wie die junge Gisela Uhlen, und ich war entzückt und wartete regelrecht darauf, daß sie vorbeieilte, hin zur Post und dann wieder zurück. Erich Heßler lachte sich immer schief über meine romantisch-platonischen Spiele, aber sie schmückten und vertrieben mir die Zeit, und einmal hab ich sie sogar angesprochen, aber das war ein Fehler, denn sie war völlig verdutzt und verstand gar nicht, was ich sagte, und warf den Kopf in den Nacken, drückte ihre Briefe noch fester an sich und ging, ließ mich einfach stehen und ging, und ich dachte, Herrgott noch mal, was hast du wieder falsch gemacht, du bist eben ein Komiker, und danach war es natürlich nicht mehr so spannend. Ich hab ihr noch mal nachgesehen, mir aber dann ein Bild von Gisela Uhlen aus einer Filmillustrierten ausgeschnitten und in meine Brieftasche gelegt und mir dann gesagt, daß es ja wohl doch nichts gegeben hätte, Schwamm drüber. Und eines Tages, sagte ich mir, wird schon was passieren. Gott ja, es gab da eine reizende Frau Oppermann, aber die war fest verheiratet, und eine Sekretärin, aber die war nicht mein Typ, und die Freundin des Chefs, die auf der Hauptstraße ein berühmtes Uhrengeschäft hatte, die war mir zu anstrengend. Außerdem hatte ich ja noch meine ganz eigenen Ideen, und da kam so leicht sowieso keine Dame mit, das vergaß ich zwischendurch immer, denn wenn schon, sagte ich mir, dann muß die Dame deines Herzens auch eine musikalische Dame sein, eine leichte Muse mit Hang zum Irdischen. Nichts überstürzen, sagte ich mir, solange dich keine will, hast du nichts versäumt, erst die, die dich will, das ist die Richtige. Und dann kam der Tag, an dem ich Osnabrück verließ und nach Moers zurückkehrte. Ich war noch keine acht Tage weg, und es geschah der große Bombenangriff, der Osnabrück fast völlig zerstörte. Das ist mir später mit Gießen genauso gegangen.

Denn als ich nach Moers zurückgekommen war, konnte ich ja nun ungehindert studieren, und, was solls denn sein, junger Freund, Medizin natürlich. Wenn ich heute darüber nachdenke, wird mir noch ganz schwindlig. Aber die Schuld lag bei mir. Ich ließ ja einfach alles geschehen, und alle Verwandten meinten, weil es ja auch der Wunsch deiner, meiner Mutter gewesen wäre, der innigste Wunsch, daß der Junge Arzt wird, liege es ja eigentlich sehr nahe, diesem Wunsche auch zu entsprechen und Medizin zu studieren. Und ich sagte, ja, warum nicht. Und das war völliger Blödsinn, denn ich wußte, spürte, fühlte, daß das nicht gutgehen konnte, daß das nicht mein Gebiet war, daß das eigentlich genau das Gegenteil von dem war, was mir, undeutlich zwar, aber vorschwebte. Immerhin: vorschwebte! Viele können sicher damit nicht viel anfangen, und ich gebe ja gerne zu, daß man auf so vagen Dingen nicht ein Leben aufbauen kann und daß auch vor allen Dingen mein Vater nicht sehr davon angetan wäre, wenn ich ihm unter vier Augen eines Tages sagte:
Ich weiß zwar nicht Genaues, aber es schwebt mir da was vor.
Also sagte ich, Medizin, warum nicht. Und Erich Heßler, mein Freund aus Luftschutzzeiten, hatte mir angeboten, doch nach Gießen zu kommen, ich könne auch bei ihnen wohnen, und das wäre doch eine feine Sache. Na schön. Und so zog ich denn nach Gießen in das ehrenwerte Haus derer von Heßler. Die Familie in Moers hatte alles mögliche für mich angeschafft, insbesondere Onkel Heinz, der ja leider nicht Rendant geworden war, weil Onkel Fritz nicht ein gutes Wort eingelegt hatte, Sie erinnern sich vielleicht, Onkel Heinz hatte bei dem elitären Herrn Medizinalrat Schalloer, der auf der Lessingstraße direkt neben Tante Anna und Onkel Heinz wohnte, ein paar frühmedizinische Bücher über Anatomie und Histologie abholen dürfen, und damit zog ich jetzt nach Gießen, zu Heßlers unters Dach, und mußte zusehen, wie ich mit diesem neuen Lebensabschnitt fertig würde. Und ich muß sagen, ich habe am Anfang sehr streng gearbeitet, vor allem auch was die Vorphysikum-Fächer angeht, also Chemie, Physik, Botanik und Zoologie, nur, es war eine einzige Rennerei. Alle Institute lagen weit auseinander, und jedesmal mußte man sich seinen Platz erkämpfen. Die Anatomie- und Histologievorlesungen von Herrn Professor Wagenseil lagen von 7.15 bis 8.00 Uhr, und ich merkte schon sehr früh, daß mein Überinteresse nicht sehr groß sein mußte, denn alles zusammen wurde für mich quälend, und meine

Lernbereitschaft wurde immer geringer, Heute weiß ich, daß man wirklich nur das lernen und studieren soll, was einen begeistert, umbringt. Dann nimmt man auch alle Schwierigkeiten und Strapazen auf sich, dann sieht man das Ziel, es ist zwar noch weit weg, und es gibt noch viele Hürden und Hindernisse zu überwinden, aber das Herz klopft, wenn ich nur ein Buch aufschlage, das Ohr wird größer, wenn ich nur davon höre, das Auge leuchtet, wenn man mir was zeigt, was ich noch nie gesehen, aber geahnt, gefühlt habe, dann könnten die Institute noch so weit auseinander liegen, die Vorlesungen noch so kompliziert und von mir aus nachts um 3.00 Uhr sein, ich würde dasein und mich zu Füßen des Professors setzen, mit meiner ganzen Begeisterung, die ich von zu Hause mitgebracht habe, und dann würde ich lernen wie ein Besessener, ich würde gar nicht zur Ruhe kommen, so wie ich auch heute, 1990, noch nicht zur Ruhe gekommen bin und auch sicher im Jahre 2000, wie ich mich kenne, nicht zur Ruhe gekommen sein werde. Es ist noch so viel zu besichtigen. Es gibt noch so viel zu erkennen. Es gibt noch so viel miteinander zu bereden. Auch wenn wir Niederrheiner oft sehr unbeweglich sind, stundenlang in der Küche sitzen können, nur den Vorgarten sehen oder die andere Straßenseite, können wir gleichzeitig auf dem Broadway sein und eilen innerlich von Land zu Land, von Stadt zu Stadt, niemand kann uns aufhalten, und keiner weiß, auf welchem Breitengrad wir uns gerade befinden. In Gießen wußte ich sehr bald, daß das mit der Medizin bei mir nicht viel werden würde. Ich hatte mich da wieder mal treiben und einfach überreden lassen, anstatt zu sagen, nein, danke, ich weiß noch nicht, was ich studieren will, und ich warne heute jeden, der noch nicht endgültig weiß, was er gerne studieren möchte, davor, dann irgendein Studium zu beginnen, das ihm gar nicht liegen kann, das ihm eingeredet worden ist. Es hat keinen Sinn, höchstens daß man dann anfängt, aus lauter Verzweiflung Unsinn zu machen, wie ich, denn als ich merkte, daß ich auf dem verkehrten Dampfer saß, wurde mir angst und bange, und ich mußte mir irgend etwas vormachen, und so sah ich immer in dem großen alten Anatomiehörsaal, der in vielen Rundreihen steil nach oben ging, ein Revue-Theater, und die Schauspieler, Sänger und Tänzer saßen in den Reihen und sangen und tanzten, sprangen auf und riefen und tanzten auf den schmalen Tischen, und unten, wo sonst an seinem Pult der Professor seine Vorlesung hielt, saß das Publikum und sah diesem szenischen Oratorium zu, wie überhaupt die Form des szenischen Oratoriums mich immer begeistert hat, und wenn ich heute ein sogenanntes Theaterstück schreibe, dann nur in der Form eines szenischen Oratoriums mit tausend Stimmen, mit Aufstehen und Setzen, mit Weglaufen und Wiederkommen, mit Soli und Chören, gesprochen und gesungen, mit Dialogen und Kommentaren an der Rampe, mit Kindern und Greisen, mit Tänzern und Behinderten, und genau das schwebte mir damals schon vor, wenn ich in dem alten Anatomiehörsaal in Gießen saß, in dem Professor Wagenseil seine Anatomie- und Histologievorlesungen hielt. Als ich dann später Dylan Thomas' Spiel für Stimmen »Unter dem Milchwald« las, wußte ich, wo ich dran war und was ich wollte und daß das möglich war. Dank den Dichtern, die mir gesagt und gezeigt haben, daß jede jugendliche Spinnerei zu machen ist, und Schande den Politikern, die mich davon abhalten, meine Phantasien zu inszenieren, weil sie mich durch ihr dummes Verhalten ständig zwingen, mich politisch zu äußern, was ich ja nicht gerne möchte, sondern ich möchte mehr in meinem poetischen Labyrinth bleiben, mir meine Auswege selbst suchen und Schrei und Klage, Freude und Schmerz selbst an die Wände kritzeln. Zugegeben, es hindert mich keiner sichtbar daran, aber die Geschichte ist so mächtig, daß wir ihr alle immer nachlaufen, anstatt ihr manchmal wenigstens aus dem Wege zu gehen. In Gießen trug ich für damalige Verhältnisse recht langes Haar, nicht so lang wie später in den siebziger Jahren, da trug ich ja mein Haar bis auf die Schulter, aber in Gießen hatte ich so einen legeren Fassonschnitt, so wie ein jugendlicher Schauspieler, ein jugendlicher Theatermensch eben, aber ich fiel schon auf, ich war einigen strammen Mitstudenten schon ein kleiner Dorn im Auge, dabei war ich die Harmlosigkeit und Friedfertigkeit in persona, und das müssen sie wohl doch nicht ganz geglaubt haben, jedenfalls, ich saß eines Morgens kurz vor 7.00 Uhr wieder in diesem schönen, alten Anatomie-Revue-Theater-Hörsaal, in dem auch viel lettische SS in Uniform ein- und ausging, lettische Waffen-SS-Offiziere, und die mußten immer, wenn sie hereinkamen, an der Tür kurz strammstehen und dann mit »Heil Hitler« grüßen, das hat mir viel Spaß gemacht, denn diese Burschen waren allesamt ein Ausbund an aschblonder Degeneration, und sie ließen mich auch in Ruh, nein, es war ein Ziviler, der auf mich zukam und mir knapp sagte, wenn am nächsten Morgen meine Haare nicht erheblich kürzer seien, brauchte ich mich in dem Anatomie-Revue-Theater-Hörsaal nicht mehr blicken zu lassen. Und das hab ich dann auch gemacht, ich hab meine Haare lang gelassen und bin nicht mehr hingegangen. Ich bin nirgendwo mehr hingegangen, und so schlief mein Medizinstudium regelrecht ein, ich saß bei Heßlers unterm Dach und sinnierte, hatte Heimweh und verwahrloste vollständig, schlief immer lange, stand manchmal gar nicht auf, und das gefiel der Familie Heßler auf die Dauer auch nicht, schließlich war ich in einen Akademikerhaushalt hineingeraten, und die gute Frau Heßler schrieb das alles meinem Vater, und der beschwerte sich wieder bei mir, aber mir war das eigentlich alles egal, und so ging die Zeit langsam um. Aber diese Gießener Sommersemesterzeit 1944 muß wohl doch der Anlaß sein, daß viele Leute mich heute immer noch fragen, was waren Sie eigentlich vorher? Darauf antworte ich dann meist, typisch niederrheinisch, wie vorher? Ja, waren Sie vielleicht Lehrer, oder Arzt waren Sie, nicht wahr, Sie waren Arzt? Oder? Nein, sage ich, ich war immer Kabarettist. Kann man das so einfach werden? Ja, sag ich, so einfach nicht, aber man muß vorher nicht unbedingt was anderes gewesen sein. Nicht unbedingt? Nicht unbedingt. Also, man kann gleich Kabarettist sein? Ja, sag ich, nicht gleich, erst muß man ja mal auf die Welt kommen und hören und gucken und Leute kennenlernen und Leute mögen und Leute nicht mögen, und dann kann man, wenn man will, gleich Kabarettist sein. Ach! Ja, sage ich, man kann natürlich vorher auch noch was anderes machen, aber man muß es nicht. Und wir dachten immer, Sie wären vorher noch in einem richtigen Beruf gewesen. Nein, sage ich, ich hab gleich den falschen Beruf ergriffen, und seit der Zeit geh ich meistens abends auf die Bühne. Hauptberuflich? Ja, so kann man sagen, hauptberuflich, jedenfalls nicht ehrenamtlich, denn von irgendwas muß der Mensch ja leben. Und was machen Sie vormittags, wenn Sie nicht auf der Bühne sind? Ich bin immer auf der Bühne, im Geiste. Ach. Ja, unsereiner kann sich das ja alles nicht so vorstellen, wenn man einen richtigen Beruf hat, Sie sind also immer auf der Bühne, muß ja eigentlich schön sein? Manchmal ja, sag ich, und manchmal auch nicht, denn es gibt ja Komödien und Tragödien. Ja sicher, das ist schon richtig, aber mit den Tragödien, da haben Sie ja wohl nichts mit zu tun, Sie sind ja doch wohl mehr was zum Lachen. Ja eben, sag ich, und zwar schon von klein auf, und deshalb konnte ich auch vorher nichts anderes werden. Ach, so ist das. Ja, sag ich, so ist das. Ja, dann wollen wir auch nicht weiter stören, und einen schönen Tag noch! Schöne Tage gab es damals in Gießen nicht mehr viele. Ich ging stundenlang spazieren, kreuz und quer durch die Stadt, von einem Café ins andere, ich wußte eigentlich gar nicht mehr, wo ich war, obwohl in meinem kleinen Kopf sich allerhand abspielte, und ich wußte, wenn der Krieg zu Ende ist, studierst du nicht weiter Medizin, sondern machst irgendwas, was mit Theater, mit Dichtung, mit Musik zusammenhängt, oder läufst nur hinter den Kulissen rum oder bist nur dritter Assistent des Regisseurs, und dann wußte ich ja auch gar nicht, wie das vor sich geht. Bei anderen Berufen, da weiß man das alles, da geht man auf eine Universität, stellt sich seine Vorlesungen zusammen, macht alle wichtigen Proseminare und Seminare mit, macht seine Scheine, seine Vorprüfungen, seine Hauptprüfungen, seine Praktika und dann sein Staatsexamen, und die Eltern sind glücklich. Das ist ein einigermaßen klarer Weg, und wenn man fleißig ist, ist das ein Klacks. Aber bei den sogenannten zwischenmusischen Berufen ist das verheerend, da steht man erst mal dumm rum und hat von nichts eine Ahnung und hat überhaupt keinen Fahrplan in der Hand und ist tatsächlich von vielen Zufällen und Glücksfällen abhängig. Nun sagen Sie nur nicht, das wäre in jedem Beruf so. Gut. Aber bei mir war ein absolut leerer Himmel zu besichtigen, und keiner konnte mir damals sagen, was ich nun mit meinen paar Phantasien und meinen subjektiven Erzählungen anfangen sollte. Zu diesem Unglück kam noch ein weiteres, schlimmeres Unglück hinzu, mein Onkel Hein starb ganz plötzlich. Ich bekam einen Anruf: Komm sofort nach Hause. Onkel Hein ist tot. Der arme Mann war sonntags nach Holderberg geradelt, hatte dicke Bohnen gegessen und starb stundenlang an einer Darmverschlingung, in Wirklichkeit war es aber ein Bruch in fettarmer Zeit, der im Verbund mit dem Darm die Verschlingung in Gang hielt und so zu einem billigen Ende führte. Mein Onkel war ein Wahnsinnsmann, er sah ein bißchen nach einem kleinen niederrheinischen Lebemann aus, war aber nicht von liederlicher Art, sondern mehr ein romantischer Kleinstadtdandy. Er stellte sich auf die Schienen und hielt Straßenbahnen an, die an unserem Haus auf der Uerdingerstraße 21 vorbeifuhren. Dann hielt der Fahrer tatsächlich, machte die Tür auf, mein Onkel stieg ein, stellte sich neben den Fahrer, und dann fuhr die Straßenbahn weiter nach Uerdingen. Die ganze Kleinstadt hat ihn gekannt, und er ist ja dann im Sarg verwechselt worden, weil in der Kapelle hatten zwei Särge gestanden, und in der Eile hatten die Träger den falschen Sarg genommen, und das war gar nicht herausgekommen, wenn nicht am nächsten Tag die Angehörigen von dem anderen Toten den Wunsch geäußert hätten, ihren verblichenen Angehörigen noch einmal zu sehen, und die haben dann den Sarg aufgemacht, und da lag mein Onkel drin, und das war natürlich nicht so angenehm, sonst wär das gar nicht rausgekommen, und meine Tante Liese hätte überhaupt nichts davon gemerkt. Aber das kann man alles auf meiner Platte »40 Jahre unterwegs« abhören, daß ich doch mehr an meinem Onkel hing als an meinem Vater. Aber so kam ich nach Moers zurück. So schloß sich der Kreis. Die Universitäten wurden wegen des »totalen Krieges« von Herrn Goebbels geschlossen. Und dann spielte ich ja noch ein bißchen Mediziner im Hornberger Krankenhaus, in dem ich bei Bombenangriffen ja immer mit den russischen Gefangenen die Schwerkranken und frisch Operierten mit dem Aufzug in den Bunker brachte. Moers, mein altes Moers wurde zerstört, und mein Vater hatte mich zwischenzeitlich auf dem Kriegsschädenamt untergebracht, als was eigentlich, als Aktenaufarbeiter und Ordnersortierer bei Herrn Tetzlaff. Das war nicht schlecht für mich, denn das war mechanische Arbeit, und bei solchen Arbeiten konnte ich gut und lange meinen eigenen Gedanken nachgehen und in aller Ruhe vor mich hinphantasieren. Ich begann meine ersten Dinge aufzuschreiben, eine romantische Geschichte von einem Violinspieler, der mit einer Kutsche vom Himmel kam, auf dem Marktplatz ausstieg, mit seinem Spiel die ganze Kleinstadt verzauberte und dann wieder mit der Kutsche in den Himmel fuhr, und alle sahen ihm nach, standen wie erstarrt auf dem Marktplatz, und dann lief wieder alles auseinander und ging seiner Arbeit nach. Das ganze Prosa-Gedicht war so im Arno Holzschen Phantasusstil geschrieben. Mittelachsenlyrik. Ein Wort, das mich damals vollständig verrückt machte. Mittelachsenlyrik. Und so bin ich dann immer in das kleine Kriegsschädenbürozimmer, es lag so halb schon im Keller, gewandert, habe Akten hin und her geschleppt und dabei an Holzens Mittelachsenlyrik gedacht. Und wirklich, das Dumme war ja, ich konnte keinem davon erzählen. Wissen Sie, was Mittelachsenlyrik ist? Jede Sekretärin wäre sofort kichernd davongelaufen und hätte mich vielleicht sogar noch für einen frechen, aufdringlichen Kerl gehalten. Das wollte ich nun gar nicht. Frech und aufdringlich war ich nie in meinem Leben. Vielleicht ein- oder zweimal, da wußte ich aber auch, jetzt kommts drauf an! Aber sonst war ich mehr bei meiner Literatur als bei kleinen Mädchen. Ja, einmal hatte ich als Primaner, ohne rot zu werden, mich sehr in eine Liesel Kempken verliebt, eine Chefsekretärin auf dem Amt meines Vaters, und sie hatte ein wunderschönes, ebenmäßiges Gesicht und war, wie man so sagt, eine aparte Frau, und nach der Schule trafen wir uns immer beim Omnibus am Königlichen Hof, und ich habe sie richtig angesprochen, all meinen Mut zusammengenommen, eingedenk all der Körbe, die ich schon bei ähnlichen Unternehmungen bekommen hatte, und siehe da, Liesel willigte darin ein, daß wir uns, mittags kurz nach ein Uhr, ich kam über den Damm vom Adolfinum, und sie kam vom Landratsamt die Steinstraße hoch, am Königlichen Hof trafen, und zu Hause sagte ich immer, ich hätte noch in der Aula Orgel spielen können, was natürlich kein Mensch glaubte, denn in Wirklichkeit traf ich mich ja mit Liesel Kempken, sie war eine Art Hedwig, nur war ich jetzt schon Primaner und konnte Geschichten erzählen, Abends, wenn sie vom Landratsamt kam, bin ich oft ein Stück mit ihr zusammen gefahren, und dann stiegen wir immer an einer Wirtschaft aus, die vor dem Eingang noch einen kleinen Vorraum hatte, das muß so in der Nähe von Oestrum gewesen sein, an einer Ecke, und in diesem Vorraum hielten wir uns eng umschlungen, obs stürmte oder schneite, aber mehr auch nicht, denn ich habe mich nicht getraut, ich war aggressiv gehemmt, und für mich waren alle Frauen, die ich liebte, zunächst mal unberührbar, aber das war natürlich ein Fehler, denn Liesel Kempken hätte sicher gerne noch mehr gehabt als eine Umarmung. Und so blieb es denn bei diesen kleinen harmlosen Treffen, die für mich das große, abenteuerliche Rendezvous waren. Aber eines Tages war Liesel doch auch anderweitig interessiert, und die schöne Geschichte versickerte im Sande. Heute heißt sie Liesel Zeus, und ich habe sie neulich in einem Duisburger Wasserturm getroffen, wo ein junger, fortschrittlicher Architekt mich manchmal sonntagmorgens meine Niederrhein- und meine Hagenbuch-Geschichten vorlesen läßt. Sie sieht noch genauso aus wie damals, nur daß sie heute schüchtern ist und ich selbstbewußter geworden bin. Ich bin eben ein Langzeittyp, ein Spätentwickler, werde nie richtig erwachsen, bin nicht mehr so schüchtern wie damals, aber immer noch sehr scheu, nicht menschenscheu, sondern einfach scheu, ich könnte was zerbrechen, ich könnte indiskret sein, scheu in dem Sinne von es geht mich nichts an, einfach zurückhaltend, Abstand. Und wir waren ja auch vom Leben her ganz schön anspruchslos. Es gab ja nichts Kulinarisches mehr, und wir alle spürten, man sagte zwar nichts, daß es nicht mehr lange gehen konnte, die Amerikaner waren gelandet, die Amerikaner kamen immer näher, und in mir kam eine ganz junge Freude auf, denn die Amerikaner, das war für uns Schüler schon eine riesige Sache. Amerika, Demokratie, Toleranz, Freiheit, Jazz und alles, was wir uns erträumten, das hieß Amerika. Meinungsfreiheit, Gedankenfreiheit, Menschenfreiheit. Ein Amerikaner, das war für mich kein chauvinistischer Nationalist, sondern ein demokratischer Weltbürger, so gut wie ohne Fahne und Hymne. Und ich weiß noch, wie die ersten Amerikaner im Frühjahr 1945 in unsere Lessingstraße kamen. Wir hatten zwei Tage und zwei Nächte in unseren Bunker gehen müssen, und als wir wieder ans Tageslicht kamen, waren die Nazis inzwischen geflohen, hatten uns noch mit Durchhalteparolen die letzten Lügen erzählt und waren über den Rhein in Sicherheit gegangen, und wir warteten in unserem Bunker und waren sehr gespannt, was denn nun die Scheißgeschichte wohl mit uns machen würde. Ich bin sogar noch mal hoch, hab mich durch die Vorgartenbüsche der Goethestraße bis zur Hombergerstraße geschlagen, denn es wurde schon überall geschossen, und die ersten Jeeps flitzten schon vorbei, und hab dann noch bei der Bäckerei Hüsken, direkt neben Leyendeckers Wiese, wo immer die Kirmes drauf war, ein letztes Brot geholt, bin wieder zurück, und dann sind wir aus dem Bunker wieder ins Haus zurück und haben hinter den Fenstern gestanden und auf die Amerikaner gewartet. Und sie kamen ganz leise, weil sie hatten ja die halbhohen Schnürstiefel mit den dicken Kreppsohlen an. Auf jeder Straßenseite ging einer, wahrscheinlich genauso ängstlich wie wir, und sie sahen sich genau jedes Haus an, immer die Maschinenpistole im Anschlag, und dann gingen sie weiter, und eine Viertelstunde später kamen die nächsten Soldaten, das war aber schon ein kleiner Stab, und die besetzten dann das Haus bei uns gegenüber, das Etzoldsche Haus, und wir nahmen dann ja die Familie Twardokus auf, wovon ich schon erzählt habe, und die Amerikaner machten aus dem schönen Etzoldschen Haus, wie sich nach ihrem Abzug herausstellte, eine Wüste, Fronttruppen sind eben Fronttruppen, sagt der Soldat, im Krieg und in der Liebe ist alles erlaubt,

Schluß, aus, Ende. Am Tage spielten die Amerikaner auf der Straße Baseball, oder sie verfolgten sich mit ihren Jeeps, und besonders die farbigen GIs zeigten dabei große Kunststücke. Oft saß der Oberst, wie ein Opa in Zivil, in seinem Schaukelstuhl vor dem Haus, paffte seine große Zigarre, guckte dem Baseballspiel seiner Jungs zu, und wenn er uns sah, grüßte er freundlich herüber. Die Amerikaner stellten auch in den Straßen große Lautsprecher auf, und am Sonntagmorgen spielten sie eine Stunde lang Glenn-Miller-Musik. Ich ging dann immer aufs Klo, machte das Fenster nur zwei Millimeter auf und konnte so kostenlos und unentdeckt, es war noch Sperrstundenzeit, besten amerikanischen Jazz hören. Das war ein schönes Gefühl, obwohl wir alle nicht wußten, was werden würde. Mir war das alles recht so. Nur eines war dann weniger sympathisch. Es gab zwischen den Häusern in der Lessingstraße, die eng beieinanderstanden, im Luftschutzkeller einen Durchbruch, damit man in der Not schnell von einem Haus zum anderen, von einem Keller zum anderen kommen konnte, und so konnte man eigentlich durch die ganzen Häuser gehen. Die Amerikaner hatten in dem übernächsten Haus von uns eine Funkstation eingerichtet, hatten das Haus insgesamt besetzt und konnten natürlich auch durch die Kellerräume spazieren. Und das taten sie dann auch. Und eines Nachts riß mich meine Tante Anna mitten aus dem Schlaf und sagte, komm, zieh dich rasch an und komm nach unten in die Küche, die Amerikaner sind in unserem Keller und klopfen schon an der Kellertür, wahrscheinlich sind sie betrunken. Ich, rasch angezogen, runter in die Küche, da saßen sie alle schon, und Onkel Heinz machte dann die Kellertür auf, denn die Amerikaner schlugen schon heftig dagegen. Und dann erschienen zwei junge Burschen, beide schon reichlich betrunken, was ja manchmal ganz lustig sein kann, aber diesmal war es ein grausames Erlebnis. Der eine stellte sofort seine Maschinenpistole auf den Tisch und machte ständig rattatatata, und der andere hatte wohl im Keller einen Hammer gefunden und schlug jetzt dauernd den Hammer in sämtliche Schubladengriffe, zog dann die Schublade mit dem Hammer heraus, die nächste Schublade bitte, während der andere uns mit seiner Maschinenpistole in Schach hielt. Auf dem Flur, draußen, entdeckte der eine plötzlich in der Jacke von Herrn Twardokus ein Rasiermesser, schnitt erst mal die Jacke mit dem Messer in hundert Streifen, zeigte uns dann triumphierend den Rest der Jacke und kam dann plötzlich mit dem

Rasiermesser auf mich zu. Mein Pech war es nämlich, das hatte ich aus dem Gespräch der beiden schon rausgekriegt, daß sie mich für einen geflohenen deutschen Soldaten hielten, der seine Uniform ausgezogen hatte und sich jetzt hier versteckt hielt. Eigentlich hätte ihnen das ja gefallen müssen, nur war der Bruder des einen vor wenigen Tagen bei den Kämpfen um Düsseldorf gefallen, und er wollte mein Alter wissen, *give years,* sagte er, und sein Bruder sei fünfundzwanzig Jahre alt gewesen, und das war eben mein Pech, er kam mit dem offenen Rasiermesser auf mich zu, ich stand vor dem Spülstein in der Ecke, und er drückte mich über den Spülstein zurück, und es schlug mir der Fuselgestank aus seinem Hals entgegen, und dann setzte er mir das Messer direkt auf den Hals, ungefähr da, wo der Apfel ist, ich spürte die scharfe Klinge, und ich dachte richtig und wirklich, jetzt ist es zu Ende, und war ganz kalt und ruhig, und da sprang meine Tante Liese noch auf, aber Tante Anna riß ihre Schwester zurück, sonst hätte es ein Blutbad gegeben, die weiche gefühlvolle Tante Liese, meine Lieblingstante, zu deren Beerdigung aus irgendeinem dummen Grunde ich nicht gegangen bin, was ich mir heute nicht und nie verzeihen werde, aber zu spät, meine Tante Liese wollte mich retten, aber Tante Anna, die bauernschlaue Tante Anna, ließ ihren Instinkt los, riß ihre Schwester auf den Stuhl zurück und verhinderte damit ganz sicher grausames Blutvergießen. Gott hab sie beide selig. So verschieden die beiden Schwestern auch waren, sie wären beide für mich durchs Feuer gegangen, jede auf ihre Art, denn ich war schließlich der Sohn ihrer Lieblingsschwester Adele. Der junge Amerikaner ließ dann auch von mir ab, ich weiß nicht, welche Regung, welches Gefühl ihn dazu gebracht, es doch nicht zu tun, ich weiß es nicht. Die beiden betrunkenen Soldaten verließen dann auch kurz darauf die Küche. Aber wir sollten eine halbe Stunde alle die Hände hoch halten, sie würden wiederkommen und nachgucken, ob wir die Hände noch hoch hätten, wenn nicht, würden sie uns alle erschießen. Und so saßen wir dann da, um den Küchentisch herum, schweigend, alle die Hände hoch und sahen auf die Uhr, und nach fünf Minuten guckte tatsächlich der eine kurz rein, sagte ok., und ging dann wieder. Ich glaube, wir haben ängstlich, aber sicherheitshalber noch länger als eine halbe Stunde mit erhobenen Händen um den Tisch herumgesessen. Am nächsten Tag beschwerten wir uns bei einem Offizier, der zu uns kam, um uns zu bitten, an den Aufräumungsarbeiten auf der Straße teilzunehmen, wegen der Seuchengefahr, es gebe auch für jeden dafür ein kräftiges Essen, was uns natürlich gefiel, und als wir ihm sagten, daß Soldaten aus der Funkstation uns in der letzten Nacht diesen grausamen Streich gespielt hätten, entschuldigte er sich und sagte, das komme nie mehr vor, und es ist auch nichts und nie mehr was vorgekommen, und ich konnte wieder am Sonntagmorgen vom Klo aus meinen Glenn Miller hören. Und als die Amerikaner dann abzogen, um den Engländern Platz zu machen, sah das Etzoldsche Haus, in dem ja der Stab mit seinem gemütlichen Virginia-Oberst regiert hatte, aus wie ein Schlachtfeld, die Sektgläser voll gepinkelt, die Spiegel mit Rotstift beschmiert und die Matratzen auseinandergenommen, und überall stand auf den Tapeten geschrieben:

Wir bitten Sie, das Haus so zu verlassen, wie Sie es anzutreffen wünschen.

Ich bin dann eine Zeitlang Dolmetscher bei den nachrückenden Engländern gewesen, und zwar hatte diese »Stelle« eigentlich mein Freund Lindner-Emden, aber als der mal eine Pause machen wollte, hatte er mich als Ersatz vorgeschlagen, und so kam ich erst mal jeden Morgen an einen schönen heißen englischen Tee, an dieses ganz hellweiße Weißbrot, das ja so weiß ist, daß man manchmal eine Sonnenbrille aufsetzen muß, um nicht geblendet zu werden, aber eigentlich nach nichts schmeckt, obwohl es gut aussieht, und dazwischen immer doppelt und dreifach dieser wunderbare englische Chesterkäse, und Zigaretten gabs jede Menge, Players Navy cut hießen die, glaube ich, und rochen nach Honig und betäubten mich regelrecht, wenn ich morgens schon ganz früh, um 6.00 Uhr, mit einem Sergeant und zwei Soldaten losfuhr, um bei den niederrheinischen Großbauern Kartoffelkontrolle zu machen. Der Bauer mußte uns erzählen und belegen, wieviel Kartoffeln er geerntet hatte, wieviel er davon schon verkauft und wieviel er an die Schweine verfüttert hatte, der Rest mußte ja dann noch da sein. Aber das lief jedesmal ganz anders. Zuerst wurde mal kräftig getrunken. Begrüßungstrunk. Begrüßungsbrote mit Schinken. Zweiter Begrüßungstrunk. Dann Besichtigung des schönen großen Hofes. Dann stellte der Bauer erst mal seine ganze Familie vor, Frau, alle Kinder, Großmutter, Großvater, Knechte und Mägde. Begrüßungstrunk und neue Schinkenbrote. Allmählich wurde der Sergeant lockerer, fragte mich, wo er mal austreten könne, und die beiden Soldaten grinsten schon, und der Bauer grinste mich an, ich grinste zurück, Kungeiskram, das war mir doch bekannt, und dann gingen wir dann endlich in den Stall, um zu sehen, ob denn die entsprechende Restmenge auch noch vorhanden sei. Sie war vorhanden, auch wenn sie zum Teil schon nicht mehr vorhanden war. Darauf wurde noch ein Umtrunk beschlossen, und dann fuhren wir weiter zum nächsten Bauernhof. Überall spielte sich ungefähr dasselbe ab, und gegen Abend waren wir alle sehr lustig, ich hatte auch wieder mein Englisch ein bißchen aufgearbeitet, ich bekam wieder diesen leicht singenden Sound in der Stimme, aber vor allen Dingen, ich sah überall meinen Niederrhein und hatte oft das Gefühl, du bist am Ende der Welt, hier geht es nicht mehr weiter, steig aus, laß das Auto stehn, nur noch zehn Meter und du fällst von der Erde, weil es hier so schön ist. Es gibt am Niederrhein so viel Stellen, die alle terra-incognitaverdächtig sind, und eigentlich wollte ich ja auch nie von dieser Welt weg, ich wollte immer in dieser so aussichtslosen Gegend umherirren, um eines Tages von hier aus gleich in eine andere Welt zu kommen, ohne spürbaren Übergang, man macht einen Schritt und weiß, hier beginnt die neue, die andere Welt. Das habe ich so oft erlebt, wenn ich mit diesen simplen englischen Soldaten, die immer nur Hanns zu mir sagten und auch sicher manchmal Heimweh hatten, am Niederrhein die großen und reichen Bauern abklapperte, um sie zu fragen, ob mit den Kartoffeln für die Bevölkerung alles in Ordnung sei. Nach sechs Wochen kam mein Freund Lindner-Emden wieder zurück, und damit war ich meine schöne Stelle wieder los. Dann begann ich Englischunterricht zu geben, um mir ein bißchen Taschengeld zu verdienen, und ich versprach jedem, ihn in drei Monaten phonetisch und grammatisch so fit zu machen, daß er dann, eine reine Vokabelfrage, ohne weiteres sehr gut Englisch könne, zumindest so viel, daß er allen normalen Gesprächssituationen gewachsen sei. Sogar eine Großtante von mir, die leicht verwachsen war und fast am Ende der Neustraße, hinter dem Rheingold-Kino, aber auf derselben Seite, ein Kurzwarengeschäft hatte, wollte sich unbedingt auf die neue Zeit umstellen und nahm Unterricht bei mir. Sie war sehr nett und fürsorglich, nun ja, ich war ja auch der Sohn von Adele, die so früh und so unglücklich sterben mußte, und sie war auch eine fromme Frau, und sie hätte sich nie gescheut, überall ganz alleine »Ein feste Burg ist unser Gott« anzustimmen. Aber wenn man ihr erzählte, daß man im Kino gewesen sei, war sie ganz erschrocken und murmelte was von Teufelswerk. Aber

sie lernte fleißig Englisch und freute sich immer, wenn ich kam. Auf dem Amt meines Vaters organisierte ich zwei große Kurse mit jeweils zwanzig Teilnehmern. Alle wollten Englisch lernen. Auch das waren natürlich für mich schon wichtige Übungen, mich vor Publikum zu bewähren, auf Fragen richtig zu reagieren und mir dabei ein eigenes System zu erarbeiten. Auch zu Hause in der Lessingstraße gab ich viele Einzelstunden. So lernten wir alle was, die Schüler Englisch und ich meine Sicherheit. Auf dem Amt meines Vaters hatten wir auch einen kleinen Freundeskreis mit sehr netten Mädchen, die alle Hilde hießen, und wir Männer waren alle behindert, der Heinz Rammacher, der Heinz Grotepaß und ich. Und wir fuhren oft nach Rheurdt und zelteten dort und waren sehr vergnügt. Der Hilde Weißknecht habe ich, glaube ich, diese erste Geschichte von dem romantischen Geiger geschenkt, die Hilde ist dann später mit meinem Freund Hubert Martin gelaufen, der ja auch bei uns im Studio 45 war. Ich war dann noch eine Zeitlang auf dem Übersetzungsbüro bei Studienrat Sackermann, mußte ganz schwere Briefe übersetzen, und da erhielt ich eines schönen Nachmittags die Nachricht, daß mein Onkel Heinz mitsamt seinem Fahrrad auf der Brücke von Rheinhausen von einem zurück- und zur Seite laufenden Anhänger an dem Brückengeländer zu Tode gequetscht worden sei. Und alle sagten ein übers andere Mal:
Jetzt hat der Mann den Krieg gut überstanden, und jetzt so was.
Ich bin ja ein Vorstellungsmensch, aber diesen Tod darf ich mir nicht vorstellen, auch nicht wenn ich ihn eines Tages auf der Bühne spielen müßte. Ich habe als junger Mann das damals nicht so erfaßt wie heute, aber ich sah, wie Tante Anna sich krümmte und nicht wußte, wohin mit ihrem Schmerz. Der Krieg war vorbei, und nun kam der Tod um eine andere Ecke, und welche Qual hatte er diesmal sich ausgedacht. Ich schwieg unbeholfen und ratlos, während ich bei Tante Gretchen, als sie an dem Türhaken in Tante Marias Nähzimmer hing, ja geflucht habe. Im Spätsommer 1945 gründete dann Theo van Alst, mein holländischer Freund, mit mir das »Studio 45«, das heißt, zunächst nannten wir uns einfach Club, und der Club, das war eine lockere Vereinigung aller schwarzen Schafe aus Moers und Umgebung, und diese verrückten jungen Leute, das waren eben alles Phantasten, denn wir trafen uns immer montags am Abend, und zwar hatten wir im Martinstift an der Filderstraße, da wo es dann weiter nach Holderberg oder rechts ab nach Bettenkamp geht,

einen kleinen Raum zur Verfügung, in dem wir über Gott und die Welt, Nazis und Demokratie, Kunst und Philosophie diskutierten, und das bis spät in die Nacht hinein, und es konnte ja in Moers nicht lange dauern, da ging schon rund, daß der Club ja wohl mehr was für Anarchisten und Bohemiens sei, heute hätte man wahrscheinlich von Rauschgift und Mädchenhandel gesprochen, damals aber waren schon harmlose, junge, phantasievolle, aber durchaus bürgerliche Menschen höchst verwahrlost, und die vorschnellen Spießbürger nannten uns Zyniker, wußten aber gar nicht genau, was das war, sagten das so dahin, und das hat uns natürlich gereizt, noch verwahrloster aus der Reihe zu tanzen, und merkwürdigerweise sprach sich dann der Club auch positiv herum, und es stellte sich heraus, daß wir in Moers eine Marktlücke waren, denn es gab auf einmal eine ganze Menge von jungen Leuten, die sich alle freuten, daß es den Club gab, und auf einmal waren wir ein großer verlorener Haufen, der sich eigentlich darauf vorbereitete, seine Lebensziele zu erreichen und sich Wünsche eines Tages zu erfüllen, die jetzt in unseren Gehirnen etwas undeutlich herumgingen, aber durchaus einen Anfang hatten in diesem Club, in dem wir Theater spielten, Lyrikabende machten, Lieder sangen, ironisch die Welt auseinandernahmen, um sie dann wieder neopathetisch zusammenzusetzen. Wir waren eine große Familie in einer Stadt mit Bürgern und Kleinbürgern, die durchaus nicht rückständig, gestrig oder reaktionär waren, sich aber nur nicht trauten, mal aus ihrer Haut zu fahren, denn all das, was in unseren Köpfen herumgeisterte, steckte ja schon in den Köpfen der Väter und Mütter, nur sie waren eben noch nicht so weit, einfach mal neu zu denken und zu fühlen, mal was anderes zu sehen und zu hören und vor allen Dingen auch zu genießen. Heute, wenn sie noch leben würden und sehen könnten, was aus ihren Söhnen und Töchtern geworden ist, kämen sie vielleicht uns noch einmal entgegen und würden sich freuen. Vielleicht nicht bei allen. Und einige sind schon tot. Fitti Lisken, mein lieber Freund, der Gitarre spielen konnte, daß einem die Tränen über die Backen liefen, und der mich in meinen Anfängen, zum Beispiel im Alten Brauhaus, swingend auf seiner Gitarre begleitete, gehört für mich immer zu den liebenswertesten Menschen, die mir in Moers mein kleines Leben vergoldet haben. Er war ein richtiger Lisken, mit einem hellen Kopf wie sein Vater, aber er hatte auch die Süchte seiner Mutter, muß ich annehmen, und war wohl in seinem romantischen

Begehren zu großzügig mit sich und mit anderen und hat gleichsam Haus und Hof verspielt und muß heute, schwerkrank, obwohl noch oft hellwach, von seiner Friederike mit dem Cello durchgebracht werden. Ich hätte selbstverständlich diese Geschichte verschweigen können, aber sie steht für so viele und vieles in meinem Leben, und ich hänge so an diesen Kindheitsfreunden, das kann kein Mensch wissen. Fritz, genannt Fitti, war natürlich auch in unserem Club ein Protagonist und ein kritischer Geist und sorgte auch für Spruch und Widerspruch, fiel aber dann auch oft wieder in seinen spielerischen Ton zurück. Für mich war der Club eine sehr wichtige Station, wenn nicht die wichtigste, denn hier konnte ich mich im Kreise der Freunde und Freundinnen ausprobieren, produzieren und kontrollieren. Theo van Alst war unser aller Regisseur, wußte auch am meisten von Theater und Literatur und hatte eine ganz lockere politische Art, uns allen Sprache beizubringen. Natürlich spreche ich heute ein Gedicht anders, aber damals hatte ich ja überhaupt noch kein Gedicht gesprochen und dachte immer, ein Gedicht muß ganz besonders betont werden, bis ich dann später mal einen Satz des berühmten englischen Theatermannes Peter Brook las:

Der Schauspieler soll die Sprache nicht färben, sondern die Sprache soll den Schauspieler färben!

Damals wußten wir das noch nicht, aber es war auch nicht schlimm, wir experimentierten noch, wir hatten ja Zeit, und zwischendurch machten wir Feste, fuhren zum Örmterberg und aßen und tranken und tanzten und machten Blödsinn, weil, es konnte ja nichts schiefgehen, es konnte ja nur bergauf gehen, und zum großen Teil hatten wir auch noch alle unsere Eltern im Rücken, und deshalb waren wir eigentlich damals alle Glückskinder, und der Club war unsere Erfindung, und darauf waren wir stolz. Heute noch. Wir sehen uns alle nur ganz selten, und es dauert oft Jahre, bis wir uns, zum Teil wenigstens, mal treffen, aber jeder weiß, wenn er den anderen sieht, wieviel Erinnerung wert ist. Allerdings, wenn man sie sich nicht vorher schafft, hat man sie später auch nicht und kann nirgendwohin zurückgucken und zurückkommen. Ich werde hier nicht alle aufzählen, aber Ernst Seiltgen, Emmy, Fritz und Gerd Lisken, Theo van Alst und seine Inge Schimrigk, die oft ihre Schwester Gisela, die später den Fritz Lempert geheiratet hat, mitbrachte, ich weiß, es klingt wie der Künstler-Stammtisch im »Alten Simpl« so um 1910, Anita Wahlhäuser,

Edith und Hannes Biewend, Roman Kalthoff, Sophie und Freddy Behmenburg, Fritz und Aline Mundzek, Rolf Braun, Hubert Martin, Edith Cloubert und Achim Melchers, Willi Klasen, der schon tot ist. Fritz Berghänel, der oft seinen Freund Kahlscheuer mitbrachte, der ein großartiger Jazzer auf dem Klavier war, mit seinem »Bei mir bist du schön«. Heinz Eberhardt Höffken und Sigrid Ruhm, Hans Georg Lenzen, Jürgen Dahl, Katja Schacke, Ecki Augustin, ich weiß nicht, ob ich sie alle noch zusammenkriege. Und eines Tages stieß der musische Studienrat Karl Hans Rendenbach zu uns und brachte alles ein bißchen nicht auf Vordermann, vielleicht auf Nebenmann, will sagen, er brachte ein bißchen pragmatische Ordnung in die Bude, war aber selbst auch ein großer Schwärmer und Trinker und paßte ganz gut dahin, jedenfalls nannten wir uns fortan »Studio 45«, und Karl Hans Rendenbach war es auch, glaube ich, der uns animierte, alle Mann und Frau hoch nach Düsseldorf ins »Kom(m)ödchen« zu fahren, das hatte gerade begonnen und war schon überall Tagesgespräch, und es muß kurz nach dem 29. März 1947, dem Eröffnungstag des »Kom(m)ödchens«, gewesen sein, daß wir uns an einem Sonntag aufmachten und mit etwa zwanzig schwarzen Schafen vom Niederrhein zum »Kom(m)ödchen« fuhren, angeführt eben von Karl Hans Rendenbach, und wir waren fasziniert, entzückt und berauscht. Es gab schlaflose Nächte, und das »Kom(m)ödchen« wurde zum Pflichtkabarett ähnlich wie damals »Der Spiegel« zur Pflichtlektüre. Das kannten wir alles noch nicht. Ich hatte es zwar geahnt, aber nie geglaubt, daß es so was in der Welt geben könnte. Alles war damals noch schlank, schlicht und schmal, nur das Notwendigste wurde eingesetzt, aber alles leuchtete, hatte Glanz und Kraft, machte Wut und Mut und Hoffnung und gab Halt. Und von diesem Tag an war es immer ein richtiger Jugendtraum von mir, romantisch und skeptisch zugleich, also niederrheinisch, einmal im »Kom(m)ödchen« gastieren zu dürfen, einmal mit allen reden zu dürfen, mit den Gottschows, den Vielbabers, Butschkes, den Stürmers und Clasens, mit den Hilbichs und mit Hanne Wieder und Ulla Herking und der Trudi Roth, und einmal neben Kay und Lore Lorentz stehen zu dürfen, und dieser Traum, ich springe jetzt etwas in der Zeit, dieser Traum ist in Erfüllung gegangen. Und ich bin dankbar, daß wir uns, sehr viel später zwar, über den Weg gelaufen sind, denn wenn es das »Kom(m)ödchen« nicht gegeben hätte, wäre ich vielleicht kein Kabarettist geworden. Vielleicht doch, aber nicht der, der ich heute bin. Und ich bin stolz darauf, von Zeit zu Zeit meine dunklen und hellen Spaße auf der »Kleinen Literaten-, Maler- und Schauspielerbühne« spielen und erzählen zu dürfen. Heute teilt man oft viele Gedanken, tauscht Erinnerungen aus, ruft sich an, wenn Grund zur Sorge besteht. Das ist eine schöne Geschichte. Ich bin glücklich, daß sie so entstehen konnte und daß ich im Frühjahr 1947 sehen konnte, was mein Herz mir immer souffliert hatte. Und nun gab es kein Zurück, überhaupt kein Zurück mehr. Ich wollte ja noch 1946 Opernregisseur werden, modernes Musiktheater, versteht sich, und wollte Theaterwissenschaften studieren und das nun möglichst weit von zu Hause weg. Und Erich Vowe, der mich konfirmiert hatte, gab mir die Anschrift eines Pfarrerfreundes in Hamburg, der wiederum einen Dramaturgen gut kennen sollte und bei dem ich auch übernachten könne, nur müsse ich natürlich erst mal hinfahren. Ich wollte in Hamburg studieren und gleichzeitig auf die Schauspielschule gehen, und mein Vater sollte von den Theaterwissenschaften und der Schauspielschule nichts erfahren. Also machte ich mich eines Abend auf, Tante Anna und Tante Liese hatten mir Butterbrote und Äpfel und Wäsche und Zigaretten gut eingepackt, und fuhr erst mal nach Duisburg, dort mußte ich umsteigen, aber es ging alles reibungslos, und ich dachte, na schön, jetzt mal los bis Hamburg. Der Zug hielt aber in Recklinghausen und fuhr dann nicht mehr weiter. Alles mußte raus. Und jeder mußte nun sehen, wie er weiterkam. Ich ging in die große Wartehalle, dort standen hundertmeterlange Schlangen vor den Schaltern, und ich dachte, arme Hunde, sei froh, daß du ne Fahrkarte hast. Der Zug nach Hamburg, hörte ich, solle so gegen 3.15 Uhr gehen. Ich hatte also noch jede Menge Zeit, ruhte mich ein bißchen aus. Überall liefen noch Menschen mit zusammengeflickten Uniformen rum, auf dem Boden lagen Frauen und Kinder und schliefen. Nun, ich habe immer ein bißchen den Nomaden gespielt, eine solche Nacht war für mich wie geschaffen, obwohl ich doch ein ziemlich zartes Nachtschattengewächs war, der Peer Gynt aus Moers. Ich kam auch mit vielen ins Gespräch, manche fragten mich nach Zigaretten, ich hatte vorsorglich genügend mit und konnte mir so mit Reden und Rauchen die Zeit vertreiben, bis einer mich fragte, ob ich denn schon eine Zulassungskarte für den Zug nach Hamburg hätte? Nee, sagte ich, wieso? Ja, für den Nachtzug nach Hamburg müsse jeder eine Zulassungskarte haben, der

Zug wäre ohnehin schon immer pickepacke voll, und da müßte das ein bißchen eingeteilt werden, eben durch diese Zulassungskarten, und deshalb stünden ja auch die langen Schlangen vor den Schaltern, und wenn keine Zulassungskarten mehr da sind, dann schließen die den Schalter, und dann stehst du da und mußt bis morgen warten, oder bis übermorgen, so ein Zug nach Hamburg, der fährt nicht alle Tage, aber ich geb dir einen Tip, wenn du Zigaretten hast, dann gehst du am besten da hinten an den Gepäckaufbewahrungsschalter, da läuft so ein blasser Jüngling rum, und dem brauchst du nur heimlich deine Zigaretten zu zeigen, und der gibt dir dafür eine Zulassungskarte, klar? Klar. Ich also dahin, und hab gezielt lässig und geheimnisvoll mit den Zigaretten gewedelt, und tatsächlich bekam ich für fünf Zigaretten meine Zulassungskarte. Da war es aber auch schon kurz vor drei Uhr, und um 3.15 Uhr sollte der Zug fahren. Also ich den Bahnsteig hoch, und da war der Zuch schon brechend voll. Es gab nirgendwo einen Sitzplatz und auch keinen Stehplatz. Die Menschen hingen auf den Trittbrettern, und es blieb mir nichts anderes übrig, als mich auf einen Puffer zu setzen, meine Aktentasche über den Arm zu streifen und mich dann gut festzuhalten. Und so fuhren wir dann los. In den Kohlenpottbahnhöfen, wenn wir dort hinein- und hinausfuhren, mußte ich mich ganz besonders festhalten, denn wenn es über die vielen Geleise mit ihren besonderen Weichenstellungen ging, schaukelte ich auf dem Puffer ganz schön hin und her, aber es ging, und wenn ich sage, es ging, dann muß ich wohl guter Dinge gewesen sein, obwohl es inzwischen begonnen hatte zu regnen und ich auf meinem Puffer ganz schön was abkriegte. Aber ich wollte ja nach Hamburg, Theaterwissenschaften studieren und auf die Schauspielschule gehen und ein großer Künstler werden, also mußte man auch Opfer bringen und durch den Regen auf einem Puffer nach Norden dampfen. Es ist schon sehr merkwürdig und komisch bei mir, daß mir solche Unannehmlichkeiten dann überhaupt nichts anhaben können, im Gegenteil, es gehört für mich dazu, wie überhaupt die Eisenbahn eine wichtige Rolle spielt, auch heute noch, obwohl ich meistens von meinem Freund Peter Neumann gefahren werde, denn ich hab ja keinen Führerschein, ich habe ihn einfach nicht gemacht, genauso wie ich keine Milch trinke, aber ich war immer ein Eisenbahnmensch, und diese Reise nach Hamburg ist für mich ein großes Erlebnis, auch heute noch, sie war damals der Anfang meiner Selbständigkeit, gut, mein Vater hat mich immer noch unterstützt, aber ich ging meinen eigenen Weg, ich ging meinen Geheimnissen nach und war zufrieden und siegessicher. In Münster, oder war es in Osnabrück, nein, ich glaube, es war in Münster, verließ ich meinen Puffer, weil ich dachte, vielleicht ist doch in einem Abteil jetzt etwas Platz geworden. Ich lief ganz schnell in meinen nassen Klamotten den Zug entlang, nichts, es war, als wäre der Zug noch voller geworden, und dann lief ich zu meinem geliebten Puffer zurück, den ich in einem Anfall von Leichtsinn verlassen hatte, besetzt. Ätsch. Dann lief ich wieder zurück und sprang schließlich auf das Trittbrett, hielt mich mit beiden Händen, meine Tasche über den rechten Arm gestreift, an zwei Stangen neben einer Abteiltür fest und fuhr so weiter bis nach Bremen. Als ich in Bremen ankam, waren meine Klamotten trocken, mein Haar war zerzaust, und ich hundemüde, aber ich hab mich in der Halle auf meine Tasche gesetzt, den Rücken an eine Wand angelehnt und etwas geschlafen, denn ich hatte zwei Stunden Zeit, bis dann ein anderer Zug weiter nach Hamburg fuhr. Der Zug nach Hamburg war nicht so voll wie der von Recklinghausen, aber man mußte stehen, und Licht gab es auch nicht, und ich spürte meine Füße nicht mehr, trat von einem Fuß auf den anderen, und hätte mich zum Schluß sicher auf den Boden gesetzt, wenn nicht eine Frau meine Erschöpfung bemerkt und mir ihren Platz angeboten hätte. Ich hatte mich zwar in der Bahnhofshalle von Bremen etwas von meiner Trittbrettfahrt erholt, und aus den zwei Stunden Pause wurden sechs Stunden, aber stehen konnte ich nun nicht mehr, und ich danke dieser Frau heute noch sehr, daß sie in der völligen Dunkelheit meine vollkommene Schwäche merkte und mir ihren Platz anbot, es war wie eine Erlösung, und wir wechselten uns dann bis Hamburg immer ab, denn diese Fahrt, die heute für jeden von uns ein Katzensprung ist, dauerte damals ebenfalls endlos, so daß wir erst gegen Morgen in Hamburg ankamen, dann aber noch nicht aus dem Bahnhof raus konnten, weil noch Sperrstunde war. So wurden wir alle in den Bahnhofsbunker geschleust, es ging über zahllose Treppen mal rauf, mal runter, und man trottete schon ganz apathisch hinter allem und jedem her, irgendwo mußte es ja einen Stuhl und einen Tisch geben, auf den man sofort den Kopf legte und einschlief. Ich machte noch einen Umweg über den Waschraum, machte mich ein bißchen frisch und landfein, und ging dann in den Bunkerwartesaal, wo es eine Art Himbeerbrause gab aus Bechern, die am Tisch angekettet waren, weil die meisten Becher schon mitgenommen worden waren, verständlich, denn alle mußten ja von vorne anfangen, auch bei Bechern. Ich legte meine Aktenmappe auf den Tisch, dann meine Arme unter die Mappe, dann meinen Kopf auf die Mappe und schlief nicht schlecht, es war ebenso, und das mußte jetzt sein, und morgen ist auch noch ein Tag, und ich hatte ja allerhand vor, Schauspielschule, Universität, Wohnungssuche, Aufnahmeprüfung und Immatrikulation. Am anderen Morgen gegen 7.00 Uhr konnten wir den Bahnhofsbunker verlassen, und ich machte mich auf den Weg und suchte den Pfarrer auf, dessen Anschrift mir Erich Vowe, der mich ja konfirmiert hat, mitgegeben hatte. Er lebte mit seiner Mutter zusammen, beide empfingen mich wie einen alten Bekannten, und es gab gegen Mittag, nachdem ich mich in einem richtigen Bett ein bißchen ausgeruht hatte, eine Steckrübensuppe aus einem großen Waschkessel, eine Suppe, die es in Hamburg überall gab, denn gerade in den großen Städten hungerten die Menschen am meisten, auch wenn sie manchmal aufs Land fuhren, um sich ein paar Kartoffeln zu erbetteln. Aber das waren richtige Demütigungsfahrten. Eine hab ich mal mit meiner Cousine Hannegret, die jetzt in Northeim wohnt, gemacht, eine Fahrt von Moers nach Niedersachsen, nur um ein paar Kartoffeln zu ergattern, und wenn die Bauern schlechte Laune hatten oder es den eingebildeten Städtern mal zeigen wollten, dann schickten sie uns grinsend zum nächsten Bauernhof, wohl wissend, daß der Bauer auch nichts gab. Meine Cousine und ich, wir haben uns damals abgestrampelt, aber wir waren für so was nicht geeignet, andere schleppten trotz allem immer noch zwei bis drei Zentner Kartoffeln nach Hause, wir waren froh, daß wir gerade einen halben Zentner unseren Lieben mitbringen konnten, dabei haben wir überall wie die armen Kinder vor der Tür oder in dem Hof gestanden und die Bauern angefleht, uns nicht ganz mit leeren Händen nach Hause zu schicken, aber wir hatten wohl doch keine Nase dafür und setzten uns eines Tages wieder auf den Zug, einen offenen Kohlenzug, was anderes gab es nicht, und wir saßen oben auf den Kohlen, sahen nach wenigen Minuten aus wie die Schornsteinfeger, und dann regnete es auch noch, doch wir saßen geschlagen, aber stoisch auf unseren Kohlen, bewachten schärfstens unsere paar Kartoffeln, denn wir wollten doch wenigstens beweisen, daß unsere Kartoffelexpedition kein Spaziergang gewesen war, sondern daß wir jede einzelne

Kartoffel im Schweiße unseres Angesichts erobert hatten und daß unser guter Wille nur an der Borniertheit der Bauern zerschellt sei, wie ein Segelschulschiff ohne Ruder vor der englischen Küste, das dann von Charles Laughton und seinen Schmugglerbanditen ausgeraubt wird. Jedenfalls freuten sich Tante Anna und Tante Liese mehr über unsere Rückkehr überhaupt als über die Kartoffeln, denn wer weiß, wo wir hätten landen können, vielleicht hätten uns Menschenhändler nach Feuerland verkauft, oder ich wäre einem Werber für eine neue Nordpolexpedition in die Finger geraten. Nicht auszudenken. Aber ich muß zugeben, ich selbst war auch froh, wieder zu Hause zu sein, denn die Fahrt auf dem Kohlenzug, alles gut und schön, ist auf die Dauer auch nicht abendfüllend, und später sah ich mal im Kino einen Western mit Akim Tamiroff, er spielte da einen Lokführer oder einen Heizer und war gerade dabei, eine ganz neue Strecke an einem Gebirge entlang einzuweihen, und die Schienen lagen nur über einem Holzgestell, und als der Zug diese Stelle der ganz neuen Westernstrecke passierte, kippte er samt Akim Tamiroff ganz langsam nach vorne um, und beinahe hat man geglaubt, der Zug fällt in den Zuschauerraum, aber es war ja nur ein Film, und immer wenn ich an meine interessantesten Eisenbahnfahrten denke, denke ich an Akim Tamiroff in diesem Film, den ich erst viel später gesehen habe, und vor allen Dingen hatte er vorher mit seinem Lokomotivenkollegen noch Witze gemacht, so auf die Art wie, ich hatte mal ein Mädchen in Arizona, und genau in einem solchen Augenblick, wie auf ein Stichwort, kippte der ganze Zug auf der ganz neuen Westernstrecke nach vorne, und wenn vorne nicht viele Zuschauer gesessen hätten, wäre er sicher ins Parkett gefallen, aber man nimmt im Kino auch Rücksicht, denn man will ja, daß der Zuschauer wieder- und nicht unter einen Zug kommt, könnte ich mir schon denken, wenn ich Kinobesitzer wäre. Aber so weit sind wir noch nicht. Ich bin am anderen Morgen in Hamburg zur Universität gegangen und erfuhr dort kurz und bündig, daß eine Einschreibung gar nicht möglich sei, da ich nicht zu einer ganz bestimmten Zeit, bis zu einem festgelegten Stichtag, in Hamburg oder in einem Umkreis von fünfzig Kilometern um Hamburg herum gewohnt hätte. Aha. Und für die Schauspielschule sei ich noch keine einundzwanzig Jahre alt, insofern müsse ich die schriftliche Einwilligung meiner Eltern vorlegen. Also auch nichts. Na schön, dachte ich, was sollte ich anders denken, Hamburg den

Hamburgern. Und vielleicht ist es ein Pfahl, mit dem der Zaun dir einen Wink gibt, du Schicksalskind. Ganz komisch, ich war gar nicht niedergeschlagen, ich war hundemüde, aber gar nicht traurig oder wütend. Ich ging noch einmal bei dem liebenswürdigen Pfarrer mit seiner Frau Mutter vorbei, packte meine Sachen zusammen, bedankte mich, verabschiedete mich und zog dann wieder zum Bahnhof, dem großen Hamburger Bahnhof, in dem die Menschen alle kreuz und quer durcheinanderliefen, denn es wurde überall wieder etwas Neues erzählt, richtige Fahrpläne gabs ja noch nicht, und so ein Bahnhof sah dann aus wie eine Völkerwanderungszentrale, und man konnte nur immer wieder mit offenen Ohren und Augen vorankommen. Einmal hieß es, um 15.00 Uhr geht ein Zug in Richtung Kohlenpott, ein andermal, der Zug in Richtung Kohlenpott geht erst heute abend um 21.00 Uhr, dann hieß es wieder, er geht gar nicht, vielleicht fährt morgen einer, aber das wird man sehen, wenn, dann wird alles rechtzeitig bekanntgegeben. Und so mußte man auch immer auf dem Posten sein, ständig zuhören und fragen, man konnte sich auf nichts verlassen, sondern man mußte selber immer mal wieder auf den Bahnsteig gehen, um nachzusehen, ob der Zug nicht doch vielleicht ganz heimlich gekommen, und da sowieso nicht alle mitkommen konnten, wollte man auch gar nichts groß über die Lautsprecher verkünden. Aber das waren so typische kleinbürgerliche Angstvorstellungen von mir. Ich bummelte stundenlang durch den Bahnhof, oft aber stand ich auch auf einer Stelle und ließ alles an mir vorüberfluten, war überall und nirgends und hatte die Universität in Hamburg und die Schauspielschule schon fast vergessen und hatte ja immer noch mich, und ich stand jetzt ganz unbeweglich an irgendeinem Punkt der Welt, ohne Fahrplan, und keiner wußte, wie es weiterging, nur, irgendwann geht ein Zug in Richtung Kohlenpott. Genauso hab ich mal viele Jahre später, fast fünfzehn Jahre später, in Venedig auf dem Bahnhof gestanden, als stünde da ein niederrheinischer Bauernjunge, der allerdings, Mutation, Mutation, aus der Art geschlagen ist, am Ende der Welt. Ich mußte damals mit einem Rapido von Venedig nach Triest, wo ich auf Einladung des Goethe-Institutes vor dreihundert Italienern, die alle kein Wort Deutsch konnten, gespielt habe, eine Riesenkritik bekam, aber trotzdem muß ich heute noch fragen, was soll ich in Triest? Nicht böse sein, vielleicht lieben Sie diese Stadt. Aber darum geht es nicht. Es bleibt die Frage: Was soll *ich* in Triest? Hut ab vor einer solchen Stadt, Verneigung und alles, aber ich weiß nicht, was ich da soll. Ich habe ja schon oft in diesen sogenannten Weltstädten gespielt, Paris, Warschau, Rom, aber ich sage Ihnen etwas, in Lünen, in Nordrhein-Westfalen, in einem schlichten Wirtshaussaal mit siebenhundert schwitzenden Kohlenpottlern zu spielen, das ist Philosophie, das ist international, und ich sage nicht vor siebenhundert Kohlenpottlern, sondern mit siebenhundert Kohlenpottlern, denn die spielen ja alles mit, das ganze Leben, von der Küche bis zum Kirchhof. Das wußte ich natürlich alles noch nicht, als ich im Februar 1946 in Hamburg auf einen Zug wartete, der in Richtung Kohlenpott fahren sollte, aber ich ahnte es. Und diese schnelle Fahrt ins Ungewisse gehörte mit dazu. Ich habe übrigens an dem Abend in Hamburg in einer Schule im ersten Stock Will Quadflieg gesehen, in einem englischen Stück mit dem Titel »Regen und Wind«. Ich weiß gar nicht mehr, was da passierte, worum es ging, aber einmal Will Quadflieg sehen, und dann nicht gleich sterben, Unsinn, sondern sich aufregen und immer denken, das machst du eines Tages auch mal, du mußt jetzt nur erst mal zurück nach Hause und da weiter üben und überlegen und mit Freunden reden und alles in dir aufbewahren. Der Zug fuhr abends kurz vor 22.00 Uhr. Es war ein Güterzug, ohne Sitzplätze, man mußte sich entweder auf den Boden setzen oder die ganze Zeit stehen. Der Zug wurde dann aber so voll, daß alle stehen mußten, um Platz zu sparen, und wir standen wie die Heringe im Dunkeln, keiner konnte den anderen sehen, und ich hatte noch Glück, ich stand direkt an einer Seite des Waggons, wieder meine Tasche über den rechten Arm gestreift, und ich konnte mich zwar nicht anlehnen, aber wenigstens mich mit dem rechten Arm an der Wand abstützen, so daß ich schon mal von einem Bein auf das andere treten konnte, aber sonst war keine Bewegung möglich, der Güterwagen wurde vollgepfropft, bis die Tür nur noch so eben zuging, aber jeder war zunächst einmal froh, daß er überhaupt mitkommen konnte, es gab ja keine andere Möglichkeit. Ich habe in diesem Zug, in diesem Wagen bis kurz vor Osnabrück unbeweglich an meinem Platz gestanden, hab mal die Standbeine gewechselt, hab versucht, meine Augen an die Dunkelheit zu gewöhnen, um vielleicht doch noch ganz langsam was zu erkennen, aber dann konnte ich nicht mehr, ich wollte auch nicht mehr, und als kurz vor Osnabrück der Zug hielt und die Tür aufgemacht wurde, hab ich mich verabschiedet, bin aus dem Güterwagen gesprungen, etwa zwei Kilometer vor Osnabrück, und hab mir dann eine Stelle an der Böschung gesucht, wo ich mich aus dem Bahngelände schleichen konnte, und bin dann, es war morgens um halb sechs, und es fiel ein feiner, sogenannter Nieselregen vom Himmel, mit meinem Mäppchen am Arm, eingehüllt in meinen langen, beigefarbenen Mantel mit verdeckter Knopfleiste und mit völlig zerschundenen Füßen durch Osnabrück gegangen, wie ein Heimkehrer, und ich sah die Stadt schwerverletzt, und weil ich auch so müde war und so kaputt, heulte ich ein bißchen vor mich hin, es sah ja keiner, es war ja erst halb sechs morgens, und ich hatte auch ein Recht darauf, denn ich ging fast ängstlich von Ecke zu Ecke, von Straße zu Straße, und es war alles Schutt und Asche, und es regnete, und es gab überhaupt keinen Lichtblick, die ganze schmale schöne Hauptstraße entlang, links und rechts Ruinen, und dann ging ich etwas schneller, weil ich wollte meine »Walhalla« sehen, das uralte Gasthaus, in dem ich doch immer mein Essen ohne Marken bekommen und der flinke Kellner Paul Milde immer einen Platz für mich hatte, auch wenn ganze Omnibusgruppen, die das Rathaus besichtigen wollten, ganz plötzlich einkehrten. Und ich machte mich auf alles gefaßt, denn ich war ja schon ein paarmal um eine Ecke gekommen und hatte das Haus gesucht, und es war nicht mehr da, und jetzt, am Ende der langen schmalen Straße, gab es wieder so eine Geschichte, und ich wollte es nicht glauben und mußte es für einen Scherz der Geschichte halten, die »Walhalla«, aus dem 16. oder 17. Jahrhundert, das muß ich jetzt mal offenlassen, stand noch da, als wären die Bomber extra vorbeigeflogen, als hätte dieses alte Fachwerkhaus sie gezwungen, ihr grausames Handwerk für eine Sekunde zu vergessen. Ich bin aber nicht hineingegangen, ich hatte eine eigenartige Scheu, außerdem war es ja auch noch sehr früh. Paul Milde, hörte ich später, soll nach dem Krieg noch eine eigene Gaststätte gehabt haben. Ich bin dann wieder zurück. Unsere alte »Luftschutzortsgruppe« stand auch noch, das große Haus auf der Wittekindstraße, direkt an der Hase. Ich bin dann die Wittekindstraße entlang, aus der Stadtmitte heraus, immer weiter bis zu einer Unterführung, da bin ich durch, und gleich dahinter, rechts auf der Ecke, hatten die Verwandten von Tante Erna, das war ja die Schwester von Onkel Heinz, der sich immer Zucker über die Bratkartoffeln streute und später auf der Brücke von Rheinhausen mit seinem Fahrrad zwischen einen zurücklaufenden Anhänger und das Brückengeländer

kam, zu diesen Verwandten von Tante Erna aus Goslar, die wir ja ganz, ganz früher in den Ferien auch immer besucht haben, bin ich dann schon ganz früh gegangen, weil ich nicht mehr konnte und mich auch aufwärmen wollte. Und die haben mich dann natürlich sofort überschüttet, denn die hatten ja alles, alles, was das Herz begehrt, Kunststück, denn die hatten ja auch eine Rauch- und Süßwarengroßhandlung, und die beiden Töchter wären eine gute Partie gewesen, so sagte man in Moers immer, aber beide lagen mir nicht, und für sie war ich ja wohl auch ein Komiker, der wohl schlecht in die Familie gepaßt hätte, aber dort gab es in diesen vermaledeiten Zeiten den Himmel auf Erden. Ich warf mich ins Bad, dann drei Stunden ins Bett, und als ich dann aufstand, war der verspätete Frühstückstisch gedeckt wie im Schlaraffenland, mit Speck und Eiern, Schinken, Käse, Bratkartoffeln und Butter, und der Kaffee duftete, und ich hab mich, glaube ich, mal so richtig zugegessen. Und als ich ging, bekam ich noch Zigaretten und Schokolade in die Taschen gesteckt, und dann brachten sie mich an den Bahnhof und setzten mich in einen richtigen Zug mit Abteilen und Bänken und Gepäcknetzen, und ich wußte, jetzt kann nichts mehr passieren, jetzt mußt du nur noch in Duisburg umsteigen, über den Rhein, und dann bist du zu Hause. Nach Hause zu kommen wie ein Secondhand-Peer Gynt ist ja auch was wert. Die Fahrt über die Brücke von Duisburg nach Moers rief noch mal alle paranoiden Geister in mir wach, denn der Rhein hatte Hochwasser, und die Brücke, über die unser Zug fuhr, war eine Behelfsbrücke und sah ein bißchen nach schnell zusammengehauen aus, und der Rhein, der mehr wie ein wildwogender gelber Nebenfluß des Jangtsekiang aussah, stand nur etwa zwei Meter unter unserer Schiene, und als wir nun sehr langsam über die Brücke fuhren, hatte ich gleich wieder das Akim-Tamiroff-Gefühl, denn die Brücke schwankte hin und her, und ich sah uns schon alle, wie in dem Westernfilm, ganz langsam und schräg nach rechts abkippen und in den Fluten des aufgewühlten, eklig aussehenden Rheins versinken. Aber es kann auch eine optische Täuschung gewesen sein, denn wir kamen alle wohlbehalten auf der anderen, der linken Seite des Rheins an, und ich ging schnurstracks nach Hause, in die Lessingstraße 25, und Tante Anna sagte zu Tante Liese, als sie mich sahen:
Mach de Jung ma en Butterbrot, de sieht ja furchtbar aus.

Texte & Lieder I

Frühes Lied

Ich bin ja so unmuskulös

Ich war so gerne ein Modell
Für eine Heldenstatue,
Ich schwärm so sehr für ein Duell,
Wenn es geht um die Ehre.
All diese Dinge sind so erdverwachsen,
Genauso sturmfest wie die Niedersachsen,
Und keiner weiß, wie ich mich danach sehne,
Nach einer echten teutschen Heldenszene.
Aber leider, notabene:

Ich bin ja so unmuskulös,
Wie kommt denn, wie kommt denn, wie kommt denn dös?
Immer, wenn ich starke Männer sehe,
Sag ich zu mir streng, gestehe:
Du bist nun mal kein Mann vom Format des Turnvater Jahn.
Wenn du mal stirbst, dann kräht nach dir, dann
Kräht nach dir kein Hahn;
Denn nur in gesunden Körpern haust auch ein gesunder Geist.
Ich möcht so gerne einen Mann verkörpern,
Der wie Siegfried und Achill
Etwas Großes leisten will.
Aber ich, aber ich, aber ich hab keinen Mut,
Denn mir fehlen alle Tropfen Kämpferblut.
Immer, wenn ich mich im Spiegel sehe,
Sag ich unter Tränen mir, gestehe:
Du bist ja so unmuskulös.

Dieserhalb sind mir auch alle Frauen bös.
Die erste sagt, ich hätte keine Heldenbrust.
Die zweite sagt, wenn sie mich sieht: Hab keine Lust!
Die dritte sagt: Ich sähe ja so kindisch drein,

Und so leb ich ganz allein
In dem großen Weltgetös,
Und das macht mich so nervös,
Denn ich bin ja so unmuskulös.

Was so ein richtiger Cowboy ist,
Der nur so aus der Hüfte schießt,
Das ist ein Mann der frischen Tat,
Ein Billy Jenkins zum Quadrat.
Alle diese Männer sind so fest entschlossen.
Wer sie nicht liebt, wird piff-paff totgeschossen.
Und keiner weiß, wie hoch ich sie verehre.
Ich ging so gern bei ihnen in die Lehre.
Aber leider, oh, oh, Misere:

Ich bin ja so namenlos babababang.
Das merken sie schon an meinem Gesang.
Immer, wenn ich große Hunde sehe,
Sage ich unter Zittern mir, gestehe:
Du bist nun mal kein Mann vom Format eines Harry Piel.
Wenn du in der Manege wärst,
Dann kriegtest du bestimmt zuviel.
Denn nur, wer da tapfer und schneidig
Dem Tiger ins feuchte Auge schaut,
Der ist der mächtigste König im gesamten Jagdrevier,
Aber leider ohne mir.
Denn ich leide an Verfolgungswahn,
Und ich stell mich dabei furchtbar an.
Immer, wenn ich meinen Schatten sehe,
Ruf ich laut um Hilfe und gestehe:
Ich bin ja so namenlos babababang.
Dieserhalb hab ich auch keinen Sturm und Drang.
In jeder Ecke steht für mich ein Bullemann,
Und der legt seinen Flitzebogen auf mich an,
Dann schwingt er das berühmte Indianerbeil.
Ich suche in der Flucht mein Heil,

Doch sein Arm ist viel zu lang,
Und so naht mein Untergang,
Denn ich bin ja so namenlos bang.

Früher Text
Terra

Es war einmal ein kleiner Planet,
Er hieß Terra, und seine Lieblingsmelodie war:
Was blasen die Trompeten!

Er stolzierte mit wuchtigem Gang
Durch den Äther und sagte überall:
My name ist Terra, I am the biggest
Baseball of the world!
Die anderen Planeten sagten, Terra,
Du bist ein toller Kerl, wir sind
Gespannt, wo du noch landen wirst.
Terra sagte, noch 50 Jahre, und
Ich stecke euch alle in die Tasche.
Die anderen Planeten wurden darob
Neidisch und berieten, wie sie
Terra zuvorkommen könnten.

Der Mond sagte, ich opfere mich,
Mich soll er zuerst in die Tasche
Stecken, wie ein trojanisches
Pferd werde ich dann von innen über
Ihn herfallen.
Bravo, riefen die anderen, wir
Haben nichts zu verlieren, nur zu
Gewinnen, deshalb ist die Sache
Schon fast entschieden.
Aber Terra sollte den Mond nicht
In die Tasche stecken. Es kam alles
Ganz anders, ganz anders, als er
Es sich erträumt hatte.

Terra wurde krank, richtete sich so
Zugrunde, daß keiner ihn wiedererkannte,
Wenn er an ihm vorüberging.
Er hatte große Brandwunden an
Händen und Füßen, konnte kaum gehen
Und sprach ein merkwürdiges Gemisch
Aus Chinesisch und Amerikanisch.
Nur der Mond, der ihn von
Frühester Jugend an kannte, merkte,
Daß es Terra war, der seine Haut,
Seine Sprache und seine letzten
Kräfte zu Markte getragen hatte.

Der Mond rief die anderen Planeten
Und sagte: Wir sind arm, er ist
Noch relativ reich, kann aber nichts
Mehr damit anfangen …
Und sie gingen hin und stellten
Sich an den Weg, den Terra ging.
Alle 500 Meter stand ein Planet
Und sagte:
Terra, du hast noch zwei Atombomben,
Gib eine ab.
Terra, du hast noch zwei politische
Meinungen, gib mir eine.
Terra, ich bin völlig öd und leer,
Gib mir den Rest deiner Wolkenkratzer.
Terra, ich bitte dich, gib mir deine
Eitelkeit, du bist alt, gib uns
Deine Geschichte, gib uns deine
Ungerechtigkeit, deinen Haß und
Deine Vorurteile.

Und siehe da, Terra verschenkte
Alles, was er besaß, an die Planeten,
Die sich herumbalgten, als
Hätten sie das große Los gezogen.

Terra aber wanderte weiter auf
Seinem Weg, ohne Besitz, ohne Macht
Und ohne Gewalt, wurde nach vielen
Jahren wieder gesund und heiratete
Den Himmel und alles, was darüber ist.

Es war einmal ein kleiner Planet.
Es hieß Terra, und seine Lieblingsmelodie war:
Was blasen die Trompeten.

Und wenn er nicht gestorben wird,
Dann könnten wir heute alle in
Frieden leben.

Frieda-Geschichte
Ostern

Tja, liebe Leser, wenn Sie mich jetzt sehen könnten, aber Sie können mich ja nicht sehen, aber wenn Sie mich sehen könnten, dann würden Sie sagen, der sieht aber schön bunt aus. Ja, das kommt von der Farbe. Schon zwei Wochen vor Ostern ruft nämlich die Frieda immer, daß du mir am Ostersamstag schön zu Hause bleibst, da ist mal nichts mit Kunst und so, da werden nämlich Eier gefärbt. Schön, sage ich, wieviel denn? Also ich esse schon mal am 1. Feiertag morgens zwei, mittags zwei, zum Kaffee zwei und abends zwei, macht zusammen acht, am 2. Feiertag dasselbe, macht zusammen sechzehn, und das mal drei – unsere Familie besteht aus Vater, Mutter und einem Kind –, also sechzehn mal drei macht achtundvierzig, sagen wir, die kaputten mitgerechnet, macht fünfzig. Fünfzig Eier, sagt die Frieda, du spinnst. Einmal im Jahr ist Ostern, soviel ich weiß, sage ich, da soll das Ei leben, ein Hase ist ja auch nur ein Mensch. Also komm, sagt die Frieda, laß jetzt mal deine Späßchen, ich kaufe dreißig Eier, davon werden zwanzig gefärbt, dann muß sich jeder das eben ein bißchen einteilen. Fünfzig Eier, sagt die kleine Frieda, ich eß sowieso höchstens insgesamt vier. Na, sage ich, ihr seid mir rechte Asketen, so begeht man doch nicht Ostern, ei der Daus. Also, sagt die Frieda, du brauchst gar nicht weiter dumm zu reden, dreißig Eier und damit basta, nachher müssen wir sie nämlich wieder alle essen. Also gut, sage ich, dreißig Eier, das ist für mich aber dann nur ein halbes Ostern, so wie Weihnachten ohne Schnee, aber wenn man die Schale mitißt, dann gehts ja. Hhmm, macht die Frieda. Doch, sage ich, das soll sehr gesund sein, wie bei Kartoffeln und Äpfeln, das Wertvollste sitzt direkt unter der Schale, diese Vitamine, deshalb soll man die Schalen nie wegwerfen. Da ist Kalk drin. Bei dir ist auch Kalk drin, sagt die Frieda, jetzt zieh dich an, wir müssen los, sonst sind nachher überhaupt keine Eier mehr da. Die kommen doch frisch vom Lande, sage ich, früher kamen immer so Frauen mit Kopftuch und warfen einem die Eier nach. Also Vati, sagt die kleine Frieda, jetzt hör doch endlich auf. Gut, sage ich, gehn wir, ihr habt ja keine Ahnung von Ostern. Aber du, du hast natürlich Ahnung, du bist der Oberosterhase, sagt die Frieda. Chefosterhase, wenn ich bitten darf, sage ich.

Ja, und dann holen wir zu dritt – mit feierlichem Schritt – die Eier und tragen sie wie auf Messers Schneide nach Hause. Auf dem Rückweg treffen wir noch einen Intellektuellen. Fröhliche Ostern, sage ich, wir sind gerade dabei, dreißig Eier zu vergesellschaften. Wir färben heute abend im Kollektiv. Nein, sagt er, da bin ich drüber weg, ich habe mir nur ein Ei als Drahtplastik anfertigen lassen, schließlich kann unsereiner ja nicht mehr an den Osterhasen glauben. Doch, sage ich, ich glaube noch dran. Aber sehn Sie mal, sagt er, es hat sich doch seit einigen Jahren allerhand verändert, und es tut mir also furchtbar leid, aber ich sehe, ich kann den Osterhasen auch nur noch als Alibi für diese Pseudodemokratie sehen. Die Frieda zupft mich am Ärmel und sagt, also wollt ihr hier jetzt diskutieren, oder wolln wir jetzt gehn und die Eier färben. Also, sage ich, entschuldigen Sie, aber wir müssen jetzt Farbe bekennen, und grüßen Sie Ihre Drahtplastik.

Ja, und dann sitzen wir alle um den Küchentisch und finden die Eier diesmal außerordentlich gut gewachsen, und dann wird überall so ein Löchlein hineingepickst, damit sie nicht springen, und dann werden die Eier ganz vorsichtig – paß doch auf – mit einem Löffel in den Kochtopf hineinbalanciert. Und dann studieren wir alle Lohmeyers Farbenlehre und Lohmeyers Farbenstifte und Lohmeyers Farbenbeutel und Lohmeyers Abziehbilder, absolut ungiftig, und Lohmeyers bunte Farbblätter, wo man immer um das Ei so einen heißen Umschlag machen muß. Zwei sind schon gesprungen, sagt die kleine Frieda. Das macht nichts, sage ich, das gibt dann hinterher diese feinen Strukturen. Und dann holen wir alte Tassen und rühren die Farben. Halt, sagt die Frieda, ein Schuß Essig muß dran. Und dann färben wir. Und dann malen wir. Und dann komponieren wir. Und dann nehmen wir die fertigen und übermalen sie noch mal. Und dann entstehen die künstlerischen Eier. Die halten bis Pfingsten. Und dann haben wir einen Spaß und sind gar nicht sachlich. Und dann kommen die gesprungenen Eier dran, und da setzen wir die gesprungenen Linien mit einem Stift so fort, daß man die Sprünge gar nicht mehr sieht, und so helfen uns die Eier auf alle möglichen zeichnerischen Sprünge. Und dann kommen die Abziehbilder dran und so weiter, und wenn einer sagt, warum machen wir das jedes Jahr, sagt der andre gleich, na weil wir das doch früher auch so gemacht haben. Und dann sagt plötzlich die kleine Frieda, guck mal, wie ich ausseh. Und dann sage ich, guck mal, ich, wie ich ausseh. Und dann sagt die Frieda, also ich seh vielleicht aus. Und wir sehen dann alle furchtbar aus. Ganz bunt und sind von Kopf bis Fuß auf Farbe eingestellt. Und der Tisch sieht vielleicht aus. Und schon putz ich mir am falschen Handtuch die Finger ab. Also wie das hier aussieht, sagt die Frieda dann ein ums andre Mal. Und dann holt sie ein Körbchen. Da legen wir die Eier rein. Und dann stellt sie das Körbchen auf die Fensterbank und sagt, also jetzt beginnt für mich Ostern. Und dann stellen wir das Körbchen wieder auf den Tisch, und die kleine Frieda sagt, jetzt ist richtig Ostern. Und dann tragen wir das Körbchen ins Wohnzimmer und stellen es auf die Truhe, und dann sage ich Fröhliche Ostern. Und dann gehen wir wieder in die Küche und sagen, wie das hier aussieht. Und dann sind wir richtig abgespannt und müde. Aber dann ist wirklich Ostern.

Hagenbuch-Geschichte
Hagenbuch und die Schriftsteller

Hagenbuch
Hat jetzt zugegeben
Daß er in seinen jungen Jahren
Weit vor der Zeit in Bless-Hohenstein
Allerdings erst
Nach langem Bitten und Betteln
Und inständigem Zureden eines Freundes
Nämlich des flämischen Wortspielers
Jacob Butenbleiber
Im Hochsommer
An einem Schriftstellertreffen
Im holländischen Utrecht
Teilgenommen habe

Soweit er sich noch erinnere
Habe man ihn damals
In einem ganz weißen Hotel
Untergebracht
In einem Hotel
In dem alles
Aber auch wirklich alles
Von oben bis unten ganz weiß
Gewesen sei

Auch die Schriftsteller
Und Schriftstellerinnen
Die alle in diesem ganz weißen Hotel
Gewohnt
Wären alle ganz weiß gewesen
Alle hätten ganz weiße Hosen und Jacken
Röcke und Blusen

Und ganz weiße Turnschuhe getragen
Und jeden Tag ganz weißen Blumenkohl gegessen

Und wenn man nicht ganz genau hingesehen
Habe man in diesem Hotel
Kaum noch etwas unterscheiden können
Und plötzlich einen Schriftsteller
Für einen Blumenkohl
Oder einen Blumenkohl für eine Schriftstellerin
Gehalten
So weiß wäre alles gewesen
Wie eine weiße Weste in einer weißen Welt
Habe Hagenbuch
Soweit er sich noch erinnere
Damals immer wieder gedacht

Andererseits
Habe ihn Hagenbuch
Dieses ganz weiße Hotel in Utrecht
An eine Zeit erinnert
In der er acht Jahre alt gewesen
Und in der ihm sein Vater versprochen habe
Ihm Hagenbuch
Ein Haus zu zeigen
Das von oben bis unten ganz aus Glas sei
Ganz aus Glas habe sein Vater immer wieder gesagt
Ein Haus das von oben bis unten
Ganz aus Glas sei

Sein Vater habe damals oft
Zur Regierung nach Düsseldorf gemußt
Um dort einige Entschuldigungen vorzutragen
Und einmal habe er ihm
Dem achtjährigen Hagenbuch versprochen
In die Hand versprochen
Daß es in Düsseldorf in der Regierung

Ein Haus ganz aus Glas gebe
In dem er
Hagenbuch
Auf ihn seinen Vater
Wenn er bei der Regierung wäre
Gefälligst warten solle

Es habe sich aber später herausgestellt
Daß sein Vater nur die Pförtnerloge gemeint
Die bis zur Hälfte von unten aus Holz
Und dann erst in der oberen Hälfte
Viele kleine viereckige Fensterchen aus Glas
Gehabt habe

Dennoch sei es für ihn
Den achtjährigen Hagenbuch
Ein großer Tag gewesen
Denn als sein Vater seine Entschuldigungen
In der Regierung hinter sich gebracht
Habe er ihn
Den achtjährigen Hagenbuch
An die Hand genommen
Und sei mit ihm
In ein feines Restaurant gegangen

Dort hätten sie beide
Ziemlich weltscheu und menschenfremd
Inmitten von vielen feinen Leuten gesessen
Und versucht ein feines Essen zu sich zu nehmen

Als Nachtisch habe es für jeden
Einen großen Pfirsich gegeben
Aber sie hätten beide ihre Pfirsiche nicht gegessen
Sondern jeder habe seinen Pfirsich
Verstohlen in die Jackentasche gesteckt
Und erst auf der Heimfahrt in der Straßenbahn

Hätten sie beide in ihren Pfirsich gebissen
Dann aber nicht gewußt
Wohin mit dem Pfirsichkern

Schließlich hätten sie beide
Auf ein Zeichen seines Vaters unisono
Ihre Pfirsichkerne heimlich auf den
Boden fallen lassen
Und jeder habe dann seinen Pfirsichkern
Mit den Füßen in eine Lücke
Des Holzrostes hineingedrückt
Und dann hätten sie beide zum
Fenster hinausgeguckt
Als wären sie gerade in New York
Gewesen

Insofern habe das Hotel in Utrecht
Das von oben bis unten ganz weiß
Gewesen sei
Doch seine große Bedeutung gehabt
Es habe ihn an das Haus erinnert
Das sein Vater ihm damals versprochen
Und das dann doch nicht ganz aus Glas
Gewesen sei
Ferner an das feine Restaurant
An den Pfirsichkern
Und an seinen Vater

Der Schriftstellerkongreß in Utrecht
Habe unter dem Leitwort gestanden
Jeder schreibe vor seiner eigenen Tür
Nur wenn jeder vor seiner eigenen Tür schriebe
Wäre noch Hoffnung da
Da aber die meisten Schriftsteller
Und Schriftstellerinnen kaum noch
Vor ihrer eigenen Tür schrieben

Sondern meist nur noch vor anderen Türen
Darum sehe es in der heutigen Welt so aus

Schreibe nun jeder vor seiner eigenen Tür
Habe der Präsident der Schriftsteller
Der holländische Schriftsteller Jan van Nymwegen
In seiner Einleitungsrede
Mehrmals mahnend gesagt
Präzision
Und wenns sein muß
Vivisektion
Dabei habe er immer mit einem Bleistift
Auf das Rednerpult geschlagen
Präzision
Und wenns sein muß
Vivisektion

Überhaupt wären damals im Hochsommer
In Utrecht nur Schriftsteller gewesen
Selbst der Portier des ganz weißen Hotels
Wäre Schriftsteller gewesen
Es habe überall
Wo man auch hingetreten
Von Schriftstellern gewimmelt
Auch die Kellnerinnen in den Cafés
Wären Schriftstellerinnen gewesen
Jeder habe sichtbar ein kleines Ausweiskärtchen
Getragen
Mit der Aufschrift
Hier schreibt für Sie Karl Friedrich Klöpfer
Oder
Hier liest für Sie Angelika Waldmann
Oder
Hier diskutiert mit Ihnen Hansheinrich Wohlfahrt
Oder
Hier unterschreibt für Sie Götz Darmstadt

Das geschriebene Wort
Habe damals im Hochsommer
Einer zum anderen gesagt
Das geschriebene Wort lebt

Am dritten Tag
Als schon alle Schriftsteller und Schriftstellerinnen
Aus ihren Werken gelesen
Und der 1. Preis an die israelische Lyrikerin
Myriam Braunschweiger
Und der 2. Preis an die amerikanische Erzählerin
Caroline Springfield
Gegangen war
Habe der Präsident
Nach nochmaligem Zureden
Von Jacob Butenbleiber
Hagenbuch erlaubt
Natürlich außer Konkurrenz
Auch etwas vorzulesen
Unter der Bedingung
Daß er das
Was er vorlese
Eigenhändig geschrieben habe

Und inmitten von allen
Weißgekleideten Schriftstellern und
Schriftstellerinnen
Habe er
Hagenbuch
In seinem schmuddeligen verwahrlosten
Eingelaufenen verwaschenen dunklen
Anzug dagestanden
Und in seinen Jackentaschen
Nach verschiedenen Zetteln gesucht

Sekunde Herr Präsident
Habe er gesagt
Sekunde
Und weiter gesucht
Und dabei dem Präsidenten erklärt
Warum er
Hagenbuch
Vorne an seinem linken Schuh
Ein großes Loch habe
Das wäre wegen seiner Hammerzehen
Denn seine Zeigezehe und seine Daumenzehe
Oder auch die sogenannte große Zehe
Hätten bei seiner Geburt
Nicht wie bei den meisten Schriftstellern
Und Schriftstellerinnen
Schön nebeneinandergelegen
Sondern die Zeigezehe habe schon halbwegs
Über der Daumenzehe gelegen
Und so etwas nenne man ja bekanntlich
Unter Medizinern
Hammerzehen

Sein
Hagenbuchs erster Roman
Spiele im ehemaligen Usbekistan
Habe eine Länge von circa 32 Sekunden
Und heiße
Die Welt die plötzlich nicht mehr da war

Als der usbekische Schriftsteller
Eines Morgens erwachte
Und wie immer zuerst einmal
Zum Fenster hinausschaute
Sah er
Daß die Welt nicht mehr da war

Da rief er seine Frau
Annemarie
Rief er
Sieh doch mal
Die Welt ist nicht mehr da

Du hast recht
Sagte seine Frau
Tatsächlich
Die Welt ist nicht mehr da

Ja und
Sagte der Schriftsteller
Worüber soll ich nun schreiben
Und wovon sollen wir nun leben

Nun
Sagte seine Frau
Vielleicht schreibst du mal was
Über mich und dich
Circa 32 Sekunden

Hier habe
Hagenbuch
Lange belustigt zu Boden geguckt
Und der Präsident habe gefragt
Ist das alles

Und Hagenbuch habe geantwortet
Wie Sie gesagt haben Herr Präsident
Jeder schreibe vor seiner eigenen Tür

Unglaublich
Habe der Präsident gesagt
Unglaublich

Unglaublich aber wahr
Habe Hagenbuch gesagt

Er arbeite zur Zeit
An einem Roman
Der nur eine Länge von circa fünf
Sekunden haben solle
Und den er posthum
Dem irischen Schriftsteller Samuel Beckett
Widmen möchte
Erlöser bitte kommen bitte kommen Ende
Circa fünf Sekunden
Denn dichten
Heiße ja verdichten Herr Präsident
Verdichten

Sein zweiter vollendeter Roman
Habe dagegen wieder ein Länge von circa
18 Sekunden
Und spiele
Im ehemaligen Frankreich

Als der französische Schriftsteller
Eines Abends
Lange genug sein weißes Blatt Papier
Angestarrt hatte
Legte er die Feder aus der Hand
Und sagte
Kein Wort mehr
Bestieg ein Schiff und fuhr nach Afrika
Um dort einer banalen Tätigkeit
Nachzugehen

In diesem Augenblick
Wäre die Hautfarbe
Aller anwesenden weißgekleideten Schriftsteller

Und Schriftstellerinnen
Von einem zarten Seegrün
Über ein Verwesungsviolett
Langsam
In ein hochkonzentriertes Flaschengrün
Übergegangen
Denn alle hätten natürlich sofort gewußt
Um welchen berühmten Schriftsteller
Es sich hier gehandelt habe

Doch gerade als
Hagenbuch
Seine Zettel wieder
In die Jackentasche gesteckt
Wäre der Präsident der Schriftsteller
Voller Literaturwut aufgesprungen
Und habe geschrien
Kein Wort mehr!

Wie ich schon sagte
Habe Hagenbuch gesagt
Kein Wort mehr

Ich meine
Habe der Präsident gerufen
Ich meine

Ich auch
Habe Hagenbuch geantwortet
Kein Wort mehr
Habe der Präsident wieder geschrien

Und Hagenbuch
Nun schon dem Ausgang zustrebend
Habe gesagt
Jawohl Herr Präsident

Kein Wort mehr
Nie mehr
Nie mehr

Dann habe
Hagenbuch
Zusammen mit seinem Freund
Dem flämischen Wortspieler Jacob Butenbleiber
Alle anwesenden inzwischen fast leblosen
Schriftsteller und Schriftstellerinnen
Freundlich grüßend und allerseits eine schöne
Entwicklung wünschend
Die Stadt Utrecht
Und alle Schriftsteller
Auf schnellstem Wege
Und für immer
Verlassen

Niederrhein Geschichte

Drainage

Ich hab ja mal gesacht
Der Niederrheiner weiß nix
Kann aber alles erklären
Aber wenn der Niederrheiner dann mal ausnahmsweise
Etwas weiß
Dann weiß er dat aber auch ganz fest bis an sein
Lebensende
Bis in alle Ewigkeit
Auch wenn et gar nich stimmt
Un meistens stimmt et nich
Aber selbst wenn er nach zehn Jahren feststellt
Daß er sich geirrt hat
Verteidigt er sich immer noch un sacht
Mag ja sein also gut dann hab ich mich eben geirrt
Obwohl
Also ganz kann ich et immer noch nich glauben
Un selbst wenn alle um ihn herumstehen un ihn
Anflehen
Et doch endlich zuzugeben
Sacht er immer noch
Also gut weil ihr et seid
Aber restlos ist die Sache für mich immer noch nich klar
Er sacht zum Beispiel wenn einer fragt
Wie nennt man eigentlich son Ding son Gestell also
Auf em Tisch
Wo immer so Pfeffer un Salz un Öl un Essig drin is
Dann sagt er ganz einfach
Dat heißt Drainage also französisch
Dann sacht der andere
Dat heißt doch nich Drainage
Ja wie sollet denn sonst heißen

Dat kommt äussern Französischen wir haben auch son Ding
Für Salate un so
Dat ist dich en Cabaret so mit Fächern sacht der
Andere dann wieder
Ne ganz einfach son Gestell mit Öl un Essig un Pfeffer un Salz
Manchmal sin auch noch Zahnstocher dabei
Ich komm einfach nich auf de Namen
Dat heißt Drainage Menschenskind hab ich doch eben
Schon gesacht
Warum glaubsse mir denn nich
Ganz einfach weil et nich Drainage heißt
Weisse überhaupt wat ne Drainage is
Nee muß ich auch nich wissen
Ich weiß nur daß das Drainage heißt sacht der
Niederrheiner
Aber wat dat is will ich gar nich wissen
Ich will nur wissen wat dat heißt mehr brauch ich nich
Ich mein ich mag mich ja vielleicht irren
Aber für mich heißt dat Drainage
Da kannze dich auf en Kopp stellen
Un sollte es anders heißen ich mein
Et könnt ja auch Volière heißen
Nee sacht der andere dann wieder dat sind doch die
Großen Vogelbauer wenn ich mich nich irre
Mein Schwager hat doch auch son Ding
Dein Schwager kann sich doch auch irren
Sagt dann der Niederrheiner
Vielleicht sacht de schon seit Jahrzehnten zu dem Ding Volière
Un in Wirklichkeit heißt dat ganz anders
Et könnt ja auch Rotisserie heißen die Drainage
Nee sacht der andere dat heisset schon mal gar nich
Warum denn nich sei doch nich so stur
Denn eigentlich isset doch egal
Wenn de am Tisch sitzt un sachst
Gib mir doch mal bitte die Rotisserie rüber
Weiß doch jeder wat gemeint ist

Aber et heißt doch Drainage hasse doch eben noch
Gesacht
Vermutlich sacht de Niederrheiner dann vermutlich
Wat heißt denn jetzt vermutlich
Du hass doch eben noch ganz steif un fest behauptet
Dat heißt Drainage
Ja sicher heisset ja auch sacht der Niederrheiner
Einer muss ja immer wat behaupten damit die
Anderen sich dann
Gedanken machen können
Außerdem will ich ja keinem wat aufdrängen
Wenn einer für sich im stillen Kämmerlein meint
Dat heißt Volière wie dein Schwager
Dann muß man den ganz in Ruhe lassen
Samma sacht der andere dann
Weiß du eigentlich überhaupt noch wat ich
Ursprünglich wissen woll
Ja sicher du wolltest ursprünglich wissen
Wie man son Ding son Gestell nennt so mit
Pfeffer un Öl un alles
Samba Olek
Wie kommsse denn jetzt auf Samba Olek
Weil et mir grad so einfiel
Aus dir wird auch kein Mensch schlau sacht dann de
Andere
Muß ja auch nich sein
Sacht dann de Niederrheiner
Dat war mir sogar et liebsten wenn kein Mensch mehr aus mir
Schlau werden würde
Weisse übrigens dat de Hein Tendick neulich en
Schädelbasisbruch
Gehabt hat
Nu lenk jetzt mal nich ab sacht de andere dann
Nee nee sacht dann de Niederrheiner
Aber das gehört alles zum Weltall de ganze Kram
Drainage un Schädelbasisbruch

Dat war doch nur ne kleine Gehirnerschütterung
Für dich vielleicht aber für mich war das ein
Schädelbasisbruch
Weiße überhaupt genau wat dat is
Nee sacht dann der Niederrheiner muß ich ja nich
Ich bin ja ein freier Mensch
Un genau muß ich das schon gar nich wissen
Weil ich sach immer
Wat man weiß krieg man auch
Un wenn man et nich weiß krieg man et auch nich
Un da ich nich weiß wat ein Schädelbasisbruch is
Krieg ich den auch nich
Aber sacht der andere dat de manchmal en bissken
Bekloppt bist
Dat weißt du
Ja sicher sacht der Niederrheiner ich weiß dat un
Deshalb bin ich
Et ja auch
Un ich weiß auch jetzt wieder wie dat Ding richtig
Heißt
Also son Gestell für Pfeffer und Salz Öl un Essig
Ja wie denn:
Orangerie.

Gedicht

Utopie

Ich seh ein Land mit neuen Bäumen
Ich seh ein Haus aus grünem Strauch
Und einen Fluß mit flinken Fischen
Und einen Himmel aus Hortensien seh ich auch

Ich seh ein Licht von Unschuld weiß
Und einen Berg der unberührt
Im Tal des Friedens geht ein junger Schäfer
Der alle Tiere in die Freiheit führt

Ich hör ein Herz das tapfer schlägt
In einem Menschen den es noch nicht gibt
Doch dessen Ankunft mich schon jetzt bewegt
Weil er erscheint und seine Feinde liebt

Das ist die Zeit die ich nicht mehr erlebe
Das ist die Welt die nicht von unsrer Welt
Sie ist aus feinstgesponnenem Gewebe
Und Freunde glaubt und seht: sie hält

Das ist das Land nach dem ich mich so sehne
Das mir durch Kopf und Körper schwimmt
Mein Sterbenswort und meine Lebenskantilene
Daß jeder jeden in die Arme nimmt.

Lied

Choral

Lasset den Himmel hoch oben
Und die Hölle in Ruh
Wollet die unerbittlichen Nächte loben
Den Leib und die abgelaufenen Schuh

Kommen die Nöte zuhauf
Nehmet den Mund voll Melancholie
Niemand steht für euch auf
Niemand und nie

Leget das Haupt in die Hand
Wenn ihr verletzt und verlassen seid
Lobet die Uhren aus Sand
Lobet den Gott Gelassenheit

Achtet das Brot und den Wein
Trachtet nicht nur nach Gewinn
Seht es weiß keiner von eurem Gebein
Woher und wohin

Lasset den Wald und das Gras
Öffentlich mit euch sprechen
Lobet den täglichen Spaß
Und das tägliche Kopfzerbrechen

Strecket den Leib nach der Decke
Damit ihr so schnell nicht zu fassen seid
Lobet die Wurzeln den Wurm und die
Schnecke Lobet den Gott Gelassenheit.

Familiengeschichte

Mein Onkel

Wenn ich unterwegs bin
Denke ich sehr oft an meinen Onkel
Der im Sarg verwechselt wurde
Er war Schneidermeister
Aber eigentlich nicht so richtig
Sondern er war viel mehr
Er war Schneider und Lehrer und Musiker
Und mein Onkel
Alles in einer Person

Die ganze Kleinstadt hat ihn persönlich gekannt
Er trug immer einen großen schwarzen Künstlerhut
Mit einem ganz breiten Rand
Kalabreser heißen die glaube ich
Und er hielt Straßenbahnen an
An seinem Haus fuhr die Straßenbahn vorbei
Und wenn er keine Zeit mehr hatte
Zur Endhaltestelle zu gehen
Stellte er sich auf die Schienen
Hielt beide Arme hoch
Und dann hielt die Straßenbahn
Was blieb dem Fahrer anderes übrig
Und dann machte der Fahrer die Tür auf
Und dann stieg mein Onkel ein
Stellte sich neben den Fahrer
Und dann fuhr die Straßenbahn weiter
Nach Uerdingen

Versuchen Sie doch mal
Wo immer Sie auch leben
Eine Straßenbahn aufzuhalten

Nur mal so aus Spaß
Nur mal um zu sehen ob sich das Fahrverhalten
Der deutschen Straßenbahnfahrer in den letzten
Fünfzig Jahren
Verändert hat
Vielleicht können wir dann anschließend darüber
Gemeinsam
Eine Magisterarbeit schreiben
Mit dem Titel:
Der deutsche Straßenbahnfahrer. Gestern, heute
Und morgen.
Unter besonderer Berücksichtigung
Der regionalen Schienenstränge
Natürlich mit vielen Fußnoten für die Fußgänger

Ich habe mal vor langer langer Zeit in Mainz versucht
Den Rosenmontagszug aufzuhalten
Da war ich aber hochtrunken
Das ist ja die vornehmere Form von volltrunken
Man sagt ja auch hochgebildet
Und nicht vollgebildet
Obwohl es heißt Vollakademiker
Hochinteressant
Gleichviel
Ich war hochtrunken
Dafür war ich aber vollvermummt
Ich hatte noch von St. Martin so einen
Mondlampion übrig
Und den stülpte ich mir als Vollmond
Ganz über den Kopf
Machte mit den Drahthäkchen den Vollmond ganz zu
War also vollvermummt
Also ich konnte niemand sehen
Und mich konnte niemand sehen
Nur meine Frau konnte mich sehen
Denn Sie kannte mich ja

Und hat gleich gesagt: Das kann doch nur der sein
Nein sie hat wörtlich gesagt:
Das kann doch wieder nur der sein
Hat sich furchtbar geschämt
Und mich in der Schusterstraße in eine lange
Passage gezerrt
Da durfte ich dann in der hintersten Ecke
Meinen Rausch ausschlafen

Mein Onkel rauchte auch immer dicke Brasilzigarren
So fünf bis sechs Brasilzigarren rauchte er am Tage
Schon weg
Und nach dem Mittagessen mußte ich immer zwei
Holen
Zwei zu zehn hieß es dann immer
Da können Sie mal sehen wie lange das her ist
Zwei Brasilzigarren zu zehn

Er war auch der Älteste von zehn Geschwistern
Und mußte die Schneiderei seines Vaters
Auf sich nehmen
Das war ja damals ein ungeschriebenes Gesetz
Daß immer der Älteste die Schneiderei seines Vaters
Auf sich nehmen mußte
Also natürlich nicht immer die Schneiderei
Wenn der Vater Bäcker war
Natürlich nicht die Schneiderei
Sonst brauchten wir ja gar keine Berufsberatung mehr
Also damals schon Numerus clausus
Wenn auch von anderer Art
Mein Onkel wäre aber furchtbar gern Lehrer geworden
Und hat dann immer nebenbei dirigiert
Drei gemischte und zwei Kirchenchöre
Knappengesangvereine Bergwerkschöre
Männergesangvereine an die vier oder fünf
Und alles mit der Hand

Ich weiß nicht ob Sie schon mal dirigiert haben
Es ist eigentlich ganz einfach
Man muß nur mit den Händen ein bißchen um sich
Schlagen
Schön bis drei zählen
Sich an eine Ecke stellen
Dann kommen die Menschen aus Neugier herbei
Und so entstehen die Chöre
Ja was meinen Sie denn wie die Fischer-Chöre
Entstanden sind
Nicht aus musikalischen Gründen
Sondern aus Neugier
Die meisten Dinge im Leben
Entstehen aus Neugier

Mein Onkel ist dann urplötzlich gestorben
Sozusagen an dicken Bohnen
In zweieinhalb Tagen
Das ist eine alte rheinische Krankheit
Ich saß zu der Zeit in Gießen in der Anatomie
Bei Professor Wagenseil
Ich habe ja ein Semester Medizin studiert
Wo die Galle sitzt weiß ich noch
Von jedem Studium bleibt ja immer irgend etwas
Hängen
Und wenn es Gallengrieß ist
Bei meinem Onkel hieß es
Es sei eine Verschlingung des Darms
Aber in Wirklichkeit war es ein Bruch in fettarmer Zeit
1944 immerhin
Der im Verbund mit dem Darm dann die
Verschlingung in Gang hielt
Und so zu einem billigen Ende führte

Franz Schubert schwamm durch sein Handwerk
Immer leicht unrasiert

Heute würde man von einem Dreitagebart sprechen
Im Hemd ohne Kragen
Damals gab es ja noch die Hemden
Wo man den Kragen vorne und hinten mit
Kragenknöpfen
Richtig fest machen mußte
Saß er im Schneidersitz tief gebeugt auf dem
Langen Tisch

Meistens die kalte Brasilzigarre zwischen den
Schlechten Zähnen
Und stach die Nadel ins beidseitig aufgerauhte
Baumwollgewebe
Barchent heißt das glaube ich
Und Steifleinen lag auch überall in der Werkstatt
Herum
Gleichzeitig mich beobachtend
Der ich immer nachmittags
Wenn ich meine Schularbeiten gemacht hatte
Auf dem Fußboden in der Werkstatt saß
Und mit leeren Garnröllkes spielte

Das waren diese kleinen Holzrollen
Und wenn da kein Garn mehr drauf war
Wenn die leer waren
Kriegten wir Kinder die zum Spielen
Und da machten wir Autos draus
Denn wir hatten ja nix andres
Wir hatten ja nix andres
Wir hatten ja nix andres
Und sind auch großgeworden
Mit Garnröllkes
Da zogen wir ein Gummi durch
Und dann wurde das mit einem Streichholz
Aufgedreht
Und dann fuhren die so zehn Zentimeter

Das waren unsere Autos
Wir hatten ja nix andres
Wir sind die Garnröllkesgeneration
Es gibt ja die Lost Generation
Die Beat Generation
Und die Garnröllkesgeneration

Gleichzeitig meinen Onkel beobachtend
Wie er immer über die Brille hinweg
Durchs Fenster auf den langsam faulenden
Birnbaum sah
Die Ehe war kinderlos

Oft ging er mit mir ins Kino
Denn er hatte ja keine Lust zu schneidern
Und dann machte er jeden dritten Tag um vier Uhr
Die Werkstatt zu
Und ging mit mir ins Kino
Wie er mich an der Kasse vorbeigemogelt hat
Weiß ich nicht
Jetzt nicht wegen des Geldes
Sondern weil ich noch so klein war
Wir gingen meistens in Western
Von zehn Filmen waren acht Western
Von hundert Filmen waren achtundneunzig Western
Und zwei Lustspiele
Das sind alles die Filme die man jetzt im ZDF
Samstags um 23.00 Uhr wieder sehen kann
Die hab ich alle in meinem Leben dreimal gesehen
Als Kind als Student und jetzt im ZDF
Ein Film aus dem Jahre 1937
Mit Randolph Scott Audy Murphy
Maureen O'Hara Dan Dureya
Oder »Der Rächer« mit Akim Tamiroff
Oder »Dreizehn Stühle« mit Rühmanns Heinz
Höchst berauscht schlichen wir zwei dann nach dem Kino

Nach Hause zurück
Mein Onkel lahmte etwas aus der Hüfte heraus
Nicht wegen des Western sondern wegen der Hüfte
Ich hinkte und zwar nicht schlecht
Jedenfalls besser als der berühmte Vergleich
Man sagt doch immer der Vergleich hinkt
Ich tausendmal besser
Und auch besser als der Hilfssheriff in dem
Berühmten Western »Rio Bravo«
Der wird doch immer am zweiten Weihnachtsfeiertag
Wiederholt
»Rio Bravo« mit John Wayne Angie Dickinson Ricky Nelson
Dean Martin
Und da läuft doch immer so ein Alter um den
John Wayne rum

Stumpie heißt der
Und der humpelt fürchterlich
Und der sagt doch kurz vor Schluß zu John Wayne:
»Du nimmst mich ja doch nicht mit«
Das wäre meine Rolle gewesen
Also wenn Sie diesen klassischen Western mal am
Zweiten Weihnachtsfeiertag sehen
Dann denken Sie an mich
Es wäre meine Rolle gewesen

Mein Onkel war ja eine Art Berufseichendorff
Er hat mir wohl immer wieder über hundert
Geschichten erzählt
Eine davon wohl an die tausendmal
Wie er in freier Natur spazierend an eine Art Schloß
Geraten
Dort habe ihn eine Art Baronin am Gartentor schon
Erwartet
Ihn eingeladen doch einzutreten
Ihm das vornehme Haus von oben bis unten gezeigt

Und ihn dann wieder auf den Weg geschickt
Zu seinen Nähmaschinen und riesigen Bügeleisen
Die man ja damals noch voll und ganz in den
Glühenden Ofen steckte
Mein Onkel war ja auch Philosoph
Und Pflanzenbeschreiber
Und Fachmann für feinste englische Stoffe
Las Krimis und Abenteuerromane
Wallace und Löhndorff
Edgar Wallace ist ja weltberühmt geworden durch
Klaus Kinski
Ich habe immer »In den Zinkgruben von Columbien«
Gelesen
Von Ernst F. Löhndorff
Oder man muß so sagen von Löhndorff, Ernst F.,
Leihbibliothek
An Himmelfahrt machten wir immer eine
Fahrradtour

Und immer wenn wir eine Fahrradtour machten
Wußte ich jetzt ist Himmelfahrt
So konnte ich mir das Jahr gut einteilen
Himmelfahrt und dann noch zwei drei Monate
Und dann ist Weihnachten
So hatte ich das Jahr voll im Griff
Und auf der Fahrradtour träumten wir höchst
Polyphon
Von Himbeersaft Löwenzahn kaltem Kotelett
Kartoffelsalat
Matthias Claudius
Ave Maria
Shakespeare aus Thermosflaschen und Henkelmann
Zerbrich dir nicht den Kopf und such dir eine stramme Magd
Original Shakespeare
Sprache
Über giftgrüne Wiesen immer einem unsichtbaren Gesang

Auf der Spur
Endlose Trauermärsche in Dur

Mitten im Krieg
An einem Samstag begraben
Die Behörden hatten ausnahmsweise erlaubt
Daß der Trauerzug mit Pferd Wagen und Sarg
Durch die ganze Stadt ziehen durfte
War ja verboten wegen der Flieger
Heute wahrscheinlich auch wegen der Flieger
Könnte ich mir denken
Mit Reden Musik und viel Gesang am Grab
Für einen der nichts erreicht hatte
Nicht mal sich selbst

Und sonntags ging es schon rund:
Ihr Onkel liegt leider noch in der Kapelle
Wir haben gestern den Falschen begraben
Verwechselt
Da standen in der Kapelle zwei Särge
Und da hatten sie in der Aufregung den falschen Sarg
Genommen
Und die ganze Stadt war hinter dem falschen Sarg
Hergezogen
Und das wäre alles gar nicht rausgekommen
Wenn nicht die Angehörigen von dem anderen Sarg
Noch mal den Wunsch gehabt hätten am Sonntag ihren
Toten zu sehen
Und da haben die den Sarg aufgemacht
Und da lag mein Onkel drin
Sonst wär das gar nicht aufgefallen
Verwechselt
Seit der Zeit frag ich mich schon die ganze Zeit
Ob wir nicht schon viel früher verwechselt worden sind
Und gucken Sie doch mal alle richtig in den Spiegel
Ob Sie tatsächlich der oder die sind

Für den oder für die Sie sich jahrelang gehalten haben
Und dann gucken Sie doch auch mal auf die linke
Schulter
Ob da nicht das Muttermal der Zwillingsprinzen von
Savoyen
Zu sehen ist
Denn der eine Prinz fehlt ja immer noch
Der vor genau fünfzig Jahren von der Bauersfrau am
Frühen
Morgen im Brotkorb durch den Wald gerettet worden ist
Die Geschichte habe ich mal vor fünfzig Jahren
In einem italienischen Ritterfilm mit Luis Trenker gesehen
»Condottieri« hieß der

Mein Onkel wurde am anderen Morgen ausgetauscht
Oder umgebettet heißt das
Umgebettet
Ich war nicht dabei
Und manchmal meine ich er liegt gar nicht da
Sondern fährt über Land
Singend und voller Schadenfreude
Bringt vielleicht der Baronin ein Ständchen von
Schubert
Und beobachtet mich
Wie ich mein Leben vergeude.

Politisches Lied

Marsch der Minderheit

He du, mein gebildeter Bürger,
Genosse Bürger, Bildersammler, Bücherwurm,
Konzertabonnent, liberaler Ästhet,
Mozartfan,
Komm mit, wir sind auf dem Marsch,
Komm mit, wir brauchen dich!
Nicht nur unterschreiben,
Wenn Sartre unterschreibt!
Komm mit, Genosse Bürger,
Wir brauchen dich wirklich!

Freunde, noch sind wir wenige,
Doch täglich werden es mehr.
Wir sind weder Playboys noch Könige,
Und wir haben kein grausames Heer.
Doch wir sind auf dem Marsch
Schon jahrhunderteweit,
Durch Flüsse und Dschungel, Gebirge und Eis,
Auf dem Marsch der Minderheit.

Man kann uns verbieten,
Man kann uns bespein,
Man kann uns den Löwen
Zum Fraße hinstreun.
Man kann uns in Katakomben treiben,
Man kann uns in Ghettos zusammenfassen,
Man kann uns die härteste Folter beschreiben
Und uns die Folter auch spüren lassen.

Man kann uns Nägel und tödliche Pfeile
Durch unsere freundlichen Hände schlagen,
Man kann uns durch Sümpfe und faulende Wälder
Mit Wolfshunden jagen, Freunde,
Wir sind auf dem Marsch
Schon jahrhundertelang.
Trommel und Traum
Sind in unserm Gesang.

Man kann uns in lieblichen Gärten
Als Vergnügungsfackeln verbrennen,
Doch man kann unsre Herzen
Nicht von unsren Hoffnungen trennen;
Denn wir sind auf dem Marsch
Schon jahrtausendelang,
Von Peking bis Rom und von Rom bis Harlem
Und von Harlem bis Da Nang.

Freunde, noch sind wir wenige,
Doch täglich werden es mehr.
Wir sind weder Playboys noch Könige,
Und wir haben kein grausames Heer.
Wir sind auf dem Marsch,
Für eine bessere Welt,
Für eine glücklichere Zeit,
Sind wir auf dem Marsch,
Auf dem Marsch der Minderheit,
Auf dem Marsch der Minderheit,
Auf dem Marsch der Minderheit.

Lieblingstext

Die Verbeugung

Ich habe ja schon frühzeitig damit begonnen
Eigentlich schon als Kind
Eigentlich schon auf dem Operationstisch
Und zwar ohne direkte Aufforderung
Das Verbeugen zu üben
Ich habe zum Beispiel als Kind oft mit dem Kopf
Auf dem Erdboden gelegen
Und zwar bewußt!
Ich habe mich schon als Kind
Bewußt vor allen möglichen und unmöglichen
Personen der Neuzeit verneigt
Gleich welchen Ranges
Gleich welcher Religion
Und gleich welchen Alters oder Geschlechtes
Ich habe auch nie lange überlegt
Ob ich mich nur bei diesem verbeugen soll
Und bei jenem nicht
Ich habe mich immer vor jenem
Ebenso verneigt wie vor diesem
Es ist für mich nie eine Frage gewesen
Mich vor Schnecken und Regenwürmern
Restlos zu verbeugen
Bei alten Bäumen und ebenso bei jungen Müttern
Habe ich jeweils eine besondere Verbeugung gemacht
Nämlich die
Die der romanischen Höflichkeitskultur
Zuzuschreiben ist
Das ist die
Bei der man den rechten Arm
Leicht durch die Luft gehen läßt
Im Gegensatz zu der

Die der germanischen Gerechtigkeitskultur entspringt
Nämlich die
Die man als altdeutschen Diener bezeichnet
Der altdeutsche Diener läßt vielleicht an Gradlinigkeit
Nichts zu wünschen übrig
Ist aber ein eingetrichterter Diener
Ein Diener der jahrelang eingetrichtert wird
Von oben herab eingetrichtert wird
Der überhaupt zu nichts führt
Ein gefährlicher Diener

Ich habe mich schon im Mutterleib
Zur romanischen Höflichkeitsverneigung
Hingezogen gefühlt
Die
Wie schon gesagt
Bei der man den rechten Arm leicht
Durch die Luft gehen läßt

Während der altdeutsche Diener
Den der germanische Gerechtigkeitsmensch pflegt
Nur ein kalter korrekter Hutabnehmerzwang ist
Ist die romanische Höflichkeitsverbeugung
Eine artistisch-philosophische Art und Weise
Eine Mischung aus Religio Ironie Musik und Elend
Also geeignet
Jedwedem Gegenüber eine platonische Freundschaft
Anzubieten

Während die germanische Hutabnehmergesellschaft
Die eine durch und durch kopflose Gesellschaft ist
Sich nichts mehr zu sagen hat
Und sich auch nichts mehr sagen will
Und es bei einem schnellen sauberen Diener beläßt
Gibt der romanische Höflichkeitsmensch
Allen Formen und Gesten bis hin zum dialogischen Tanz

Freies Geleit
Gebildete Personen der Neuzeit
Halten diesen dialogischen Tanz
Zwar für unecht falsch und verwahrlost
Während sie den sauberen Diener
Für echt richtig und diszipliniert betrachten

Während sie den sauberen Diener
Für ehrlich geradeaus und offen halten
Halten sie den romanisch-lateinischen
Höflichkeitsgestus
Für verlogen krumm und heuchlerisch
Aber das Gegenteil ist der Fall

Der germanische Gerechtigkeitsfanatiker hat zum Beispiel das
Kopfabschlagen sanktioniert
Während der romanische Höflichkeitsartist
Den Kopf bis zum Erdboden senkt
Aber dadurch den Kopf oben behält
Und überlebt

Der germanische Gerechtigkeitsradikalist
Hat das Wort Säuberung erfunden
Während der romanische Höflichkeitsspieler
Den Dreck der Welt auf sich nimmt

Während der germanische
Gerechtigkeitsprogrammatiker
Weltanschauungssüchtig ist
Ist der romanische Höflichkeitsrelativist
Menschen- und lebenssüchtig

Ist der germanische Gerechtigkeitsmaschinist
An Roheit und sogenanntem
Durchsetzungsvermögen

Nicht zu übertreffen
Ist der romanische Höflichkeitssünder
An Schwäche und Demut nicht zu überbieten
Das Gefährliche ist aber
Daß das alles
Den meisten gebildeten Personen der Neuzeit
Nicht verständlich zu machen ist

Während der germanische Gerechtigkeitsbesitzer
Ein Hab und Gut auf das andere Hab und Gut türmt
Hat der romanische Höflichkeitshabenichts
Seinen Reichtum in Leib und Seele eingebettet
Wenngleich er auch oft
Nicht wenig von einer lateinisch-metaphysischen
Schlitzohrigkeit befallen ist
Wie eine antike Krankheit
Ein stoisches Karussel

Während der germanische Gerechtigkeitsmensch
Nicht daran denkt sich zu verneigen
Und wenn dann aus krankhaftem Gehorsam
Verneigen wir romanischen Höflichkeitskinder
Uns selbstbewußt und selbstironisch
Denn wir sind Phantasten des Herrn
Und bedanken uns
Für die wenigen Stunden in dieser Neuzeit
In denen wir uns haben formulieren dürfen
In denen wir spielerisch haben existieren dürfen
Für die wenigen Stunden
In denen wir unsere Pflichten haben erfüllen
Und in denen wir durch allzu tiefe Verbeugungen
Unsere Rechte haben vergessen dürfen
Für die wenigen Stunden in dieser Neuzeit
In denen wir unsere Schwächen
Zu einem Kunst-Stück machen dürfen.

Der Aschermittwochsmensch

Mein Vater denkt
Ich werde Studienrat
Deutsch Englisch Französisch
In Wahrheit
Schlendere ich nur
Durch die langen Gänge der Universität
Von Flügel A bis Flügel B
Und Flügel C bis Flügel D
Immer im Kreise
Vorbei an vielen Räumen
Manchmal bleibe ich stehen und horche
Jemand spricht
Aha Anglistik I

So bin ich oft stundenlang
Von einer Tür zur anderen gegangen
Monatelang
Habe Stimmen und Klopfen und Scharren
Gehört
Selbst die für mich wichtigen Proseminare
Habe ich nicht besucht

In der Mensa denkt jeder
Alle haben es begriffen
Nur ich nicht

Aber ich habe dafür diesen Mann
Aus Saarbrücken gesehen
Den mit dem Kamelhaarmantel
Und den merkantilen Gesichtszügen
Und seine attraktive Freundin
Kurzsichtig zwar aber hochhackig

Soll was mit Pharmazie zu tun haben
Und diese melancholische Kleine
Aus Sprendlingen

Und wie sagte er doch immer:
Wir müssen zusammenhalten
Wir sind doch Artisten
Dieser grenzenlos begabte Professorenimitator

Nein
Ich hab sie alle schon gesehen
Und gehört
Den Studenten und Straßenbahnschaffner
Freundin aus Bremen
Später Fremdenlegion
Ganz entgegengesetzter Typ
Aber wir konnten es miteinander
Er spielte im Akademischen Studio
Den Roßdieb zu Fünsing
Und wie!

Bin einmal die staubige Landstraße
Nach Bretzenheim gegangen
Hinein ins Dorf
Ein offenes Fenster
Jemand übt Klavier
Abends
Stehengeblieben zugehört
Alles vergessen

Mein Vater denkt
Ich werde Studienrat
Deutsch Englisch Französisch
Alles vergessen.

Im Mai 1946, ich hatte eigentlich schon aufgegeben, denn die Universitäten in Köln und Bonn, wo ich am liebsten, wegen der Nähe zu Moers, studiert hätte, waren hoffnungslos »ausverkauft«, und ich spielte schon mit dem Gedanken, in Moers zu bleiben, so vor mich hin zu leben, vielleicht als mittlerer Beamter, und dann abends an der Lieblingstheke zu stehen und Blödsinn zu machen, wie später meine niederrheinische Kunstfigur Ditz Atrops, das wäre es vielleicht gewesen, und ich hatte auch oft das Gefühl, daß mehr wohl doch nicht drin war, wie sollte es denn auch, und so lief man abends wie immer durch die Stadt, traf sich bei Bongert oder bei Voorgang am Kleinen Markt, wo im September, wenn Kirmes war, immer die Schiffschaukel und das Kasperletheater standen, später auch diese verheerenden »Looping the Loop«-Kästen, in denen sich Emmy Lisken mal die Kniescheibe aufschlug und Kirmes ade sagen mußte. Schlimm. Jetzt aber rückte der sogenannte Ernst des Lebens, den mein Vater wohl persönlich sehr gut kannte, denn er sprach ständig von ihm, der rückte mir auf den Leib. Und da begab es sich, daß meine Freunde Jürgen Fiebig, Hans Born, Frieder Backhaus, Wolfgang Mackenroth, Helmut Czischke und Claus-Heinz Wehr erfahren hatten, daß in Mainz eine ganz neue Universität aufgemacht würde, und deshalb könne wohl noch eine Chance bestehen, dort unter den ersten zu sein und tatsächlich immatrikuliert zu werden. Ich wollte zuerst gar nicht, wirklich nicht, ich sah uns schon wieder abgeschlagen zurückkommen, umsonst die weite Fahrt, denn Mainz, das lag für mich fast am anderen Ende der Welt, einmal hab ich mal mit meinem Freund Helmut Czischke am Bodensee zwischen Meersburg und Hagenau gezeltet, da sind wir mit dem Zug über Mainz gekommen, und ich wußte nur noch, daß man hinter dem Bahnhof von Mainz, wenn man von Norden kommt, gleich in einen Tunnel fährt, aber sonst war Mainz für mich eine völlig unbekannte Größe, und ich war nicht sehr begeistert. Aber die Freunde schafften es, ein letztes Mal, sagten sie, nur noch ein letztes Mal, dann geben wir es auf und warten bis zum nächsten Jahr. Gut, sagte ich, wenn das so ist, fahren wir, wir werden ja sehen. Wir werden ja sehen, sagten auch die anderen, aber daß ausgerechnet ich dann über vierzig Jahre in Mainz hängenbleiben sollte, daß Mainz ausgerechnet für mich, der ich zuerst gar nicht wollte, meine zweite Heimat wurde, mein zweites Zuhause, das ahnte natürlich keiner, ich schon gar nicht, denn ich wollte ja vom Niederrhein nicht weg, vorübergehend ja, aber nicht für ewig, und daß ich dort auch als einziger mein Leben gefunden habe, das konnte auch kein Mensch wissen. Aber wir fuhren. Und nach drei Stunden waren wir in Mainz alle eingeschrieben, und nach sechs Stunden hatte ich eine Wohnung in Mainz-Bretzenheim, zusammen mit Jürgen Fiebig, und das kostete im Monat 30

Reichsmark, und das war in Bretzenheim auf der Schulstraße, der heutigen Essenheimerstraße, in Bretzenheim, wo heute unsere alte Freundin Marie-Luise Bonn Ortsvorsteherin ist. Das müßte meine verstorbene Frau wissen. Vielleicht weiß sie es sogar, denn im Himmel spricht sich so was schnell rum. Wir fuhren dann noch einmal nach Hause, um unsere Klamotten zu holen, mußten dabei jedesmal in Remagen aus dem Zug raus, zur Kontrolle, denn Mainz lag ja in der französischen Zone, und wenn man sich nicht beeilte, dann ließen die französischen Kontrolleure den Zug einfach weiterfahren, und man mußte auf die nächste »Fuhre« warten. Damals brauchte man von Mainz bis Duisburg etwa sechs Stunden. Aber das machte uns alles nichts aus, wir waren ja ein lustiger Verein, frischgebackene Studenten, wer hätte das gedacht, und so vertauschte ich Moers ganz allmählich mit Mainz, und nach anfänglichem Heimweh nach Moers wurde im Laufe der Jahre ein Heimweh nach Mainz. Das hat natürlich seine Zeit gebraucht, zuerst waren wir mal in den Vororten von Mainz, in denen die meisten Studenten unterkommen konnten, im ersten Semester waren es 1200, mehr nicht, waren wir die »Studende, die nix schaffe un nix wisse«. Als ich zum erstenmal in einer Straßenbahn in Mainz saß und von der Stadt nach Bretzenheim fuhr, da verstand ich »werklisch« kein Wort, ich dachte, ich bin auf einem anderen Kontinent, nicht nur in einem anderen Land, sondern in einer anderen Welt, aber die Leute babbelten drauflos, als wäre das die einfachste Sprache auf der Erde, aber man merkte auch, daß sie sich mit ihrer Sprache und ihrer Schnelligkeit immer über etwas hinwegsetzten, und daß der Krieg ihre schöne alte Stadt, ihr altes Mainz zerstört hatte, und daß sie jetzt alle, wie schon so oft, wieder von vorne anfangen mußten, und daß hinter ihren Kleinstadtstirnen, Mainz ist ja Gott sei Dank keine Großstadt, sondern für mich immer eine große Kleinstadt, hinter ihren Kleinstadtstirnen eine Menge Großzügigkeit steckte und auch eine gewisse Geschichtsschnoddrigkeit, die sich aber keinen Hochmut erlaubte. Die Stadt war damals für mich ein trostloses Fleckchen, der Kaffee im »Café Corso«, direkt neben dem Theater, dunkles Wasser, und die Brötchen in der Mensa so groß wie ein Ei, und die ganz alten Mainzer erzählten mir immer wieder von früher, genau wie am Niederrhein.

Und, junger Freund, Sie hätten mal vor dem Krieg nach Mainz kommen müssen, da war es ja noch viel schöner.

Und wir Studenten haben dann mitgearbeitet, in der Stadt den Schutt wegzuräumen, die Arbeitsstunden wurden als eine Art Praktikum angerechnet, oder wir konnten auch in der Mensa Kartoffeln schälen, wobei manchmal die Möglichkeit bestand, sich die eine oder andere Kartoffel in der Aktenmappe mit nach Hause zu nehmen, das mußte aber so schnell gehen, daß man manchmal eine Menge Wasser mit den Kartoffeln in die Mappe schippte, und dann lief auf dem Weg nach Bretzenheim immer ein dünner Wasserstrahl in den Staub der Landstraße, wie ja überhaupt der Hunger uns alle sehr plagte, und mein Freund Wolfgang Mackenroth hatte in einem Geschäft in der Stadt eine Art Leberwurstaroma entdeckt, ein kleines Fläschchen mit einer dubiosen Flüssigkeit, und die träufelte er sich aufs Brot und behauptete, sein Brot schmecke tatsächlich nach einem Leberwurstbrot. Wir haben ihn immer Leberwurstaromulus genannt. Und in Finthen haben wir den Bauern beim »Pflücken« geholfen, denn die konnten die Kirschen gar nicht alle alleine vom Baum bekommen, und dann sind wir mit 20-Pfund-Körben hin und haben die Bäume und die Bauern erleichtert und mußten prompt nachts dreimal raus. Das waren nämlich diese süßen, hellen Wasserkirschen. Ich habe mit Jürgen Fiebig zusammen, der später eine von Buddenbrock geheiratet hat, und wo ich mal mit meiner Frau Marianne eingeladen war und es einen Nudelauflauf mit Milch gab, den ich nur mit Biegen und Würgen herunterkriegen konnte und der ganze Tag deshalb im Eimer war, habe ich einmal eine Stachelbeermarmelade gekocht, mit nichts und aus nichts, nur mit etwas Süßstoff, und die Marmelade haben wir dann aufs Brot ganz dick draufgetan und dann das ganze Dreipfundbrot, das ich mir in drei Wochen zusammengespart hatte, mit der Stachelbeermarmelade drauf in zehn Minuten gegessen. Wir waren richtige Schauspieler. Wenn wir in die Bretzenheimer Bäckereien gingen, wie zum Beispiel ins »Café Dang« an der Ecke, wo am Aschermittwoch immer unter großem Klage- und Wehgeheul die Fastnacht begraben wurde, dann standen wir immer ganz verlegen, wie die Berufsbettler, auf zwei unbeholfenen Beinen, drucksten herum, bis wir schließlich ein paar alte Brötchen bekamen, die wir uns zu Hause aufwärmten, und in Drais rollte uns ein Großbauer mit Hund äußerst gnädig von weitem ganze neun Kartoffeln über den Hof, die wir dann unter Bellen und Fauchen des Hundes auflesen konnten. Immerhin, wir kamen mit neun Kartoffeln nach Hause. Aber wir hatten auch Glück.

Einmal wurden wir von einem Lehrer von der Straße weg zum Mittagessen eingeladen, Bratkartoffeln, Salat und Spiegelei, herrlich. Ich wollte ja Opernregisseur werden, und mein Vater durfte davon nichts wissen, und ich wollte Musikwissenschaft, Kunstgeschichte, Theaterwissenschaft, Literaturgeschichte und ein bißchen Philosophie studieren, aber meist saß ich doch auf dem Mäuerchen unten vor der Aula und baumelte mit den Beinen oder redete mit allen möglichen Leuten, denn jeder kannte jeden, wir waren ja nur 1200 Studenten, und alle sahen fast gleich aus, in den gefärbten Uniformen, den zerlumpten Mänteln und den unmöglichen Schuhen. Aber es war die furchtbarste und die fruchtbarste Zeit, es war die schönste, die hoffnungsvollste, die beste Zeit, die wir hatten, und ich sog die Atmosphäre in mir auf, und immer standen auf dem *forum universitatis* Gruppen und Grüppchen herum, die diskutierten, lachten oder schwiegen und guckten sich um nach anderen Freunden und gestikulierten wieder, als wäre der Frieden ausgebrochen. Und der war ja auch ausgebrochen, und das spürten wir eigentlich erst richtig hier, jetzt konnte alles nur besser werden. Und links von der Mensa gab es damals eine Caféteria, und dahinter lag die Taberna, und in der Caféteria, in der sich nach dem Mittagessen meist die intellektuelle Schickeria mit leichter Linksdrehung traf, alles intelligente Burschen und Maiden, unter denen ich den Parsival spielte, da stand gleich rechts am Anfang in einer Nische immer ein Flügel, und wenn der aufwar, dann spielte ich immer darauf meine ersten Versuche, und gleich stand eine ganze Traube Zuhörer um den Flügel herum und amüsierte sich, und die Kommilitonen fanden das toll, und das fand ich nun wieder toll, und so gab das immer ein Wechselspiel zwischen mir und meinem ersten Publikum, das mich dann natürlich auch animierte, neue Sachen zu schreiben, denn das war ja plötzlich meine Entdeckung, ich ging nämlich nicht in die Vorlesungen, das heißt in einige schon, aber keinesfalls kontinuierlich, und dann hatte ich auch immer das Gefühl, das hält dich alles nur auf, das war zunächst natürlich eine faule Ausrede, und ich war mir auch über alles nicht im klaren, was wird aus dem Opernregisseur, und so bin ich dann lange Zeit ein Wanderer zwischen den Hörsälen gewesen, hab davorgestanden, die anderen alle hineingehen lassen und mich dann rumgedreht und mich in eine Fensterecke gestellt, nachgedacht, etwas aufgeschrieben, weiter zur nächsten Fensterecke im Flügel B, dabei hatte ich immer meinen langen beigen

Mantel an und einen schwarzen Schlapphut auf, den später mein Freund Nobby Bindseil, der ja ein hervorragender Parodist war und ist, für seine Kroll-Auftritte trug. Ich war schon ein eigenartiger Kauz und muß für viele ein ganz schön schiefes Bild abgegeben haben, und es dauerte ja auch nicht lang, und ich ließ die Vorlesungen fast alle sausen, kam erst sehr spät von Bretzenheim in die Universität, ging dann gleich, nachdem ich mir in der Mensa mein Frühstück noch abgeholt hatte, in das Studentenwohnheim, es war, glaube ich, Zimmer 237 oder jedenfalls gleich daneben, wo sie alle wohnten, und legte mich dort, mit dem Mantel an und dem Hut auf, auf ein freies Feldbett, denn die Freunde waren ja in der Vorlesung, und dachte nach, legte mir den Hut übers Gesicht und dachte noch mehr nach. Ich wollte, glaube ich, damals ein Programm mit dem Titel »Der Lachgalgen« schreiben, und ich war ein richtiger Poet, nur daß es in das Zimmer nicht reinregnete, aber sonst war ich unzufrieden und ließ die anderen auch bewußt rätseln, denn bemerkt hatten mich alle, da war allein schon mein eigenartiger, immer etwas nach vorwärts schnellender Gang, den viele für eine von mir überlegte persönliche Note hielten, in Wahrheit waren es ja meine Füße, denn wenn man solche Füße hat, dann geht man so durch die Welt, in einem ganz bestimmten Rhythmus und immer leicht nach vorne schnellend, und höchstens wenn ich kleine Schritte mache, mein Vater sagte in meinen Kinderjahren immer zu mir:

Du mußt kleine Schritte machen und den Oberkörper ein bißchen nach hinten halten, nur ein bißchen, dann sieht man überhaupt nichts.

Richtig, Herr Vater, nur später hab ich nicht immer daran gedacht, und wenn ich müde oder in Gedanken bin, ist sowieso alles ganz anders, aber wenn ich kleine Schritte mache, dann sieht das ganz normal aus, aber dann laufe ich meist wie ein Mädchen, und das will ich nicht, solche Gänge möchte ich nur bei Mädchen, möglichst ganz kleine Schritte, weil der Rock so knapp ist, aber ich schweife aus, pardon, wo war ich liegen geblieben, im studentischen Wohnheim der Johannes-Gutenberg-Universität, deren Ehrenbürger ich heute bin, kaum zu glauben, aber eins muß ich sagen, ich war nie faul, ich schlief gerne lang, das gebe ich zu, aber mehr auch nicht, dafür dachte und phantasierte ich ja auch bis tief in die Nacht, weil es in mir arbeitete, ich denke, es müssen über hundert Musen gewesen sein, die alle immer auf mich einredeten, mich schlugen und kratzten, streichelten und mir die subjektivsten Dinge ins Ohr träufelten, alle Register der Kunst zogen, aber mich nicht irre machten, sondern sogar Geduld empfahlen, obwohl ich oft das Gefühl hatte, daß es höchste Zeit war, denn schließlich machten die anderen alle ihre Scheine und Vorprüfungen und konnten das zu Hause in Moers vorzeigen. Eines Tages kam Klaus Martin Meyer zu mir, sozusagen als Sondergesandter des Theaterstudios, das unter der Leitung des grandiosen Elmar Tophoven, des späteren Beckett-Übersetzers, ein Niederrheiner aus Straelen, der ebenfalls nach Mainz gekommen war, 1950 nach Paris ging und dort mit seiner Frau Kiki als Übersetzer arbeitete, und den ich mit vielen Freunden 1989 in Straelen begraben habe, schon 1947 ein studentisches Karnevals-Kabarett mit dem Titel »Regiefehler« in Szene gesetzt hatte, mit den Brillenschlangen Abel und Korrenberg am Klavier und vielen Freunden auf der Bühne, mit Sketchen, die im Publikum spielten, Chansons und Parodien. Und Klaus Martin Meyer, der später zum WDR nach Köln ging und auch nicht mehr unter uns ist, fragte mich, ob ich nicht mitmachen wolle, sie hätten alle von meinen Liedern und Texten gehört und sie wären gerade bei der Vorbereitung für eine neue Karnevals-Kabarett-Revue mit dem Titel »Der B(r)ettl-Student«, und die Premiere sei an Fastnacht 1948. Und ich stand auf und ging mit. Sie machten mich mit ihren Ideen bekannt, und ich machte sie mit meinen Phantasien vertraut. Und der, der mich in diesem Kreis sofort ernst nahm, sie hatten mich zwar geholt, doch ich war schüchtern und blieb skeptisch, der wahrhaftig auf mich zukam, war Hermann Klippel. Warum wohl? Ich kann es nicht sagen, das sind so Dinge, die ich noch nie gut beschreiben konnte. Vielleicht, weil wir beide etwas »Ländliches« haben und weil er wohl spürte, daß ich Schutz brauchte, oder weil er meine ganze »Verwahrlosung« sofort als »Einsamkeit« durchschaute, aber verstand, aber hauptsächlich wohl, weil er mir entgegenkam, und so was ist selten im Leben. Er hatte auch immer etwas »Englisches«, auch heute noch, nicht nur wegen des Schnurrbarte. Erlassen Sie mir bitte eine besondere Erklärung, wenn ich sage »Englisches«. Hermann Klippel hat es selbst geschrieben, daß ich manchmal wochenlang nur mit einem Wort operiere. Er war in diesem Kreis nicht mein Vorgesetzter, aber er war älter als ich, und ich schloß mich an. Einmal, sehr viel später, nach einer Vorstellung mit unserem Mainzer Studentenkabarett »Die Tolleranten« in Frankfurts Nachkriegskabarett-Theater

»Der Struwwelpeter«, wo wir auch Ralf Wolter, Günter Pfitzmann und Mario Adorf trafen, der übrigens in Mainz studiert hat und oft, wie er mir später erzählte, bei meinen ersten Auftritten mir zu Füßen saß, sind wir, Klippel und ich, querfeldein durch die ganze Mainmetropole gelaufen, um den letzten Zug nach Mainz noch zu erwischen. Es schien aussichtslos. Die Zeit war zu knapp. Aber Klippel forderte meine letzten Laufreserven, und ich immer hinter ihm her, und wir schafften es. Einsteigen konnte ich nicht mehr, ich fiel in den Zug. Völlig erschöpft saßen wir uns gegenüber, so als wäre nichts gewesen. Ich beklagte mich auch nicht über sein hartes Tempo. Er hatte mich ernst genommen, und ich wollte ihn nicht enttäuschen. Klippel war für uns ein hervorragender Szenenschreiber und Spezialist für kleine Zwischenconférencen, sogenannte Talks, small talks. Oft fanden wir beim Lesen seine Texte nicht sehr komisch, mußten dann aber in fast allen Fällen unsere Meinung revidieren, wenn die Texte dann realisiert und gespielt wurden. Sein Stil war und ist sehr von einer sprachfotografischen Art. Die radikale Karikatur kommt selten bei ihm vor. Das, was heute als Realsatire gilt, solche Dialoge schreibt Klippel schon seit 1947, sogar auf die Gefahr, daß das deutsche Publikum pure Ironie von barer Münze wieder einmal nicht unterscheiden kann. In den Jahren 1949 bis 1951, als wir uns allmählich vom studentischen Fastnachtskabarett Tophovenscher Prägung gelöst hatten und uns dann stolz, überregional und zeitnah die »Tolleranten« nannten, die zwei LL waren natürlich bei den zwei MM vom »Kom(m)ödchen« abgeguckt, und dann versuchten, auch außerhalb von Mainz Fuß zu fassen, war Hermann Klippel auch oft unser Regisseur. Eine seiner damaligen Anweisungen hab ich nicht nur bis heute behalten, sondern wende sie auch immer noch aufs neue an. Sie lautete:

Kinder, freundlich bleiben, auch die ernsten und aggressiven Sachen ruhig und fast leicht vortragen.

Er wird es mir vielleicht nicht glauben, aber wenn ich heute auf der Bühne sitze, hinter meiner Orgel, und das Publikum manchmal nicht so will, wie ich wohl will, denke ich oft, Hüsch, bleib freundlich, bleib leicht, werde nicht nervös, bleib ruhig! Und dann denke ich an Hermann Klippel und an den alten Musiksaal in der Mainzer Universität, den wir mit der Hilfe von Mechthild Wilms, die jetzt in Spanien lebt und der ich schon seit Jahren schreiben muß, es aber, verflucht noch mal, nicht tue, denn manchmal sitze ich wie gelähmt vor meiner Post und weiß nicht, wo anfangen, mit der Hilfe von Mechthild Wilms benutzen durften, um dort wie besessene Kinder »Kabarett« zu probieren und zu spielen. Und schon oft hat in all den Jahren ein scheinbar garstiges Publikum die von mir praktizierte alte Klippeische Regieanweisung mit langsam zunehmender Aufmerksamkeit und endlicher Zustimmung honoriert. Heute sieht man sich selten. Aber das ist meine Schuld. Genauso, wie ich selten antworte, weil, ich bin ein Nomade und komme noch nicht einmal in Klippels vier Heidelberger Wände, obwohl ich oft im Heidelberger Studio bei Sigurd König Hörfunk mache, wie man sagt, aber abends schon wieder in den Zügen sitze und durch die Lichter der Nacht zu einem nächsten Auftritt fahre, und selbst wenn ich das nicht müßte, ginge ich dann sicher in einen Nachtclub, um mir dort die Welt aus dem Kopf zu trinken und den leichtsinnigen Mädels Komplimente zu machen und nicht nur ihre schönen Hälse zu bewundern, sondern auch um weitere Hingabe zu genießen. O ja. Wenn man dann morgens genauso verloren geht, wie man abends dort abgestiegen ist, hat man ein bißchen den Villon nachgemacht, den Toulouse-Lautrec hat man gesehen, der Ringelnatz ist vorbeigespukt, der Brecht hat seinen Baal geschickt, jaja, und ich habe nie zu den Männern gehört, die da nur »studienhalber« hingehen. Aber jetzt bin ich schon in einem ganz anderen Kapitel, und das soll doch viel später drankommen. Ich ging also von meiner geliehenen Tagesschlafstatt im Studentenwohnheim mit zu den Theaterwissenschaftlern und merkte, daß ich mit meinen kleinen Liedern und Texten sehr wohl dort »gastieren« konnte, und wir tauschten unsere wenigen Erfahrungen aus, und ganz allmählich merkten die Freunde auch, daß ich ein ganz schlichter bürgerlicher Jüngling war, trotz Schlapphut kein Bohemien, sondern eigentlich nur ein Romantiker, der andere Romantiker suchte. Und es ergab sich eine wunderbare Zusammenarbeit, insbesondere eben auch für das neue Kabarett zum Karneval 1948 »Der B(r)ettl-Student«, zu dem ich das große Thalia-Finale schrieb, in dem das Wort Thalia immer wieder auf den Kopf gestellt wurde, Thalia, Athali, Thaliathali, und, selbst am Klavier, auch einige Chansons von mir sang. Ich hatte einen Platz gefunden, und das machte mich glücklich, denn ich wollte nie ein Sonderling sein, aber auch mich nie vordrängen, sondern warten, bis die Dinge von selbst auf mich zukamen. Und jetzt waren sie gekommen, und es fehlte mir nichts mehr, das heißt, die Mädchen fehlten mir, aber erst hatte ich mal genug zu schreiben und zu komponieren. Jeden Tag saßen wir zusammen und hatten so ein ganz dickes Gefühl, auf dem richtigen Wege zu sein, denn wir wollten ja alle Künstler werden, wir wollten ja alle zum Theater oder zum Rundfunk oder zur Zeitung, oder wir wollten Dichter werden, Komponisten oder Maler, und wir saßen oft mit den Musikwissenschaftlern zusammen, den Kunstgeschichtlern, mit Hans Halbey, Jürgen Imiela, Willi Jung, H. W. Clasen, die wiederum bei unseren Aufführungen oft die Technik machten, und wir gingen in die Feature-Vorlesungen, die Gerke und Kühn manchmal gemeinsam abhielten, etwa: Picasso in uns. Das war eine Vorlesung, die ich in meinem ganzen Leben nicht vergessen werde, weil, das hatte was Neues, die beiden wechselten sich manchmal satzweise oder sogar wortweise ab und sprachen manchmal kurze Passagen synchron zusammen, toll, es war, glaube ich, im Hörsaal 8, wo ich diese für mich so wichtige konzertante Vorlesung von Gerke und Kühn, beide zwei gekonnt eitle Persönlichkeiten, aber hinreißend in ihrer Ausstrahlung und auch wohl autofasziniert von dieser Form, die sie sich da ausgedacht hatten, erlebt habe. Solche Ereignisse, die mich jedesmal um den Schlaf brachten, hab ich mein ganzes Leben immer gesucht. Einmal war es der frühexpressionistische Dichterhimmel, wie schon erzählt, sehr viel später war es die Minimalmusic von Steve Reich oder der sich im Himmel befindende Thomas Bernhard, der es ja fertig brachte, jahrelang fertig brachte, daß ich nichts mehr anderes lesen konnte. Zwischendurch, in den Semesterferien, fuhren wir natürlich noch nach Hause, und 1948 und 1949 habe ich in den Ferien jeweils zwei Monate bei Krupp in Rheinhausen als Werkstudent gearbeitet, um meinem Vater nicht mehr so schwer auf der Tasche zu liegen, obwohl es gab damals einen Stundenlohn, da würde heute sich niemand mehr für erheben, Stunde eine Mark, sonntags zwei Mark und ein Mittagessen gratis. Die Schicht ging von 6.00 Uhr morgens bis mittags 14.00 Uhr, das hieß für mich 4.00 Uhr aufstehen, 5.00 Uhr mit dem Bus, 5.30 Uhr in Rheinhausen, umziehen, Klamotten verstauen, eine Zigarette, und dann alle Mann los. 1948 hab ich die zwei Monate in der Rotte gearbeitet, also Eisenbahnstrecken auf dem Werksgelände erneuern, jeden Tag wo anders und immer draußen, also, Schotter raus, Schwellen raus, neue Schwellen unter die Schienen, Schotter wieder rein, und dann stopfen, das ist, den Schotter mit der stumpfen Seite der Hacke wieder festklopfen, und das geht in einem ganz bestimmten Rhythmus, wenn alle dran sind, und klingt fast wie ein verstimmtes Glockenspiel, ist aber verdammt anstrengend, so für unsereinen, der ja sonst nur mit Schreibpapier und Stift arbeitet. Aber man lernt Menschen kennen, man erfährt von Verhältnissen, von denen man zuvor keine Ahnung hatte, und ich hatte noch Glück, denn ich hatte einen Vorarbeiter, der bei mir immer ein Auge zudrückte, weil er natürlich merkte, daß ich mich zwar anstrengte, aber doch nicht so ganz mit den anderen Kollegen mithalten konnte. Ich hatte ja auch sonst keine Schwierigkeiten, mit den Kollegen zurechtzukommen. Oft haben es ja Studenten ganz schön schwer, mit Arbeitern an einem Tisch zu sitzen, damals jedenfalls, heute ist es oft umgekehrt, aber ich hatte immer eine Art, mich überall gleich wohl zu fühlen und auf jeden zuzugehen, mit dem ich zusammen arbeiten und leben muß, denn jeder braucht doch jeden. Ich kann zum Beispiel Gedichte machen, aber das ist nichts Besonderes, dafür können Schreiner Tische und Stühle machen, oder, ich kann ohne meinen Bäkker nicht leben, denn ich brauche das Brot, das er macht, er kann zwar ohne mich leben, denn er braucht meine Gedichte nicht, oder vielleicht manchmal doch, aber einen Schuster braucht er für seine Füße, denn Schuhe kann er ja nicht machen, und der Schuster braucht wieder den Schneider für seinen Leib, und der Schneider braucht wieder Brot und Schuhe, vielleicht auch Gedichte für seine Seele. Das sind simple Geschichten, und manche machen ja auch inzwischen schon wieder Brot und Schuhe selber, soll sein, soll sein, aber wenn wir jetzt so weitermachen, kommen wir auch alle noch dran, bis zum Lokomotivführer und Universitätsprofessor, denn jeder kann nicht alles können. Ein Metzger kann Wurst und Fleisch machen, aber keine Philharmonie dirigieren, und wenn, dann macht er das bei »Wetten daß …« und macht den Leuten Freude. Ich vermute, daß Leonard Bernstein keine Zähne ziehen kann, dafür kann ein Zahnarzt meistens kein Ballettmeister sein, zumindest nicht gleichzeitig. Natürlich gibt es immer wieder große oder kleine Geister, die drei, vier Sachen auf einmal können, aber immer kommt jeder an eine Grenze, wo es nicht mehr weitergeht und wo der andere einspringen und helfen muß. Oder möchten Sie Physiker und gleichzeitig bei der Müllabfuhr sein? Na, sehn Sie. Aber der Straßenfeger wird auch gebraucht, auch die Zeitungsfrau, genauso wie der berühmte Thoraxchirurg, der Kranführer oder die Marktfrau. Jeder braucht jeden, den Gärtner genauso wie den Politiker, egal ob der nun gut oder weniger gut ist. Ich mache ja manchmal auch schlechte Gedichte, selbst die werden gebraucht, weil viele es nicht merken. Was wir nicht so sehr brauchen, das sind Arrogante, Hochmütige und Eingebildete, die immer noch meinen, nur sie allein würden gebraucht. Nein, die brauchen wir nun wirklich nicht, und die hätten damals in der Rotte bei Krupp in Rheinhausen sowieso kein Bein auf die Erde gekriegt. Ich habe die Zeit als Werkstudent eigentlich ganz gut überstanden und möchte diese Anstrengung in meinen Ferien, wie man so gern sagt, nicht missen, sie hat meine Umgangsart mit Menschen, auch auf der Bühne, mit geprägt, ich habe Menschen gesehen und kennengelernt, die ich sonst vielleicht nur ganz von weitem mal flüchtig gesehen hätte, aber jetzt konnte ich mir ein Bild machen, und jetzt wußte ich auch, daß ich gar nicht viel wußte, vom Leben schon mal überhaupt nicht, das heißt einiges schon, aber in einem ganz anderen Zusammenhang, jetzt erfuhr ich vor Ort, daß es noch tausend andere Zusammenhänge gibt, und das ist wichtig zu wissen, das macht dich friedfertig und bescheiden, zwei hohe politische Tugenden, wenn es ums Miteinander-Auskommen geht. Und da geht es doch immer drum, und deshalb muß man die Küche des anderen kennen. Im Jahr darauf habe ich in den zwei Monaten bei Krupp in Rheinhausen nicht in der Rotte gearbeitet, sondern ich kam in einen großen Maschinenbetrieb und hatte es etwas einfacher als in der Rotte, denn der Vorarbeiter, gleich sehend, daß ich kein Herkules war, schickte mich in den großen Keller, und ich bekam die individuelle Aufgabe, in aller Ruhe diesen Keller aufzuräumen, Teilchen für Teilchen, Stückchen für Stückchen, und der Vorarbeiter meinte augenzwinkernd, daß ich dafür wohl schon die zwei Monate brauchen würde. Yes, Sir, hätte ich beinahe gesagt, und die Hand an die Marinemütze gelegt, aber ich hatte ja nur meinen Arbeitsanzug an und meine Pletschkappe auf und ließ daher diese Anspielung auf amerikanische Piratenfilme. Das war eigentlich für mich genau die richtige Arbeit, hier konnte ich in aller Ruhe arbeiten und träumen. Und das hab ich dann auch ausgiebig gemacht. Und wenn ich morgens noch sehr müde war, bin ich oft ganz tief in eine lange Röhre gekrochen, Durchmesser ein Meter, hab mir meine Kappe unter den Kopf gelegt und erst mal bis zehn Uhr geschlafen. Und wenn der Vorarbeiter manchmal fragte, wo ich denn die ganze Zeit gewesen sei, sagte ich immer, ob er mich denn nicht gesehen hätte, ich sei doch da gewesen, nein, er hätte mich nicht gesehen, das verstehe ich nicht, ich bin doch die ganze Zeit nicht weggegangen, komisch. Dieses Till-Eulenspiegel-Spielchen spielte ich gerne, und der Gute war sich oft nicht im klaren, ob er mich nicht doch gesehen hätte. Nach einem Monat bekam ich einen Mitarbeiter. Er kam gerade aus russischer Kriegsgefangenschaft, den ganzen Leib noch voller Wasser, sah daher aus wie ein zwei Meter großes Baby, konnte kaum gehen, mußte sich auch erstmal an Arbeit gewöhnen, und er war eine Seele von Mensch, und wir beide haben dann in aller Ruhe den Keller Stückchen für Stückchen und Teilchen für Teilchen aufgeräumt. Ich hatte es ja gut, ich wußte ja, daß ich in einem Monat wieder in Mainz bei meinen Freunden war, aber er, das wußte ich auch, mußte sein ganzes Leben so weitermachen, und Sonntagsschicht auch noch, und sonst eigentlich gar nichts. Ich habe später über diesen Mann ein Lied geschrieben, das »Monotone Lied«.

Jede Nacht um 2 Uhr aufstehn
Und um halb 3 in den Bus
Der schon voll mit Arbeiterkollegen
Die sich wie die Kinder noch im Schlaf bewegen
Weil die Nacht sehr kurz sein muß

Und der Bus der rumpelt durchs Gelände
Von Marienbaum zur Hütte nach Rheinhausen
Flaches Land und nirgendwo vier Wände
Wiesen nehmen hier kein Ende
Graues Licht kennt keine Pausen

Halb 6 dann an Ort und Stelle
Denn um 6 beginnt die Schicht
Hacke Schaufel Schotter neue Schwelle
Noch ein Schlag für alle Fälle
Denn sonst hält die Schiene nicht

Ausgekoffert raus den Schotter
Einszweidrei und einszweidrei
Bißchen schneller bißchen flotter
Raus die Schwelle rein den Schotter
Nächste Strecke Schiene frei

Raus den Schotter rein die Schwelle
Bücken schaufeln hacken kontrollieren
Noch einmal dieselbe Stelle
Rottenarbeiter sind schnelle
Bis sie ihren Rücken spüren

Und um 2 Uhr ist die Schicht zu Ende
Dann um halb 3 wieder in den Bus
Müde Augen aufgerißne Hände
Und 3 Stunden noch mal durchs Gelände
Kartenspiel und Fußballstuß

Dann ein bißchen noch im Garten kramen
Und den Kindern gute Nacht gesagt
Lebenslänglich Ja und Amen
Ohne Glanz und ohne Namen
Keiner der nach seinen Träumen fragt

Jede Nacht um 2 Uhr aufstehn
Und um halb 3 in den Bus
Der schon voll mit Arbeiterkollegen
Die sich wie die Kinder noch im Schlaf bewegen
Weil die Nacht sehr kurz sein muß

Da ist nichts mit Goethe und mit Schiller
Feinem Geist ästhetischem Konfekt
Keiner übt hier Tonleiter und Triller
Niemand kennt hier Dürrenmatt und Miller
Wenn man mal in dieser Mühle steckt

Halb 6 dann an Ort und Stelle
Denn um 6 beginnt die Schicht
Hacke Schaufel Schotter neue Schwelle
Noch ein Schlag für alle Fälle
Denn sonst hält die Schiene nicht

Das ist mir im Kopf geblieben
Und aus dem Erinnerungsmüll
Habe ichs jetzt aufgeschrieben
Weil und das ist gar nicht übertrieben
Weil ichs nicht vergessen will

Damals als ich nur für 90 Tage
So als Werkstudent bei Krupp und Thyssen
Sah ich viele Menschen die in dieser Lage
Dort für immer und für alle Tage
Dieses monotone Leben leben müssen

Und um 2 Uhr ist die Schicht zu Ende
Dann um halb 3 wieder in den Bus
Müde Augen aufgerißne Hände
Und 3 Stunden noch mal durchs Gelände
Kartenspiel und Fußballstuß

Dann ein bißchen noch am Fernsehkasten
Rumgedreht und wieder ausgemacht
Mit der Frau noch schnell besprochen
Was die Kinder so am Tag verbrochen
Und schon ist sie wieder rum die Nacht

Jede Nacht um 2 Uhr aufstehn
Dann um halb 3 in den Bus
Der schon voll mit Arbeiterkollegen
Die sieh wie die Kinder noch im Schlaf bewegen
Weil die Nacht sehr kurz sein muß

Zugegeben diese vielen Zeilen
Sind kein polyphones Kunstgedicht
Doch die so an uns vorübereilen
Aufgebraucht zermürbt und kaum zu heilen
Guckt doch diesen Menschen einmal richtig ins Gesicht

Mehr will dieses Liedchen nicht

Und so fuhr ich nach den Ferien wieder zurück nach Mainz, mußte in Remagen wieder raus aus dem Zug und wieder rein in den Zug, aber daran hatten wir uns inzwischen gewöhnt, und so ganz allmählich gewöhnten wir uns auch an die Mainzer, und die Mainzer gewöhnten sich an ihre »Studende«, und in Bretzenheim gab es manch fröhliches Fest, und in der Schulstraße gab es Häuser, in denen nur Studenten zu sehen waren, und es gab herrliche Abende, an denen der Wein aus Kanistern mittels eines Schlauches reihum ging. Man saß in einem großen Kreis auf dem Fußboden, und Hans Eckardt Augustin aus Neukirchen-Vluyn ließ mit seinen Kumpanen aus der Eifel den Kanister kreisen, oder Dieter Gütt, der Künstler unter den Medienjournalisten, der, genau wie ich, gerne mit Alliterationen arbeitete, wie Taiga und Tundra, und den ich später unterwegs noch oft getroffen habe, stand plötzlich an meinem Bett und sagte, steh auf und komm rüber, ich habe Frühstück gemacht, und dann ging ich mit, er wohnte gleich um die Ecke mit einem lustigen Burschen aus Frankenthal namens Knebel oder Schöbel, er möge mir tausendmal verzeihen, er hatte immer so kleine listig-fröhliche Äugelein, studierte Jura, machte jeden Blödsinn mit und wohnte mit Dieter Gütt unterm Dach in einer schon fast Penthousebude zu nennenden Studentenwohnung, während ich inzwischen mit Jürgen Fiebig in die Grabenstraße gezogen war, zur Witwe Borsudski, die ihren ganzen Flur fast an Studenten vermietet hatte und sich nur noch Küche und Schlafzimmer hielt, immer langsam vor sich hin humpelte und oft sagte:
Flocki, de Drecksbankert, gauzt als uff de Gass erum. Das heißt, Flocki, der elende Mischlingshund, bellt immer auf der Gasse herum. Von der guten Frau Borsudski haben wir dann alle, Walter Matte, heute Wittlich, Gerd Ruhrmann, heute Hamburg, Jürgen Fiebig, heute Remscheid, und ich,

heute Köln, so richtig Meenzerisch gelernt, und abends saßen wir oft alle in ihrer kleinen Küche, um uns zu wärmen, und waren manchmal auch unfair, indem wir sie alle minutenlang anguckten, daß die arme Frau gar nicht wußte, wo sie hingucken sollte. Wir durften auch unsere raren Lebensmittel in ihren Schränken unterbringen, und ich weiß nicht, wie oft wir manchmal in den Schrank geguckt haben, um nachzusehen, ob nicht doch noch irgendwo ein winziger Teigwarenrest zu entdecken sei, auch wenn wir genau wußten, da ist nichts mehr, da ist wirklich nichts mehr, aber der Mensch hat dann immer noch eine Fata Morgana, und wenn man Hunger hat, reicht oft schon der allerkleinste Krümel, um einen wieder in Stimmung zu bringen. Und einmal sind wir in einem schlimmen Winter, es war, glaube ich, 47 auf 48, mit sechs Schlitten über die stark vereiste Essenheimer Landstraße zum Essenheimer Wald gezogen, um dort für uns und für Frau Borsudski ein bißchen Holz für den Ofen zu holen. Als Tagesration gab es für jeden eine Scheibe Brot, und dann zogen wir los und feuerten uns gegenseitig mit Spaßen an und sahen uns schon wie die kanadischen Holzfäller in den Wald ziehen, die Bäume fällen und klein sägen, auf die Schlitten verladen und wieder zurückziehen. Aber es verging ein ganzer Tag, bis wir schwachen und hungrigen Studenten den Baum gefällt hatten, und dann begann ja erst die eigentliche Arbeit, das Zerteilen und Verteilen. Ich erinnere mich nur noch daran, daß wir zuletzt in völliger Dunkelheit versucht haben, die Einzelteile des Baumes auf unsere kleinen Familienschlitten zu kriegen, die ja auch noch gezogen werden mußten. Also, es war eine Katastrophe, wir hatten uns überschätzt und wollten aber, das weiß ich noch, wenigstens drei Baumteile mit nach Hause bringen, waren aber zuletzt froh, als wir wenigstens ein Teil auf dem Schlitten hatten, daß es doch nicht ganz umsonst gewesen sei, Die beiden anderen Teile wollten wir dann am nächsten Tag holen. So zogen wir also, völlig erschöpft, mit einem beladenen Schlitten zurück, wechselten uns beim Ziehen und Schieben ab, und ich hatte die ehrenvolle Aufgabe, unsere Expedition gut über die inzwischen noch mehr vereiste Landstraße, Sir-John-Franklin-gerecht, zurückzuführen, indem ich mich mit meinem leeren Schlitten über unsere Forschertragödie unterhielt und so mit meinen Galgenspäßen die Freunde einigermaßen auf Trab hielt, da die Kälte ganz schön in Leib und Seele schnitt und man manchmal auf der glatten Straße jeden

Abgrund schon von weitem ahnen mußte, um dagegenzusteuern. Aber wir kamen tatsächlich zurück nach Bretzenheim, luden den klobigen, vollkommen feuchten Baumstamm ab, und die Freunde gingen dann noch den langen Weg zur Mensa, um die Mahlzeit nicht verfallen zu lassen, ich aber warf mich sofort ins Bett, denn wenn meine Füße anfangen mit mir zu sprechen, dann wird es allerhöchste Zeit, sie hochzulegen und aus dem Verkehr zu ziehen. Am nächsten Tag fuhren drei Freunde noch einmal in den Essenheimer Wald, noch mal umsonst, denn inzwischen hatten kluge Leute sich unsere zerlegten Baumteile alle schon geschnappt und waren so mit wenig Arbeit zu viel Holz gekommen, Tja, so ist das Leben, und zu der Zeit damals ganz bestimmt. Ich bin später dann auf die andere Seite der Grabenstraße gezogen, genau gegenüber, zu Kellers. Dort bekam ich ein kleines Zimmer, welches kaum zu heizen war, und das Bett hatte auch kein Federgestell, es war einfach ein Brett, auf dem man lag, und so was soll ja sehr gesund sein. Ich legte auf das Bett drei Wolldecken übereinander, und dann ging das schon. Und im Winter saß ich im Mantel an meinem kleinen Tisch, las die ersten Rotationsromane von Rowohlt, Steinbecks »Straße der Ölsardinen«, »Das siebte Kreuz« von Anna Seghers, bis tief in die Nacht hinein, saß ich mit Schal und Mantel und las, und an dem kleinen Fenster blühten die Eisblumen, und dann ging ich auch mit Mantel und Schal ins Bett und stand morgens manchmal gar nicht auf, weil es so kalt war, und die Frau Keller fand das gar nicht gut, daß ich nicht aufstand, sie sagte zwar nichts, aber ich sah es ihr an, und es waren nette Leute, unten wohnte noch ihre Schwiegermutter, eine große, schlanke, vornehme alte Dame, die wohl auf ihre Schwiegertochter nicht sehr gut zu sprechen war, denn ihr Sohn hätte sicherlich auch noch was Besseres haben können, aber nun ja, er war Sozialdemokrat, und sie hatten sich dieses Haus, Grabenstraße 13, mit dem großen Tor und dem Hof, Stückchen für Steinchen zusammengetragen, fleißig gearbeitet, und bis zum Sommer hatte ich mich wieder mal an alles gewöhnt und fand auch das Bett ganz gut so, denn je härter die Betten, desto besser fürs Rückgrat, sagt man, glaube ich, oder schreibe ich wieder Blödsinn? Es muß da etwas dransein, daß eine Liegestatt, wenn sie aus Stein ist, viel mehr der Gesundheit dient oder diene, das kommt drauf an, wer es sagt, denn ein weiches Lotterbett. Demnach hätte ich in meiner Bretzenheimer Zeit in der Grabenstraße 13 bei Kellers kerngesund sein müssen, und das war ich eigentlich auch, und die Zeit ging dahin wie nichts. Täglich, wenn auch sehr spät, zog ich über die staubige Landstraße, die damals bei den sogenannten Neuen Häusern begann, zur Universität. Diese ungeheuer staubige Straße war eigentlich nur ein Bündel von langsam ausgetretenen Feldwegen, heute ist da eine wunderschöne, asphaltierte Straße, aber damals war es nicht nur meine, sondern die Straße aller Studenten, die in Bretzenheim wohnten, und die meisten Studenten wohnten in Bretzenheim, wo jetzt unsere alte Freundin Marie-Luise Bonn Ortsvorsteherin ist und wo es eine alte Ziegelei gibt, in der allerlei Feste gefeiert und viele kreative Dinge gemacht werden, und ganz in der Nähe der Ziegelei, auf der großen, schnellen Straße, ist unser Kartäuserkater Tini überfahren worden. Aber der alte staubige Feldweg war mein täglicher Weg, auf dem ich viel nachgedacht habe, weil ich immer noch nicht genau wußte, was denn nun wirklich werden sollte. Und Erich Vowe, der mich ja konfirmiert hat, sagte eines Tages in den Ferien zu mir, daß er es nun nicht mehr länger verantworten könne, ich müßte jetzt endlich meinem Vater sagen, was mit mir los sei, daß da in Mainz nichts mit Deutsch, Englisch, Französisch im Gange sei, sondern daß ich dabei sei, Kabarettist zu werden oder so was Ähnliches, jedenfalls was mit Kunst, und die ganze Stadt Moers wisse das, nur mein Vater nicht, und das könne er nicht mehr länger geheimhalten, und Erich Vowe hat mir dann regelrecht gesagt, daß, wenn ich jetzt nicht zu meinem Vater ginge, um die Karten offen auf den Tisch zu legen, er das dann eben mache, denn so ginge es nun wirklich nicht weiter. Wirklich nicht. Und ich sah das auch ein und raffte und machte mich auf und ging den schweren Gang zu meinem Vater, der ja schon manches zwischendurch immer mal ahnte, aber doch nichts Genaues wußte. Ich schenkte ihm nun reinen Wein ein, daß ich in Mainz also kein Deutsch, Englisch, Französisch studiere und kein Studienrat werden, sondern zum Theater gehen wolle oder auch Kabarettist werden könnte. Es entstand nach meinem Geständnis eine lange Pause, und dann sagte mein Vater, daß er sich das schon so ungefähr gedacht habe und daß er ja wohl auch daran nichts mehr ändern könne, denn sein Sohn habe ja nun mal diesen Dickkopf und interessiere sich ja auch nur für dieses moderne Zeug, was er ja alles gar nicht verstehen könne, also gut, aber dann mach wenigstens deinen Doktor. Das habe ich ihm dann auch versprochen, meinen Doktor zu machen, obwohl ich schon wußte, daß es dazu wohl auch nicht kommen könne, denn fürs Kabarett braucht man keinen Doktor, aber ich wollte berühmt werden und es ihm damit wettmachen, ich wollte seine große Enttäuschung eines Tages von ihm nehmen, weil ich wußte, daß ich eines Tages berühmt werden würde, und dann würde er staunen, dann würde er Augen machen und sagen, das hab ich ja gar nicht gewußt, warum hast du mir das nicht vorher gesagt. Ich konnte es nicht, Herr Vater, würde ich dann sagen und ihn ganz berühmten Leuten vorstellen, ich konnte es damals nicht, weil, ich war ja noch so klein, so jung, und ich habe dafür so viel arbeiten und rumfahren müssen, das kann man selbst hinterher nicht erklären, aber jetzt kannst du zufrieden sein. Es ist leider nicht mehr dazu gekommen, obwohl er sich die ersten guten Kritiken immer aus der Zeitung ausgeschnitten und mir zugeschickt hat. Ich hätte ihn heute gerne bei mir. Er brauchte gar nichts zu tun, nur in einem Sessel zu sitzen, am Sonntagmorgen seine Zigarre zu rauchen, ich würde ihm ein Tonband mit seinen Lieblingsmusiken zusammenstellen, nur damit er weiß, daß ich doch alles gutmachen möchte. Damals war ich natürlich erleichtert, ich hatte damit gerechnet, daß er lauter als gewöhnlich sagen würde, das kommt überhaupt nicht in Frage, du kommst sofort von Mainz nach Moers zurück, das wollen wir doch mal sehen! Aber nichts davon, sondern Resignation und der letzte Wunsch, dann doch wenigstens meinen Doktor zu machen. Es kam der Karneval in Mainz 1949 herbei. Wir machten wieder eine Karneval-Kabarett-Revue, diesmal aufgezogen als Narrenakademie, als eine Art Anti-Karneval, die Idee hatte der unvergessene Dr. Robert Schmidt vom Verkehrsverein, und die ganze Sache stand unter dem Motto, nach Helmut Käutners berühmtem Film: »Der Apfel ist ab!« Und es geschah am Fastnachtsdienstag 1949, die Aufführung lag hinter uns, ich hatte wieder mehrere Lieder am Piano gesungen und mich jetzt ins Publikum begeben und saß an einem der Tische, rund um die Tanzfläche in der Aula, da schallte der Ruf durch den Saal: Damenwahl! Ich hatte vorher schon die ganze Zeit ein Mädchen mit Grübchen in den Backen im Auge gehabt. Sie trug ihr dunkelblondes Haar zusammengefaßt in einem Goldnetz, dann eine Art Brusttuch, und um den Bauchnabel war nichts, und dann kam noch ein wunderbarer in gedeckten Farben gehaltener, langer Rock. Aber das war es nicht, will sagen, das war es auch, nein, sie hatte noch so etwas in ihrem Gesicht, das ich mit frech und

lieblich bezeichnen möchte, aber auch süß und streng sah sie aus, und sie war eine unermüdliche Tänzerin, so unermüdlich, als müsse sie die tollen närrischen Tage voll auskosten, denn danach gibts so was nicht mehr. Sie fiel mir einfach unter vielen auf, aber was solls, dachte ich, du hast schon so vielen Mädchen nachgeschaut, hast sie in Konzerte eingeladen oder in Ausstellungen, hast immer überlegt, ob das was für dich sein könnte, ohne den anderen allzusehr einzuengen, hast die Mädchen immer beobachtet, wie sie reagieren, welche Sprache sie sprechen, welchen Ton sie wählen und welche Einstellung zum Leben sie überhaupt haben. Damenwahl! Und ich traute meinen Augen nicht, diagonal, aber noch ganz weit weg, ganz aus der anderen Ecke kam schlanken Schrittes, so gradlinig wie möglich, dieses Mädchen mit dem goldenen Haarnetz auf mich zu, und ich dachte, das darf nicht wahr sein, und dachte auch sofort als Komiker, das kann nur einem gelten, der hinter dir sitzt, der genau hinter dir sitzt, und du bildest dir jetzt ein, du bist gemeint, mach dir nichts vor, sie wird gleich an dir vorbeischreiten, und aus der Traum, aber ich hatte dieses Mal die falsche Pointe gezogen, sie kam auf mich zu, ganz genau auf mich, da gabs gar keinen Zweifel und auch gar kein Zurück mehr, denn sie stand schon vor mir und sagte: *Darf ich bitten?*
Und ich dachte, mein Gott, das gibts doch gar nicht, jetzt bist du dran, jetzt gilts, Hüsch, du elender Tramp, und wirklich, ich spürte mein Leben fast im voraus, ich dachte, jetzt oder nie, der liebe Gott hat zugeschlagen, und ich sagte:
Ich kann gar nicht tanzen.
Ich habe diese Geschichte schon mal als Frieda-Geschichte aufgeschrieben und möchte sie hier nicht wiederholen, sondern noch mal versuchen, sie anders zu beschreiben. Also, ich sagte: *Ich kann gar nicht tanzen.* Da sagte sie: *Das glaube ich nicht, wer so singen und Klavier spielen kann wie Sie, der kann auch tanzen.* Hm, machte ich und sagte: *Also gut, probieren wirs.* Ich wußte, es gibt eine Katastrophe, dieses Mädchen ist nicht auf diesen Ball gekommen, um einem Krüppel das Tanzen beizubringen, sondern um sich zu amüsieren, zu lachen und über die Tanzfläche zu schweben, nun, sie wird es ja sehen, was dabei herauskommt. Und sie sah es auch schon bald, und wir gaben das Tanzen wirklich auf, aber sie ging nicht, sie blieb, und so war es immer, sie ging nicht, sie blieb, und wurde meine Frau. Wenn ich aufs Klo mußte, sie wartete, wenn es in der Mensa Sauerkraut

mit Würstchen gab, gab sie mir die Würstchen und aß das Sauerkraut, weil sie wußte, daß ich Sauerkraut nicht so gerne aß, und so hatte sie eine Opferstruktur nach der anderen, und wir blieben aneinander hängen, das Mädchen mit den Grübchen und der Jüngling, der auf dem Weg war, ein Poet zu werden. Sie kam aus Essen, hatte beide Eltern im Krieg verloren, war von Verwandten in Rennerod, Westerwald, aufgenommen worden und hatte gerade bei den Ursulinen, bei Mater Rhabana, in Königstein ihr Abitur gemacht und hatte jetzt in Mainz einen Studienplatz erhalten, auch durch die Fürsprache von Professor Karl Holzamer, dem wir damals als Anfänger alle zu Füßen saßen, um uns von ihm in die Philosophie einführen zu lassen. Sie hieß Marianne Lüttgenau, also Kleinewiese, hatte einen Bruder, der in Frankfurt lebte, und eine ganz kleine Schwester, die in Essen bei Verwandten aufwuchs. Jetzt aber ging diese Marianne mit mir über den Fastnachtsball, und ich stellte sie natürlich meinen Freunden vor, und alle staunten, Hüsch mit einer Frau, das hatten sie noch nie gesehen und wurden auch gleich eifersüchtig und begannen sofort zu testen, ob diese Frau auch meiner würdig sei und ob es nicht doch nur ein Fastnachtsgspusi sei. Besonders mein Freund Jörg Wehmeyer, der ja später ein Theater nach dem anderen dramaturgisch beraten hat und der es, was Frauen betraf, faustdick hinter den Ohren hatte, war einer der Eifersüchtigsten. Aber Marianne und ich, wir zogen bald zusammen in die Schulstraße zu Frau Fink, warfen unsere schmalen Portemonnaies zusammen und schufen uns ganz langsam ein Dach über den Kopf. Sie bekam als Vollwaise eine monatliche Rente von 125 Mark, und ich tingelte mich so durch, mal da ein Fest, mal da ein Ball, und so kamen wir immer soeben auf das allernotwendigste Minimum, und wenn mal was fehlte, dann pumpte ich meinen Freund Rudolf Jürgen Bartsch an, und so kamen wir bis zum Monatsende und zahlten dann am neuen Monatsanfang alles zurück, und so ging das oft monatelang, aber immer waren noch ein paar Mark da, um freitag- oder samstagabends in einen Spätfilm zu gehen, meistens in einen Western. Sonst konnten wir ja auch nichts ausgeben. Wir hatten kein Auto, kein Telefon, kein Radio, nicht mal eine Schreibmaschine hatte ich, denn noch wurden ja keine Manuskripte für den Hörfunk geschrieben, noch schrieb ich ja alles mit der Hand, und mein Schreibtisch war immer die versenkbare Nähmaschine meiner Schwiegermutter, die ich ja nie gesehen habe, denn sie wurde bei einem

Bombenangriff auf Rennerod so schwer verwundet, daß sie im Krankenhaus verblutete, auch weil kein Penicillin da war. An dieser alten wunderbaren Nähmaschine habe ich alle meine ersten Mainzer Texte und Lieder geschrieben. Eigentlich war ich zuerst mehr ein Liederschreiber, heute schreibe ich eindeutig mehr Texte. Aber damals wollte ich Chansons und Sprechgesänge schreiben. Und das hab ich dann auch gemacht. Auch die ersten Frieda-Geschichten, die ja Marianne-Geschichten waren, habe ich in ein kleines Buch mit der Hand geschrieben. Aber ich ging weiter mit Marianne in die Uni, sie studierte nach wie vor Germanistik, aber eigentlich schon mit halbem Herzen, und ich hatte immer noch meine Theaterwissenschaftsfreunde, mit denen ich Kabarett machte. Marianne hatte ja zuerst im Studentinnenheim gewohnt, in das nach 22.00 Uhr kein Mann mehr hinein- und hinauskam. Nur ich. Denn als ich einmal länger blieb, sehr viel länger, konnte ich mit Hilfe von Mariannes Mantel als Frau verkleidet, leicht mich wiegend, an der Pforte vorbei, keiner sagte was, ins Freie entschwinden. Neben meinen Kabarettauftritten spielte ich auch oft mit den »Uni-Rhythmikern« zusammen. Das war ein verrückter Haufen von Jazzern, die sich unter der Leitung des »Alten«, Karl-Heinz Gelezus, zusammengetan hatten, um auf der Uni von Zeit zu Zeit Swing in den Hörsaal zu bringen. Und die schrieben sich nach dem Gehör, denn ich kann ja keine Noten aufschreiben, meine Melodien auf, arrangierten das für ihr Ensemble, und bei nächster Gelegenheit trat ich mit Band auf, besonders in der Karnevalszeit, auf den großen Bällen in der Aula oder im Audimax, aber auch auf kleinen Festen bei Chemikern oder Zahnärzten. Die »Uni-Rhythmiker« gehörten damals genau wie ich zur Johannes-Gutenberg-Universität dazu, und unsere gemeinsamen Konzerte, die Hermann Klippel oft moderierte, so sagt man ja heute, damals hieß das einfach ansagte, waren immer ausverkauft, und mir machte das sehr viel Spaß, einmal meine kleinen Amateurlieder mit Rhythmusgruppe machen zu können. Die »Uni-Rhythmiker«, das waren Karl-Heinz Gelezus, Saxophon, Wolfgang Niedergerke, Trompete, Rudi Niedergerke, Gitarre, Günther Sieben, Klarinette, Karlchen Dahlhoff, Geige, Kurt Martenstein, Baß, Freddy Marx, Schlagzeug, Günter Massenkeil, Klavier, Felix Baiser, Klavier, und Franz Wagner, Klavier und Gitarre, und zu dem Haufen gehörten noch unbedingt der fuchsige Charly Preßler und der ewig grinsende Charly Wimmer, die spielten zwar keine Instrumente,

aber gehörten mit zur Atmosphäre, und nicht zu vergessen, ich habe immer Angst, daß ich bei einer solchen Aufzählung Freunde vergesse oder die Namen falsch schreibe, o weh, Sie wissen nicht, wie empfindsam der Mensch sein kann, nicht zu vergessen Valentin Müller, der immer alles regelte und die Auftritte herbeischaffte. Bei der 500-Jahr-Feier der Universität, 1977, haben wir uns alle wiedergesehen und noch einmal den schönen alten Zeiten ein bißchen nachgetrauert. Eines Tages sagten uns Peter und Wally Zimmer, die in einem schönen Einzelhaus in Weisenau in der Moritzstraße lebten, daß wir vorübergehend, es sollte, glaube ich, für ein Jahr sein, ihre Wohnung haben könnten, und das war uns nur recht, denn in Bretzenheim wurde es doch ein bißchen eng, und ich schlief, von Marianne vollkommen getrennt, in einem kleinen Schuppen, den es da im Hof gab, nichts Besonderes, nur daß in diesem Schuppen, in den nur ein Bett hineinpaßte, wohl unsere Anna entstanden ist, und es ging uns davor auch gar nicht so gut, und Marianne fuhr nach Mannheim auf eine Messe, um dort Kaffeemaschinen zu verkaufen, sie bekam pro Tag 10 Mark und pro verkaufter Maschine eine kleine Provision, aber davon mußte der ganze Tag bestritten werden, Essen und Schlafen auch. Ich hielt das ohne Marianne gar nicht aus und trampte per Anhalter nach Mannheim, und Marianne konnte es nicht fassen, als ich um die Ecke kam, und als ich ihr auch noch erzählte, daß ich per Anhalter gekommen sei, sagte sie zu einer Mitarbeiterin:
Bei dem Mann darfst du dich nicht vergucken, der sieht so sanft aus, aber wenn er sich was in den Kopf gesetzt hat, dann bricht der ganze Erdteile auseinander.
Und ich fing auch da gleich an mitzuarbeiten. Ich fragte den Chef, ob ich in der Küche als Spüler arbeiten könne, als Verkäufer, da kam bei mir nicht viel rum, aber als Spüler wäre ich große Klasse, und er sagte, ja, dann machen Sie mal, und so waren wir zusammen auf der Messe, Marianne und ich, und wir lebten von der Hand in den Mund, vom Tag in die Nacht, denn Marianne konnte mich immer mit in ihr Zimmer schleusen, ohne daß mich jemand sah, so daß wir nicht den doppelten Preis bezahlen mußten und das Geld schon mal sparen konnten, und als der Chef herausbekam, daß ich Lieder machte, haute er mich natürlich sofort an, ob ich denn nicht ein Werbelied für seine ganz neue Kaffeemaschine machen könnte. »Orienta«, hieß die, glaube ich. Ich habs

natürlich versucht, aber es klappte dann doch nicht, und er war wohl auch mit seinem Umsatz nicht so ganz zufrieden und kam von dieser Idee wieder ab. Ich bin dann noch mit nach Speyer auf die Messe gefahren, immer als Chefspüler, während Marianne nach Mainz zurückging, denn sie trug schon die kleine Anna mit sich rum und wollte sich auch ein bißchen ausruhen, und als ich aus Speyer dann zurückkam, zogen wir von Bretzenheim nach Weisenau, in die Zimmersche Wohnung in einem schönen alleinstehenden Haus in der Moritzstraße, das einem sehr lieben alten Ehepaar gehörte, das unten im Erdgeschoß wohnte, den Namen der guten Leute weiß ich nicht mehr, aber es war eine große, geräumige Wohnung mit Küche und Bad, das hatten wir ja bis jetzt alles nicht gehabt, und wir fühlten uns wie im Paradies, und die kleine Anna konnte schon von innen die Bücher vom Bauch ihrer Mutter strampeln, und auch beruflich ging es wieder bergauf, sogar mit einer ganz entscheidenden Nachricht für mein ganzes Leben. Vom Südwestfunk aus Baden-Baden hatte mir der zuständige Leiter der Abteilung Kabarett folgenden Brief geschrieben:

Sehr geehrter Herr Hüsch, die Abteilung Unterhaltung des Südwestfunks in Baden-Baden erlaubt sich, Herrn Hanns Deiter Hüsch zu einem Vorspielen einzuladen. Reisekosten und Verpflegungsspesen werden selbstverständlich vom Südwestfunk übernommen, mit freundlichen Grüßen, gez. Guy Walter.

Mein Herz hüpfte, freudig und ängstlich, denn war ich auf einen solchen Auftritt vorbereitet, hatte ich meine Lieder genug geübt, und war mein Klavierspiel nicht doch zu dilettantisch? Aber es war eine großartige Einladung, die ich meinem Freund Günther Sieben von den »Uni-Rhythmikern« zu verdanken hatte, denn der war inzwischen als Toningenieur zum Südwestfunk nach Baden-Baden gegangen und hatte Guy Walter ständig in den Ohren gelegen, doch mal den Hüsch aus Mainz zu holen. Ich hatte vorher schon Hörfunk beim Südwestfunkstudio in Koblenz gemacht, zusammen mit den »Tolleranten«. Albert Pasch, ein alter Kabarettkenner und Kleinkunstliebhaber, machte mit uns mehrere Produktionen, und wir lernten dabei seinen Assistenten Ewald Fischbach kennen, der später mit dem Südwestfunk nach Mainz kam und in dessen Büro ich saß, als das Telefon ging, und mir gesagt wurde, daß ich soeben der Vater einer hübschen Tochter geworden sei, und wir trafen in Koblenz auf Hans Willi

Bergen und die schöne Chansonsängerin Milia Fögen, freundeten uns an mit Willi Stöck, dem Tagesschausprecher, mit dem großen verrückten Kind Herbert Kocks, und Funkregie führte bei uns Elmar Schulte, der mich für ein »begabtes Schwein« hielt, obwohl ich damals noch gar nichts konnte, und den ich später immer wieder in Österreich oder in der Schweiz, wo er an verschiedenen Theatern als Schauspieler und Regisseur arbeitete, traf, und der immer einen Film mit mir machen wollte, aber es ist bis heute noch nichts daraus geworden, und wir trafen uns nach Koblenz alle in Mainz wieder, als das Südwestfunkstudio von Koblenz nach Mainz verlegt wurde, und es war ein großer Freundeskreis, Anita Ballier und die Frau Gegelka und die Zimmermännin und die Ilse Schmitz und Walter Fournell und Sven Schürenberg und Bernhard Rübenach und der Karl, dessen Nachnamen ich vergessen habe, und der Albert Pelle, der Karl Petry und und und, ich kann sie nicht alle aufzählen, ich könnte gar nicht mehr aufhören, aber in Koblenz machten wir unsere ersten Hörfunkaufnahmen mit den »Tolleranten«, unserem Studentenkabarett. Mit Ingeborg Völker, Inés Brass, Achim Riefenstahl, Rudolf Jürgen Bartsch, Heinz Brass, Jörg Wehmeyer, und Hildegard Jungbluth war Mädchen für alles, und ich nahm auch dort mein erstes Lied auf: »Ich bin ja so unmuskulös«. War das eine Aufregung, und wenn die Sendung dann kam, rief jeder seine Verwandten an: *Ich komme im Funk!* Aber es war ja auch damals eine erste Publicity-Sprosse, Fernsehen gab es noch nicht, und an eine Schallplatte war auch nicht zu denken, ganz abgesehen davon, daß der Hörfunk uns eine immer stabiler werdende wirtschaftliche Basis gab. Nur einmal, als das Studio schon in Mainz war, bin ich sage und schreibe zum Studioleiter, Dr. Karl Fellberg, gegangen und hab ihn regelrecht um Hilfe gebeten, ob er was für mich tun könne, denn wir lebten nicht mal mehr von der Hand in den Mund, sondern von den Augen in den leeren Magen. Und ich durfte von da an jeden Freitag in der Abendsendung »Aus dem kulturellen Leben« live als Sprecher mitwirken und einen Beitrag lesen, was für mich gar nicht so einfach war, denn ich hatte noch nie im Funk live gesprochen, aber so habe ich eine Menge gelernt, mir alle Finessen bei den routinierteren Kollegen abgeguckt, gelernt, daß man nicht »Tach«, sondern »Taak« sagt, und nicht »Könik«, sondern »Könich«, weil es zwei Silben sind, und so was alles habe ich da gelernt, auch wie man eine Räuspertaste bedient und daß man, wenn die mit anwesenden Kollegen Grimassen schneiden, dennoch nicht lacht, oder vielleicht doch, aber dann rasch die Räuspertaste drückt, und zu Hause saß meine Marianne ängstlich und nervös am Lautsprecher und freute sich, wenn ich mich nicht versprach, denn es ging um wöchentlich 30 Mark, das waren im Monat 120 Mark, und außerdem man ging jede Woche einmal hin, trank auch schon mal einen Kaffee in der Kantine und lernte neue Kollegen und Regisseure kennen, die mich zwischendurch ebenfalls beschäftigten, meist als Erzähler bei Hörbildern. Und eines Tages ging ich in diesem Haus als freier fester Mitarbeiter aus und ein, durfte eigene Sendungen schreiben und hatte einen ganz festen Platz unter den vielen Sprechern und Sprecherinnen. Roland H. Wiegenstein holte mich als Sprecher, Elmar Schulte immer dann, wenn er eine spezielle Rolle hatte, von der er meinte, daß nur ich das könne, und Hans Simon tobte sich bei mir als Regisseur aus, dirigierte hinter der Scheibe wie Furtwängler, und Karl Petry war die rheinische Großmut in persona und ließ mich sprechen und laufen, wohin ich wollte, und Werner Hanfgarn, einer meiner besten Freunde, zog mich immer ganz behutsam, wie an einem seidenen Faden, durch das Manuskript und sagte nur manchmal am Schluß, hier hätte ich vielleicht, oder da hätte man auch, aber laß man, es war schon gut so, und das kam immer so aus einem tiefen Wissen, daß alles nicht so wichtig war und daß wir genug gearbeitet hatten, und das ist wahr, wir waren allesamt sehr unermüdlich, um nicht dieses schreckliche Wort »fleißig« zu benutzen, es klingt so gemein pädagogisch, aber wir waren schon sehr bei der Sache, und wir mußten ja auch Kontinuität herstellen. Wir hatten ja keine Stelle, keinen Posten, keinen festen Boden unter den Füßen, den die Eltern ja immer so liebten, wir mußten uns mit unserer Phantasie aus dem Nichts herausziehen, uns konnte kein Feierabend interessieren, bei uns mußten Leben und Arbeit ständig eins sein, der Tag ging in den Abend, und der Abend ging in die Nacht, und wir probten um 3.00 Uhr nachts immer noch im oft ungeheizten Lesesaal der Volkshochschule im Haus am Dom den »Gruftwächter« von Franz Kafka. Aber eigentlich wollte ich Ihnen ja die Reise nach Baden-Baden erzählen, wo ich Guy Walter mein Repertoire vorspielen sollte, und das erzähle ich jetzt auch, sonst komme ich ganz durcheinander, was ja nicht schlimm ist, aber dramaturgisch vielleicht ungerecht. Ich nahm alle Teile meines Herzens zusammen, klemmte mir mein schmales Werk unter den Arm

und fuhr nach Baden-Baden, wo ich oben auf dem Hügel, im Tannenhof oder im Haus Elisabeth in einem Studio mich an einen schönen großen Flügel setzte und wie Kraut und Rüben alle meine »Produkte« herunterspielte, aufgeregt und ängstlich, was wohl dabei herauskommen würde. Guy Walter sah genauso aus, wie er sprach, schlank, zart und sanft, Berliner Jude, nach Paris emigriert, hatte sich dort zum Teil als Straßensänger durchgeschlagen, kam dann mit den französischen Kulturoffizieren nach dem Krieg nach Baden-Baden, um dort den Südwestfunk aufzubauen, war der Kabarettkenner und -fachmann, kannte Gott und die Welt und alle internationalen Diseusen, auch die ältesten, und hatte eine Nase und ein Auge für junge Leute, ganz junge, die gerade leise und schüchtern anfingen, die Kabarettbühne zu betreten, so wie ich. Er war immer die Liebenswürdigkeit in Person, wußte die Widersprüche gut auseinanderzuhalten, kam aus der alten Schule der Höflichkeit, fragte jeden nach seinen Sorgen und hatte es selbst oft nicht leicht mit seinen Freunden, war ein Hotelmensch, lebte mit seiner Mama zusammen, der Vater, der ihn noch in Berlin zu Rudolf Nelson gebracht hatte, lebte nicht mehr, und seine runden Geburtstage, so im Hotel Bristol in Baden-Baden, im Hotel Rose in Wiesbaden, sind immer Künstlerfamilienfeste, und wenn irgendwo bei einer Produktion sein Name fällt, strahlt alles und sagt:
Ja, der Guy, das waren ja auch noch Zeiten.
Er war später oft das linke Feigenblatt des Südwestfunks, obwohl er kein Linker war, so was wollte er gar nicht sein, konnte er auch nicht sein, er lebte immer noch in seiner Max-Hansen- und Greta-Keller-Welt, und daneben setzte er sich für die junge Avantgarde ein, auch wenn ihm nicht alles zusagte, aber das war eben der Guy, jedem seine Art und Weise zu lassen, aber doch alle an einen Tisch zu bekommen. Heute, einundachtzig Jahre alt, aber immer den Hut noch etwas schräg nach hinten auf, lebt er in München in der Falckenbergstraße, und alle, die ihn sehen, sagen:
Guten Morgen, Herr Walter, wie geht es Ihnen, Herr Walter, haben Sie gut geschlafen, Herr Walter, und einen schönen Tag noch, Herr Walter.
Und wenn ich in der »Münchner Lach- und Schießgesellschaft« spiele, kommt er immer in die Premiere, manchmal mit seinem Schulfreund Hannes Burger, oder er sitzt neben dem von mir so sehr verehrten Hans Abich, mit dem Helmut Rüge und ich mal eine Zeitlang beim Bayerischen Fernsehen die »Deutsche Eiche« gemacht haben, aber nur eine Zeitlang,

und der Guy freut sich, ganz besonders wohl auch, wenn er sieht, daß seine damaligen Investitionen nicht umsonst waren, und ich bin dann froh, daß ich ihn nicht enttäuscht habe. *Nun,* sagte damals, nach meinem Vorspiel in Baden-Baden, Guy Walter, er lud mich zu einem Käseschnittchen ein, *nun, mein Lieber,* wir waren damals noch per Sie,
ich könnte zwar einen Assistenten gebrauchen, aber das ist nichts für Sie, da müssen Sie doch nur Bleistifte spitzen und Kaffee besorgen, nein, Sie müssen produzieren, Sie müssen Texte und Lieder schreiben, und Sie schreiben mir ab jetzt jeden Monat drei Titel, egal ob Lied, Gedicht oder Geschichte, und Sie bekommen dafür vom Südwestfunk pro Titel 50 Mark, das sind zusammen 150 Mark, dann haben Sie schon mal die Miete und die Heizung.
Dies war ein denkwürdiges Gespräch, und mein Herz hüpfte, und ich bin auch sicherlich ganz rot geworden, und ich konnte es nicht abwarten, bis ich zu Hause ankam, der Marianne um den Hals fiel und ein übers andere Mal *gerettet* sagte, *gerettet,* denn so waren die Verhältnisse damals. Und ich schrieb dann jeden Monat, wie abgemacht, drei Titel, mein Repertoire wuchs, mal waren es zwei Lieder und ein Gedicht, dann waren es nur drei Texte, aber am Anfang meistens mehr Lieder. Die Aufnahmen wurden in der »Laube« gemacht, das war ein zusätzlich gemietetes Studio vom Südwestfunk in Baden-Oos, dort probte auch oft Karl-Friedrich Hohmann mit dem Tanzorchester des Südwestfunks, und ich lernte alle möglichen Leute kennen, den Klaus Überall, und wie hieß der kleine, flinke Orchesterdiener, der sich aber auch immer um alles kümmern mußte, wenn bei den Musikern etwas los war, Krimling hieß er. Dort machten wir unsere monatlichen Aufnahmen, und der Guy brachte mir so ganz allmählich den gekonnten Umgang mit einem Mikrophon bei. Ich lernte, daß man zwei Refrains nicht gleich heftig nacheinander singt, sondern mal fest und mal leicht, und er brachte mir Pausen bei und besondere Betonungen und überhaupt, wie man aus dem Mikrophon eine Person macht, und es war immer eine aufregende Sache. Und wenn die Aufnahmen beendet waren, spielte der Guy mir oft noch andere Sachen vor, Blandine Ebinger, Paul Schneider-Duncker oder Iska Geri und Ursula Herking, und eines Tages mußte ich Zwischentexte für eine solche Zusammenstellung schreiben und die Sendung dann auch moderieren, so kam wieder was dazu, und eines Tages sagte der Guy, wenn die Titel, die ich schrieb, besonders gut ausfielen, bekäme ich 80 Mark dafür, und eines Tages sagte

er, ach was, die Lieder und Texte sind alle gut, jetzt gibts für jeden Titel 80 Mark, und die 240 Mark wurden eines Tages pauschal auf 250 Mark aufgerundet, und das hat er bis 1955 so gemacht. Jeden Monat fuhr ich nach Baden-Baden, übernachtete in der »Pension Vollmer«, oben auf der linken Seite der Sophienstraße, Übernachtung mit Frühstück 4,50 Mark, und einmal, das muß ich erzählen, da machten wir unsere Aufnahmen schon im neu gebauten UKO, Unterhaltungskomplex, schreckliches Wort, wo heute Klaus Langer immer noch mit großem Erfolg sein Südwestfunk-Studiobrettl macht, und ich sollte am nächsten Tag um 14.00 Uhr noch was zusätzlich lesen, irgendeine Glosse, eine dreiviertel Seite lang, und ich war in der Nacht davor wieder einmal unterwegs gewesen und schließlich im »Maxim« gelandet, wo sonst, und stieß dort auf einen fröhlichen Verein von trinkfesten Südwestfunk-Menschen, und es wurde nicht auf die Uhr geguckt, ich mußte ja erst am nächsten Nachmittag um 14.00 Uhr ins Studio, also kein Grund zur Aufregung, im Gegenteil, es darf getrunken werden, und so war es dann auch, und als das »Maxim« Schluß machte und die Mädchen auch schon alle weg waren, da stiegen wir, schon nicht mehr wissend, wo wir überhaupt waren, aber das ist ja das Schöne, da stiegen wir in zwei Autos und fuhren kreuz und quer durch Baden-Baden, alles schlief noch oder stand gerade auf, da fuhren wir in einem rasanten Tempo, immer ein Auto dicht hinter dem anderen, durch Gassen und Gäßchen, hielten auf einmal, alles fiel nach vorne, mit dem Halt hatte niemand mehr gerechnet, na schön, und dann gingen wir durch einen langen Gang, und am Ende dieses schmalen Ganges war eine elektrische Kegelbahn, und da wollten wir hin, und die Kegel, wenn wir sie überhaupt erwischten, standen immer wieder von alleine auf, und die Gesetze waren so, der Letzte mußte eine Runde Gulasch mit Brot bezahlen, und der Vorletzte eine Runde Bier, aus so halben dicken Gläsern, so Glasbecher, aus denen man eigentlich kein Bier trinken sollte, diskutierten wir, sollte man eigentlich zurückgehen lassen, aber sie werden in ganz Deutschland benutzt, das heißt, die Menschen wissen gar nicht, aus welchen Gläsern sie trinken, wie sollen sie dann wissen, wie die Welt zu retten ist, das war unser Thema, und zwischendurch aßen wir Gulasch mit Brot und waren ausgesprochen fidele, aber verlorene Leute, keiner guckte auf die Uhr, und als wir aus dem Haus schwankten, tobte draußen schon das Leben auf Baden-Badener Art, also kann es nicht soviel getobt haben, aber es war halb zehn, und in der »Pension Vollmer« lief schon das Frühstück auf vollen Touren, aber ich hab mich verschämt gleich die Treppe raufgeschlichen, mich sofort, Jacke aus, Schuhe aus, Hemd auf, aufs Bett geworfen, extra das Licht angelassen, um mich nur mal so ein bißchen zu entspannen, und schlief natürlich sofort bis in alle Meerestiefen ein, denn ich hatte ja noch so viel Zeit, und der Südwestfunk war ja noch so weit weg, und in meinem Kopf kreiste die Erde, meine Augen hatten Kirmes, und das hab ich oft in meinem Leben erlebt, daß die Augen, obwohl geschlossen, Karussell fahren und die Erde dreht sich entgegengesetzt, und wenn man dann die Augen aufmacht, ist man froh, daß man liegt, und macht die Augen schnell wieder zu. Menschen, die viel nachts unterwegs sind, wissen das ja, aber genauso war es, als ich am Morgen nach dieser Baden-Badener Nacht auf meinem Bett in meinem kleinen Zimmer in der »Pension Vollmer«, am Ende der Sophienstraße, lag. Und als es plötzlich klopfte und ich ja sagte, hörte ich, wie die Frau Vollmer von draußen und von weitem sprach, Herr Hüsch, es tut mir leid, aber der Klempner ist gerade im Haus, und wir müßten dringend etwas am Spülstein, vielmehr am Wasserhahn in Ihrem Zimmer reparieren, ob es mir wohl was ausmache, aber gar nicht, Frau Vollmer, wie sollte ich, und ich sprang auf, machte die Tür auf, ließ den Klempner herein und warf mich gleich wieder aufs Bett und sagte, reparieren Sie nur, machen Sie, was Sie wollen, und schlief wieder ein. Nun hatte aber die Frau Vollmer doch wohl was vergessen, und das muß ihr noch auf dem Treppenende unten eingefallen sein, denn sie klopfte kurz darauf wieder an meiner Tür und sagte:

Herr Hüsch, und dann hat der Südwestfunk angerufen, wo Sie denn blieben???

Ich kann nicht mehr genau sagen, wie ich in dieser Sekunde ausgesehen habe, ich weiß nur, daß ich gleich senkrecht im Bett saß, und sofort, Meine Damen und Herren, sagte, um meine Zunge zu überprüfen, ich sage immer Meine Damen und Herren, wenn ich wissen will, mit wieviel L ich spreche, es waren zu dieser Baden-Badener Stunde wohl an die drei L, und wie ich die Treppe, dann die Sophienstraße runter und hinein in den Bus gekommen bin, weiß ich nicht mehr, ich fror etwas, obwohl mein Hemd schon klatschnaß war, ich überprüfte ständig auf dem Perron des Busses meine Zunge, aber es blieb eine Katastrophe, ich eilte von der

Fremersbergstraße, so heißt die, glaube ich, den langen Weg hinauf zum Unterhaltungskomplex, lief völlig ohne Atem an Musikern vorbei, die gerade eine Aufnahmepause machten und rauchend und lachend in den Gängen standen und mich und meine Lage natürlich völlig durchschauten und deshalb noch mehr lachten, direkt in das Studio 3, setzte mich gleich an den Sprechertisch, dort lag schon wie üblich das Manuskript, und wartete auf eine Anweisung von Guy Walter, der ganz ruhig hinter der Scheibe vom Regieraum saß, und ich wußte, das kann nicht gutgehen, und als dann die Aufnahme begann, sagte der Guy schon nach wenigen Worten: *Da war eine kleine Unsauberkeit, wir gehen noch mal zurück,* und der Schweiß auf meiner Stirn machte die Sache noch peinlicher, denn das war wirklich ein Text, für den ich sonst insgesamt vielleicht drei Minuten gebraucht hätte, aber da der Guy fast in jeder Zeile eine kleine Unsauberkeit entdeckte, wohl auch als kleine Strafarbeit, dauerte die ganze Kunst über dreißig Minuten, wobei der Guy vollkommen ruhig blieb, andere Regisseure wären schon längst nach Hause gegangen oder hätten umbesetzt oder hätten geschrien und getobt, nicht so der Guy, der Guy hatte sich die infamste Art ausgesucht, mich zu bestrafen, er sagte nichts, kam nur, als wir fertig waren, ins Studio und sagte sehr eindringlich:
Das wollen wir nie wieder tun!
Dieser Satz wurde in Kleinkunstkreisen zum geflügelten Wort, und ich habe es auch nicht wieder getan, wenigstens bei Guy Walter nicht, und als Pointe obendrein schickte er am Heiligen Abend einen ganzen Kasten Bier. Bis 1955 fuhr ich Monat für Monat nach Baden-Baden, lernte viele Leute kennen, Willi Schaeffers mit seiner jungen Frau Traute, er lud mich später zu seinem Geburtstag ein, und ich sollte gleichsam als Geburtstagsgeschenk in einer illustren Runde in Berlin in der Villa seines Sohnes Peter auftreten. Es war eine Katastrophe. Ich hatte meinen einzigen dunkelbraunen Zweireiher angezogen, hätte aber doch wohl im Smoking kommen müssen, brachte ein paar gute rheinhessische Weine mit und sollte nun an einem schönen großen Flügel eine halbe Stunde lang meine eigenen Werke vortragen, so hatte es sich Willi Schaefers gewünscht, und so spielte ich denn auch meine Liedchen und Sprechgesänge nach bestem Vermögen und Gewissen den Herrschaften vor, aber es gab keinen Lacher und keinen Applaus, Victor de Kowa saß mit seiner Japanerin stocksteif da, und wenn Peter Kreuder nicht nach einer kurzen Pause am Schluß

aufgesprungen wäre und mit dem Sektglas in der Hand und mir zuprostend gerufen hätte:
Das Kabarett ist tot, es lebe das Kabarett!,
wäre ich wohl nie wieder nach Berlin gegangen, der Stadt, in der ja so viel Herz mit Schnauze rumlaufen soll, aber oft muß man auch sehr danach suchen. Gott sei Dank zog mich nach diesem völlig danebengegangenen Auftritt dann der alte Rowohlt in ein Gespräch ein und versuchte mich ein wenig zu trösten, so daß ich doch nicht als ganz geschundener Komiker diese feine Runde verlassen mußte. Nun ja, es gibt Schlimmeres, und wer sich in die Öffentlichkeit begibt, kommt darin um, sage ich immer. Schwamm drüber. Ich lernte Dirks Paulun, Trude Hesterberg und Robert T. Odeman kennen, ich traf zum erstenmal beim Guy in Baden-Baden Kay und Lore Lorentz, sie kauften mir einige Texte ab, ich konnte das Geld gut gebrauchen, und die Lorentzens nahmen uns, meine Frau und mich, auf der Rückfahrt mit dem Auto mit, welch ein siebter Himmel, wir armen Kinder wurden von Kay und Lore Lorentz im Auto mitgenommen, aber das hatte alles der Guy eingefädelt, und er zog auch mit den Aufnahmen, die er mit mir gemacht hatte, im Köfferchen von Sender zu Sender und sagte überall, jetzt müßt ihr für den Jungen auch mal was tun. Und sie taten, und ich machte plötzlich meine ersten Aufnahmen bei A.C. Weiland im Saarländischen Rundfunk, oder Peter Kottmann und Heinz Schröter holten mich zum Westdeutschen Rundfunk nach Köln, und es ergaben sich Querverbindungen. Kollegen und Redakteure, mit denen ich noch heute sehr befreundet bin, Wolfgang Pahde, Hilmar Bachor und Wolfgang Drescher zum Beispiel, haben alle bei Guy Walter angefangen, Rundfunk zu lernen. Und 1955 sagte der Guy zu mir, er könne nun für mich nichts mehr tun, jetzt müsse ich alleine fliegen, und er hätte auch noch ein paar andere Kinder zu betreuen. Aber als er dann später zusammen mit Gert Mechoff zum ZDF nach Mainz ging und dort die Abteilung Unterhaltung römisch III, Kabarett, Trickfilm und Puppenspiel, leitete, liefen meine ersten ZDF-Aufnahmen auch über Guy Walter, und wenn das nicht der Fall war, dann sahen wir uns von Zeit zu Zeit in Wiesbaden, im »Hotel Rose«, in dem er mit seiner Mama wohnte, und dann lud er zu einer Suppe ein, so stand es jedesmal auf der Einladung, Guy Walter erlaubt sich, Sie und Ihre Gattin zu einer Suppe zu bitten, und wenn man dann dahin kam, gab es natürlich ein Essen mit allem Vor und Zurück

und Drum und Dran. Das war für mich immer eine Lehrstunde in Kommunikation und Konversation, und der Guy machte aus uns allen immer eine Familie, und wer sich noch so fremd war, kannte sich auf einmal, und jeder fragte jeden, wie es ihm gehe, was er im Augenblick mache, wo die Kinder zur Zeit wären, und ob denn alle gesund seien. Am Anfang war das immer etwas komisch für mich, aber meine Frau Marianne hat mir dann beigebracht, daß mir davon so einiges fehle, und ich solle schön zusehen und zuhören. Heute, niemand hält mich für einen Konservativen, aber ich denke oft an diese menschenfreundlichen Augenblicke, an denen nur der Guy schuld war, und dafür haben sehr viele ihm sehr viel zu danken. Die Baden-Badener Zeit war für mich eine gute und eine wichtige Zeit, wenn sie auch der Anfang meines Nomadenlebens war, aber sie mußte so sein, und so hab ich denn oft in Baden-Baden im Wartesaal gesessen oder im Wartesaal von Baden-Oos und hab über alles nachgedacht, vieles im Wartesaal geschrieben, Leute beobachtet, Nachtschattengewächse, genau wie ich. Den Wartesaal von Mannheim hab ich damals ganz besonders oft gesehen, weil späte Züge nicht weiterfuhren, und der nächste Zug nach Mainz erst morgens um 4.00 Uhr wieder ging, also Kartoffelsalat mit Würstchen, Kännchen Kaffee, Overstolz ohne Filter, fünfzig Stück am Tag mindestens, und dann zwischen Fahrgästen, Nachtschwärmern, undurchsichtigen Typen und durchsichtigen Mädchen, Stammgästen und Laufpublikum, das aus der Stadt in den Wartesaal kam, um Kumpane zu treffen. Kellner mit Kennerblick zwinkerten mir immer zu, als wollten sie sagen, wir kennen unsere Pappenheimer, nicht wahr, aber in Wahrheit war auch ich für sie nur eine komische Type, von der sie nicht recht wußten, ob ich Pfarrer oder Tellerdreher sei. Manchmal bin ich auch in München oder Hamburg in die Wartesäle gegangen, weil ich mich in die Restaurants nicht hineingetraut habe, aber ein Wartesaal hat was Neutrales, ist klassenlos, gesellschaftslos, zeitlos, und dann bekommt man auch dort zu allen Zeiten was zu essen und zu trinken, wenn man Leib und Seele zusammenhalten muß, und dann ist ja ein Wartesaal auch manchmal Gott sei Dank so groß, daß man immer noch einen Platz in der Ecke findet und ganz für sich sein kann. Auch in Köln habe ich oft in dem alten Wartesaal gesessen und meine Erbsensuppe gelöffelt, wenn ich Zeit hatte. Heute gehe ich mit Freundin und Künstlerfreunden oft in den neuen Alten Wartesaal und denke oft an die Zeit, in der ich anfing, ein entsprungener Mönch zu sein und wo ich meine Siebensachen dann hinten links die große Treppe raufschleppte, um zu den Zügen zu gelangen, die mich nach Mainz oder Hamburg brachten. Ich bin auch einmal im Wartesaal von Karlsruhe so elend untergekommen, nachdem mich zwei leichte polnische Mädchen im »Café Wien« derartig ausgenommen hatten, daß ich nur noch meine Fahrkarte hatte, zu Fuß zum Bahnhof humpelte und gerade noch in einer anderen Tasche so viel Kleingeld fand, daß ich mir noch einen Kaffee leistete, und nun da saß, aber nichts bereute, nicht, weil ich selbst daran schuld war, sondern das war meine Nacht und mein Morgen, und das war ich. Das waren diese verflucht schönen Nächte, die ich von Zeit zu Zeit brauchte und die mir auch schlußendlich nichts anhaben konnten. Aber ich habe in diesen Nächten die schönsten und die habgierigsten Frauen gesehn, die laszivsten und die scheuesten, die großkotzigsten Männer und die kleinsten Kinder, die ärmsten Schweine und die reichsten Liebhaber, die intelligentesten Bardamen und die dümmsten Stripteasetänzerinnen, die raffiniertesten Portiers und die romantischsten Pianisten, die betäubtesten Trunkenbolde und die nüchternsten Geschäftsleute, die aber morgens zwischen vier und fünf vom lieben Gott und ihrer Frau erzählten, und eins muß ich noch sagen, ich habe das alles nicht »studienhalber« gemacht, denn ich gehörte selbst wirklich und wahrhaftig immer wieder zu diesem verlorenen Haufen, der sich am nächsten Tag kaum noch kennt, sich aber auf einmal nach Wochen plötzlich wiedersieht, in einem anderen Nachtclub. »Sie kommen als Gast und gehen als Freund«, und die ganze Geschichte geht wieder los. Aber ein Wartesaal gehört eben sehr oft dazu, dort kann man dann reflektieren, sich in Frage stellen, das Leben wieder fortsetzen, die Welt nimmt einen wieder auf,

man kehrt heim zu Tisch und Brot,
der Rausch verfliegt,
die Demut siegt,
die Masken sind gefallen,
bei allen,
doch größer wär des Menschen Not,
wär nicht ein Gott,
der müde mit uns allen.

Diese letzten Verszeilen hab ich mal für eine Laienpredigt zum Aschermittwoch im Südwestfunk gesprochen. Es gab da einige Leute, die meinten herausgehört zu haben, daß ich auch solche Dinge könne, und sie gaben mir den Auftrag, zum Aschermittwoch eine Laienpredigt zu schreiben und sie auch zum Ausklang des Karnevalsdienstags zu halten. Das war mein erster Auftritt als Prediger, und das habe ich gern gemacht, weil ich wußte, ich kann das, besonders am Aschermittwoch. Ich war nicht umsonst nach Mainz gekommen, das wußte ich plötzlich auch. Ich durfte, als Protestant, preußischen Puritanismus mit 2000jähriger Lebensklugheit verbinden, Lebenslust und Lebensverlust. Ich lief eines Tages sogar dem Rosenmontagszug nach, römisch-rheinisch-atlantisch, wie ich immer sage, und es hat mir nicht geschadet, und ich habe versucht, all diese wundersamen Widersprüche und Sprünge in meine kleine Seele hineinzustopfen, auf daß sich alles mischt und kein Urteil, geschweige denn ein Vorurteil, übrigbleibt. Und es waren eben nicht München oder Köln, Hamburg oder Berlin, sondern ich war nur ein bißchen rheinaufwärts gezogen, mitten in dieses Mischobst-Völkchen hinein, und Mainz war die Zentrale dieser durchraßten Gesellschaft. Eigentlich müßten ihn die Mainzer ehren, den Rudolf Jürgen Bartsch, meinen lebenslangen Freund, nicht nur weil er viel nachgedacht über die große Kleinstadt Mainz, hingeguckt und nachgesehen, immer wieder Kern und Kruste dieser Stadt besprochen und beschrieben hat, sondern auch, was die Jungen, die heute ins »Unterhaus« eilen, gar nicht wissen können, weil er 1950 den »Zimmerspielkreis Mainz« gründete, daraus dann das »Mainzer Zimmertheater« schuf, das in den 50er Jahren neben den Städtischen Bühnen, dem sogenannten Großen Haus, in dem man ungern experimentierte, zum bedeutenden Treffpunkt für das politisch-literarisch interessierte, fortschrittliche Bürgertum wurde. Eines Vormittags kam er zu uns, nach Weisenau, stieg die schmale Treppe hinan bis dicht unters Dach, denn da wohnten wir nun in zwei winzigen Stübchen mit schrägen Wänden, primitiv, aber lustig, dürftig, aber dichtend. Wer durch unsere Tür kam, stand direkt im Kinderbett, und eine Direktrice vom Modehaus Kleebach, die mich für die Ansage einer Modenschau verpflichten wollte, weil Otto Höpfner krank geworden war, fiel auch prompt in Ohnmacht, das hatte sie sich nicht vorstellen können, daß der Hüsch in solchen Verhältnissen lebt, ich hab dann die Modenschau doch gemacht, es war grausam, aber ich brauchte das Geld, Und Rudolf Jürgen Bartsch kam und setzte sich an das wacklige Küchentischchen und trug mir eine neue Idee vor, nämlich Theater zu machen, zu spielen, im Zimmer, auf drei zusammensetzbaren und wieder auseinandernehmbaren, der jeweiligen Inszenierung entsprechenden Podesten im Haus am Dom, am Liebfrauenplatz. Dort gab es einen Lesesaal der Volkshochschule, der auch, vor allem im Winter, als Aufenthaltsraum und Wärmehalle für alte Leute zur Verfügung stand. Und ich machte mit, denn ich wußte, hier gibts was zu lernen, bei Bartsch gibts was zu erforschen und zu erfahren. Wir kannten uns ja schon seit 1947, hatten zusammen Kabarett gemacht, Bartsch schrieb mit mir und Klippel die Texte und Lieder und führte abwechselnd mit Klippel und Klaus Martin Meyer Regie. Er war ein Initiator. Ich brauchte so einen Freund, denn dann kann ich arbeiten. Wir eröffneten die »Zimmerspiele« mit Kafkas Fragment »Der Gruftwächter«. Mit dabei waren Bartsch selbst, abwechselnd Werner Hanfgarn und Nobby Bindseil, und die eigenartig reizvolle Elisabeth Wagner, leicht vollschlank, aber gewiß nicht ohne. Mehr weiß ich nicht. Ich mußte als achtzigjähriger Gruftwächter auf den Knien um die fürstliche Familiengruft herumrutschen und hatte in einer Ecke des Lesesaals visionär den Herzog Friedrich zu sehen. In dieser Ecke stand ein alter Ofen. Wir probierten nun so lange, bis dieser Ofen in meinen Augen zum Herzog Friedrich geworden war. Bartsch kannte meine Möglichkeiten und meine Grenzen. Wir waren alle keine »richtigen Schauspieler«, wir waren rasende Amateure, aber wir verstanden es, Atmosphäre herzustellen, weil wir die Sprache liebten, und mit der Sprache kamen wir auf den Gedanken, die Sprache formt den Gedanken, steht, glaube ich, bei Karl Kraus, und wir sprachen, dachten, fühlten so lange, bis der Ausdruck stimmte. Dies habe ich regelrecht oder regelwidrig, ohne Schauspielunterricht und Sprechschule, damals bei und von Bartsch gelernt. Und nur so bin ich mir auch langsam meiner Möglichkeiten, auch was meine Kabarettarbeit betraf, bewußtgeworden. Bart-schens Vorliebe für das literarische Theater, seine Lust, Tardieu und lonesco vorzustellen, sein Mut, den Mainzern schon früh Samuel Beckett zu präsentieren, entsprach auch meiner rigorosen Liebe für die Avantgarde. Wilder und Wittlinger, Dürrenmatt und Frisch spielten wir schon wie gestandene Mimen. Aber alles wäre ohne Bartschens Autorität und Integrationsgabe, ohne seinen unermüdlichen persönlichen Einsatz nicht möglich gewesen. So fielen oft Arbeit und Leben zusammen. Und unsere tapferen Frauen warteten so manche Stunde, bis ihre »Künstler«

nach Hause kamen, müde und ohne Reichtum, aber vollgestopft mit Phantasie und Vorfreude auf die nächste Premiere. Auch das über Mainz hinaus berühmt gewordene Programm »Weihnachts-Männer machen Geschicht'n«, ein kritisches Oratorium für Soli, Chor und Reißnagelklavier, das wir von 1953 bis 1960 alljährlich mit neuen Texten und Musiken spielten, zuerst noch im Haus am Dom, ab 1956 dann in der »Arche Nova«, Mittlere Bleiche 8 1/10, war eine Bartsch-Idee. Auseinandersetzungsfreudigkeit und die immerwährende Suche nach neuen Formen verließen ihn nie. Er schuf mir gewissermaßen immer das Feld, auf dem ich mit meinen Talenten wachsen, wuchern und gedeihen konnte. Natürlich gab es auch Meinungsverschiedenheiten, aber wir redeten meist so lange drum herum, bis wir uns wieder einig waren. Natürlich gab es auch Verstimmungen. Ich versuchte einmal mit einem fremden Ensemble ein neues »Arche Nova«-Programm zu erarbeiten. Prompt gings daneben. Aber wir hatten schon so viel gemeinsam erlebt, daß uns Intermezzi dieser Art nicht auseinanderbringen konnten. Und über das, worüber wir uns einfach nicht einigen konnten, lachten wir meist. Ich schrieb 1974 in einem Chanson die Zeile »... bis die Erde Heimat ist für alle Welt«. Er meinte, das sei doch nun wirklich eine Blut-und-Boden-Sprache, die er gerade mir nicht abnehme. Ich konnte ihm nicht klarmachen, daß ich »Heimat« hier einmal anders sah und hörte, weiß Gott nicht als Nazi-Ackerkrume. Aber deshalb lieb ich ihn nicht weniger. Auch nicht, als er mir einmal, nach einer gemeinsamen Hörfunkproduktion, sagte, ich hätte wohl labial nicht meinen besten Tag gehabt, und er hatte recht, und sofort denke ich dann an den alten Lesesaal in Mainz im Haus am Dom, mit dem alten Ofen, an den Herzog Friedrich denke ich, an meine ersten Versuche als Sprachspieler. Rudolf Jürgen Bartsch hat dann mit seiner Familie 1960 Mainz verlassen, ist nach Köln gezogen, um dort die Bühnenabteilung beim Verlag Kiepenheuer & Witsch zu übernehmen und zu leiten, und lebt heute in Köln-Rodenkirchen als freier Schriftsteller, als Lyriker und Romancier, als Autor für Hörfunk- und Fernsehsendungen und als Schauspieler und Regisseur. Einige Monate nach seinem Weggang von Mainz habe ich mir tatsächlich lange überlegt, ebenfalls nach Köln zu gehen, wahrscheinlich weil ich nicht einsehen wollte, daß ein ganz besonderes Kapitel zu Ende gegangen war. Nun, heute lebe ich in Köln, und Bartsch ist auch der einzige Freund geblieben, bei dem es mir bei gelegentlichen Telefonaten passiert, wenn wir uns erinnern, wenn wir Verwundungen austauschen und Ratschläge wechseln, daß mich alles wundersam zugleich bewegt und erschüttert und dankbar stimmt, mich, der ich zuweilen so flüchtig und undankbar sein kann, denn immer sind sie da, »die Bartschens«, oft die ganze Familie, wenn es um Premieren und Ehrungen, aber auch um Zweifel und Kummer geht. Und das alles hat in Mainz angefangen, in der Stadt, in der wir unsere verlorene Jugend nachzuholen versuchten. Wir waren inzwischen aus der schönen Wohnung in dem schönen alleinstehenden Haus in Weisenau in der Moritzstraße ausgezogen, weil wir ausziehen mußten, denn Peter und Wally Zimmer kamen aus Brüssel eher zurück als geplant und wollten natürlich jetzt wieder in ihre schöne Wohnung, klar, aber für uns war das schwierig, innerhalb von zwei, drei Tagen was Neues zu finden, und die Marianne ging schon immer gebückter, denn die kleine Anna lag ganz schön und ganz genau auf dem sogenannten Ischiasnerv, und jetzt keine Wohnung, aber es half alles nichts, wir packten unsere Siebensachen auf einen Leiterwagen und begannen den großen Treck, als hätte Richard Widmark viele Familien von Fort Laramie nach Dodge City zu führen. Wer in Mainz-Weisenau schon mal am Rhein entlangfährt, und wenn er dann aus der Stadt kommt und schon mal dabei nach rechts raufguckt, der sieht auch schon mal so ein großes kasernenartiges Haus, und dieses große Haus heißt »Rheinisch«, ganz einfach »Rheinisch«, die wohnen in der »Rheinisch« sagt man, und da haben wir dann auch gewohnt, und zwar, da gabs eine Familie Boschat, die hatten eine Küche, zwei Zimmer und ein Bad, konnten aber die Miete nicht allein so mir nichts, dir nichts zahlen und waren geradezu froh, daß wir kamen und ihnen ein Zimmer abnahmen, für 30 Mark, allerdings ohne fließend Wasser, und Bad und Klo übern Flur, und ohne Heizung, einfach nur ein Raum mit Fußboden, Dach und vier Wänden, und wir nahmen das Zimmer, denn wir brauchten eine Herberge, denn wir waren ja schon zweieinhalb, und so was geht ja dann schnell. Und die Boschats waren froh, daß jetzt noch jemand neben ihnen lebte, und die Mathilde Boschat war eine gute Zeichnerin, und er war ein Phantast, gab alle fünf Minuten seine Stellung auf und ging lieber zu dem kleinen Hafen und bastelte sich dort ein Motorboot zusammen, mit dem wir auch einmal sonntags gefahren sind, und sie hatten zwei Kinder, zwei Buben, einer war ganz schüchtern, trug eine

Brille und hieß Mathias, und der kleinere Bub war der kessere und bettelte immer im originalsten Meenzerisch Bonbons. Er hatte schon diesen leicht verwahrlosten Charme seines Vaters und hieß Bernhard. Und ein Mädchen hatten sie auch, die hätte ich beinahe vergessen, das war Mutters Kind. Ich weiß schon, ich werde viele Menschen übersehen, nicht vergessen, ich kann niemanden vergessen, sie haben nämlich alle zu meinem Leben beigetragen. Und auch dieses Zimmer ist eine Geschichte wert, die ich jetzt hier noch mal von mir selber abschreibe.

Aus diesem einen großen Zimmer, sagte die Frieda, *öh, wenn wir daraus zwei Zimmer machen, haben wir eine Zimmerflucht.*

Richtig, sagte ich, *aber du bist keine Prinzessin und ich kein Maharadscha, also lassen wir das mit der Flucht.*

In diesem großen einen Zimmer standen zwei Messingbetten, die waren geliehen, ein Herd, der war alt gekauft, und ein Kind, das war nicht alt gekauft. Das lag in einem Korb, der uns geschenkt worden war. Dann war da noch ein Kinderwagen, auch geschenkt, von Ewald Fischbach, und den Kinderwagen, den strich ich frisch an, und die Frieda sagte: *Wie neu!* Das einzige, was wir selbst erstanden hatten, waren das Kind, zwei Messer, zwei Gabeln, zwei Teller, zwei Tassen und zwei Löffel sowie ein Lautsprecher, mit dem wir mittels eines Drahtes durch die Wand Radio hörten, wenn unsere Nachbarn Radio hörten, und wenn die Radio hörten, dann meistens nur Operetten. Wir hörten sehr wenig Radio. Dann hatten wir noch eine Leine von links nach quer und von schräg nach rechts gespannt, durch das ganze Zimmer, und an dieser Leine hingen Windeln, von morgens früh bis abends spät. Und sogar in der Nacht. Wir hatten also, wenn man es genau überlegt: ein Kinderzimmer, ein Herrenzimmer, eine Küche, ein Wohnzimmer, ein Schlafzimmer, einen Rauchsalon und ein Musikzimmer. Und jedes Jahr kam ein Stück hinzu, eine Wurstschneidemaschine, ein Bräter, einmal zwei Küchenmesser, ein Waschkessel, bis nichts mehr in das Zimmer reinging und wir ausziehen mußten. Also, so schnell ging es natürlich nicht. Aber es war wirklich so, und der alte Ofen, der eigentlich ein alter Herd war und den wir mit dieser wäßrigen Schlammkohle heizten, gab gerade so viel her, daß unsere kleine Anna nicht ganz erfror. Und mit dem Rücken zu diesem Herd hab ich damals in zwei Nächten mein Programm »Nikolausige Zeiten« zu Ende geschrieben, mit dem Märchen vom Planeten »Terra«. Dann bekamen wir zwei Zimmer, eines Tages drei, und dann haben wir uns ein kleines Haus gekauft, und dann haben wir das Haus wieder verkauft und uns ein anderes dafür eingehandelt, und ich lebe jetzt in einem gemieteten Appartement, und die kleine Anna mit ihrem Mann Willi, ihrem Sohn Clemens Henry und der Schwiegermutter und den fünf Katzen und der Hündin Julchen, lebt in einem Fertighaus, das nie fertig wird, aber ich eile meinem Leben voraus. Das ist unhöflich, und wenn ich heute an dem großen kasernenartigen Haus auf der Rheinstraße in Weisenau vorbeifahre, gucke ich immer nach oben, egal, aus welcher Richtung ich komme, da ist das Fenster, und dahinter ist das Zimmer, und wer mag wohl jetzt da wohnen, es wird sicher inzwischen alles anders sein, aber natürlich, und du darfst nicht so viel an solche Dinge denken, aber da oben in dem Zimmer, da hab ich meine kleine Tochter auf den Bauchnabel geküßt und erlebt, wie sie immer wieder das Spinatbreichen mit einem großen Plopp erbrach, und das ganze kleine Gesichtchen war dann mit einer Spinatmaske zugedeckt, aber sie kicherte schon bald wieder und war überhaupt ein liebes Kind, nur wenn sie ihrer Mutter den letzten Tropfen Milch aus der Brust sog, dann biß sie manchmal um sich, daß meine Marianne aufschrie, und ich konnte nichts machen, ich konnte ihr immer nur meine Hand geben und sie bitten, die Hand zu zerquetschen, wenn es so weh tun würde, das hatten wir vorher immer bei ihren Regelschmerzen gemacht, dann ging diese Frau, die ich immer Mater Dolorosa nannte, mit den Fingernägeln in die Wand und konnte den Schmerz nicht aushalten, und dann gab ich ihr meine Hand, die hätte sie, glaube ich, verstümmeln können, es hätte mir nichts ausgemacht, wenn dadurch ihre Schmerzen besiegt worden wären. Unsere kleine Anna war eine Schläferin vor dem Herrn, hatte nur meine Füße geerbt, und wir mußten sie schon sehr früh in die Klinik, in die Orthopädie, bringen und sie dort immer zwei bis drei Tage lassen. Sie wurde genauso operiert wie ich, und wir haben sie einmal nach Süchteln gefahren, um von den Ärzten zu erfahren, ob sich inzwischen in der Behandlung dieser Füße irgend etwas geändert habe. Nein, sagten sie, sie ist in der Mainzer Orthopädie in guten Händen, und wir fuhren nach Mainz zurück und wurden das Leid nicht los, und wir mußten uns an die Wohlfahrt wenden, denn wir konnten die Operationen nicht selbst bezahlen, und dann haben uns ein befreundeter Kommilitone, Walter Busse, und vor allem seine Mutter sehr geholfen, so daß wenigstens die finanziellen Sorgen wegfielen. Aber wenn wir unsere Anna in die Klinik trugen und dann nach Hause gingen, waren wir nichts mehr wert, aber wir wußten, daß es gemacht werden mußte, je früher, desto besser, und wenn wir sie dann nach Hause mitnehmen konnten und das kleine Wesen noch aussah wie ein Engelchen mit Fieber, dann schlug unser Herz ganz laut und ganz deutlich, und alles um uns herum war verloren, war nicht da, und die kleinen Füße steckten in Gips, und da hab ich oft an meine Eltern gedacht, die ja die ganze Geschichte schon mal erlebt hatten und ich auch. Und so haben wir Jahr für Jahr hinter uns gebracht, Gott sei Dank war die letzte Operation schon mit fünf Jahren und nicht wie bei mir mit vierzehn Jahren, denn wir hatten eben sofort, und zwar mit drei Monaten, angefangen. Unsere Anna war ein Jahr alt, da erhielten wir in Weisenau eine andere Wohnung, zwei Zimmerchen ganz unterm Dach, eigentlich alles noch kleiner, aber es waren zwei Zimmer, also doch eine Flucht, schräge Wände zwar, aber fließend Wasser in der Küche, Kochgelegenheit, Klo allerdings auf dem Hof, ein Plumpsklo, Bad keins, aber zwei Zimmer, vierzig Mark, in der Bleichstraße, da wo der Weg abging nach Laubenheim, da wo die Bushaltestelle war, vielleicht ist sie jetzt auch noch da, das wäre schön, denn da gab es damals einen jungen Schaffner, der nahm einfach kein Geld von uns, es war nicht zu machen, und wenn ein Kontrolleur kam, steckte er uns rasch zwei Karten zu. Wir kannten ihn gar nicht näher, entweder sahen wir so arm aus, und er wollte uns gut, oder er wollte sein Spiel spielen, mal sehen, wie lange es gutgeht. Für uns war das manchmal gar nicht einfach, denn die anderen Fahrgäste mußten alle bezahlen oder ihre Wochen- und Monatskarten zeigen, nur wir saßen da immer wie zwei fremdländische Fahrgäste, die von nichts eine Ahnung haben, aber umsonst von Weisenau in die Stadt fahren dürfen. Auf einmal war der junge Schaffner nicht mehr zu sehen. Und wir mußten nun fleißig zahlen. Ob ihn der liebe Gott irgendwo anders eingesetzt hat? Ich habe manchmal so naive Vorstellungen. Oder aber er ist aufgefallen, und sie haben ihn rausgeschmissen. Dann sollte der liebe Gott erst recht was für ihn tun. Es ist lange her, und ich habe eine solche Geschichte nie mehr erlebt. Das Haus in der Bleichstraße in Weisenau, in das wir einzogen, direkt neben dem Lebensmittelgeschäft Dirion, war ein altes großes Haus mit einem ganz engen Treppenhaus, und wir mußten ganz schön steigen, bis wir oben angekommen waren. Aber wir hatten das Gefühl, eine Stufe komfortabler zu wohnen als bisher. In der Küche stand das Kinderbett, und nebenan im »Wohn-, Schlaf- und Arbeitszimmer« stand unser Bett, vielmehr es war ein Bettgestell mit Matratze drauf, Decke drüber, wunderschön. Später bekamen wir noch einen Nierentisch, und weil ich etwas von meiner Tante Liese geerbt hatte, 2300 Mark, damals ein Vermögen, kauften wir uns ein Radio, ein ganz feines, so mit einem magischen grünen Auge, wegen der Feineinstellung, und von da an wurde täglich nur noch AFN gehört, ob das morgens von 10.00 bis 11.00 Uhr war oder um 12.30 Uhr, oder nachmittags um 17.00 Uhr, oder nachts, it's midnight in Europe, listen. Wir kannten sie alle, die Jazzgrößen, die Balladensängerinnen, die Big Bands, die Pianisten, die Gruppen, instrumental oder vocal, the four freshmen oder George Shearing mit seinem Ensemble. Und manchmal haben wir sogar unsere Anna mit Musik von ihren Schmerzen abgelenkt, und wenn wir sie fragten, wer spielt da, dann sagte sie Tan Tenton und meinte damit Stan Kenton mit seiner Big Band, in der der verrückte Maynard Ferguson immer die höchsten Trompetensoli blies. Das Haus gehörte der Familie Decker, die mit ihren Töchtern Evi und Rina ganz unten wohnten, und bald hatte sich unsere Anna schon in das Herz der Frau Decker hineingeschlichen und war bald mehr unten als bei uns oben zu finden, und die Frau Decker, die von unserer Anna nur »Gecka« genannt wurde, hatte ihr »Schlumpelchen« gefunden, denn an eigene Enkelkinder war noch nicht zu denken, und ihr Mann, der Onkel, der in Rüsselsheim »beim« Opel arbeitete, hieß bei unserer Anna nur der »Oking«, und laufen konnte sie ja auch noch nicht richtig, aber sie lernte es, und selbst wenn sie Gips trug, hangelte sie sich vom Kinderbett zum Küchenschrank und immer so weiter, und wenn sie unten im Hof war, dann hielt sie sich am Gartenzaun fest und ging hin und her, und der »Gecka« standen dann immer die Tränen in den Augen, und als das Kind dann eines Tages richtig laufen konnte, konnte sich die alte Frau fast nicht mehr einkriegen, und wie oft hatte sie ihr »Klei-Schlumpelsche« in den Arm genommen und ihr das alte Mainzer Lied vorgesungen, das ich zuerst gar nicht mochte, und erst ganz allmählich kam ich dahinter, was für ein reiches Lied das doch ist und daß man nicht immer gleich so hochmütig sein soll und jede Sache und jedes Ding seinem Sinn zuordnet. Das Lied heißt:

Heile, heile Gänsche,
es werd all wedder gut,
die Katz die hot a Schwänzche,
es werd all wedder gut,
heile, heile Mausespeck,
in hundert Jahr is alles weg!

Mit diesem Lied hatte die Gecka auch unsere Anna oft in den Schlaf gesungen, denn es kam vor, daß sie unbedingt unten schlafen wollte. Und dann war da noch ein Kater im Haus, entweder hieß er Felix oder Peter, unsere Anna konnte beide Namen noch nicht aussprechen und sagte immer Pylda. Und Pylda kam jeden Morgen zu uns rauf, saß vor der Tür und maunzte so lange, bis einer von uns aufstand und Pylda reinließ, und der sprang sofort aufs Kinderbett, kreiste einmal um die ganze Anna rum, die ständig Pylda rief, und dann schmiegte sich Pylda oben an Annas Köpfchen und blieb dort liegen, und das passierte jeden Morgen, und so gehörte Pylda auch mit zu uns, und später hatten wir ja einmal neun Katzen, die alle zu uns gehörten und ihr Leben bei uns verbrachten. Aber Pylda war Annas erster Kater, und der ließ alles über sich ergehen, was immer auch Anna mit ihm machte. In diesen zwei Zimmerchen haben wir bis 1955 gewohnt, sind oft noch abends spät in die Stadt gefahren, ins »Café Bechmann«, wo wir meist Freunde trafen, manchmal waren wir auch schon morgens da. Das »Café Bechmann«, direkt gegenüber vom Stadttheater, heute ist es ein Staatstheater, war lange Zeit unser Treffpunkt. Wir wußten, egal wann, ein Freund oder eine Freundin sitzen immer da, oder wenn nicht, dann saß man kaum zwei Minuten, und ein Bekannter kam vorbei. Dort wurde aber nicht nur rumgesessen und gefaulenzt, sondern auch gestritten und debattiert. Ach, du lieber Himmel! Soeben lese ich, Dieter Gütt ist tot, der mich noch wenige Seiten zuvor in Bretzenheim zum Frühstück eingeladen hatte. Herrgott noch mal, muß denn das jetzt schon wieder losgehen. Dabei ist doch alles nicht so lange her. Ich sehe uns noch über den Uni-Platz gehen, er trug damals immer schon leicht zerfetzte Jacken und verschlissene Hosen, extra, denn er war ein Snob, und das gefiel mir, und er studierte damals noch Medizin, denn sein Vater war, glaube ich, ein Generalarzt, und seine Tante war die Schauspielerin Gisela Pelzer, und er hing mit Vorliebe immer bei uns Theaterwissenschaftlern und Kabarettisten rum und klebte mit uns neue Plakate, die damals immer wieder von dem inzwischen berühmt-berüchtigten Eberhard von Brauchitsch und seinen Kumpanen abgerissen wurden. Eberhard von Brauchitsch lief immer in einem langen grünen Lodenmantel über den Uni-Hof und sah damals schon genauso aus, wie er heute eigentlich nicht aussehen dürfte. Er hat sich nicht verändert. Und Dieter Gütt fuhr auch mit uns zu Abstechern, und vielleicht sind wir ein bißchen mit schuld daran, daß er dann bald zum Journalismus überwechselte. Immer wieder mal sahen wir uns zwischendurch, zuletzt im »Alten Simpl« in München, aber er ist nicht mehr, Mensch, ist das alles manchmal eine Scheiße. Aber ich weiß mir keinen Rat, wie ich das annehmen soll. Das »Café Bechmann« in Mainz am Gutenberg-Platz war unser »Romanisches Café«, und dort gingen wir auch hin, wenn wir zwischen den Proben, nachmittags und abends, eine Pause hatten, denn der Lesesaal im Haus am Dom lag nur um die Ecke. Dort trafen wir dann Ernst Birkheimer mit seiner Lore, Karl und Hilde Kraus, Karl Baldus mit seiner Mammi, Michael Engelhard, Köbisch und Zorn, den jungen Schauspieler Krieger, Agnes Verena und Peter Schreiner und Maler und Bildhauer und Schauspieler vom großen Theater, die auch ab und zu bei uns mitspielen durften, dies auch gerne machten, denn bei uns ging es sehr persönlich und äußerst literarisch zu. Wir experimentierten und suchten eigene Töne, vieles kam aus dem Bauch, ging von dort in den Kopf und stand dann plötzlich im Gesicht, und dann mußte man eben nur noch sprechen, und alles stimmte. Ich spielte sehr oft alte Männer und tote Soldaten, aber auch kleine lustige Rollen. Aber die Hauptsache war, daß ich spielte und daß ich von Tag zu Tag, von Aufführung zu Aufführung, dazulernte. Im ersten Augenblick merkt man das nicht, aber nach ein, zwei Jahren spürt man plötzlich, wie sich Handwerk einstellt und daß man damit nun wieder ganz andere Sachen wagen kann. Ich war ja immer ein sehr introvertierter Spieler und Sprecher. Ich hätte immer am liebsten ein ganzes Theaterstück lang auf einer Stelle gestanden, und aus diesem Stand heraus meine ganze Intensität nach vorne, über die Rampe, verströmt, Aber das geht natürlich nicht, nicht immer, denn das ist ja kein Theaterstück, das ist ja ein Solo, aber später habe ich das gemacht, bei meinen Kabarettprogrammen, und auch heute ist das für mich immer noch das größte, wenn der Vorhang aufgeht, und man sieht nichts anderes als eine große, sehr, sehr tiefe, völlig leere Bühne, und da steht, etwa leicht links oder leicht rechts, ganz allein ein Mensch, ein Mann oder eine Frau, und zunächst wird gar nichts gesagt, nur das Bild spricht für sich, und dann kommt der Mensch ganz langsam nach vorne an die Rampe, so als wollte er auf keinen Fall die Zuschauerversammlung unten stören, ja, der Mensch entschuldigt sich sogar, und dann beginnt er einfach aus seinem Leben zu erzählen, daß die Zuschauer abwechselnd lachen und weinen müssen, und manchmal geht der Schauspielermensch ganz nach hinten und holt dort einen Wasserkessel, kommt wieder nach vorne und erzählt nun die Geschichte von dem Wasserkessel, daß seine Mutter schon so einen Kessel gehabt habe und so weiter und so weiter. Ich brauche eigentlich auf der Bühne nicht mehr, und man soll die Bühnen nicht immer so verunstalten mit dem ganzen Flitterkram und dem Unterhaltungsgerümpel, das ist alles gar nicht nötig, Mensch und Sprache, Hand und Fuß, Kopf und Kragen, Herz und Bauch. Und ab und zu einen Tisch und einen Stuhl und ein Bett, das kann man alles von oben runterlassen und wieder raufziehen, von der Seite hereinfahren und auf der anderen Seite wieder hinausfahren, ob das nun Monde, Ritterrüstungen, Kopfweiden oder Operationssäle sind, das kann man alles hin- und herschieben, nur der Mensch sollte ganz bei sich bleiben und aus dem versammelten Leib und der konzentriertesten Seele den Menschen die ganze Weltgeschichte, ihre Geschichte erzählen. Mach das mal, und du wirst sehen, sie liegen dir zu Füßen, junger Freund, und sie fragen dich auch noch, woher du denn das alles weißt, und dann mußt du sagen, von euch, von euch, und dann sind sie völlig durcheinander und weinen und lachen und verlieren alle Furcht, wenn ichs dir sage! Ich bin ein alter Shakespeare-Fetischist und will ja auch noch mal mit etwa achtzig Jahren den King Lear spielen. Aber damals waren wir alle noch sehr jung, hatten ja gerade erst mit unseren Frauen uns ein winziges Dach über den Kopf gestülpt, hatten Kinder in die Welt gesetzt und lebten noch immer von der Hand in den Mund, wenn auch schon ein bißchen besser, aber eben besser von der Hand in den Mund. Aber einmal am Tage von Weisenau in die Stadt fahren, das mußte drinsein, das war ein bißchen unser Luxus damals. Doch wir mußten rechnen, und es hat ja nie einen Tag in meinem Leben gegeben, wo ich am ersten des Monats regelmäßig mein Gehalt bekam. Ich mußte mir immer ausrechnen, was noch fehlte, und dann mußte noch ein bißchen getingelt werden. Und das war oft ganz schön erniedrigend. Heute sage ich natürlich immer, daß ich auch dabei etwas gelernt habe, aber in meinen Anfängerjahren dachte ich immer an Emil Jannings im »Blauen Engel«. Heute kommt das so gut wie nie mehr vor, wenn man nicht gerade in ein Fußballstadion geht, und dort sitzen lauter Heino-Fans, oder ein reiner Witzeerzähler macht auch noch das Vorprogramm, und das Publikum rast vor Vergnügen, und wenn ich dann drankäme, würde jeder zweite rufen: Aufhören! Niederlagen haben immer zu diesem Beruf gehört, und sie kommen ja auch in anderen Berufen vor, nicht nur bei Künstlern, aber bei Künstlern geht das immer so unter die Haut, dass man gleich die Schnauze fürs ganze Leben voll hat. Aber wir brauchten das Geld, und als mir der Mann einer Sängerin, die ich beim Südwestfunk kennengelernt hatte und der wohl Geschäftsführer im »Café Kranzler« in Frankfurt am Main war, sagte, ich bekäme dafür 375 Mark, müßte mir aber bitte schön einen Frack und ein Paar Lackschuhe leihen und auch noch die Ansage für die Tombola übernehmen beziehungsweise durch den ganzen Abend führen, da hab ich natürlich gesagt, gut, das mache ich, das ist viel Geld. Das war viel Geld, es drehte sich um den Jahreswechsel von 1953 auf 1954, ich hatte gerade zwischen den Jahren in Freiburg im »Wallgraben-Theater« gastiert, mit Erfolg, und war guter Dinge und sagte mir, na, dann auf nach Frankfurt ins »Café Kranzler«, wird schon schiefgehen, denn auf so einer Silvesterparty war ich noch nie aufgetreten, und ich werde wohl in meinem ganzen Leben nie mehr auf einer sogenannten ausgelassenen Silvesterparty auftreten, denn dieser Auftritt auf der Silvesterparty im »Café Kranzler« am 31. Dezember 1953,- beim Jahreswechsel von 1953 auf 1954, hat mir so die Augen und die Ohren geöffnet, daß ich mir sagte, Komiker, ja gerne, aber nicht vor diesem Publikum, und ich habe mir damals geschworen, nie mehr am Ende eines Jahres um 24.00 Uhr auf einer Bühne zu stehen. Nie mehr! Und ich habe diesen Schwur auch gehalten. Nach der Katastrophe von Frankfurt am Main, am 31. Dezember 1953, im »Café Kranzler«, bin ich immer am 31. Dezember um 24.00 Uhr bei meinen Lieben zu Hause gewesen. Ich habe einmal am 31. Dezember im Staatstheater Darmstadt den Narren in »Was ihr wollt« gespielt, war aber um 24.00 Uhr zu Hause. Dann hab ich in den letzten Jahren in der Kölner Philharmonie mit meinem Freund Franz Xaver Ohnesorg einen Teil des Silvester-

Konzertes moderiert, aber um 24.00 Uhr muß ich zu Hause sein, denn den Emil Jannings im »Blauen Engel« spielen, das kann man höchstens zwei- oder dreimal. Aber damals brauchten wir das Geld, und ich ging in mehrere Höhlen des Löwen, aber eine der schlimmsten Höhlen war in der Silvesternacht von 1953 auf 1954 das »Café Kranzler« in Frankfurt am Main. Alleine schon daß ich mir einen Frack leihen mußte und ein Frackhemd und eine Frackfliege und dann Lackschuhe, in denen ich mich mit meinen Füßen, mit meinen ganz persönlichen Füßen, gar nicht wohl fühlen konnte, das alles hätte mich warnen sollen. Aber ich wollte beweisen, daß es, wenn es um das Geld für die Familie ging, ich auch ins kalte Wasser springen konnte. Und ich sprang und fiel und fiel und fiel. Und erst sehr viel später konnte ich diese Niederlage in eine Geschichte verwandeln, die ich hier zum besten geben möchte. Wie schon gesagt, als es wieder einmal über die Silvesterschwelle ging, wollte der Geschäftsführer eines vornehmen Kaffeehauses in Frankfurt am Main gegen Mitternacht eine Luftschlange verteilen lassen. Und bis zur Verteilung sollte ich die Gäste langweilen. Ich riet dringend davon ab, wehrte mich mit Händen und Füßen, sprach von Mentalitätsunterschieden. Ich bin keine Stimmungskanone, sagte ich, Herr Direktor, Sie täuschen sich, ich bin Alleinunterhalter, ich unterhalte mich mit mir selbst, ich hänge Ihnen gern die Lampions auf, ich putze das Parkett, ich zeichne die Bons ab, bediene die Drehtür, ich überwache die Musik, alles mach ich, ich wasche Tassen und Teller ab und so weiter, also, Sie sind jetzt ganz ruhig, sagte der Direktor, ich hab Sie engagiert, Sie sind doch Darsteller, Sie machen die Tombola, dann drei bis vier Nummern und je nach Stimmung noch ein paar Einlagen. Das Wort Einlagen macht mich rasend, auch heute noch. Herr Direktor, sagte ich, fast schon auf den Knien, schicken Sie mich in die Wüste, ich zähme Ihnen ein Dromedar. Schluß jetzt, sagte der Direktor, an die Arbeit, Sie sind doch Darsteller, wir haben jetzt 21.00 Uhr, die ersten Gäste kommen. Tatsächlich, illustre Damen, respektable Herren, alles leitende Menschen und was weiß ich, jedenfalls die ersten Gäste ließen schon meinen Magen erzittern. Herr Direktor, sagte ich, ich könnte mich in den Kronleuchter setzen und Konfetti bereithalten oder die Luftballons aufblasen, Herr Direktor, der linke Lackschuh ist drei Nummern zu klein, ich brauche Gefahrenzulage. Aber der Herr Direktor war schon unter den Gästen, sprach, lispelte und lächelte und führte die Damen und Herren mit geübten Vierzeilern, wie: Wie schön, daß Sie gekommen sind, ob Mann ob Greis, ob Frau und Kind, die Direktion wünscht alles Gute, für Vati, Mutti, Franz und Ute!, mit solchen Versen führte er die Gäste zu ihrem Tisch. Ich stand in einer weniger beleuchteten Ecke, zupfte nervös an meiner weißen Frackfliege herum und sagte mir ständig selbst ins Gesicht: Komm doch endlich in Stimmung, alter Bursche, willst du jetzt wohl in Stimmung kommen, was ist denn los mit dir, so gehts ja nicht, laß doch den Trübsinn zu Haus, laß doch den Trübsinn, den Trü-hü-hübsinn zu Haus. Der Oberkellner raste auf mich zu und sagte: Sie können hier nicht rumstehen und singen. Ach, sagte ich, ich bin nun mal ein fideles Haus, es macht mir gar nichts aus, ob Katze oder Maus, ich bin nun mal ein fideles Haus. Der Oberkellner erstarrte, ging dann drei Schritte rückwärts und dann voller Verachtung in sein Revier. Immer neue Gäste drängten sich durch die Drehtür. Ein Nerz, zwei Nerze, fünf Nerze, elf Nerze, ein weißhaariger Herr kam plötzlich auf mich zu, Herr Ober, sagte er, kann man mich vielleicht an einen anderen Tisch setzen, ich möchte nicht gerne mit Leuten zusammensitzen, mit denen ich nicht gerade sehr befreundet bin. Aber natürlich, mein Herr, sagte ich, wir tragen den ganzen Tisch auf die Veranda, vielleicht können wir da zusammen ein Halmaspielchen machen, wir haben ja noch zweieinhalb Stunden Zeit, und Luftballons gibts sowieso erst ab halb eins. Der Herr schüttelte mich, einmal hin, einmal her, erschlagen Sie mich doch bitte, sagte ich, aber der Herr ließ dann doch ab von mir und ging seiner Wege. Ich versteckte mich sodann hinter einer künstlichen Palme, denn ich hatte bemerkt, daß der Herr Direktor mich meuchlings verfolgte, ich floh in den ersten Stock, setzte mich dort mit an einen vollbesetzten Tisch und begann sofort ein Gespräch: Also, ist das nicht ein niveauvoller Jahresausklang in dieser niveauvollen Umgebung, und sind wir doch mal ehrlich, jeder von uns hat doch so einen Abend verdient, jeder, Sie und Sie und Sie, gnädige Frau, Sie erinnern mich wahnsinnig an eine seltene Schimpansenart auf Sumatra. Mir flog ein Schlüsselbund aufs Nasenbein, nicht doch, wir sind doch alle Menschen, sagte ich, und damit zog ich mich leise zurück, ich komme noch mal vorbei. Herr Ober, sagte plötzlich wieder jemand zu mir, wo kann man hier mal telefonieren? Oh, sagte ich, das tut mir jetzt leid, ich bediene nur das Feuerlöschgerät, und wenns brennt, laufe ich rasch runter, schlage die große Schaufensterscheibe ein, dann klingelts hier oben, dann laufe ich rasch wieder runter und schlage die zweite Schaufensterscheibe ein, dann klingelts hier oben, dann laufe ich rasch wieder rauf, und dann lösche ich, ist ein bißchen kompliziert das Ganze, aber es macht Spaß. Wenns brennt, darf man nicht telefonieren. Aber jetzt brennts ja nicht, sagte der Herr. Jetzt nicht, sagte ich, und das kommt ganz einfach daher, Sie wollen ja auch telefonieren, deshalb brennts auch nicht, aber wenn Sie zum Beispiel mehrere Jahre nicht telefonieren, dann brennts auf einmal. Und wenns mehrere Jahre brennt, sagte der Herr. Tjaaa, sagte ich, wenns mehrere Jahre brennt, das ist Glückssache. Na, dann will ich mal telefonieren, sagte der Herr und leistete keinen Widerstand mehr. Plötzlich stand der Oberkellner wieder neben mir und zischte: Sie werden gesucht! Sie sollen jetzt Ihre erste Einlage machen! Er faßte meinen Arm und führte mich treppabwärts. Die Kapelle hatte flotte Weisen gewählt und spielte gerade mein Lieblingsstück »Quiet Village«, eine Amazonasschnulze mit Vogelkrächzen und Nachteffekten, Der Kapellmeister bekam ein Zeichen, nach dieser Nummer die Bühne freizugeben. Ich legte vorsichtshalber eine Augenmaske an. Und dann betrat ich das Podium und begann ganz leise zu sprechen. Es hatte mir mal jemand gesagt, je leiser du sprichst, desto besser hören die Leute zu. Logisch. Meine Damen und Herren, sagte ich, Sie sehen mich heute abend hier als Ritter, Tod und Teufel, alles angedeutet natürlich, alles angedeutet, und ich möchte Ihnen nun mal im einzelnen beschreiben, wie bei den alten Rittern eine Falkenjagd vonstatten ging. Da haben wir zunächst ... Aufhören! rief jemand vom ersten Stock herunter, aber ich fuhr ungezwungen fort: Da haben wir zunächst den einfachen Ritter, der sich vom Knappen hochgearbeitet hat ... Pfui, sagte jemand dicht vor mir. Der Oberkellner brachte mir einen Zettel vom Geschäftsführer. Auf dem Zettel, das werde ich nie vergessen, stand: Machen Sie was anderes, was Politisches, oder singen Sie was, nicht so ein lahmes Zeug! Also sprach ich fort: Die Ritter, meine Damen und Herren, wie ich soeben erfahre, sangen auch gerne, und davon nun ein kleines Zeugnis, und ich sang in die murmelnde Menge: In der Ritterzeit, in der Ritterzeit, gabs noch Ritter weit und breit, nach der Ritterzeit, nach der Ritterzeit, gab es keinen Ritter weit und breit, vor der Ritterzeit, vor der Ritterzeit ... öh, die Ritter sangen aber nicht nur gerne, sondern sie gingen ebenso gern auf die Falkenjagd. Der Oberkellner kam wieder mit einem Zettel, darauf stand diesmal: Machen Sie endlich einen Silvesterscherz! Meine Damen und Herren, sagte ich, bald kommt ja, bald ist es ja wieder mal so weit, Uhrenvergleich, und ich möchte Ihnen nun dieserhalb einen ziemlich besinnlichen Witz erzählen, der manchen von Ihnen vielleicht nachdenklich nach Hause gehen lassen wird: Wir tragen ein Jahr zu Grabe! Wo ist denn da der Witz, rief eine vornehme alte Dame. Ja, sagte ich, mein Fräulein, der Witz hält sich versteckt. Nun flogen allerdings in schönen Abständen die ersten leeren Flaschen auf die Bühne. Alle schrien durcheinander: Mist, so ein Quatsch! Der dritte Zettel kam: Sofort aufhören! Tombola vorbereiten! Jawohl, schrie ich ins Mikrofon zurück: Tombola rasa! Ich verließ die Bühne, schritt mit eiskaltem Zittern zum Herrn Direktor und sagte: Herr Direktor, stelle mich für die Tombola zur Verfügung, wenn Sie ein Herz haben, verlosen Sie mich gleich mit, als Trostpreis, wenns noch möglich ist. Mein Herr, sagte der Direktor, wir haben nur wertvolle Preise, aber Sie können nach Hause gehen, wenn Ihnen das ein Trost ist. Jawohl, Herr Direktor, das ist es. Ich flitzte in die Garderobe, riß mir den Frack vom Leibe, warf die Lackschuhe in die Ecke und ruhte mich einen Moment aus, und gerade als ich nach Hut und Mantel griff, da schlug es zwölf. Böllerschüsse, Glockengebell, Schreie, Feuerwerk. Dann war plötzlich alles ganz still. Ich schlich aus der Garderobe. Da lag das ganze Publikum, lag sich in den Armen, tauschte Küsse aus, gratulierte, wünschte sich alles Gute, Heinrich, Margarete, Ludwig, Elisabeth, und wie die Menschen alle heißen. Und ich stellte mich mitten unter sie, mit Hut und Mantel und Köfferchen, stand dort etwa zwei Minuten, und dann drängte ich mich zum Ausgang. Es ist ein eigenartiges Gefühl, wenn man dann die frische Luft einatmet und ein bißchen die Augen schließt. Es ist gar kein Gefühl, es ist dann eine ganz klare, unabänderliche Tatsache. An diesem Abend oder in dieser Nacht kam ich um halb drei nach Hause und schlich mich zu meiner Frau ins Bett, die sagte dann meistens: *Na, wie wars?* Und wenn ich dann sagte: *Es ging,* dann wußte sie schon Bescheid, denn das hieß soviel wie, er will nicht drüber reden, denn es war grauenhaft. Und einmal hat sie das ja mal vor Ort miterlebt, und zwar bei einem Rektoratsfest in Tübingen. Da hatten wir schon mal nichts anzuziehen. Die Frieda kam mit ihrem einzigen auberginefarbigen Wickelrock, und ich trug zu der Zeit auf der Bühne einen knallroten Pullover mit einem Schalkragen, und dieser Pullover wurde wenig später zu einem regelrechten Markenzeichen, und jede zweite Kritik begann mit dem Satz: »Da kommt ein junger, etwas linkischer, schüchterner Mann in einem knallroten Pullover auf die Bühne, hockt sich an den Flügel und spielt uns zwei Stunden unser Leben vor.« Aber in Tübingen auf dem Rektoratsfest war der rote Pullover denn doch nicht ganz passend, und es geschah folgende Geschichte. Ich trat in einem Extrasaal, neben dem großen Festsaal, in dem Speis und Trank und Tanz geboten wurden, auf, und die Gäste kamen dafür eigens herüber. Aber sie blieben nicht lange. Zweihundertfünfzig deutsche Akademiker etwa, mit Damen, fanden diesen schrill gewandeten Künstler doch nicht so sehr lustig, und so verschwanden sie gewissermaßen häppchenweise wieder aus dem Raum. Zuerst stand ein ganzer Tisch auf, eine Minute später erhoben sich wieder andere und gingen sichtlich erbost und verbittert von dannen, plötzlich erhoben sich an drei Tischen Pärchen für Pärchen und wollten sich diese Unterhaltung nicht länger bieten lassen, und das scheint wohl die Frau des Künstlers zu sein, die da vorne an dem Ecktisch sitzt. Und so leerte sich allmählich der Saal, etwa zwanzig, denen es wohl gefiel, blieben bis zum Schluß meines Vortrags. Selbstverständlich sind solche Erlebnisse wichtig und geradezu notwendig, damit man mal sieht, wie die Menschengesellschaft überall so aussieht, damit man mal weiß, wo man hingehört, nämlich nirgendwohin. Der Künstler bleibt immer, wenn es darauf ankommt, allein. Und das ist auch gut so. Er muß das nur früh genug wissen. Er sollte schon früh erfahren, daß die Gesellschaft sich eigentlich über ihn lustig macht. Vielleicht hätte ich mich nicht so weit vorwagen sollen, denn meine Auftrittsorte waren ja immer noch in Mainz und um Mainz herum. Als die Mainzer noch ihr Theater im Pulverturm hatten, durfte ich einen ganzen Abend im Pulverturm spielen. Das war für mich eine große Stunde. Ich durfte auf der Bühne eines richtigen Theaters mein Programm spielen. Und einige Nachmittage davor lud mich der damalige Chefdramaturg des Theaters, Dr. Karl Schramm, ein, in einem Korrepetitorzimmer dem großen Theater- und Filmmann Ludwig Berger vorzuspielen, der dann in der Basler National-Zeitung schrieb: »Ich habe den jungen deutschen Dichter entdeckt«, der mir aber auch am Ende meines Vorspiels im Theater sagte, daß, wenn ich sein Sohn wäre, ich erst mal anständig Klavierspielen lernen müßte. Wenn er wüßte, der gute Ludwig Berger, daß ich später zur elektronischen Orgel übergegangen bin. Jedenfalls hat die Presse, als ich vom Klavier zur Orgel überwechselte, geschrieben: »Hüsch geht zur teuren Elektronik über.« Aber zunächst war ich immer noch angewiesen auf verstimmte Klaviere oder kaputte Flügel, was mir die Veranstalter so dahinstellten, darauf mußte halt gespielt werden. Überhaupt haben wir Reisenden in Kleinkunst jeden Abend neue Bedingungen vorgefunden. Und das ist heute noch genauso. Ein Schauspieler kennt meist für mehrere Jahre sein Theater, seine Bühne in- und auswendig, mal abgesehen von einigen Abstechern, die er in der Spielzeit machen muß, aber sonst kennt er jeden Quadratzentimeter auf seiner Bühne, und der Zuschauerraum geht auch in Fleisch und Blut über. Der Kabarettist und der Kleinkünstler wissen nie, was auf sie zukommt, mal ist da eine Bühne, mal nur ein Podium, oder man muß zu ebener Erde spielen, und wenn es mit den Scheinwerfern gar nicht klappt, dann müssen es auch drei Neonröhren tun, die mitten über der Bühne hängen, oder man muß sich irgendwelche Schreibtischlampen organisieren. Mal ist die Garderobe direkt neben der Bühne, was ideal ist, mal muß man über einen Hof, komme ich montags in einen komfortablen Konzertsaal, gehts am Dienstag in einen fast abbruchreifen, alten Kinosaal. Im Oktober 1956 sollte ein großer Wunsch von mir in Erfüllung gehen, denn ich gründete zusammen mit Rudolf Jürgen Bartsch, Heinz Brass, Agnes Verena und Helga Mummert und dem Maler und Bühnenbildner Ernst Birkheimer das Kabarett-Ensemble Arche Nova. Ernst Birkheimer, ein freier Mainzer Maler, der aber von seinen Bildenden Künsten nicht leben konnte, malte für den Filmpalast auf der Großen Bleiche in Mainz riesengroße Reklameplakate und konnte sich damit einigermaßen über Wasser halten und hatte auch sonst beim alten Wehrum, dem der Filmpalast, zu dem auch noch ein Nachtclub und ein Tanzkeller von der schrägen Sorte kamen, gehörte, einen Stein im Brett, und er schaffte es, daß wir auf der Rückseite des Filmpalastes in der Mittleren Bleiche 8/10 einen Kellerraum bekamen, den der alte Wehrum für uns als Kabarett-Theater ein bißchen umbauen ließ und den wir mietfrei für unsere Kabarett- und Theaterarbeit benutzen durften. Seine einzige Bedingung war, daß wir von nun an regelmäßig dort spielten, so daß er kontinuierlich einen Getränkeumsatz machen konnte, denn es gab dort vor der Vorstellung, in der Pause und danach Kaffee, Bier, Wein, Apfelsaft und Mineralwasser, und ein Würstchen mit Kartoffelsalat konnte man, glaube ich, auch bekommen, und wir hatten vor, nach dem Programm noch eine Art Brettl-Programm anzubieten, in der Hoffnung, daß noch ein Teil der Zuschauer bliebe, mit dem man eventuell die Nacht zum Tag machen konnte. Wir engagierten extra einen Pianisten, Hubertus Hofmann, der beim Theater Ballett-Korrepetitor war, und der spielte alles quer durch den Garten, von Bach bis Gershwin und zurück, aber Mainz war eben nicht Berlin, und das mit dem improvisierten Mitternachtsbrettl wurde einfach nichts, weil die Leute um 23.00 Uhr nach Hause gingen, und so saßen meistens nur noch die Künstler rum und tranken sich Mut zu, denn unsere Vorstellungen waren auch nicht immer gut besucht, und oft gingen wir alle nur mit ein paar Mark nach Hause, und dieses Trinkgeld mußte dann am nächsten Tag wieder durch einen »Funk« wettgemacht werden. Unser ungeschriebenes Gesetz lautete: Ab acht Zuschauern wird gespielt. Und oft genug mußte einer von uns rausgehen und den sieben Zuschauern sagen, daß sie selbstverständlich ihr Geld zurückbekämen, es tue uns sehr leid, und wir bäten sie um ihr Verständnis, und meistens verstanden die Leute uns auch, blieben noch sitzen und luden uns zu einem Rotwein ein, und dann haben wir ihnen mehr oder weniger das Programm am Tisch vorgespielt. Wir eröffneten die Arche Nova mit dem Programm »Der Scheck heiligt die Mittel«, und bald schon kam auch Rudolf Jürgen Bartsch mit dem Mainzer Zimmertheater vom Haus am Dom in den Arche-Keller, in dem wir dann abwechselnd Kabarett und Theater spielten, wie ich es ja schon erzählt habe, und der Freundeskreis wuchs und wuchs, Helga Mummert brachte ihren damaligen Mann mit, den Schauspieler Bernd Schauen, der jetzt in Gießen lebt und wohl zum dritten- oder viertenmal verheiratet ist und jetzt noch Archäologie studiert, und Hilde und Karl Kraus saßen oft noch nach der Vorstellung mit uns zusammen, entweder hatten sie mitgespielt, oder man kam einfach noch vorbei, und so wurde es dann oft zwei, drei Uhr, und meine Marianne war schon nach Hause geeilt, denn unsere kleine Anna mußte schon sehr früh in die Schule, und wir wohnten inzwischen nicht mehr in Weisenau bei der »Gecka«, denn deren hübsche Tochter Rina, in die ich mich natürlich für kurze Zeit schwer verguckt hatte, wollte gerne die zwei kleinen Stübchen unterm Dach für sich zurückhaben, ließ uns aber so viel Zeit, daß wir uns in Ruhe nach einer neuen Bleibe umgucken konnten, und da baute der Reisebürounternehmer und Mietwagenverleiher Weyland, der auch später sogar Generalkonsul von Thailand oder in Thailand, was weiß ich, wurde, der baute auf der Kaiserstraße in der Nähe der Christuskirche auf der rechten Seite, wenn man vom Bahnhof kommt, für den Sozialen Wohnungsbau ein riesengroßes Mietshaus für zwölf Parteien, und dort gab es im fünften Stock drei Zimmer, Küche und Bad und Flur, und die gesamte Miete betrug 125 Mark. Dafür mußten wir 2000 Mark Mietvorauszahlung auf den Tisch legen, und ich hatte noch als »Ausgebombter« meinen Baukostenzuschuß von 3500 Mark, und dann rechneten wir uns aus, daß nun die Hin- und Herfahrerei von Weisenau nach Mainz und zurück wegfalle, und dann sind wir dahin und haben gesagt, daß wir uns für die Wohnung im fünften Stock interessieren, und wir hätten das und das anzubieten,und dann bekamen wir auch die Wohnung, mußten allerdings noch ein paar Monate warten, denn das Riesenwohnhaus mit Balkonen und Aufzug war noch gar nicht gebaut. Aber als es dann soeben fertig war, zogen wir im Herbst ein, und unsere Anna verlief sich immer, denn so viele Zimmer und so viel Platz hatte das kleine Mädchen noch nie gesehen. Und gleich machten wir natürlich auch zu Karneval bei uns den ersten Hausball, denn wir hatten auf einmal von unseren Freunden den meisten Platz, außerdem ging bei uns der Rosenmontagszug vorbei, und alles kam zu uns und quetschte sich auf den winzigen Balkon, um den Gonsbach-Lerchen, Herbert Bonewitz und Joe Ludwig zuzuwinken, so weit waren wir »Studende« doch in diese Stadt hineingewachsen, anders gesagt, sie hatte uns ganz heimlich umarmt, und aus dieser Umarmung kamen wir nie mehr raus, und wir wollten es auch nicht, Wir hatten ja unseren Platz, wenn nicht an der Sonne, so aber am Rhein gefunden, und heute wird es mir eigentlich so richtig klar, daß der Fluß immer bei mir mitgespielt hat, und auch der Karneval, der weltberühmte Mainzer Karneval, mit seiner politischen Eitelkeit und seinem hinreißenden Kokoloresjokus, war plötzlich mein Karneval. Ich, der niederrheinische Protestant, dem als Kind erklärt worden war, daß Karneval und Fastnacht so katholische Sachen seien und daß die Kinder sich anmalen und Räuber und Gendarm spielen, das sei alles nur was für Katholiken und das sei nichts für mich, obwohl mir natürlich das Herz blutete, denn ich hätte als Kind ja auch gerne mitgespielt, mir eine Maske gemalt oder eine rote Nase aufgesetzt, aber nun ja, der protestantische Puritanismus hat mir mein ganzes Leben nie so recht zugesagt, es steckt mir zuviel kleinkarierte Pädagogik und spießige Besserwisserei dahinter, und auf die Frage eines Pfarrers, was mir am Protestantismus fehle, habe ich prompt geantwortet: das Lateinische. Und in Mainz ist mir dieses heilige Durcheinander so kulinarisch bewußtgeworden, obwohl ich durch und durch evangelisch bin, bin ich auch durch und durch katholisch, und so will ich es auch bis an mein Lebensende bleiben. Und an meinem Grab sollen ein evangelischer Pfarrer, Uwe Seidel aus Köln, und ein Franziskanerpater, Wehrenfried Wessel aus Dortmund, sprechen, ich möchte auch da noch Menschen an einen Tisch bringen und zeigen, welch eine Lächerlichkeit es doch ist, nicht aufeinander zuzugehen, sondern steif und verbiestert in seiner Ecke jahrhundertelang stehenzubleiben. Und ein bißchen von diesem Geiste ist mir in Mainz im Laufe der Jahre geschenkt worden. Und so habe ich auch immer mehr den Karneval erlebt, mit seinem wichtigsten Tag, dem Aschermittwoch. Na schön, ich war schon immer ein Andreas-Gryphius-Fan, und in Mainz habe ich das so richtig unsichtbar auf meine Fahne, die ich nie besitzen werde, geschrieben. Ich wollte die Heiterkeit, die aus dem tiefen Wissen kommt, daß alles vergänglich ist und daß wir alle auf der Durchreise sind, daß uns das aber nicht daran hindern soll, herzlich zu lachen, ausgelassen zu sein, zu tanzen und zu springen und allen Lüsten und Genüssen zugetan zu sein. Und wir haben auch in unserem Arche-Kabarett-Keller die wunderschönsten und ausgiebigsten Fastnachtsfeste gefeiert. Und zwar kamen immer alle Freunde dort zusammen, die nicht so gerne auf die großen traditionellen Mainzer Karnevalsbälle gingen, sondern mehr so unter Gleichgesinnten feiern wollten. Und in jedem Jahr spielte die Bucktown-Six, und Reverend James Parks sang »Icecream«. Und wir sangen alle das Lied vom schönen Alfred, der beerdigt wurde, das Rudolf Alexander Schröder wohl in seiner Brettl-Zeit geschrieben hatte. Das Lied hatte eine Klage-Vorstrophe und einen choralartigen Refrain und wurde zur Karnevals-Nationalhymne der Arche Nova. Und die war brechend voll, und so ging das vier Nächte, und an jedem Morgen sagten wir uns, heute abend mal nicht, aber wenn es so ganz langsam Abend wurde, dann wußten wir, daß auch

diese Nacht eine lange Nacht in der »Arche Nova« werden würde, und schon waren wir unterwegs und waren am Aschermittwoch uns unserer Nerven voll bewußt, aber die Augen wurden nicht kleiner, im Gegenteil, sie wuchsen, und Denken und Fühlen waren ganz dicht beieinander, und ich hatte immer dieses wunderbare melancholische Gefühl, das mich so oft durch alle Straßen getragen hat, volltrunken oder vollnüchtern, das mir die unrühmlichsten Nächte versilbert hat, das mich hochgehalten hat, wenn es mitten durch den Sumpf ging, und wenn das Herz Klappen hat, dann muß die Seele Schubladen haben, und in einer dieser Schubladen, da sitzt dieses melancholische Gefühl, das weniger mit Trauer, sondern mehr mit Kraft zu tun hat, und es gibt ja so viele Leute, die mich fragen, wo nehmen Sie eigentlich all die Kraft her, und ich kann es ihnen nicht genau erklären, sondern gucke dann immer ein bißchen nach oben, denn ich meine ja immer noch, daß der liebe Gott manchmal seinen Petrus auf die Straße schickt und sagt:
Paß mal ein bißchen auf diesen Aschermittwochsmenschen auf, damit er nicht völlig verkommt, ein bißchen darf er schon, aber nicht zuviel, ich hab da nämlich noch einiges mit ihm vor, zum Beispiel soll er dieses Buch schön zu Ende schreiben und keine Fisimatenten machen, denn er will ja eines Tages unbedingt noch den King Lear spielen.
Ja, der Aschermittwoch war meine Philosophie, und insgeheim habe ich immer gehofft, es würde vielleicht mal die Philosophie aller Menschen sein, aber das ist natürlich zuviel verlangt, aber vielleicht käme mehr Freundlichkeit und Solidarität in die Welt. Ich weiß es nicht. Manchmal flüchte ich mich in den Blödsinn, weil ich es nicht mehr weiß, Dieter Gütt, das ist mir jetzt erst klargeworden, hat seinem Leben ein Ende gesetzt. Zuerst hatte ich nur gelesen: Dieter Gütt ist tot. Und alle bedauern das sehr, loben und verehren ihn in dem, was man so gelesen hat. Ich nehme an, er hat niemanden mehr gehabt, der ihm hätte sagen können, Gütt, das machst du nicht. Vielleicht hätte er dann auch nur wie immer leise und kurz gelacht. Ich weiß es nicht. Ich wollte ihm eigentlich nur nachrufen:
Alter Junge, vielen Dank für die herrlichen Frühstücke, die du nie bezahlt hast.
Das Geld dafür hatte ihm immer seine Wirtin gepumpt. Und dann geht er hin und schreibt: Das wärs, Gütt. Ich könnte das für viel Geld und gute

Worte und schon gar nicht wegen Deutschland machen, weil es da noch ein paar Menschen gibt, die mich dringend brauchen, und die nicht sehr glücklich wären, wenn ich schriebe: Das wärs, Hüsch. Aber er hat wohl niemanden mehr gehabt. Ich kann mir das gar nicht vorstellen. Jeder muß sich doch mal an eine Schulter lehnen können. Und er war ja auch kein Kostverächter. Aber was weiß man schon. Und oft hat man ja auch selbst schon daran gedacht, sich dann schön weiter was vorgemacht, und alles war wieder im Lot. Kurz bevor wir unsere »Arche Nova« im Oktober 1956 in Mainz eröffneten, war in der Kaiserstraße der Jazzkeller »Katakombe« eröffnet worden. Dort machte der umtriebige Helmut Pütters, den ich in den letzten Jahren ein paarmal in München wiedergetroffen habe und der immer noch aussteht wie ein weltberühmter Konzertpianist, in einem dunklen Kellergewölbe ein interessantes Programm aus Live-Jazz, Diskussionen, Filmen, Lesungen und gelegentlichen Theater- und Kabarettauftritten. Dort traten zum Beispiel, bevor sie das allererste Unterhaus in einem Kohlenkeller am Gutenbergplatz aufmachten, die »Politzisten« mit ihrem Kabarettprogramm auf. Meine Marianne, die Frieda, und ich, wir zwei gingen sehr oft, meist nach dem Kino, wir gingen ja lange Zeit nur in Western, in die »Katakombe«. Dort traf man immer Freunde, hörte guten, sehr guten Jazz, diskutierte, machte Pläne und trank und trank, nicht immer bis in den Morgen hinein, aber doch oft so lange, daß die Frieda sagen mußte:

Komm jetzt, Hüsch, nach Hause, morgen früh kommst du wieder nicht aus den Federn, und ich muß mich um alles alleine kümmern.

Ja, so Künstlergattinnen haben es manchmal schwer, und ich weiß nicht, wie oft ich in meinem Leben zur Frieda gesagt habe:

Dann hättste eben einen Bäcker heiraten müssen, aber da hättste auch nachts um viere rausgemußt und tagsüber noch mit hinter der Theke stehen müssen.

Darauf sagte die Frieda:

Gib nur nicht an, auch ein Bäcker ist ein Künstler, und wenn seine Brötchen nicht schmecken, kommt auch kein Publikum.

So unsachlich die Frieda manchmal sein konnte, sie holte mich auf diese Weise immer wieder auf die Erde, und damals war sie ja auch noch völlig gesund und oft sehr lustig, denn sie wurde von den jungen Jazzern regelrecht belagert, weil sie so große Grübchen hatte, und mit manchem hatte sie ein regelrechtes Techtelmechtel, zum Beispiel mit dem jungen blonden Jochen Franke, der ein tolles Piano spielte, und die Frieda war ja eine typische Zufüßensitzerin, und die jungen Helden fielen natürlich reihenweise auf ihren leicht mütterlichen Charme herein, und ich war ja auch oft mit meinen Gedanken so weit weg, daß sie sich vernachlässigt fühlte und sich die Komplimente bei anderen holte. Besonders die Blonden und Schüchternen hatten es ihr angetan, sie mußten alle so aussehen wie Richard Widmark oder Van Johnson, immer so ein bißchen unbeteiligt herumstehen, aber es faustdick hinter den Ohren haben. Eines Abends stand an der Theke der »Katakombe« ein junger Mann, etwas schüchtern, rotblondes Haar, und stellte sich vor, er sei der junge Mann, der mir aus Leer/Ostfriesland geschrieben und in seinem Brief um Programmhefte, Plakate, Texte, Kritiken und Aufsätze und sonstiges Kabarettmaterial gebeten habe, weil er wolle alles, was mit Kabarett zusammenhinge, sammeln und ganz langsam ein Kabarett-Archiv aufbauen. Den Brief an mich hatte er noch mit der Hand geschrieben, und heute gibt es in Mainz »Das Deutsche Kabarett-Archiv«. Und dieser junge schüchterne Mann an der Theke der »Katakombe«, die es schon lange nicht mehr gibt, dieser Mann, der dann sammelte und sammelte, einen prallen Leitz-Ordner neben den anderen stellte und alles, was es an Kabarett und Kabarettgeschichten, an Texten, Liedern, Schallplatten, Tonbändern, Rundfunk- und Fernsehsendungen, Plakaten und Handzetteln, Kassetten und Video-Aufzeichnungen auf der Welt gibt, unter ein Dach bringen konnte, heißt Reinhard Hippen und ist heute der künstlerische Leiter des Archivs, das die Stadt Mainz übernommen hat, und jeder, der sich für Kleinkunst und Kabarett interessiert, kann sich dort alle Auskünfte und Unterlagen holen. So haben wir sogenannten Zugereisten aus der Karnevalsstadt Mainz auch so ganz nebenher eine Kabarettstadt gemacht, und die Anfänge fanden in der »Arche Nova« und in der »Katakombe« statt. Dort trat ich auch oft mit meinen Liedern auf und ließ mich von Klaus Eichmann begleiten, wir machten gemeinsam einen Dada-Abend oder Jazz und Lyrik. Wir tummelten uns in allen möglichen Sparten. Alles, was mit Kunst zusammenhing, wurde von uns ausprobiert. Alfred Oswald, der in Hamburg und in Flensburg eine Künstlerdirektion hatte, kam eines Tages nach Mainz und sagte, daß er sich für mich und meine Kabarettarbeiten interessiere, und ob ich ihm nicht etwas vorspielen wolle, er möchte mich gerne managen, um mich über den Raum Mainz hinaus bekannt zu machen. Wir gingen nachmittags in den Arche-Keller, er setzte sich vor die Bühne an einen Tisch, und ich spielte ihm so etwa fünfundvierzig Minuten lang aus meinem aktuellen Repertoire etwas vor. Er hörte sehr aufmerksam zu und sagte am Ende, daß ihm alles sehr gut gefalle, und fragte dann, ob wir denn zusammen arbeiten könnten. Er wollte in den Städten Auftritte für mich organisieren, alle technischen Vorbereitungen treffen wie Werbung und Unterbringung, die Honorare aushandeln, Plakate versenden und alles, was zu einem Abschluß dazugehört, und dafür wollte er von der ausgehandelten Gage 10 Prozent haben. Na gut, habe ich gesagt, ich müsse mir das überlegen, denn ich hätte ja auch noch Frau und Kind und das liefe ja doch wohl auf ein Nomadenleben hinaus. Allerdings, sagte er darauf, aber wenn man Künstler wäre, dann wäre man eben Künstler und kein Beamter. Alfred Oswald war wohl ein verunglückter Künstler, Er hatte unter Erich Engel an den Hamburger Kammerspielen expressionistisches Theater gemacht, und er war ein übriggebliebener Schauspieler, dem wohl der große Durchbruch nicht gelungen war, und viele, wenn sie das frühzeitig merken und einsehen, werden ja dann Konzertdirektoren, will sagen, sie machen keine Kunst mehr, sondern sie verkaufen sie. Zuerst war Alfred Oswald Programmdirektor in verschiedenen deutschen Binnenbädern gewesen, jedenfalls hatte er dorthin äußerst gute Beziehungen, auch zu den Kurverwaltungen der Nordsee-Inseln. Dann hatte er eine eigene Konzertdirektion aufgemacht und machte, so sagt man in diesem Gewerbe, »Die Amnestierten«, das berühmte Studentenkabarett aus Kiel, er managte das Prager Puppentheater »Speibl und Hurvinek«, dann eine Zeitlang Wolfram Mehrings Theater »La Mandragore«, das Büchners »Leonce und Lena« in einer für mich umstrittenen Version spielte. Die Texte kamen alle vom Band, und die Darsteller waren Maskenspieler, die jede Karikatur noch mehr verzerrten, so daß die heitere Philosophie Büchners vor die artistischen Hunde ging. Aber viel Geld machte Alfred Oswald mit uns allen nicht, das Geld machte er mit Hohners Akkordeon-Orchester aus Trossingen, das ja durch die ganze Welt zog. Alfred Oswald war ein Choleriker, er führte mit fast jedem zweiten Kontrahenten einen Prozeß, er war nicht glücklich, wenn er sich nicht auseinandersetzen konnte, er war so ein Michael Kohlhaas unter den Konzertdirektoren, legte aber größten

Wert auf gepflegte Umgangsformen, saß am Steuer seines Mercedes, den er wie ein Kind hätschelte, immer nur mit diesen halben Herrenfahrerhandschuhen, und hatte es gern, wenn man ihn lobte, was er doch für ein guter Fahrer und daß er auch ein Herr der alten Schule sei. Er war sehr geizig, und wir haben alle mal, er managte später auch unser »Arche Nova «-Ensemble, auf dem Fußboden gelegen, um ein Markstück zu suchen, das ihm unter den Tisch gefallen und dann sicher Gott weiß wohin gerollt war, wir fanden es natürlich nicht, und er ärgerte sich maßlos. Er fuhr auch auf keinen bewachten Parkplatz, sondern kreiste lieber noch minutenlang herum, bis er ein kostenloses Plätzchen gefunden hatte. Aber er war ein besessener Mann, und ich muß so etwas wie ein Sohn für ihn gewesen sein, denn er hatte einen Narren an mir gefressen, oder es kann auch so gewesen sein, daß er das, was ich machte, gerne selber gemacht hätte. Jedenfalls fing er an, für mich zu arbeiten, und sein erster Abschluß für mich war, glaube ich, in Kamen beim Bildungswerk, und das war ein großer Erfolg, und es war der Anfang einer langen Reihe von Auftritten in Kamen bei meinem Freund Wolfgang Baer, dessen Frau Charlotte so wunderbare Salate machte, die aber später in ihrem Bett verbrannte, wohl wegen einer Zigarette. Und Wolfgang, Konrektor einer Schule in Kamen, mit dem ich vor dem Auftritt meistens durch die Kneipen am Marktplatz von Kamen zog, hin und zurück, und das Pils schmeckte ja dort wie Wasser in gutem Sinne, will sagen, so zehn an der Zahl vor der Vorstellung machten mir nichts aus, Wolfgang wurde ja dann später der Partner von Jürgen von Manger und irrte dann ein wenig in der Gegend umher, bis er dann mit Margret von Unna zusammenzog und eigentlich, glaube ich, nie mehr so recht glücklich geworden ist, und seine Söhne, beide große, immer leicht verloren wirkende Kinder, die viel Halt brauchen, von einem bin ich der Patenonkel, und ich bin ein ganz schlechter Patenonkel, nicht weil ich die Kinder nicht mag, sondern weil ich zu flüchtig, zu abwesend und selbst zu hilflos bin, seine Söhne können ihm auch nicht viel helfen, und so spielt sich da eine tragikomische Geschichte ab, deren Anfang ganz hell war und lustig, und ich lernte den Jazzer Glen Buschmann mit seiner Frau kennen und den guten Gerd Holtmann, von den Ruhrfestspielen, dessen Sohn ich meist beim Süddeutschen Rundfunk in Stuttgart treffe. Es war in Kamen immer ein Fest, und wir trafen den Professor Kampmann, den bildenden Künstler, den ich von Mainz her

kannte, und alles war oft wie eine große Familie, so daß wir uns, auch die »Arche Nova« gastierte mehrere Male in Kamen, immer auf Kamen freuten. Und Alfred Oswald schickte mich dann von Hü nach Hott, und überall entstand ein kleiner, treuer Hüsch-Kreis, den es heute noch als Kerntruppe in verschiedenen Orten gibt, so zum Beispiel um den Buchhändler Horst Schöttler in Diepholz, der jedes Hüsch-Programm nach Diepholz holte und mit dem ich heute noch von alten Oswald-Zeiten erzähle. Alfred Oswald holte mich eines Tages nach Hamburg und wollte mich dort der Presse vorstellen. Er hatte so etwa sechzig Journalisten und Journalistinnen in den »Insel-Pavillon« an der Alster eingeladen, und denen sollte ich mich mit meinen Werken etwa ein Stunde präsentieren, damit sie einen Eindruck bekämen und für weitere Auftritte in Hamburg vorbereitet seien. Für mich war so was immer eine heikle Geschichte, aber Oswald machte das so, und es war ja auch eine gute Sache. Es kamen nur knapp zwanzig Pressemenschen, aber Oswald ließ sich dadurch nicht entmutigen, begrüßte alle sehr herzlich und sagte dann, daß er weit mehr Kollegen und Kolleginnen eingeladen habe, aber sie seien wohl anderweitig beschäftigt, aber denen, die gekommen seien, wolle er doch folgendes sagen:
Meine Damen und Herren, wenn Sie auch nicht sehr zahlreich erschienen sind, so möchte ich doch eines festhalten, die, die gekommen sind, werden in fünfundzwanzig Jahren sagen, ich war dabei, als Hanns Dieter Hüsch zum ersten Mal in Hamburg auftrat!
Das war Alfred Oswald, sprachs und gab mir ein Zeichen, daß ich nun mit meinem Vortrag beginnen könne. Wenn ich heute die Bühne der Musikhalle in Hamburg betrete, und es ist ausverkauft, und da unten sitzen 1400 Hamburger Freunde, kann man wohl sagen, dann muß ich immer einen Moment an mich halten, denn ich denke daran, warum sitzt dieser Alfred Oswald jetzt nicht da unten in der ersten Reihe, um zu sehen, daß er recht behalten hat. Er kam eben vom expressionistischen Theater, und Kunst war für ihn alles, auch wenn er oft nicht sehr sympathisch war, launisch und sehr autoritär. Die Frieda mochte ihn nicht sehr, weil sie fürchtete, er würde mich ihr ganz wegnehmen, und manchmal, wenn er unangemeldet kam, wir aber vorher sein Auto sahen, das war meistens sonntags, haben wir nicht aufgemacht, weil er redete dann nur von sich, von seinen Prozessen und ging dann immer so weit, daß

er sagte, der Künstler gehöre nur der Kunst und nicht der Familie, der Künstler gehöre allen und nicht nur einigen wenigen, das war natürlich nichts für meine Marianne, genannt die Frieda, und ich war dabei immer etwas hin- und hergerissen, zum einen hatte die Frieda recht, zum anderen wollte ich natürlich meinen Beruf ausbauen, ganz abgesehen vom Geld, was ja monatlich auf den Tisch kommen mußte, und ich wollte auch bekannt werden, nicht nur in Mainz, sondern in der ganzen Welt, und die Frieda wollte das aber alles gar nicht und hat manchmal gesagt: *Wären wir doch in Weisenau unterm Dach geblieben und hätten uns weiter auf Apfelsinenkisten gesetzt, dann hätten wir Frieden und Ruhe.*
Ja, hab ich gesagt, und ich wäre dann weiter zum Südwestfunk gegangen, und alles wäre eines Tages nur noch ein Job gewesen, genau wie Würstchen verkaufen auf dem Bahnhofsvorplatz. Und die Frieda war eigentlich immer die Dumme und willigte ein, daß ihr Künstler auch manchmal in die große Welt mußte, um festzustellen, daß überall nur mit Wasser gekocht wurde. Und so schickte mich Alfred Oswald durch die Gegend mit meinem kleinen Koffer, von Volksbildungswerk zu Volksbildungswerk, von Volkshochschule zu Volkshochschule, von Kulturamt zu Kulturamt, von Kurbad zu Kurbad. Damals fuhr ich noch alles mit der Eisenbahn, und wenn es nicht mehr weiterging, dann mußte man in einen Bus, und wenn es da nicht mehr weiterging, dann lief man das letzte Stück zu Fuß, so lernte ich Land und Leute kennen. Einmal hat mich Alfred Oswald selbst gefahren, entweder ging es nach Bad Pyrmont oder Bad Salzuflen, und wir waren sehr spät dran, und ich zog mich schon im Auto um, hatte wie damals immer meinen knallroten Pullover an, und ich stand schließlich hinter dem Vorhang in Bad Pyrmont oder Bad Salzuflen und wußte nicht mal, wie der Saal aussah, wieviel Zuschauer gekommen waren, und Alfred Oswald sagte nur, jetzt kann ich Ihnen nicht helfen, und schubste mich leicht durch den Vorhang, und ich kam auf eine Bühne, die ich nie zuvor gesehen, und der Flügel stand völlig falsch, und ein Klavierstuhl war auch nicht vorhanden, das sind dann so Momente, in denen man lernt, drauflos zu erzählen, und manchmal finden die Leute das auch ganz witzig, und manchmal sitzen sie stumm und steif im Parkett und denken, erst zu spät kommen, und nun sollen wir auch noch darüber lachen, nein, dafür sind wir nicht zur Kur gefahren. Ja, ich habe oft vor Kurgästen mit dem Heilwasserglas in der zitternden

Hand gespielt, das sind dann die netten Gäste, die hinterher sagen, der Abend war ja sehr schön, aber der junge Mann hätte sich ja auch mal vorstellen können. Ich war ja damals wirklich noch ein junger Mann, und jeder Auftritt war für mich eine Reise in eine unbekannte Landschaft, und ich mutete den Zuschauern auch allerhand zu, denn es passierte bei mir ja nichts. Es gab nie ein Bühnenbild oder Kostüme, die ich rasend wechselte, wer bin ich denn, oder eine raffiniert ausgeklügelte Lichtshow, Essig, bei mir saß immer nur ein unbeholfener junger Mann am Klavier oder später hinter der Orgel, der mit seinem Gesicht und mit seinen Händen unermüdlich arbeitete, ansonsten gab es nur Sprache und ein bißchen hausgemachte Musik, und das war natürlich für ein Kurbadpublikum, für ein sogenanntes Binnenbadpublikum, herzlich wenig, verlangte ein solches Genesungspublikum doch auch was fürs Herz und fürs Auge. Aber so weit war ich damals noch nicht. Heute bin ich schon ein bißchen weiter. Ich meide Kurbäder, oder ich lache mich mit dem Publikum tot, so daß wir beide etwas davon haben. In den Nordseebädern von Norderney bis Borkum war es ja nicht anders. Da ist mir so recht des Künstlers Einsamkeit wie ein nasser Lappen um die Ohren gehauen worden, und zwar, wenn man so auf einem Dampfer von Bensersiel oder Harlingersiel aus auf die Insel zufährt und man schon weiß, daß die Möwen recht haben, wenn sie einen auf dem letzten Weg begleiten, denn man fährt ja direkt in die Hölle der oberflächlichen Zerstreuung hinein und dann noch auf eine Insel, die einem den Boden unter den Füßen wegzieht, und wenn man da auf dem Dampfer steht und ergeben in den Himmel guckt, denn man hat ja einen Vertrag und muß auch die 250 Mark mit nach Hause bringen, und man auch genau weiß, daß alles nur so Wischiwaschi ankommt, dann wird man zum Stoiker. Und wenn dann im Kursaal von Norderney, der etwa 250 Personen faßt, jedenfalls damals, nur elf Leutchen sitzen, auch noch schön über den Raum verteilt, wegen der unterschiedlichen Eintrittspreise, und Sie können also die elf Fans nicht mal bitten, doch alle in die erste Reihe zu kommen, und richtige Scheinwerfer gibts in dem Haus auch nicht, sondern nur zwei große Kronleuchter, die den Saal strahlend hell machen, aber mir keine Möglichkeit bieten, mich zu verstecken, dann ist dieser Beruf schon eine Krankheit, die man schnellstens loswerden möchte. In Langeoog bin ich gar nicht erst aufgetreten, da warens zwar fünfundzwanzig Zuschauer, aber der Kurdirektor meinte, daß wir uns beide diese geringe Besucherzahl nicht leisten könnten, und ließ die Veranstaltung ausfallen, zahlte mir meine Gage, und wir gingen in eine Kneipe und sahen uns gemeinsam ein Fußball-Länderspiel an. Es war, glaube ich, das Spiel Deutschland gegen Schweden, in dem der Reporter mehrere Male sagte, das hätte Juskowiak nicht machen sollen. Ich hatte mit den Inseln da oben, so sage ich immer, meistens Pech. Einmal habe ich in Wyk auf Föhr gespielt, vielmehr ich war eine Einlage auf einem Festball im Kurhaussaal und mußte am nächsten Morgen um 4.00 Uhr aufstehen, weil ich am nächsten Abend in der »Kleinen Freiheit« bei Trude Kolmann in München mit der »Arche Nova« Premiere hatte. Nun, die Einlage ging ziemlich daneben, und ich trank dieserhalb mehr, als ich vertragen konnte, da gibt es bei mir zahlreiche Unfälle dieser speziellen Art mit vorausgehender Bühnenkatastrophe, etwa nach einem Abiturientenball in Marl, wo ich dann anschließend in der »Loemühle-Bar« am Morgen nicht mehr wiederzuerkennen war, ich habe diese sittenlose Nacht ja in meinem Opus »Subjektiver Bericht von der Vernichtung eines Alleinunterhalters während eines Sommerfestes in einer Kleinstadt des Westens« verarbeitet, aber in Wyk auf Föhr war es einfach so, daß ich den Wecker zwar um 4.00 Uhr hörte, jedoch dachte, daß ich noch einen kleinen Moment in der Wärme liegenbleiben könnte, und das war mein Fehler, denn als ich dann wach wurde, war es 5.30 Uhr, und der Frühzug aufs feste Land war weg, und nun stand ich da, aber nicht lange. Ich raste die Treppe runter, in den Gastraum des Hotels, da räumte ein junges Mädchen gerade die Stühle von den Tischen, und ich erzählte ihr meine Geschichte, und dann sagte sie, daß vielleicht ihr Vater mich mit dem Motorboot an Land bringen könnte, sie müsse nur rasch laufen und nachsehen, ob er da wäre. Und sie lief, und der Vater war da, und dann sind wir beide zum Hafen gelaufen, rein ins Motorboot, ich hielt mich an meinen Klamotten fest, guckte immer nur nach unten, denn der Himmel über uns schaukelte ganz schön, aber ich hatte ja nichts im Magen, und das Ganze dauerte auch nur zwanzig Minuten. Der Vater wollte 45 Mark haben, weil er natürlich meine Notlage mitberechnet hatte, und ich war ja auch froh, als ich dann mit meinen zwei Koffern wieder festen Boden unter den Füßen hatte, und bin dann einfach die erstbeste Landstraße entlang marschiert, auf ein großes Bauernhaus zu, dort habe ich Alfred Oswald angerufen, und wir verabredeten uns dann auf dem Marktplatz von Niebüll, jeder sollte dort auf den anderen warten. Er kam von Flensburg und nahm mich mit nach Hamburg, wo um 14.00 Uhr ein Flugzeug nach München ging, und so war die Premiere gerettet, obwohl es mein allererster Flug war, aber meistens kommt ja alles auf einmal. Aber es ist heute noch so, wenn ich vom hohen Norden komme, fängt für mich die Welt eigentlich erst bei Münster wieder an. Blödsinn, ich weiß, aber es muß mit diesen frühen Gastspielen zusammenhängen und mit meiner Unsicherheit, was die große Welt betrifft. Meine jahrelange Angst vor großen Städten hängt sicher auch damit zusammen. Immer habe ich gedacht, in den großen Städten wie Hamburg, München oder Berlin mußt du ganz besonders gut sein, da ist das Publikum zehnmal so gut wie in Moers, Xanten oder Rheinhausen. Als ich später in Nachtvorstellungen im Hamburger Schauspielhaus, die mein Freund Karsten Jahnke arrangierte, auftrat, war ich immer sehr nervös, weil ich jedesmal dachte, du wirst diesem Publikum nicht gerecht, die sind das Beste vom Besten gewöhnt, und du bist ein Provinzkomiker, also reiß dich zusammen. Es ging jedesmal gut, aber jedesmal vorher die große Depression, das Gefühl, nicht zu bestehen. Heute weiß ich, daß ich als Sterblicher vor Sterblichen stehe, egal ob in Hamburg, München und Berlin, ich erzähle meinen Freunden, die gekommen sind, von mir etwas zu hören, und dafür auch noch Geld bezahlt haben, ein Stück von meinem Leben, das vielleicht auch ein Stück von ihrem Leben sein könnte, und diese Geschichten spielen sich überall ab, bei uns oder in Bulgarien, in Finnland, in Grovers Corner oder in Braunschweig. Alfred Oswald hat uns dann auch in Peter Ahrweilers »Rendezvous« untergebracht, in dem kleinen Kabarettkeller, über dem die größere »Komödie« lag, in der ja hauptsächlich Boulevardtheater gemacht wurde. Und so spielten wir mit der »Arche Nova« 1958 vier Wochen in Hamburg in dem intimen Rendezvous-Keller, mit den Tischchen, auf denen diese kleinen mit Kirschwasser gefüllten Laternen standen, die man als Souvenir erstehen konnte, und wenn man sie vom Tisch aufhob, erklang auch noch als Miniglockenspiel: »So ein Tag, so wunderschön wie heute.« Wir waren schon ein sehr literarisches Kabarett und hatten mit dem leicht gemischten Vertreterpublikum einige Schwierigkeiten, aber wir kamen ganz gut über die Runden. Im Jahr darauf spielten wir oben in der »Komödie«, weil der. Rendezvous-Keller anderweitig bespielt wurde, und in der »Komödie« lief es überraschenderweise sehr gut, und in Hamburg lernten wir auch unseren Freund Jürgen von Tomëi aus Basel kennen, der damals gerade anfing, ein Grafiker zu werden, noch zur Kunstgewerbeschule ging, viel mit uns zusammensaß, Programmzettel und Plakate für uns machte und von Hamburg bis heute unser Freund geblieben ist, mit dem ich, wenn wir uns treffen, ob in Basel oder anderswo, viele schöne Erinnerungen austauschen kann. Er hat an meinem Leben ganz schön teilgenommen, aber in Hamburg bei unseren »Arche Nova«-Gastspielen begann alles. Vor allen Dingen ist er einer der größten Lacher vor dem Herrn, und es gibt in Basel, wenn ich dort im »Theatre Fauteuil« am Spalenberg bei Roland Rasser, dem Sohn des großen Schweizer Kabarettisten Alfred Rasser, auftrete, Zuschauer, die, wenn sie sehen, daß sie in der Nähe von Jürgen von Tomëi sitzen, noch mal an die Kasse gehen, um dort ihre Plätze umzutauschen, weil sie sagen, daß Jürgen von Tomëi ihnen alle Pointen zunichte mache, weil er jedesmal so laut lache, daß man die Pointe akustisch gar nicht mitbekomme, ganz abgesehen davon, daß sie ein solch lautes Lachen auch als nicht sehr passend empfänden, denn Herr Hüsch habe ja wohl sicher mit seinen Pointen auch noch andere Ambitionen, als nur damit lautes und anhaltendes, rücksichtsloses Gelächter zu provozieren, zumal in einer Zeit, in der das Nachdenken doch wohl schlußendlich wichtiger sei als das bloße Auf-die-Schenkel-Schlagen, oder? So gab es auch viele Vorstellungen, wo ich gar nicht wußte, daß Jürgen von Tomëi im Publikum saß, ich aber dann an seinem speziellen Lachen sofort merkte, daß er da war, und nun auf der Hut sein mußte, nicht selbst dauernd zu lachen und schließlich aus der Rolle zu fallen. Er lacht am meisten bei Pointen, die ganz indirekt sind und die deshalb auch bei vielen nicht entdeckt werden, weil sie oft selbst so sprechen, da lacht er dann so unverhohlen bis unverfroren und manchmal als einziger im ganzen Theater, so daß man den Eindruck bekommt, die Pointe ist nur für ihn geschrieben worden. Aber ich greife vor und schweife ab. Die Schweiz kommt noch dran, und Jürgen von Tomëi kommt in ihr vor. Zunächst bin ich immer noch in Hamburg, und ich gastierte dort auch mit meinen Soloprogrammen und schlug mich mit dem Publikum redlich herum, und wenn ich manchmal die Schnauze voll hatte, ging ich hinterher auf die Reeperbahn, haute meine Gage auf den Kopf, zog von Spelunke zu Spelunke, stand oft mit dem Rücken zur Theke, weil man nie wissen konnte, freundete mich mit vielen Nachtportiers an, die ich zum Teil später in Berlin auf dem Kurfürstendamm im »Triangel« oder in München im Färbergraben wiedergetroffen habe, und war ein richtiges leichtsinniges Nachtschattengewächs, das nichts bereut, und es kam oft vor, daß ich erst morgens um halb zehn wieder in meiner Pension landete, hundemüde, ohne Geld, aber lachend, denn ich hatte ja noch ab halb sechs im »Blauen Peter«, dem berühmten Frühlokal, gesessen, in dem alles zusammenlief, was nachts unterwegs war, und man konnte ja auch in der Frühe noch mal eben mit einer Dame um die Ecke gehen und danach noch ein saftiges Steak essen und noch einen Kaffee im «Café Lausen« zu sich nehmen. Ach, ich habe diese Zeit geliebt, und sie hat meiner Seele nie geschadet, höchstens meinem Portemonnaie, und ich hatte dabei immer ein Ringelnatzgefühl, und ich wußte auch immer, wann es brenzlig wurde, weil, ich hatte eine Nase für Vergnügungsviertel und ihre besonderen Gefahren, Natürlich fiel man auch mal kräftig rein, Nepp ist das halbe Leben, und manchmal will man es sogar, reinfallen, zum Beispiel, wenn ich früher auf dem Steindamm ins »Café Cherie« ging, auf der linken Seite, ja, dann war man doch geblendet und wußte gar nicht, wo zuerst hingucken, und alle Damen gurrten wie die leichtesten Tauben und zogen einen schnell über die Straße ins dazugehörige Hotel, die Einsamkeit geht davon nicht weg, nein, nein, aber wozu ißt man Austern oder Pfirsiche, na also. Nur mal so. Und dann wieder Musik, und dann wieder ein Gedicht, und dann wieder einen frechen Mund und einen langen weißen Hals. Und am nächsten Abend ging man wieder auf die Bühne und verdiente sich das Geld dazu. Nein, es war kein gutes Leben, das ich damals in Hamburg und anderen Großstädten gelebt habe. Aber ich brauchte es und will es nicht verschweigen. Ich verschweige einiges in diesem Buch, aber nichts von mir, wenn, dann von anderen, um die nicht zu belasten. Auch später noch, in Hamburg oder anderswo, war ich immer unterwegs, um die Damen mit den knappen Röcken, den hohen Absätzen, den offenen Herzen zu sehen, im Sommer und im Winter, immer wußte ich, wo es solche Etablissements gab, immer führte mich meine Sucht mitten hinein in die Welt der Lust und des Lasters, und wenn auch nicht mehr alles so war wie bei Toulouse-Lautrec, dann wollte man das eben nachmachen, nachholen, und wenn man nachts noch so fror, das hatte man irgendwo gelesen, oder morgens noch so schwankte, das hatte man im Kino gesehen, irgend etwas zog einen wie mich immer wieder dorthin, vielleicht wollte man einfach in den Arm genommen werden, und das natürlich möglichst lasziv. Trunken war ich von diesen Nächten, und es sind immer die Kleinstadtknaben, die durch die Dunkelheit laufen und jede Laterne schon von weitem für ein leichtes, schönes Mädchen halten, mein lieber Alfred Lichtenstein, kann ich da nur sagen, wir sind in der Hinsicht, ich erlaube mir dieses Klischee, verloren, und deshalb machen wir ja auch Gedichte oder gehen auf die Bühne oder schwärmen für Bellman und rufen nach Rimbaud, und kapieren tut das kaum einer, die Mädchen schon gar nicht, aber ein kleiner Löffel Bitterkeit gehört auch dazu, ein Teelöffel, und dann arbeitet man wieder, sitzt ganz bürgerlich mit vielen klassischen Leuten zusammen, die nicht ahnen, wieviel schmutziges Blut in mir steckt, das ist auch gut so, daß sie es nicht ahnen, die kämen nicht damit zurecht, ich komme damit zurecht, ich kann das bei mir einordnen und auch abhaken, Die Frieda ist damit nur schwer zurechtgekommen. Wir haben selten darüber gesprochen. Nein, Unsinn, wir haben nie darüber gesprochen. Und deshalb sage ich ja auch immer, wir hatten eine glückliche, aber komplizierte Ehe. Und es war natürlich auch der Nomadenberuf, der vieles unberechenbar machte, und ich weiß noch, wie die Frieda meine Schreibmaschine nahm, sie hoch über den Kopf hielt und sie dann mit aller Kraft auf den Boden warf. Das war in der Kaiserstraße 42 in Mainz, in der Nähe der Christuskirche, und ich wußte, was die Glocke geschlagen hatte. Was sollte ich machen? Eines Abends gingen wir nach dem Kino wieder einmal in die »Katakombe«, den Mainzer Jazzkeller, in dem ja Helmut Pütters ein sehr abwechslungsreiches Programm anbot. Wir setzten uns an einen Tisch, sprachen noch über den Film, den wir gesehen hatten, es war bestimmt ein Western oder ein Krimi, denn die Frieda und ich, wir hatten ja so einen Hang zum Vordergründigen, weil wir mit dem Hintergründigen schon genug zu tun hatten, und Helmut Pütters kam an unseren Tisch und erzählte uns, daß gerade bei ihm eine junge Schweizer Kabarettistin zu Gast sei, ob wir sie nicht kennenlernen wollten, man könne doch nie wissen, was vielleicht daraus entstehe, und wo wir doch auch die »Arche Nova« hätten und so weiter, und er holte die junge Schweizerin an unseren Tisch, und sie erzählte uns, daß in Basel in Kürze in einem ehemaligen Käsekeller am Spalenberg ein Kabarett-Theater eröffnet würde, und zwar von Roland Rasser, und sie sei Mitglied des

Cabaret »Gigampfi«, das von Roland Rasser geleitet werde, und ob wir denn nicht Lust hätten, mal in Basel im »Théatre Fauteuil«, so sollte das Kabarett-Theater heißen, zu gastieren. Das wäre dann doch noch lustig, fügte sie noch typisch schweizerisch hinzu. Und die besondere Note dieses Kabarett-Theaters wäre, daß die Premierenzuschauer ihre Stühle selbst mitbringen müßten und dann dem Theater stifteten, so käme ein ganz individueller, bunt gemischter Zuschauerraum heraus, und sie seien alle schon ganz gespannt, und die Baseler seien sehr interessiert an Cabaret und Chansons und Kleinkunst, und Roland Rasser sei der Sohn des berühmten Schweizer Kabarettisten Alfred Rasser, der ja durch seine Figur vom Soldaten Läppli weltbekannt geworden sei. Und ich sagte, ja, das könne man ja mal ins Auge fassen, ich müsse natürlich noch mit den Kollegen reden und dann könne man ja mal gucken. Eigentlich habe ich an dem Abend die Einladung nicht ernst genommen, sondern mich höflich unterhalten und gedacht, sollen die mal erst ihr Theater aufmachen, und wer weiß, was die anderen Kollegen dazu sagen. Ich war bei solchen Dingen immer etwas zaudernd und skeptisch, weil ich ja auch bis dahin von der Schweiz, und speziell von Basel, keine Ahnung hatte. Ich erzählte den Arche-Freunden von dieser Begegnung in der »Katakombe«, und wir sagten uns, sollen sich die doch mal melden, und dann werden wir sehen. Ich hatte die ganze Sache schon fast vergessen, da kam tatsächlich ein Brief aus Basel, daß das Theater mit großem Erfolg eröffnet worden sei und ob wir nicht bald mal kommen wollten, mit kollegialen Grüßen, Roland Rasser. Die Bedingungen waren für uns neu, wir mußten das Theater mieten, die Kasse und die Werbung bezahlen, und der Rest gehörte uns, und den mußten wir nach einem Schlüssel, den wir uns selbst aufgestellt hatten, teilen. Miete, Kasse und Werbung kamen rund auf 200 Schweizer Franken, und der Rest betrug eben das, was übrigblieb, je nach Besuch oder nicht. Wir überlegten. Und dann fuhren wir nach Basel, und es begann eine völlig neue Zeit, wir eroberten die Schweiz, mit dem Arche-Nova-Ensemble und mit meinen Soloprogrammen. Wir kamen in ein Schlaraffenland. Unsere Premiere mit »Der Scheck heiligt die Mittel, aus dem Kon-Kursbuch der Zeit« war ein Riesenerfolg. Wir konnten es gar nicht fassen. Wir waren sehr ängstlich über die Grenze gefahren. Wird man uns verstehen, mag man unsere spartanische Art, Kabarett zu machen? Wir kannten ja auch den Schweizer Kabarettstil nicht gut genug, wir mußten einfach auf gut Glück spielen und sprechen und zeigen, so sieht die neue, junge deutsche Kabarettszene aus. Und das war das Geheimnis unseres Erfolges. Wir waren für die Baseler haargenau das, worauf sie gewartet hatten. Wir waren Antifaschisten, Antinationalisten, Pazifisten und Humanisten, dazu kam, wir traten sehr bescheiden auf, spuckten keine großen Töne und sprachen ein geschliffenes Hochdeutsch. Und wenn ich dann bei meinen Soli mich noch der krausen und verspielten Sprache bediente, waren die Basler ganz aus dem Häuschen. So wurden wir nach wenigen Tagen Stadtgespräch und hatten bald mehr Einladungen als Vorstellungen. Nach der Premiere im »Fauteuil«, einem ehemaligen Käsekeller, ging es hinüber zum »Lisettli«, das war eine kleine Weinstube, die von zwei liebenswerten alten Damen geführt wurde, die einen immer mit Handschlag begrüßten und auch verabschiedeten, dort ging es hin, und die »Lisettli«-Stube war so brechend voll, daß der Rotwein nur über unsere Köpfe im Stehen weitergereicht werden konnte und keiner in der Lage war, sich eine Zigarette aus seiner Jackentasche zu angeln, geschweige denn anzuzünden. So einen Empfang und so einen Triumph habe ich in meinem Leben nie mehr erlebt. Heute ist das alles ganz anders, stiller, vereinzelter, älter und klüger. Aber alles der Reihe nach. Wildfremde Leute kamen in den Tagen darauf auf der Straße auf uns zu, schüttelten uns die Hände und sagten: *Danke vielmals.* Die Presse erschien jeden zweiten Tag in der Garderobe und fragte nach, ob sie was für uns tun könnten, vielleicht noch mal ein Hinweis mit einem Foto und einer Bildunterschrift, Denn der Jubel war groß, und der Besuch steigerte sich langsam, aber das Theater blieb vorerst nur halb gefüllt, so daß wir mit unseren Einnahmen so eben hinkamen, das heißt, wir konnten keine großen Sprünge machen, und einige wohnten deshalb auch privat, wie ich zum Beispiel bei Tante Mariechen auf der Wanderstraße 165, von der ich schon erzählt habe und die ja immer wissen wollte, wo die goldene Brosche von meiner Mutter wohl hingekommen sei, und die eine tapfere Frau und eine gute Christin war und von Neukirchen-Vluyn am Niederrhein mit Mann und Kindern nach Basel ging. Und da konnte ich wohnen und das teure Hotel sparen. Rudolf Jürgen Bartsch und Heinz Brass wohnten auf der deutschen Seite in einer einfachen Pension in Haltingen, scherzhaft Enthaltingen genannt, Helga Mummert und Agnes Verena wohnten ebenfalls privat, und alles in allem kamen wir so eben über die

Runden, konnten aber nicht viel für unsere Lieben zu Hause mitbringen. Und als wir zurückfuhren, hatten wir viele Freunde gefunden, Freunde, die uns auch in den folgenden Jahren sehr geholfen haben, bei denen wir wohnen konnten, Hans Peter Bues mit seinem Kreis, und vor allen Dingen Martin und Maja Schwartz nicht zu vergessen, die immer eine Liebe und ein großes Herz für die Arche und ihre Familien hatten, und Martin Schwarz, der Zuchthauspfarrer von Basel, brachte uns mit Karl Barth, dem großen Theologen, zusammen, der kein Programm der Arche Nova versäumte und seinen Christenmenschen manchmal empfahl, den Kirchgang auszulassen und dafür in eine Matinee der Arche Nova im »Fauteuil« zu gehen. Er lud uns jedesmal zum Kaffeetrinken ein und machte uns dann mit hin- und hergezogener Wange akustisch »Enten im Schlamm« nach, ein Kleinkünstler unter den Theologen. Wir spielten auch einige Male im Zuchthaus, und oft blieb uns mancher Satz und manche Pointe im Hals stecken oder wurde spontan weggelassen, weil wir keinen der Zuchthäusler wehmütig machen wollten. Im Anschluß an die Vorstellung durften wir oft mit in die Zellen und uns mit den Gefangenen unterhalten, die manchmal, wenn sie von Martin Schwarz erfuhren, daß wir wieder mit einem Programm ins Zuchthaus kämen, für uns kleine Geschenke in ihrer Werkstatt gebastelt hatten. Einmal war es ein einfacher Krug, dann eine Rundledertasche und für unsere Anna eine große Stoffpuppe. Und als wir zurückfuhren, war das alles in unseren Köpfen drin, wie gesagt, wir waren in einen Rausch hineingeraten, besser hätten wir es gar nicht antreffen können, aber dennoch mußten wir uns alle überlegen, ob es von ökonomischem Sinn war, im nächsten Jahr wieder hinzufahren. Und unsere Entscheidung fiel dann so aus: Wir fahren noch einmal hin, sollte der finanzielle Teil nicht günstiger ausfallen, dann lassen wir es in Zukunft, wenn uns aber die Baseler in Massen zulaufen, um so besser. Und die Entscheidung war richtig, Basel kam, und die meisten Vorstellungen waren ausverkauft. Sonntags spielten wir sogar dreimal, morgens um 11.00 Uhr, nachmittags um 15.30 Uhr und abends um 20.30 Uhr, und zwischendurch wurde man noch zum Mittagessen von Frau Haegeli eingeladen, zum Kaffeetrinken bei Schwarzens, wo ich mit den Kindern, besonders mit Lukas, oft Tischtennis gespielt habe, und abends nach der Vorstellung kamen Studenten und nahmen uns einfach mit bis unters Dach in der Altstadt, und dort saßen schon dreißig Leute

und aßen Schnecken, tranken Rotwein, und Käse gabs und Bauernbrot, und das ging dann oft so bis vier oder fünf, und wenn ich dann nach Hause kam, dann sagte Tante Mariechen auf der Wanderstraße 165:
Na, wie war et?
Gut, sagte ich dann, *ausverkauft*.
Hauptsache, sagte dann Tante Mariechen, *na, dann schlaf ma schön*.
Und Jürgen von Tomëi war natürlich auch dabei, und er wohnte damals noch bei seinen Eltern in Rheinfelden und trampte dann abends, auch wenn es sehr spät geworden war, noch nach Hause. Oft saßen wir bis spät in die Nacht auf einer Bank an der Heuwaage. Dort gab es ein grafisches Haus, jedenfalls wir nannten es so, weil, das Haus hatte an einer Seite sehr viele gleich aussehende Fenster, und hinter den Fenstern gingen immer, wie bei einem Glücksautomaten, abwechselnd die Lichter aus und an, und es sah wirklich so aus, als wäre das Haus ein riesiger Spielautomat oder aber es wäre ein Kunstwerk, mit dem man so grafische Lichtspiele machen konnte, ganz abgesehen davon, daß sich ja hinter Fenstern was abspielt, wenn dauernd das Licht an- und ausgeht, sagen wir mal Liebe oder Mord, Krankheit oder Schlaflosigkeit. Tagsüber gingen wir oft in den »Braunen Mutz«, das war ein großes bürgerliches Restaurant am Barfüßerplatz, gegenüber vom Casino, aber abends gingen wir meist ins »Gifthüttli«. Jedenfalls wenn man uns nach der Vorstellung suchte, konnte man sicher sein, sie sitzen im »Gifthüttli«, wo der Wirt zwei sehr hübsche Töchter hatte. Mittags traf ich mich mit Jürgen von Tomëi oft in der Kunsthalle, und zwar in dem bürgerlichen Teil, in dem mir sehr viel später auch Judith Melles ihre inzwischen weltberühmte Tochter Sunnyi vorstellte. Auf Judith komme ich später noch zurück. Nachdem wir Basel einigermaßen erobert hatten, wollten wir natürlich nun auch nach Zürich, vielmehr der verrückte Doktor Schwarzwald tauchte eines Tages bei Roland Rasser auf und schlug uns vor, doch auch in Zürich, in seinem »Hirschen«, dem wohl berühmtesten Cabaret-Lokal der Schweiz, aufzutreten. 208 Plätze, die Kasse könnten wir ja selbst machen, und die Werbung komme auf 150 Schweizer Franken. Die Miete betrug, glaube ich, ähnlich wie in Basel 70 Schweizer Franken. Der Rest sollte uns gehören, und er bekomme dann noch die Einnahmen aus der Konsumation, die obligatorisch sei. Und wir sagten ja, brauchten aber vier Jahre, um dann den »Hirschen« mit seinen 208 Plät-

zen vier Wochen lang ausverkauft zu haben, und Peter Zimmermann, das werde ich nie vergessen, schrieb in der NZZ die Überschrift: »Zürich hat sein Cabaret«. Die Ironie des Schicksals war, daß in diesem Jahr, nachdem wir uns ganz zäh von Jahr zu Jahr eine Zürcher Clique nach der anderen erobert hatten, die Arche sich auflöste, nachdem ich auch, reiner Zufall oder nicht, im Arche-Verlag bei dem von mir so verehrten Peter Schifferli meine ersten gelb-schwarzen Büchlein machen konnte wie »Frieda auf Erden« und »Von Windeln verweht«. Peter Schifferli kam mit seiner Frau in alle unsere Premieren und war immer voller Geschichten und Erinnerungen und erzählte so wahnsinnig drauflos, daß ich, wenn er mich in die »Schifflände« einlud, kaum zum Essen kam, sondern nur ganz klein und schüchtern neben ihm saß und dauernd dachte, Donnerwetter. Er trug immer die gleichen Jacken und Hosen, Hemden und Pullover, dunkelblau, also Ton in Ton, aber er hatte natürlich davon jede Menge im Schrank, und wenn er grinste und lachte, sah man, daß seine Zähne ganz schön unregelmäßig waren. Aber dafür machte er wirklich meine ersten Bücher, tat zwar nicht viel dafür, aber ich war natürlich sehr stolz, wenn auch die Frieda immer sagte, die Frieda-Geschichten stimmten alle nicht, so sei sie nicht, ich verzerrte sie, aber ich wollte ihr damit ein Denkmal setzen und habe das ja wohl auch getan. In Zürich lernten wir Max Frisch und Ingeborg Bachmann kennen, trafen Elmar Schulte wieder, der mich mit zur öffentlichen Generalprobe von Dürrenmatts »Die Physiker« nahm, sahen Klaus Hennch wieder, den immer etwas unglücklichen Fotografen aus Mainz, der heute noch in Kilchberg lebt und ein wechselhaftes und wenig erfolgreiches Leben hinter sich bringt und mit der Welt kaum fertig wird, und Jürgen von Tomëi war immer dabei, auch in Zürich, und ich wohnte zuerst bei Anne und Willi Rotzler in der Nähe vom Bahnhof Enge, und Willi Rotzler war ja der Mann in Zürich, der die Avantgarde in der bildenden Kunst für mich personifizierte, Kenner, Lehrer, Direktor, Freund und Animator, er sah immer aus wie ein Skandinavier, der in der Schweiz von seiner Anne festgehalten worden ist, damit er sich besser zurechtfindet, so wie die Frieda mich manchmal festhielt, damit ich nicht vor lauter Euphorie in den Himmel fliege, und die Rotzlers, so nenne ich sie heute, kommen immer nach Zug, wenn ich dort bei meinen Freunden Annemarie und Geny Hotz im »Burgbachkeller« gastiere, und neben dem Kellertheater gab es früher eine Wirtschaft mit Restaurant, und der Besitzer hieß Hagenbuch und war auch eine Zeitlang Stadtpräsident von Zug, bis er von der Stadthaustreppe fiel und sich das Genick brach, das haben mir alles die Hotzen, erzählt, die ja uralte Freunde sind und die ich wieder in Emils Kleintheater am Bundesplatz in Luzern getroffen habe, in dem kleinen Café direkt neben dem Theater, in dem hinter der Theke immer die gute Trudi Aschwanden steht, und das Theater wird heute von der Marianne von Almen geleitet, und ich kann das alles gar nicht auf einmal erzählen, weil es so unendlich viele Menschen waren, die da auf mich zugekommen sind, und dann treffe ich plötzlich in Luzern die Ruth Lambrecht, die jetzt Schweizer heißt und die mit mir in Moers zusammen zur sogenannten Volksschule gegangen ist, und abends gehe ich Programm für Programm auf alle diese Bühnen, von Basel bis Luzern, von Zürich bis Zug, von Olten, Franz Hohlers Heimatstadt, bis Thun, von Winterthur bis Brig, und es gab eine Zeit, da war ich in der Schweiz bekannter als in Deutschland, und überall wurde ja auch ein Kleintheater aufgemacht, ob das in Bremgarten bei Willi Haller war oder im »Sigristenkeller« in Bülach, überall konnte ich, konnten wir spielen, und überall waren wir herzlich willkommen, einmal haben wir sogar in der Kirche von Oberglatt gespielt, dorthin hatte uns Huldrich Mayer eingeladen. Viele der alten Freunde und Gönner sehe ich heute nicht mehr, weiß nicht, was aus ihnen geworden ist, aber ich weiß schon, daß sie damals mein Leben begleitet haben und daß das ein wichtiges Stück von meiner Welt war, wie ja überhaupt die Schweiz mit mir ein wenig Schicksal gespielt hat und zwar in den Städten St. Gallen und Bern, die ich deshalb bis jetzt auch nicht erwähnt habe. Nach Basel eroberten wir Zürich, wie wir Deutschen ja gerne sagen, und ich wollte auch unbedingt noch nach Bern, denn Bern war ja die Stadt der Kleintheater schlechthin. In der Gerechtigkeitsgasse und in der Kramgasse wimmelte es zu der Zeit von Kellertheatern. Aber mein erster Auftritt in Bern fand dort nicht statt, sondern ich spielte zuerst bei Georg Brabant im »Studio 20«, und das war, glaube ich, in der Amthausgasse, jedenfalls in einem Keller, der wiederum in einer Passage lag, gleichviel, ich spielte dort, glaube ich, elf Tage. An den ersten acht Tagen waren immer nur zehn bis elf Leute da, in den letzten drei Tagen war der »Laden« ausverkauft. Was war passiert? Die Sache mußte sich erst mal rumsprechen, und das dauerte halt in

Bern so lange, aber jeden Abend stand auf meinem Klavier, ich spielte damals über die rechte Schulter, eine langstielige Rose als Dank für meine kleinen poetischen Geschichten. Ich wohnte in einem Antiquariat, das heißt, mein Feldbett stand in einem großen Zimmer zwischen lauter Regalen voll mit Büchern, und waschen konnte ich mich nur draußen, in einem Innenrondell, da war ein kleines Spülbecken, und da konnte man sich Wasser ins Gesicht und sonstwo hinwerfen, aber die Leute, die mir diese Unterkunft gewährten, sind wohl die liebsten und besten unter den Menschen auf dieser Welt, ich meine das Ehepaar Alder, die immer mittags zum Essen und am Abend auch noch mal im »Commerce« saßen, heute gehen sie dort nicht mehr hin, heute trifft man sie in der »Webern«, etwas hilflos und eigentlich den Dingen nicht mehr gewachsen, aber es ist eine wunderbare Sache, auch heute noch immer die alte Freundlichkeit und Güte zu sehen und zu spüren. In diesem Zimmer mit den vielen Büchern habe ich zwischen zwei Regalen gesessen und in einer Nacht Jack Kerouacs »On the Road« ausgelesen, auf deutsch natürlich, denn so schnell kann ich in Englisch nicht lesen, ganz abgesehen davon, daß ich sowieso nicht sehr polyglott bin, unter uns gesagt, überhaupt nicht. Und in diesem »Studio 20«, in dem ja meine letzten Vorstellungen ausverkauft waren, saß zweimal in der ersten Reihe eine junge Frau, die aussah wie eine Mischung aus Jean Seberg und Jeanne Moreau oder wie Jane Fonda im Film »Klute«, also fast wie ein Knabe mit Fehlern, und lachte und lachte, und das warf mich fast von der Bühne, und es zog mich hinab in eine Geschichte, aus der ich fast nicht mehr heil rausgekommen wäre, wenn nicht die Frieda gewesen wäre, die wie eine Löwin kämpfte, und ich war für zwei Jahre eigentlich kein Mensch mehr und raste nur noch hin und her, und ich weiß heute gar nicht mehr, wie ich das einordnen soll, jedenfalls wartete sie am Ende der Vorstellung am Ende der Passage auf mich, stand dort wie ein Magnet mit Haut und Haaren, obwohl die sehr kurz geschoren waren, und ich bin, ich mußte einfach auf sie zugehen, und dann sind wir zusammen noch zu Affolters und sind dann gegen Morgen mit einem Taxi nach Hause gefahren, haben uns getrennt, nichts war, und uns für den nächsten Mittag im »Coque d'Or« verabredet, haben dort jeder ein Entrecôte Café de Paris gegessen und ganz schüchtern uns immer wieder angeguckt, und dann bin ich nach Deutschland gefahren und später über München

wieder für einen Sonntag nach Bern gefahren, in ihre kleine Wohnung in der Matte, so heißt die Gegend, da wo die Aare ganz breit ist, und ungefähr gegenüber liegt das »Schwellenmätteli«, wo man sehr gut Fisch essen kann, und dann war es soweit. Und als ich am nächsten Tag wieder wegmußte, war das nicht so einfach. Ihr Name war damals Sascha Berger. Heute heißt sie Sascha Stewart, denn sie ist später mit einem englischen Schauspieler namens Stewart nach Hollywood gegangen, um dort wiederum in der Nähe von Trevor Howard zu sein, den sie sehr verehrte. Aber beide Männer sind inzwischen nicht mehr, und meine Sascha hat jetzt in Hollywood eine große Fotofirma mit zig Angestellten, und manchmal erzählt mir ihre Schwester, daß Sascha in ihrem Büro ein großes Plakat von mir aufgehängt habe, aber dabei wollen wirs auch belassen. Sie war damals eigentlich liiert, wie man sagt, mit einem polnischen Architekten, der in Zürich lebte und Edek Zukiermann hieß, aussah wie Charlton Heston und immer Mäntel trug, an denen wenigstens ein Knopf fehlte. Und mit ihm habe ich mal an einem schönen lockeren Nachmittag eine ganze Flasche Whisky pur so vor mich hin getrunken, und als ich nach Stunden aufstand, schlug ich der Länge nach auf den Teppichboden und ward nicht mehr gesehen, hätte ich beinahe geschrieben, aber Edek, der aussah wie Charlton Heston in »El Cid«, hob mich auf, legte mich auf die Couch und sagte:
Schlaf, um sechs Uhr wecke ich dich, dann trinkst du einen dreifachen Mokka, und dann fahren wir in ein Lokal, dort ißt du ein Steak, nur ein Steak, und dann fahre ich dich in den »Hirschen«, und dann kannst du die Vorstellung einigermaßen überstehen.
Und das haben wir dann auch so gemacht, nur als ich in die Garderobe kam, sagten alle Kollegen:
Wie siehst du denn aus? Du brauchst dich gar nicht mehr zu schminken, du bist ja krebsrot, was war denn los?
Ich sagte gar nichts und spielte. Wie, weiß ich nicht mehr, aber die Freunde wissen es und erzählen auch heute immer noch davon und beschwören sogar, daß ich in dieser denkwürdigen Vorstellung im alten »Hirschen« in Zürich mehrmals an die Rampe gegangen sein und gesagt haben soll:
Mein Damen und Herren, soll ich mich jetzt erbrechen?
Ich weiß nichts davon. Edeks Radikalkur hat mich aber wenigstens über die Runden gebracht. Schade, ich müßte meinen Freund Manoli noch

mal danach fragen, aber er lebt auch nicht mehr. Es war eine Wahnsinnszeit. Vom »Select« ins »Odeon« und zurück. Und tagsüber schlief man lang. Und nachtsüber ging man noch ein bißchen ins »Malatesta«, aß Gorgonzola, und von dort rief ich die Frieda an, und das waren lange Gespräche, und die Freunde sagten immer, wir kommen nach dem Kino wieder hier vorbei. Und Manoli brachte mich mit vielen Zürcher Freunden zusammen, Psychologen und Architekten, Schauspielern und Galeristen, und Gunda lernte ich kennen, die spätere Frau von Dimitri, dem großen, berühmten Clown und Artisten, der einer von den allerbesten Künstlern auf dieser Erde und auch ein wahrer Mensch ist. Und viele Freunde brachten mich wieder mit anderen Freunden zusammen, und wenn es ganz vornehme Menschen waren, ging man auch schon mal in die »Kronenhalle«, meist aber ins »Corso«, da ist ja jetzt leider nur noch ein Nudelzirkus drin. Einer der Treuesten bis heute ist der Maler Hans Christian Jensen, den wir immer wieder bei jedem Gastspiel mit seiner fröhlichen schönen Frau treffen. Und das ist etwas Schönes, wenn man so über viele Jahre hinweg den Zusammenhalt nicht verliert. Oder es ruft der Pfarrer Tobler an und erkundigt sich nach meinem Befinden und ist auch nicht böse, daß man sich diesmal aus Zeitgründen nicht treffen kann. Ach, und dann kommt Jürgen von Tomëi mit einer ganz vollen Mappe mit seinen neuesten Zeichnungen und fragt mich, ob ich ihm zu den Bildern das Vorwort schreiben könnte und zu den Bildern vielleicht noch jeweils eine kleine ironische Bemerkung. Und vieles, so vieles hat sich da abgespielt und tut sich heute noch. Heute vermengen sich die Erinnerungen mit den ganz jungen und frischen Erlebnissen. Aber wenn ich in der Halle vom Hotel »Europe« in der Dufourstraße sitze und auf die Straße schaue, dann sehe ich noch, wie Walter Mehring aus dem Hotel »Opera« gegenüber kommt und ins »Conti« geht, diesem allerbesten Speiserestaurant, in dem ich meist, wenn in Zürich, mittags zu finden bin, und ich sehe dann, wie Walter Mehring wieder aus dem »Conti« kommt, noch einmal zurück ins Hotel »Opera« geht, nach kurzer Zeit aber wieder herauskommt, wahrscheinlich hatte er nur seinen Bleistift vergessen, und dann wieder ins »Conti« geht. Und dann denke ich mich oft ein Stück zurück, denke an jene Jahre, in denen wir Mehring, Klabund und Brecht und Tucholsky ja erst mal entdecken mußten, und nun, so hab ichs erlebt, schleppt sich ein alter Dichter vom Hotel

»Opera« ins »Conti« und zurück und ist eigentlich ein vergessener Mann, abgesehen von ein paar Spezialisten und Liebenden, die schon wissen, was da gelebt, gelitten und geleistet worden ist. 1960 habe ich dann in Bern mitgeholfen, ein Kleintheater zu eröffnen. Die Eröffnungszeremonie war am Nachmittag, und am Abend begann ich mit meinem Programm die erste Vorstellungsreihe. Und das Theater hieß »Die Rampe«, wurde geleitet von dem Berner Troubadour und Poeten Bernhard Stirnemann, und dessen Frau Marianne war wiederum die Schwester von Sascha Berger, die ja immer noch in meinem Herzen spukte, und so konnten wir einige Zeit Zusammensein, und fast ganz Bern wußte von unserer Liebe, denn wenn wir morgens zum Frühstück ins »Café Madrid« kamen, machte folgender Satz die Runde: *Die beiden lieben sich noch zu Tode, wie wird das wohl enden.* Es endete einfach damit, daß die Frieda mich zurückkämpfte, um nicht zu sagen zurückpfiff, und ich einige Jahre, drei warens insgesamt, die Schweiz nicht betrat, und alles ging so drunter und drüber, daß ich schließlich bei dem großen Quint in Hangelar bei Bonn fast sechs Jahre lang, einmal in der Woche, in die Analyse ging, um mir auf die Schliche zu kommen. Es war eine gute Sache. Und oft habe ich an der Straßenbahnhaltestelle, fast auf freiem Feld, in der Dunkelheit gestanden und mir mit Blick nach den Sternen gesagt, das mußt du jetzt machen, und dann bin ich mit der Straßenbahn zum Bahnhof gefahren und dann mit dem Zug nach Mainz, und so ganz allmählich bekam ich mich wieder in den Griff, obwohl ich schon ganz schön unten war, mit Leib und Seele, und was da so drumrum ist. Ich habe später, sehr viel später, in den sechziger Jahren, mit meinen Freunden Kurt Bernhard Schmalz und Karl Schedereit in Amerika zwei Filmchen, kabarettistische Reisefeuilletons, gemacht, und habe auf dieser Reise, als wir in die Nähe von Las Vegas kamen, auch einen Privatabstecher nach Los Angeles gemacht und habe dort Sascha und ihren Mann besucht, und der schleppte mich gleich ins Studio, und ich konnte mir ansehen, wie die Amerikaner damals eine Red-Skelton-Show produzierten. Also, so was von atemloser Präzision habe ich nie mehr erlebt. Abends sind wir dann noch essen gegangen, ich hatte es mit meinem Englisch sehr schwer und bekam ganz gräßliche Kopfschmerzen, und das war wohl eine Mischung aus Angst und Erschöpfung, Neid und Erinnerung, ich weiß es nicht. Ich bin dann mit Sascha alleine noch die ganze Nacht zusammengesessen, und wir mußten so manches noch zwischen uns klären, denn wir waren ziemlich verbittert auseinandergegangen. Am nächsten Tag habe ich dann meinen Schwager George und meine Schwägerin Uschi besucht, die natürlich keine Ahnung von meinem Sascha-Trip hatten und sich fürchterlich freuten, mich zu sehen, und dann bin ich mit den Kollegen über New York nach Deutschland zurückgeflogen. 1962 habe ich in Basel zum erstenmal richtig Theater gespielt. Egon Karter, der Chef der Baseler Komödie, besuchte mich in der Garderobe des »Fauteuil« und erklärte mir, daß er den »Hofmeister« von Brecht machen und die Titelrolle gerne mit mir besetzen wolle, weil, so sagte er, er da keinen Schauspieler, sondern eine Persönlichkeit haben möchte, die von ganz eigener Art sei, und er könne sich vorstellen, soweit er mich kenne, daß ich dafür der passende Mann sei, Gage für einen Monat 2000 Schweizer Franken. Also gut, dachte ich, warum nicht, wenn er das so meint und vor allen Dingen auch so macht, dann kann das ja mal so zwischendurch eine gute Sache werden, dachte ich und sagte zu. Ich habe ja immer, auch später, nebenher so kleine andere Arbeiten, die nichts direkt mit dem Kabarett zu tun haben, angenommen, weil ich mir, auch heute noch, sage, es übt, es kann nicht schaden, es ist nichts umsonst, wer weiß, wo das Leben hinläuft. Aber die Kartersche Version von der Persönlichkeit mit ihrer ganzen Introvertiertheit, wie ich sie ihm hätte bieten können, war von der ersten Leseprobe bis zur Derniére gar nicht gefragt. Er machte aus mir einen läufigen Hund, der über die Bühne hechelte, und nach der Premiere und den ersten Vorstellungen, in denen ja naturgemäß noch die besondere Aufregung zur schauspielerischen Dichte führen kann, kam bei mir nur noch heiße Luft, dementsprechend die ersten Versprecher, und so hampelte ich einen ganzen Monat über die Bühne, sichtlich unzufrieden mit mir und der Welt. Aber Egon Karter fand das alles in Ordnung. Zwischendurch mußte ich auch noch tagsüber nach Baden-Baden, um beim SWF den Moderator für eine fröhliche Mathematiksendung zu machen, mußte einen Text auswendig lernen, den ich vorne und hinten nicht verstand, ich und Mathematik, Sie wissen ja, und den mir in Basel immer die schöne Kollegin Emily Reuer abhörte. Und dann gabs da noch die schöne Schnurawa und nicht zu vergessen die kleine, aber bezaubernde Gaby Gasser, die ja später mit Juhnke und Pfitzmann auf dem Kurfürstendamm ganz groß rausgekommen ist, wie man

sagt. In Basel spielte sie damals eine von den drei Schlittschuhläuferinnen, und manchmal wußte man nicht, wo man mehr hingucken sollte, zu ihr oder zu ihrer Mutter, die auch von sehr anziehender Ausstrahlung war. Aber die Schönste unter den Damen der Baseler Komödie war unsere Requisiteuse Judith Melles. Damals war sie noch Requisiteuse, und ich konnte sie von der Bühne beim Spiel durch eine Öffnung im Bühnenboden beobachten, wie sie still und fast feierlich, wie eine Inspizientin von Adel, von ungarischem Adel wohlgemerkt, die Requisiten bereitlegte, um von Auftritt zu Auftritt parat zu sein. Und in diese Frau verliebte ich mich sofort und zutiefst platonisch. Ich weiß auch nicht, warum platonisch. Aber es war eben so, und während ich mich abmühte, den »Hofmeister« in der Karterschen Version einigermaßen über die Bühne zu bringen, war mein einziger Trost in diesem Anti-Spiel, das ich da vollzog, jeden Abend diese Requisiteuse, die da unten manchmal zu mir aufsah, aber ich wußte nicht, ob sie was merkte oder ob ich mal wieder mit meiner Phantasie weit voraus war, und alles war eben nur ein krankes Liebeshirngespinst von einem Mann, der manchmal schon mit einem Blick zufrieden war. Eines Tages hab ich sie zu einem Essen eingeladen, und sie kam auch in einer dunkelblauen Bluse und in einem Pepitarock und hatte nur Wehmut und Herbheit in ihrem Gesicht, darin war der Mund ganz lieblich, und die Augen waren ungemein lebendig, ungarisch-lebendig, und sie erzählte von ihrer zusammengebrochenen Ehe mit diesem berühmten Dirigenten und von ihrer Tochter, und es ergab sich eigentlich gar nicht, daß ich ihr was sagen konnte, ich hab es dann aber doch getan, und wir wurden so etwas wie Freunde oder vielleicht ein bißchen mehr, und sie sagte immer nur Hüsch zu mir, heute auch noch, wenn wir uns mal spätabends nach den Vorstellungen zufällig im Casino treffen. Sie ist nämlich später eine große Schauspielerin am Basler Theater geworden, von ihrer inzwischen weltberühmten Tochter Sunnyi ganz zu schweigen. Einmal trafen wir uns zum Essen im rustikaleren Teil der Kunsthalle, und sie hatte ihre Tochter mitgebracht und sagte:
Hüsch, was meinst du, soll ich dieses Mädchen nach München gehen lassen, du kennst dich doch aus.
Und ich sagte:
So genau kenn ich mich auch nicht aus, aber wenn sie unbedingt nach München will, dann mußt du sie gehen lassen, du kannst sie eh nicht aufhalten.

Aber es paßte ihr gar nicht, und heute ist sie natürlich wahnsinnig froh und stolz und kann sich gar nicht beruhigen. Einmal haben wir in der Wohnung des Kollegen Süßenguth ein großes Fest gefeiert. Er war selbst nicht da, hatte uns aber seine Wohnung überlassen, und alle »Hofmeister«-Geschädigten kamen, und es war eins der ausgelassensten Feste, die ich mitgemacht habe, so ausgelassen, daß Judith Melles mir gegen Morgen nach einem Disput ein Pfund Zucker über den Kopf streute, und der gute Jürgen von Tomëi dann stundenlang versuchte, mir mit einem Staubsauger den Zucker wieder aus den Haaren zu kriegen. Herrgottnochmal, was waren wir damals so völlig außerhalb der Realität, und das war auch die Zeit, wo mir eine große Werbeagentur in Basel einen speziellen Auftrag gab. Die kamen zu mir und sagten folgendes: Wir haben den Auftrag, für die großen, führenden deutschen Tages- und Wochenzeitungen einen Spruch für Berlin zu entwerfen, und zwar soll auf einer ganzen Seite für Berlin geworben werden. Es soll auf dieser Seite zu Investitionen jeder Art angeregt werden, und nun brauchen wir noch einen attraktiven Satz, der die ganze Sache ein bißchen literarisch verbrämt, und wir dachten uns, daß Ihnen dazu vielleicht etwas ganz Besonderes einfällt. Ich sagte, so was hätte ich noch nie gemacht, und deshalb wisse ich nicht, ob ich das überhaupt könne. Natürlich können Sie so was, sagten sie, Sie haben eine Woche Zeit, und dann kommen Sie zu uns und bringen uns den Satz mit, das wäre doch gelacht, wenn ausgerechnet Sie das nicht könnten. Ich hab dann zuerst mal gar nichts gemacht, obwohl mir immer so was im Kopf rumging wie Brandenburger Tor und Freiheit und Weg und Berlin, aber eine Woche ist lang, dachte ich, bis dahin werden die Musen dich schon anrufen. Und es war der Morgen nach dem großen »Hofmeister«-Fest in der Wohnung vom Kollegen Süßenguth, an dem ich den Satz in der großen Werbeagentur abliefern sollte, aber zunächst war Jürgen von Tomëi noch damit beschäftigt, mir den Zucker aus den Haaren zu saugen, den Zucker, den die verrückt gewordene Judith Melles mir morgens so gegen fünf Uhr über den Kopf geschüttet hatte, und als ich ihm beim Staubsaugen sagte, ich hätte da so einen Satz mit Brandenburger Tor und Freiheit, fing er sofort an zu lachen, nicht wegen des Satzes, sondern wegen meiner Chuzpe, den Satz immer noch nicht richtig zu haben, obwohl ich ihn in wenigen Stunden abliefern mußte, und als wir morgens so gegen sechs Uhr, vom Zucker befreit, die Süßenguthsche Wohnung ziemlich

angeschlagen verließen, gingen wir zum Barfüßerplatz, drehten dort vor dem Casino die gestapelten Stühle um, für jeden zwei, setzten uns in die Stühle hinein, und die Füße legten wir hoch in die anderen Stühle, grinsten in die Frühe und lachten, mal schrecklich laut und dann wieder leise, vor uns hin, denn die ersten Arbeiter und Arbeiterinnen gingen schon an uns vorbei, und ich hatte den Satz immer noch nicht ganz, aber so war und bin ich immer, ich verlasse mich voll und ganz auf den letzten Augenblick, wo die Konzentration die dichteste ist und wo es keinen Ausweg mehr gibt, und dann spricht der Dichter zu uns, und solche Überlegungen ständig von mir gebend, der von Tomëi lachte sich kaputt dabei, standen wir schließlich kurz vor neun Uhr von unseren Stühlen auf und gingen um die Ecke zu dieser großen Werbeagentur, die im ersten Stock lag, jedenfalls mußte man eine Treppe rauf und wieder runter, und ich ließ den von Tomëi unten an der Tür stehen, ging alleine nach oben und tat so, als hätte ich die ganze Woche an dem Spruch gearbeitet, und legte den Herrn folgenden Satz auf den Tisch:
Alle Wege der Freiheit
Führen durch das Brandenburger Tor
Auch Dein Weg
Denn Berlin
Das bist Du!
Ich sagte aber gleich dazu, daß ich den Satz selbst für zu lang hielt, und schlug vor, nur hinzuschreiben:
Berlin, das bist Du!
Und das wars dann auch schon. Die Herren waren sehr zufrieden. Ich bekam 500 Schweizer Franken und wie ich die Treppe runtergekommen, das weiß ich nicht mehr, nur, daß ich den von Tomëi sofort an die Hand genommen hab und dann mit ihm um die nächste Ecke gelaufen bin, weil ich mich vor Lachen nicht mehr halten konnte, denn so einfach und so schnell hatte ich noch nirgendwo 500 Schweizer Franken verdient. Das war mein erster und letzter Spruch, den ich für die Werbung gemacht habe, aber immer juckt es mir ein bißchen in den Fingern, so was spontan zu erfinden, wie »Obst gibts das ganze Jahr!« Oder »Waschen ist gut. Reinigen ist besser. Am besten: Sofort!« Das sind so Spielereien, so Abfallprodukte, die mir aber Spaß machen. Das ist immer so gewesen, immer haben sich in meiner Brust zwei Seelen befunden, die verspielte, lustige,

ironische und die ernste, pathetische, kritische, nachdenkliche, und das ist immer so ein bißchen mein ganzes Leben hin und her gegangen. Im Jahre 1958 schrieb ich im Auftrag des Südwestfunks »Vier Gesänge gegen die Bombe«. Daraus haben wir dann später für die »Arche Nova« das Programm »Carmina Urana« gemacht. Aber zunächst wurde dieses oratorienartige Kabarett-Opus für den Südwestfunk geschrieben, auch produziert, auch bezahlt, aber dann nicht gesendet, sondern auf Eis gelegt, weil es wohl doch zu kritisch, zu »einseitig« ausgefallen war. Mein Freund Wolfgang Drescher, der mich zum Saarländischen Rundfunk holte und dann mit mir viele Sachen kontinuierlich produzierte, hat dann in Saarbrücken 1965 dieselben »Carmina Urana – Vier Gesänge gegen die Bombe« neu produziert und auch gesendet, und kein Mensch hat irgendeine Silbe dazu gesagt, denn inzwischen war das nicht mehr so gefährlich, will sagen, die Programmdirektionen wurden großzügiger, und eigentlich war für sie ja auch das Thema schon verjährt. Das ist bei Tucholsky ähnlich, wenn Sie immer schön die Jahreszahl dabei nennen, kann Ihnen gar nichts passieren, denn das hat er ja 1929 oder 1931 geschrieben, was solls. Saarbrücken war manchmal neben Mainz auch ein bißchen meine zweite Stadt, vom Niederrhein mal abgesehen, aber die Saarländer sind den Niederrheinern sehr verwandt, sie sind ausgesprochen friedfertig, bescheiden, haben eben auch so eine Grenzmentalität und sind nicht so leicht einzufangen, sie sagen schon mal »Jo, Jo«, aber nur um Frieden zu halten. Also, ich hätte da leben können, auch natürlich, weil ich damals in der »Europa-Bar«, wo es eine Treppe hoch ging, so viel trinken konnte, wie ich wollte, und in der »Tirol-Bar« bei meinem Freund Loew gewöhnlich abstieg, um mit einer Innsbruckerin einige Flaschen zu inhalieren. Ich weiß gar nicht mehr, wie sie hieß, ich glaube, Annemarie Auer, aber das ist ja auch schon eine Ewigkeit her, und als die Josie noch in der »Cascade« war, das waren schlimme Zeiten, denn dann stand ich oft am anderen Tag bis abends um 18.00 Uhr im Studio für Jazz und Lyrik, sprach Majakowski, und Fritz Maldener spielte die Jazz-Breaks dazu, und niemand wußte oder hat gemerkt, daß ich gar nicht ins Bett gekommen war, und mir steckte der Alkohol noch in den Adern, aber für mich gehörte das eben dazu, und ich weiß nicht, ob das jemand verstanden hätte oder versteht. Ich wohnte damals immer in dem schönen alten Hotel am Staden beim Herrn Sommer, und da war ein sehr lieber Portier, und der wußte auch immer, daß ich erst gegen Morgen nach Hause kam, und hat dann immer die Tür aufgemacht und den Kopf geschüttelt, nicht aus moralischen Gründen, nein, er sagte dann immer, jetzt können Sie ja wieder nur zwei Stunden schlafen, und ich sagte dann immer, besser als gar nix. Das war eine schöne Zeit, das alles kratzte mich ja nicht an, es bereicherte mich, und käme ich noch mal auf die Welt, ich würde, ich müßte es noch mal so machen. Wolfgang Drescher, der später zum Südwestfunk gegangen ist und heute als freier Regisseur und Redakteur fürs ZDF bei Kennzeichen D arbeitet und viel für den Westdeutschen Rundfunk in Köln produziert, hat ja dann auch die einmalige Leistung vollbracht, vier ganz verschiedene Menschen und Künstler zu einem Quartett zusammenzuspannen. Er hatte diese Idee, und wir machten mit, wir, das waren Wolfgang Neuss, Franz-Josef Degenhardt, Dieter Süverkrüp und ich. Wir stellten aus unserem Repertoire ein Programm zusammen, das durchaus so aussah, als hätte es einer komponiert, und wir saßen auch alle immer zusammen auf der Bühne,und zwar die beiden mit der Gitarre rechts und links, Wolfgang Neuss, leicht erhöht hinter seiner Trommel in der Mitte, und ich am Flügel etwas links unterhalb von Neuss, und so spielten wir das Programm ohne Unterbrechung wie ein großes Konzert den Zuhörern im kleinen Sendesaal des Saarländischen Rundfunks vor, und alle waren fasziniert und begeistert. Aber die Idee hatte Wolfgang Drescher, und das war 1967. Natürlich sprach sich dieses Konzert schnell herum, und es war ja vorgesehen, mit diesem Quartett 1968 eine Tournee durch fünfundzwanzig Städte der Bundesrepublik zu machen, aber es kam nicht dazu, und die Gründe sind oder waren sehr vielschichtig. Wolfgang Neuss wollte, daß wir alle nach Berlin kämen und dort ein ganz neues Programm zusammen schreiben würden. Aber das schmeckte keinem so ganz, denn sicher hätte uns Neussens Chefideologe Tilman Fichter dabei ständig über die linke Schulter geschaut, abgesehen davon, daß Franz-Josef Degenhardt gerade am Anfang einer großen Solo-Liedermacherkarriere stand, und Dieter Süverkrüp hatte, glaube ich, eine langwierige Zahnbehandlung in Angriff zu nehmen, und ich sagte eigentlich nichts, mir war es aber recht, denn ich sah da schon düstere Bevormundungstage auf mich zukommen, war ich doch von allen auch der sanfteste und unterhaltendste Kollege, und das ist ja dann auch so gekommen. Jedenfalls, das legendäre Quartett 68 hat es nie gegeben, wir haben nur zu dritt, Süverkrüp, Degenhardt und ich, in Bielefeld zweimal gespielt, einmal im Theater und dann im Bunker am Ulmenwall, damals eine Lieblingsspielstätte von mir, als die Löhrs noch die Kultur und die Theke machten. Schöne, lange Abende waren das, freundliche Nächte, und gewohnt habe ich immer im Hospiz, und mein Jugendfreund Gerd Lisken, der inzwischen Musikprofessor geworden war, kam mit seinen großen Söhnen in den Bunker, Bielefeld, wo der Uni-Rhythmiker Wolfgang Niedergerke in seiner Apotheke mir zwei Stunden was auf dem Schlagzeug vorgespielt hat, und ich durfte mich auf dem Klavier austoben. Wolfgang, was machst du jetzt? Oh, das möchte ich wohl viele fragen, aber ich kriege sie alle nicht mehr ein, kann nicht mehr alle am Kragen packen und sagen: *Hiergeblieben und hingesetzt, und jetzt erzähl mal,* es kämen sicher auch viele Tragödien zum Vorschein, und ich kenne Frauen von meinen früheren Freunden, die mir dann diskret ein Zeichen geben und damit sagen wollen: *Lassen Sie ihn ruhig, er weiß es doch nicht mehr, er ist nicht mehr in der Lage, klar zu sehen.* Mensch, ist das oft ein trauriger Tag, und ich möchte dann in irgendeine Kirche rennen und immer nur sagen, daß ich so ein unverschämtes Glück gehabt habe, obwohl ich die Trauer auch nicht aus meinen Kleidern krieg, und es ist auch nicht immer alles schön bergauf gegangen, sondern oft war ich wieder am Fuße des Berges und mußte mir eine andere, eine neue Route überlegen. 1966 ging ich zum erstenmal auf die Burg Waldeck, zum internationalen Chanson- und Folklorefestival. Ich will diese ganze Geschichte hier nicht breitwalzen, sie hat schon in unzähligen Interviews, Zeitschriftenartikeln, Hörfunksendungen und Fernsehberichten ihren Platz gehabt und ist heute eigentlich auch völlig überholt und nicht mehr ganz spruchreif. Ich wollte ja auch erst gar nicht, weil ich dachte, und die Frieda sagte es immer wieder, da gehörst du nicht hin, und ich hatte damals so einen dunkelblauen Übergangsmantel, der aber ein knallrotes Innenfutter hatte, und die Frieda sagte jedesmal sehr ironisch:

Vergiß auch nicht, dein Revolutionsmäntelchen anzuziehn, und setz deine Arbeitermütze auf, denn was Lenin kann, das kannst du doch schon lange.

An Ironie war die Frieda nie zu übertreffen, deshalb war sie natürlich auch immer mein erstes Publikum und konnte sich manchmal totlachen und im Publikum sitzen und ganz laut »Hein« schreien, so nannte sie mich, »Hein«, das ist eine lange Wortentwicklung und kommt von Dieter, Dieterken, Ierken, Ichen, Hein. Also, die Frieda sagte sehr oft, Hein, da gehörst du doch gar nicht hin, und ich sagte dann, vielleicht hast du recht, aber es ist vielleicht doch nicht ganz unwichtig, aber damit konnte man der Frieda nicht kommen, für einen langfristigen Pragmatismus, den ich vielleicht als Niederrheiner ganz unbewußt ein bißchen in mir habe, war die Frieda nicht zu haben, nein, nein, sie blieb dabei, daß ich da nicht hingehöre, aus, Schluß, fertig. Und meistens hat sie recht gehabt, Eigentlich immer. Andererseits, wenn ich mich nicht in verschiedene Höhlen des Löwen hineingewagt hätte, ich würde sicher nicht heute vor vier Generationen spielen, und es würden die jungen Leute nicht paarweise kommen, und die Alten würden nur noch in die Klassik fliehen. Also, ich bin damals auf die Waldeck, und es waren ja alle meine Freunde und Kollegen dort, das heißt eigentlich nicht alle, denn ich war, glaube ich, der erste Kabarettist, der auf der Waldeck mit Texten auftrat, zuerst im kleinen Sälchen im Säulenhaus, dann im großen Zelt und dann noch mal im großen Zelt, aber nicht lange, und dann auf der Bühne im Freien, und dann überhaupt nicht mehr, weil ja 1968 eine rüde Menge von Chaoten unbedingt die Kulturrevolution ausrufen mußte, mit riesengroßen Rosinen im Kopf, und alle bürgerlichen und scheißliberalen Künstler mußten erst mal die Schnauze halten, und gesungen wird erst, wenn lang genug diskutiert worden ist, und wer sich Sozialist nennt, dessen Programm sollte dann auch sozialistischer aussehen und so weiter und so weiter. Ach, was war das doch für eine lächerliche Geschichte, aber in diesem Land muß man sich ja immer für alles rechtfertigen und jedem Kneipenhumanisten sagen, warum man das so macht und nicht so. Aber diese Waldeck-Katastrophe war schon eine wichtige Sache für mich, denn durch diese Alleskenner und Besserwisser sind mir ganz schön die Augen auf- und übergegangen. Ich mußte ja dann mein »Konzert« abbrechen, mich auf ein Stühlchen setzen und Rede und Antwort stehen, und jeder kleine Politkacker wollte von mir wissen, warum ich immer so unterhaltend sei und mein poetisches Vermögen nicht mehr in den Dienst von Fortschritt und Aufklärung stelle, und ich sei ja doch mehr ein spätbürgerlicher Formalist und kein revolutionärer Volkstribun und so weiter und so weiter. Gott sei Dank hatte ich viele Freunde um mich, die sehr oft an meiner Stelle antworteten, und es darf nicht verschwiegen werden, daß darunter viele Kommunisten waren, die mein Programm aus Unterhaltung und Analyse verteidigten. Und es waren eben auch die Freunde, die einfach emotional zu mir standen, weil sie wußten, daß hier eine vollkommen ungerechte Sache ablief, und weil sie auch wußten, daß die Herren und Damen Dauerdiskutierer und Kulturumfunktionierer sich gezielt die weichste Stelle ausgesucht hatten, um ihre Theaterrevolution zu inszenieren. Nämlich mich, der ich ja immer bereit war, mich für eine gute Sache zu verschleißen. Na schön, heute muß ich nicht mehr Rede und Antwort stehen und gehe solchen Herren und Damen sofort aus dem Wege, denn deren ganzes Auftreten und Benehmen endet immer bei dem Satz: Erscheinen ist Pflicht! Und diesen alten Nazi-Satz möchte ich nie mehr hören, nie mehr! Übrigens auch nicht, wenn es um eine gute Sache geht, denn dann ist was faul an der Sache, ganz abgesehen davon, daß mir sehr oft schon der Satz meines Vaters im Kopf herumgeht: Sie sollen mich in Ruhe lassen. Das heißt nicht, daß ich meine Ruhe haben will, aber von diesen rastlosen Menschheitsbeglückern möchte ich in Ruhe gelassen werden. Und so haben wir denn auch auf der Waldeck den üblen Geruch und den schlechten Geschmack dieser nach Moral stinkenden Unterdrucksetzer mit viel Alkohol hinuntergespült, vor allem zusammen mit meinen Freunden Schobert & Black, Jürgen von Tomëi, Hilmar Bachor vom WDR, Colin Wilkie und Shirley Hart, Reinhard Mey, Hannes Wader, Walter Hedemann, Christoph Stählin, Manolo Lohnes, alle waren über diesen Kleinkinderaufstand belustigt und betrübt zugleich, denn jeder ahnte, daß das der Anfang vom Ende für die Waldeck war. Aber so ist das ja immer in Deutschland. Da möchten ein paar Freunde und Freundinnen mit den dazugehörigen Zuschauern und Zuschauerinnen sich ein paar Tage treffen, miteinander reden, musizieren, Lieder singen, Texte lesen, essen, trinken und tanzen, schon kommt der germanische Erzieher und sagt, so geht das aber nicht weiter, nur konsumieren und sich kulinarisch gebärden, das ist ja wohl ein bißchen zuwenig, jetzt wollen wir euch mal zeigen, was alles angesagt ist, und dann rufen wir zusammen die Revolution aus und machen hier ein internationales Zentrum für den Widerstand. Tod und Teufel, so was möchte ich nicht noch mal erleben, und darum bin ich heute nur in der evangelischen Kirche und in der GEMA, sonst findet man mich nirgendwo. Auf der Bühne natürlich, denn da gehöre ich ja auch hin, aber sonst, vielen Dank. Im Anschluß an dieses spektakuläre Waldeck-Operettentheaterereignis wurden ja auch die Auftritte in den Städten reihenweise gestört, umfunktioniert, und die Künstler mußten ihre Instrumente einpacken, durften, wenn sie wollten, mitdiskutieren oder nach Hause gehen. Das habe ich ein Jahr mitgemacht, und dann bin ich ein ganzes Jahr lang in der Bundesrepublik nicht aufgetreten, habe zwar weiter Hörfunk und ein bißchen Fernsehen gemacht, aber keine Bühnenauftritte, sondern die fanden in diesem Jahr nur in den Kellertheatern der Schweiz statt, wie gehabt, in Basel, Zürich, nun nicht mehr im alten »Hirschen«, sondern der berühmte Grabo, Eynar Grabowski, holte mich ins »Bernhard-Theater«, in dem ich heute noch spiele, in Bern, Olten, Luzern und St. Gallen, in Schaffhausen, Winterthur, Thun und Zug, selbstverständlich überall in der deutschsprachigen Schweiz, zweimal auch in Verscio, im Theater von Dimitri, und einmal auch in Biel, da wurden mir gleich am ersten Abend 1200 Schweizer Franken aus der Garderobe geklaut, und die Presse schrieb einen grausigen Verriß: Seine Sprache ist hölzern, sein Umgang steif, man fragt sich, wie dieser Mann überhaupt Kabarettist werden konnte. Sehr viel später hat mir dieser Kritiker in Bern im »Schweizer Hof« gestanden, daß er zu der Zeit noch ein Gymnasiast gewesen sei und als kleiner freier Mitarbeiter für die Zeitung gearbeitet habe, und um mal richtig aufzufallen, sei ihm nichts Passenderes eingefallen, als den »Hüsch« mal kräftig zu verreißen, und dann hat er, fast fünfzehn Jahre danach, eine Riesenkritik von einer ganzen Zeitungsseite über mich geschrieben, und dann haben wir die Sache begraben, aber nach Biel bin ich nie mehr gegangen. Im Jahre 1970 habe ich im »Théatre Fauteuil« in Basel mein Soloprogramm »Enthauptungen« uraufgeführt. Es war eine Abrechnung mit den Pseudo-Linken der Waldeck, eine radikale Hinwendung zu den Einzelgängern und gleichwohl eine neue Standortbestimmung, denn wenn es sonst immer hieß, gemeinsam sind wir stärker, sagte ich jetzt, allein bin ich am stärksten, und so ist es auch bis heute geblieben. Bevor ich ein Jahr mit meinen Auftritten in Deutschland pausierte und mich hauptsächlich auf Schweizer Kleinkunstbühnen herumtrieb, hatte ich noch zwei Tourneen mit meinem Freund Dieter Süverkrüp gemacht. Dieter und Ingrid Süverkrüp sind uralte Freunde von mir. Wir haben gemeinsam mit Gerd Semmer die Schallplatte von den »Vier Gesängen gegen die Bombe« für den Verlag PLÄNE aufgenommen, waren bei vielen politischen Festivals zusammen, trafen uns immer wieder bei Solidaritätskonzerten, bei UZ-

Pressefesten und SDAJ-Festivals und waren aber auch sonst einfach Freunde, auch heute noch. Und morgen auch noch. Karsten Jahnke, unser Mann in Hamburg, hatte uns zwei Konzertreisen zusammengestellt, die wir teilweise mit Ach und Krach überlebten. Es waren wunderschöne »Abende« darunter, aber auch einige, die recht chaotisch, laut und dumm verliefen. Ich erinnere mich an einen Abend in der Berliner »Urania«, es war brechend voll, wie man sagt, wir saßen beide immer zusammen auf der Bühne, wechselten uns nach einem ganz bestimmten dramaturgischen Plan ab, und da zog in diesen Raum auf einmal ein ziemlich wilder Haufen ein, und die Rädelsführer forderten, daß die »Kulturbolschewisten« Hüsch und Süverkrüp sich morgen bitteschön an die Spitze eines Demonstrationszuges zu setzen und in der FU dann ein Benefizkonzert zu geben hätten, denn schließlich wären jetzt keine Zeiten für Kunst und Unterhaltung. Und dann standen wir da und waren meist hin und her gerissen, denn einerseits verstanden wir die Forderung ja, und wir waren beide keine Neinsager, aber andererseits wollten wir unsere Konzerte machen und mußten am nächsten Tag auch schon ganz woanders sein. Und als das Durcheinander im Konzertsaal immer größer wurde und das Publikum auch verlangte, daß das Konzert weitergehen sollte, machte Dieter Süverkrüp dem ganzen Radau mit einem Satz ein Ende. Er sagte:

Also, so was wie hier, das gibts sonst nur noch im Bayerischen Wald.

Und damit war der »Abend« gerettet, das Publikum klatschte begeistert, und unsere fünfzig Leutchen, die so forsch in den Saal gezogen waren, traten den Rückzug an. Das Konzert konnte zu Ende gespielt werden. Wir machten aber vorsichtshalber keine Pause, sonst wäre das ganze Theater wahrscheinlich von vorne losgegangen. Auf dieser Tournee, die für mich kein Zuckerschlecken war, faßte ich den Entschluß, in Deutschland für ein Jahr nicht mehr aufzutreten. Ich war es leid, ich hatte keine Lust mehr, weiter Abend für Abend zitternd auf die Bühne zu gehen, und da unten saßen im Publikum, meist hinten, fünfzig Leute, die nach einer Viertelstunde anfingen zu murren, zu scharren, dazwischenzurufen, aufzustehen und zu rufen: Aufhören. Aufhören! Aufhören! Und das dann im Chor, und das muß auch mal gesagt werden, der Rest des Publikums verhielt sich vollkommen passiv und wartete und lauerte, wie wird sich jetzt der Kabarettist, schlagfertig wie er ja zu sein hat, aus der

Schlinge ziehen. Es blieb also jede Art von Unterstützung für den Künstler aus. Und der mußte halt zusehen, möglichst unbeschädigt von der Bühne zu kommen, und daß ein Künstler ab und zu auch mal Brötchen verdienen muß, Familie hat und am Monatsersten kein Gehalt überwiesen bekommt, das hat keinen Menschen interessiert. Und dann hat man eben sein Köfferchen genommen und ist, möglichst noch durch den Hinterausgang, verschwunden. Und das war ich leid, das mußte ja nicht sein, und ich habe immer gesagt, wenn ein Arbeiter an der Drehbank von diesen linken Theoretikern bei der Arbeit dauernd gestört würde, ich glaube, der würde diesen Möchtegern-Lenins die ganze Drehbank um die Ohren hauen. Aber es ist ja gut, man braucht halt nur viel Zeit, um wieder zu seinen Leuten zu finden. Natürlich, es gab schon Konzerte, die für mich nicht danebengingen, einmal war es der Verleger Heinz Riedel vom Damokles-Verlag in Ahrensburg, der bei jedem Konzert in Hamburg und um Hamburg herum mit der Familie und seinen Mitarbeitern anrückte, der mich im Audimax der Hamburger Universität vor diesen Politflegeln schützte, indem er aufgebracht und aufgeregt an die Rampe eilte und sich bereit erklärte, den Störenfrieden aus seiner Tasche das Eintrittsgeld zurückzuzahlen, damit endlich das Konzert weitergehen könne, denn der größte Teil des Publikums sei ja wohl gekommen, um Hanns Dieter Hüsch zu hören und nicht irgendein zusammengelesenes Parteichinesisch. Riesenbeifall. Und ich war gerettet. Heinz Riedel, der meine beiden Bände »Freunde, wir haben Arbeit bekommen« und »Enthauptungen« in seinem Damokles-Verlag gemacht hat, ist leider früh gestorben, sonst hätten wir sicher noch manch gutes Buch zusammen gemacht. Er hat auch die »Carmina Urana – Vier Gesänge gegen die Bombe« mit den Zeichnungen von Jürgen von Tomëi, Auflage eintausend Stück, signiert und numeriert, gemacht. 1965 starb mein erster sogenannter Agent, Alfred Oswald, an einer Leberzirrhose. Er hatte zwei Wochen vor seinem Tode große Pläne mit mir, obwohl er schon alle Jahreszeiten und Termine durcheinanderwarf. Im selben Jahr starb auch mein Vater. Er wollte nach Düsseldorf in die Klinik. Es mußte eine sehr wichtige, aber komplizierte Nierenoperation bei ihm gemacht werden, und ich hatte vor, für diese schwere Zeit nach Düsseldorf zu kommen. Ich wollte dort in ein Hotel gehen und so lange bleiben, bis alles gut überstanden war. Er sollte an einem Montag nach Düsseldorf und starb in der Nacht vom Sonntag auf diesen Montag. Sein Herz, das sowieso nicht das beste war, ließ ihn im Stich. Er hatte Angst vor dieser Operation in Düsseldorf und sah zuletzt aus wie ein Knabe, der sich vor der Schule fürchtet. Zuletzt kam auch immer sein Friseur ins Haus, und dann saß er auf einem Stuhl, mit einem Handtuch über den Schultern, und der Friseur schnibbelte ein bißchen an dem schütteren Haar herum und sagte ein paarmal, es wird schon gutgehen, aber ich sah meinen Vater zum erstenmal einsam und eigentlich auch schon verloren auf dem Stuhl sitzen, und ich hörte ihn denken, daß niemand mehr da ist, und das hat ihn, glaube ich, getötet. Ich habe an seinem Grab lange gestanden, es regnete, und ich habe die ganze Kondolenzschlange an mir vorüberziehen lassen, obwohl die Frieda immer sagte, jetzt ist es gut, du wirst ja ganz naß, weil ich dachte, du mußt ihn hier vertreten, und er hat dir den Unterschied zwischen einer seriösen großen Oper und einer Spieloper erklärt, dieser schwache Mann mit dem schwachen Herzen, den ich in meinen Niederrhein-Programmen so oft spiele, was Sprache, Gestus und Duktus betreffen. Ich hätte ihm so sehr gewünscht, daß er noch ein bißchen länger seinem verlorenen Sohn hätte zusehen können. In Mainz gab es inzwischen einen Kabarettkeller, ordentlicher gesagt, ein Kabarett im Kohlenkeller, mit maximal siebzig Plätzen, und da hinein mußte man, wie oft beim Kabarett, hintenrum gehen, und dieser Kabarettkeller lag, von vorne gesehen, da, wo früher das »Café Bechmann« war, gegenüber dem Theater am Gutenbergplatz, da, wo jetzt der »Wienerwald« ist. Gott, ist das kompliziert, aber man mußte um die Ecke gehen, und dann noch mal um die Ecke und dann in einen Gang hinein, dann eine Treppe runter, und man war im »Unterhaus«, im ersten »Unterhaus«, und da spielte ich mein Programm »Enthauptungen«, eins meiner wenigen Programme, wo es ein Bühnenbild gab und in dem ich mit Tonbandeinspielungen arbeitete und wo ich auch meinen Zweispitz aufhatte und eine Doppelrolle spielte, nämlich mal den Psychiater und mal den Patienten, mal den Conferencier und mal den Künstler. Die Bühne war voller Abfall und Schutt, im Hintergrund stand eine große Zeichnung von der Anatomie des Menschen, und in der Mitte stand die kleine Orgel, die ich ja seit 1968 handhabte. Und das »Unterhaus«, heute ein führendes Kabarettunternehmen in der Bundesrepublik, wurde gegründet, geleitet, motiviert und inspiriert, so ist es auch heute noch, von Carl-Friedrich Krüger, genannt Ce-Eff, Arthur Bergk und Renate Fritz-Schillo, die Reihenfolge spielt hier keine Rolle, jedenfalls die drei machen das »Unterhaus«, und was anderes läßt sich vorerst auch gar nicht denken. Und in diesem kleinen Keller, wo die Bühne vielleicht gerade dreißig Zentimeter hoch war, habe ich dann oft gespielt, und bald schon waren im »Unterhaus« alle bekannten und berühmten Kabarettisten, Liedermacher und Kleinkünstler zu Gast. In diesem Kellerkabarett machte Jürgen Kessler, der Lange, bei meinem Programm »Enthauptungen« die Technik, und der lange Jürgen, der eigentlich, wie er mir dann mal sagte, ein Kittner-Fan war, fing ganz langsam an, dieses spezielle Programm »Enthauptungen« zu mögen, und wir haben dann viel in der Garderobe gesessen und geredet und geflachst und philosophiert, und so entstand ganz allmählich eine Freundschaft, die mittlerweile mehr als das ist, kaum beschreibbar, es ist auch eine Partnerschaft, denn heute hat Jürgen Kessler eine auf Kabarett und Kleinkunst spezialisierte Konzertdirektion, in der ich wieder ganz besonders geführt werde und und und, aber das ist ein langer Weg, denn zunächst haben wir in dem Kohlenkeller am Gutenbergplatz gesessen, der dann eines Tages aus baupolizeilichen Gründen aufgegeben werden mußte, aber da war das »Unterhaus« in Mainz schon eine derart gewichtige Institution, daß die Stadt in der Walpodenstraße ein wunderschönes Kellergewölbe für ein neues »Unterhaus-Kabarett« herrichten ließ, das wir dann auch bald einweihten und fleißig bespielten. Und auch dort war schon bald die ganze Creme der deutschsprachigen Kleinkunst vertreten, aus der Schweiz kam Franz Hohler und aus Österreich Ernst Stankovski und Georg Kreisler. Das »Unterhaus«, ein Forumtheater, wie es genau heißt, wurde immer bekannter und berühmter, und die »Unterhäusler« erfanden dann den deutschen Kleinkunstpreis, den ich 1972 als erster erhielt. Zwischendurch war ich natürlich immer unterwegs, *on the road,* à la Kerouac, obwohl wir 1971 von der Kaiserstraße 42 in ein Reiheneckhaus nach Bretzenheim zogen, in die Bebelstraße 32 D, in ein kleines Haus mit flachem Dach, darum ein Garten mit ziemlich steiler Hanglage, aber später sehr geeignet für unsere vielen Katzen. Wir zahlten nämlich inzwischen, beziehungsweise wir sollten auf einmal für unsere Wohnung in der Kaiserstraße, für die wir beim Einzug 1955 als sozialer Wohnungsbau 125 Mark gezahlt hatten, 850 Mark zahlen, und da haben wir gesagt, das machen

wir nicht, die 850 Mark können wir uns auch selbst in den Rachen werfen, haben uns umgeguckt und dann über Fischer & Co dieses Reiheneckhaus gefunden, schlüsselfertig für 190000 Mark. Und dann haben wir gerechnet und haben es gewagt, und es hat auch geklappt, und die Frieda ist monatelang den Handwerkern nachgelaufen, denn wir sind ja eingezogen, wie alle einziehen, auf den blanken Estrich, und an allen Ecken und Kanten fehlte was, aber das Dach war dicht, und das Haus war uns, und der Garten war am Anfang eine einzige Kraterlandschaft, aber wir hatten ja Zeit, und ich hatte im ersten Stock ein großes, langes Arbeitszimmer, und die Anna hatte im Keller noch eine Kellerwohnung mit separatem Eingang, und es ist dann alles ganz langsam gewachsen, und wir hatten eine Terrasse und pflanzten dann Bäume und Sträucher, und ich zog durch die Gegend und holte das Geld zusammen, und es war schon eine anstrengende Sache, denn die Frieda war krank, beide Nieren waren nicht das, was sie hätten sein sollen, und wurden unaufhaltsam immer weniger, Niereninsuffizienz heißt das, und es hieß, das geht so zehn bis fünfzehn Jahre, dann wird die künstliche Niere kommen müssen, und die Frieda mußte immer eine Unmenge Tabletten einnehmen, damit das Kreatinin sich hielt, das stand damals bei 3,5, ich bin kein Mediziner und ich verstehe das sowieso alles nicht, aber wenn die Frieda, wie ganz am Anfang der Krankheit, ihre Nierenkoliken bekam, dann war das wie eine ungerechte Hinrichtung, bei der man zusehen mußte, ohne viel tun zu können, höchstens alle fünf Minuten eine neue Wärmeflasche, oder wir warteten auf Dr. Ewoldt, der unser alter Hausarzt in Weisenau gewesen war und uns alle mit Haut und Haaren kannte, auf den warteten wir, denn er gab dann der Frieda die Befreiungsspritze, irgend so ein morphiumähnliches Zeug, das ziemlich schnell wirkte, und die Frieda sank dann vollkommen erschöpft und verschwitzt in die Kissen zurück, mater dolorosa, habe ich immer gesagt, die manchmal ihre Fingernägel in die Tapete krallte, weil sie die Schmerzen nicht mehr aushalten konnte, oder stundenlang mit der Wärmflasche im Rücken hin und herlief, und Anna und ich, wir warteten nur auf den Augenblick, wo sie sagte, es geht etwas besser, vielleicht ist der Kelch noch mal an mir vorübergegangen, aber das dauerte oft Stunden, bis in den Morgen hinein, und oft bin ich neben ihr gegangen, und sie sagte dann:
Ilein, mach mir eine neue Wärmeflasche.

Wärmeflaschen, immer wenn ich Wärmeflaschen sehe, wird mir dunkel vor Augen, könnte ich von stundenlangen Augenblicken erzählen, in denen ich gedacht habe, warum hat dieser Mensch immer nur Schmerzen, und oft hätte ich den Schmerz gern geteilt, aber wie soll das gehen, und oft haben Anna und ich uns im Schlaf abgewechselt. Manchmal ging es auch monatelang gut, und die Frieda hatte ja noch mal angefangen zu studieren, Psychologie, und war immer eine Wahnsinnsstudentin und machte alle ihre Prüfungen mit sehr gut oder gut und war eine analytische Begabung schlechthin, sie hörte alles, sie sah alles, sie fühlte alles und konnte sich vieles denken und kehrte nichts unter den Teppich, war oft sehr streitbar und drückte sich bei niemandem, und wen sie nicht mochte, den mochte sie nicht, ich dagegen war immer viel konzilianter, das war die Frieda kein bißchen, und das ließ auch ihr Stolz nicht zu, und wehe, irgend jemand unterstellte ihr eine Lüge, dann war der Ofen aus, der Mann oder die Frau konnte dann mit nichts mehr rechnen. Und ihr Studium betrieb sie mit großer Leidenschaft, sie war mit einer schnellen Formulierung nie zufrieden, immer hatte sie noch was zu ergänzen oder spürte, daß an der Erklärung eben noch ein besonderes Adjektiv fehlte, was der Sache eigentlich den Namen gab. Sie schlief schlecht, und dann las sie, und wenn ich spätnachts von einem Gastspiel kam, las sie mir manchmal eine halbe Seite vor, und ich verstand nichts, und sie sagte, sie hätte am Anfang auch nichts davon verstanden, aber man müsse sich einlesen, wenn ich mich ein bißchen einlesen würde, dann käme ich auch dahinter, und dann sagte sie, daß sie soeben an einer Kolik vorbeigekommen sei. Manchmal konnten wir uns auch durch einen Film im Fernsehen ablenken, aber es durfte kein Film sein, in dem ein Tier verfolgt oder mißhandelt wurde, dann schrie die Frieda sofort:
Ausmachen, ausmachen, mach aus, mach aus!
Eines Tages kam sie ja auch mit einem Kater, einem graublauen Kartäuserkater, nach Hause, der hieß Tini, raste erst durchs ganze Haus, kam dann die Wendeltreppe runter und setzte sich neben die Frieda, als wollte er sagen, ja, und was jetzt? Tini wurde auf der Autostraße an der Ziegelei überfahren. Aber da hatten wir, glaube ich, schon unsere Liese. Ich kam eines Nachts wieder mal von einem Gastspiel in der Nähe nach Hause, da lag im Flur auf der Truhe eine Art Ausweis, da stand drauf:

»Name: Lieschen.« Am Morgen, als ich wach wurde, stand die Frieda schon vor meinem Bett und hatte die schönste Katze der Welt auf dem Arm. Gut, vielleicht nicht die schönste der Welt, aber die schönste-liebste Liese, die es gibt. Liese lebt noch, ist heute zwischen achtzehn und neunzehn Jahre alt, auf beiden Augen blind, aber schnurrt immer noch, wenn ich sie streichle, und ist die Katze, die in meinem Film »Abschied von einer Stadt«, den ja mein Freund Joe Henschel gedreht hat, ihr Köpfchen sekundenlange an meinem Gesicht reibt, als wollte sie sagen, weißt du noch. Dieses Haus in Bretzenheim gehörte den Tieren, und die Tiere gehörten zu unserem Leben, morgens, abends und in der Nacht, und es wurden ja auch immer mehr, entweder wir holten sie aus dem Tierheim, oder sie wurden uns gebracht, wie Paul auf den Bäumen, oder Sarah, oder sie bekamen Kinder, wie Pünktchen, meine Lieblingskatze, deren Sohn ja mein Kasper ist. Neun Katzen lebten mal mit uns zusammen, schliefen, aßen und tranken bei uns, liefen weg und kamen wieder, wurden überfahren, und wir bauten einen Zaun für 40 000 Mark, damit sie nicht weiter in die Autoscheinwerfer hineinliefen, denn wir brauchten sie, die Tiere, für unser Gemüt, für unser Fühlen und Denken, für unsere Philosophie, und später bekamen wir ja noch eine Hündin, die unsere Anna aus einer Studentenpinte mitbrachte, unser Julchen, und wem das alles ein bißchen zu idyllisch ist, der soll sich bei uns nicht blicken lassen, denn da haben wir unsere ganz eigenen Maßstäbe und Wertvorstellungen, genauso wie wir ja auch Weihnachten immer noch ganz altmodisch feiern. Wir haben immer unsere ganz starken Erlebnisse gehabt, denn das Leben ist uns ja auch ganz schön an die Innereien gegangen und hat unsere Haut gegerbt, Falten um Augen und Mund gezogen, und meine Raserei durch die Nächte, hin und zurück, wurde ja immer größer, obwohl ich immer sagte und versprach, kürzerzutreten, weniger zu machen, mehr zu Hause zu bleiben, und die Frieda sagte immer: *Der Mann geht ja gar nicht wegen des Geldes, der muß auf die Bühne, sonst wird er krank, und das wird auch nie aufhören, da muß schon die Welt untergehen, selbst dann sitzt er immer noch hinter seiner Orgel und macht dummes Zeug.*

Ich hatte ja inzwischen noch begonnen, für das ZDF Stummfilme zu besprechen, und die Aufnahmen fanden so alle sechs Wochen im Studio der Beta-Film in München-Unterföhring statt. Und viele fanden das sofort gar nicht gut und sagten:

Jetzt synchronisiert er auch noch Stummfilme, anstatt sich mehr um die Politik zu kümmern, aber wahrscheinlich macht er das wegen der Kohle, ganz bestimmt sogar, nur wegen der Kohle.

Das war wieder diese kritische Mafia, die überall dreinredet, von den Dingen keine Ahnung hat, aber jeden gleich moralisch anpinkelt und alles nur aufs Geld schiebt, wahrscheinlich weil sie selbst nur an Geld denken, diese Diskussion habe ich jahrelang geführt, und solchen Leuten kann man auch nichts klarmachen, am wenigsten den Polit-Miezen, die mit den verkniffenen Schnauzen, denen kannst du gar nichts erklären. Dabei war die Bezahlung bei der Beta-Film, die die Stummfilmserien für das ZDF produzierte, eine leicht kriminelle. Zuerst versuchte sogar ein gewisser Herr Taufmann mir klarzumachen, daß die Spesen natürlich im Honorar mit drin seien, worauf ich sagte, dann solle er sich doch gleich einen Sprecher in München suchen, das wäre doch viel einfacher, und es wäre wieder ein Schauspieler mehr beschäftigt. Ja, er müsse dann noch mal mit dem ZDF sprechen, und das hat er dann wohl auch getan, und auf einmal gabs die Spesen extra. Schlitzohr. Ich hatte noch nie synchronisiert, und Heinz Caloue, mein Dialogregisseur, der zu den Schleifen die Texte schrieb, war schon gewarnt worden, der Hüsch, das ist ein ganz Schlimmer, seien Sie ganz vorsichtig mit dem, sonst schmeißt er uns gleich den ganzen Kram hin. Heinz Caloue, was mag er machen, wo mag er stecken, immer noch in seinem Haus in Eichenau, mit Vreni und den Kindern, ein Gottsucher vor dem Herrn, dem aber immer zuletzt kein Gott recht war und der immer selbst einen großen Film machen wollte, übrigens mit Wussow in der Hauptrolle und der berühmten Französin, wie heißt sie doch, ein Weltstar, Annie Girardot, hoffentlich ist das richtig geschrieben, der Caloué bringt mich um, wie ich ja überhaupt in diesem Buch einige Namen sicher nicht ganz richtig geschrieben habe, und mancher Leser, wie ich ihn kenne, sagen wird, na, das hätte er nun aber wissen können oder sogar wissen müssen. Pardon, aber ich weiß so vieles nicht, und gleichzeitig fällt mir so vieles ein, daß ich manchmal kopf stehe. Heinz Caloué und ich, wir haben später sehr gelacht über die Warnung, der Hüsch schmeißt gleich alles hin. Denn als ich zum erstenmal in »Die Kurbel« kam, so heißt ein Synchronstudio in München, da war ich wie immer sehr freundlich, etwas ängstlich sogar, denn ich wußte doch gar nicht, was auf mich zukam, aber solche Sachen habe ich ja öfter gemacht, mich einfach in eine Arbeit gestürzt, von deren Eigenart und Ausmaß ich keine Ahnung hatte, und Heinz Caloué, der alte Theatermann, merkte das natürlich sofort und fing gleich an zu lachen, und wir wurden dann sehr gute Freunde und haben viele Jahre Take für Take aufgenommen. Und denen, die da immer von Kohle reden, muß ich noch nachträglich sagen, daß dieses Synchronisieren bisher meine schwerste und gleichzeitig am schlechtesten bezahlte Arbeit war, die ich gemacht habe. Das ist meist der Fall, wenn sich bei den eigentlichen Anstalten noch eine Firma als Produzentin dazwischenschaltet, dann wittern die nämlich Morgenluft, drücken die Honorare, wo sie nur können, und der kleine Künstler ist der Dumme. Und wenn die Filme später Gott weiß wo laufen, wie zum Beispiel diese damals für das ZDF produzierten Stummfilmserien, der kleine dumme Provinzkünstler bekommt jetzt keinen Pfennig mehr dafür. Und Heinz Caloué, der die Filme vorproduziert hat, auch nicht. Aber ein kleiner Trost, ich habe dabei wahnsinnig viel gelernt, ich weiß, ich schreibe zu oft wahnsinnig, aber das ist für mich das richtige Wort, ganz bestimmt in dem Fall. Ich habe von morgens 9.00 Uhr bis abends 18.00 Uhr alleine im Studio gestanden und manchmal zweihundertzwanzig Takes gesprochen, zwar nicht unbedingt lippensynchron, manches kann man ja auch hinziehen, aber da waren oft Takes dabei von einer halben Seite, mit fünf Stimmen, das heißt also fünf Farben, vom Erzähler zur hysterischen Alten, vom verquasten Professor zum Polizisten, und dann noch Prusten und Kreischen und Schnarchen, und dann noch einen Hund, und dann wieder den Erzähler, und immer auf vier oder auf dreieinhalb anfangen und so weiter, da gab es dann Abende, an denen ich gegen 18.30 Uhr ins »Hotel Bosch« kam, mich aufs Bett warf, erst um 1.00 Uhr wieder wach wurde, obwohl ich die Frieda anrufen und noch eine Kleinigkeit im »Wienerwald« nebenan essen wollte, meistens Hühnerleber mit Brot. Später habe ich dann im »Tele-Hotel« in Unterföhring gewohnt, aber da war ich genauso kaputt, besonders natürlich, wenn ich dann noch nachts in die »Bongo-Bar« fuhr, zu Heinz und Walter und Karin und Kitty, Heinz ging ja später in die »Lola Montez« und Karin in die »Madame«. Und wenn ich dann ins Hotel kam, war es oft schon hell, und die nächsten zweihundertzwanzig Takes warteten. Und so haben wir dann Pat und Patachon gemacht, Dick und Doof und Charlie Chaplin, Buster Keaton und Harry Langdon, Ben Turpin und Charly

Chase, Väter der Klamotte, Männer ohne Nerven, und ich mußte sie alle sprechen, und so lernte ich ganz nebenbei ganz verschiedene Rollen, holte quasi meinen Schauspielunterricht nach, und Heinz Caloué, der mir im Rücken saß und natürlich auf jede Nuance achtete, hat mir eine ganze Menge beigebracht, und manchmal mußte ich lauter sein als üblich, weil, so sagte er, da legen wir bei der Mischung noch Musik drunter. So habe ich nebenbei ein Handwerk gelernt, welches wiederum meiner Kabarettarbeit sehr zugute kam. Ich konnte jetzt auf der Bühne Geschichten mit allen möglichen Figuren und Stimmen erzählen. Bisher war ich immer nur als linearer Sprecher bekannt, insbesondere beim Hörfunk, der ja heute immer noch meine große Liebe hat. Auch dem Hörfunk habe ich viel zu verdanken, von meinen Anfängen in Koblenz und Mainz bis zu meinen heutigen Arbeiten beim Westdeutschen, Süddeutschen und Saarländischen Rundfunk. Aber alles hat sich ganz langsam entwickelt und gehört hier eigentlich noch gar nicht hin. 1972 machte ich zum erstenmal eine große Deutschland- und Schweiz-Tournee, zusammen mit Hannes Wader und Schobert & Black. Und die Schweizer, eifersüchtig wie nie, schrieben sofort, hat Hüsch das nötig, hat er nicht mehr die Kraft, allein aufzutreten, muß er sich jetzt schon Freunde als flankierende Hilfe mitbringen. Welch ein Blödsinn, wir wollten nur mal aus Lust und Laune sechs Wochen zusammen durch die Gegend fahren, ein paarmal war ja auch noch Ulrich Roski dabei, und es war eine gute Tournee, bis auf Zürich, wo man ausgerechnet Hannes Wader empfahl, seine Lieder doch besser auf der Straße und in Kneipen zu singen. Es war immer gut, mal zwischendurch mit Freunden zusammen zu arbeiten. Ich habe ja auch mehrere Programme mit Franz Hohler im Duo gemacht. Jahrelang habe ich noch mit Helmut Ruge zusammen für den WDR die Sendereihe »Hammer und Stichel« gemacht, und zwar wurde diese Sendung improvisiert. Es gab ein Hauptthema und ein oder zwei Nebenthemen, die legten wir uns vorher kurz zurecht, und dann wurde geredet, wo auch immer wir uns trafen. Wir haben die Aufnahmen überall gemacht, im Wartesaal, im Taxi, in der Kneipe, im Zugabteil, im Freien, in der Wohnung und ganz selten in einem Studio. Günter Krotky kam uns vom WDR überall entgegen, und Ruge und ich marschierten getrennt aufeinander zu, ich spielte in Stuttgart, er in Freiburg, also trafen wir uns zu dritt in Karlsruhe, redeten sechzehn Minuten über Gott und die Welt, und dann

trennten wir uns wieder. Nebenher wurden noch rasch ein paar private Erlebnisse ausgetauscht, oft auch anschließend noch sehr gut gegessen, ein paar Erinnerungen zum Lachen erzählt, von Freunden Grüße überbracht, und dann fuhr man wieder los. Ich bedauere heute sehr, daß eine solche Möglichkeit nicht mehr besteht, sie sollte regelrecht eingeführt werden, denn in dieser Zeit hatten Ruge und ich viel miteinander zu tun, heute sieht man sich kaum noch, und alles ist so weit weg, dabei braucht man sich heute mehr denn je, auch was die persönlichen Erfahrungen betrifft, man wird älter und zählt schon die Jahre. Gut, wollen nicht zimperlich werden, und außerdem, wir schreiben immer noch das Jahr 1972.
Ich las zum erstenmal Thomas Bernhard. Reiner Zufall wars: Ich lag schon im Bett und las in »Theater heute« das abgedruckte Stück »Der Ignorant und der Wahnsinnige« von Thomas Bernhard. Nie gelesen, nie gehört. Und ich fing sofort an zu lachen und kriegte mich kaum noch ein, ich kenne mich, und die Frieda fragte:
Was ist denn jetzt schon wieder?
Du, sagte ich, *ich lese hier etwas, das darf nicht wahr sein, das gibts gar nicht, und das ist auch noch ganz toll geschrieben, immer so kleine Zeilen und dann ein Wort dreimal hintereinander, und dann wieder zwei Worte, also keine durchgeschriebene Dialogprosa, sondern irgendwie ganz musikalisch eingeteilte Sprache, wirkt aber gar nicht experimentell, sondern so spricht man oft, das ist für mich ganz großes Kabarett, und der Autor heißt Thomas Bernhard und schreibt für mich das größte, also ich muß ständig lachen.*
Thomas Bernhard, sagte die Frieda, *nie gelesen, nie gehört.*
Macht ja nichts, sagte ich.
Aber da war die Frieda schon eingeschlafen, wahrscheinlich weil sie schon ahnte, was jetzt bei mir kam, nämlich eine Thomas-Bernhard-Phase, und da hatte sie mal wieder wie immer recht, und Bernhard wurde von da an der Autor, der mein ganzes Lesen und Schreiben, mein Philosophieren, ja auch meine Umgangsformen beeinflußte. Ich konnte auf einmal kein Buch mehr lesen, nach vier Sätzen legte ich es weg, es war aus. Ich war ganz tief getroffen, und alles, was Bernhard schrieb oder geschrieben hatte, wurde jetzt von mir verschlungen, alle Theaterstücke, Monologe, mit einem ganz kurzen Schluß, und wir, meine Freunde und ich, wir sprachen auch alle so oder machten dauernd Minetti nach: *Morgen Augsburg.* Das war das, was uns gefehlt hatte, eine ironische Philosophie, die

eben nicht nur bitter war, sondern von einer wuchtigen, manchmal sogar von ekstatischen Heiterkeit, wenn sich die Tiraden monomanisch wiederholten. Die Wiederholung als besonderes Element der Komödie. Da sollte sich mal ein Germanist drüber hermachen. Was haben sie sich damals alle blamiert, die Herrn Kritiker, von wegen Alpen-Beckett und Unterganghofer. Als aber dann Thomas Bernhard mit der großen Hilfe von Claus Peymann immer bekannter, um nicht zu sagen immer berühmter wurde, da auf einmal entdeckte die deutsche Bildungspresse den Komödienschreiber Bernhard, da hatten sie es immer schon gewußt, daß man bei ihm lachen durfte und sollte. Mein erstes Prosastück von Bernhard war »Gehen«, die wunderbare Geschichte mit dem Rustenschacherschen Laden und den Hosen als tschechoslowakische Ausschußware. Diese Stelle habe ich wohl an die hundertmal gelesen, ohne Übertreibung, und nur durch diese Stelle in »Gehen« sind meine Hagenbuch-Geschichten entstanden. Die konjunktivische Form, der Ablauf auf drei Ebenen, sagt Oehler zu Scherrer, so Karrer, oder auch umgekehrt. Die Wahrheit musikalisch relativieren, den ständigen Einsatz des Wortes sogenannter oder sogenannte, das hat mich alles so berauscht, ich bin kein Philologe, ich kann das nur so wiedergeben, wie ich ein Jazzstück am Piano von Erroll Garner höre, und so ist mir das auch mit allen Geschichten und Stücken von Thomas Bernhard gegangen. Mögen viele sich diesem Wahrheitsfinder einzig und allein theoretisch nähern, es gab bei mir Zeiten, wo ich mir einen neuen Bernhard gekauft habe und dann am liebsten mit dem Buch ganz schnell in einen tiefen Wald gelaufen wäre, um dort in aller Ruhe die Folie von dem Buch zu ziehen, um dann zögernd die erste Seite aufzuschlagen, das heißt zuerst hab ich immer auf die Rückseite geguckt, weil dort ja immer ein Satz aus dem Buch zitiert wird, der mich meist schon trunken gemacht hat, und dann las ich die ersten fünf Zeilen und lachte, und dann las ich weiter und lachte, und so ging das immer weiter, und dann rief ich den langen Jürgen an und sagte, daß ich den neuen Bernhard hätte, und er müsse ihn sich unbedingt auch kaufen und lesen, es sei wieder die Welt als Witz, und es helfe ganz schön weiter, und so war das damals mit uns, und es verging fast kein Tag, an dem wir Bernhard nicht zitierten oder in seiner Sprache sprachen: Wir lieben das Forellenquintett nicht, aber wir spielen es! Das Kolophonium! Das Kolophonium! Ganz an die Wand! Ganz an die Wand! Und ich versuchte, jeden, der mir über den Weg lief, für Thomas Bernhard zu begeistern, und alles, was kam, wurde gelesen, und es gab für mich einfach keinen anderen Autor mehr, und alle seine Werke habe ich wie Musik in mich hineingefressen. Es war eine wunderbare Zeit. Kurz danach kam ich zu einem ganz anderen Erlebnis. Ich hatte meine Freundin Magda, mit der ich beim SDR zusammen in der Fernsehserie »Der goldene Sonntag« spielte, gefragt, ob sie nicht einen modernen amerikanischen Komponisten kenne, der so zwischen Jazz und radikaler Moderne läge und dessen Kompositionen man bei einer Literatur-Collage eventuell verwenden könne, und dann sagte sie mir einen Namen, den ich noch nie gehört, und seine Musik schon gar nicht: Steve Reich. Ich ging in Bern zu Krompholz und Meß mir alle Titel von Steve Reich heraussuchen, nahm alles mit und hörte mir als erstes Stück »Six Pianos« an und war verblüfft und irritiert, denn ich hörte minutenlang immer dieselbe Floskel. Ich drehte die Lautstärke ganz weg, drehte nach zwei Minuten wieder auf und hörte immer noch dieselbe Floskel, und da wurde die Sache für mich spannend, eine solche Musik-Chuzpe hatte ich ja noch nie gehört, andererseits warf mich der Klang völlig um, und ich hörte mir das Werk noch mal von vorne an und merkte dann allmählich, wieviel winzige Verschiebungen sich da ständig ablösten, und was dort alles aus einer kleinen Melodiebewegung entwickelt wurde, und wie auch hier die Wiederholung keine Schwäche war, sondern immer mehr unter die Haut ging, mich atemlos machte und Stück für Stück eroberte, ob ich wollte oder nicht. Ich war mitten in das Zentrum der amerikanischen Minimai-Musik geraten, und Steve Reich war und ist ja einer der Protagonisten dieser Musikszene, und ich verfiel seiner Musik genauso wie der Sprache von Thomas Bernhard. Das waren zwei große Ereignisse in meinem Leben, sind es auch heute noch, wenngleich ich auch nicht mehr wie ein Kind umherlaufe und alle Welt davon überzeugen möchte, daß mit Steve Reich die Musik und mit Thomas Bernhard die Literatur aufhöre. Aber Bernhards »Holzfällen« oder sein »Weltverbesserer« und Steve Reichs »Music for a large Ensemble« oder »Music for eighteen musicians« sind immer noch Kirchgänge für mich. Und ich habe auch nur eine ganz kleine Bibliothek und eine winzige Plattensammlung, lese immer wieder nur dieselben Geschichten und höre immer wieder nur dieselben Musiken. Sicher ein großer Fehler, aber es bleibt eben nicht viel übrig, ein Lied, ein Gedicht, ein Theaterstück, ein

Bild, bei mir wäre es wohl eins von August Macke, er hat den Feininger bei mir ein bißchen abgelöst, eine Musik, und eine schöne Frau, mit der man ab und zu Streit hat, um sich zu spüren und festzustellen, wie sehr man sie doch liebt. Aber jetzt eile ich schon wieder den Dingen weit voraus, und ich möchte doch nichts übergehen. Als Claus Peymann noch nicht so berühmt und auch noch nicht der Bernhard-Regisseur war, sondern noch am TAT, am Theater am Turm, in Frankfurt arbeitete, auch schon sehr bekannt war, und alle ahnten, was da noch kommen sollte, da bin ich wieder mal aus der Rolle gefallen, will sagen, habe für eine Zeitlang kein Kabarett gemacht, sondern Theater gespielt und doch Kabarett gemacht. Das war so: Claus Peymann wollte die »Flüchtlingsgespräche« von Brecht machen und wollte die beiden Rollen, Kalle und Ziffel, mit Kabarettisten besetzen, um die unzähligen starken Pointen besser an den Mann und an die Frau zu bringen, und deshalb holte er sich den Chef des Frankfurter Kabaretts »Die Maininger«, Conny Reinhold, und mich. Das war für mich eine große Ehre. Claus Peymann holte mich ans TAT. Und er hat mit uns sechs Wochen gestellt und geprobt, hat uns ein ganz festes Arrangement geschneidert, ein Gerüst, fast ein Korsett, aber ein gutes Korsett, aus dem wir nicht mehr rauskonnten, und dann sagte er, und das werde ich nie vergessen, jetzt sollten wir, jeder auf seine Art, unsere Pointen nach unten verkaufen, wie wir das machten, das wäre ihm egal, und dann haben wir das auch so gemacht, und es war eine faszinierende Arbeit, Pointen verkaufender Kabarettist zu sein, in einer abgesicherten Arena, und es wurde ein großer Erfolg. Wir spielten in einem kleinen Wartesaal, und hinter uns hingen Großfotografien von den bekanntesten Flüchtlingen während der Nazidiktatur, rechts stand ein Klavier, und das war auch eine Idee von Peymann, ich sprach vom Klavier aus die Regieanweisungen vor den einzelnen Gesprächen und begleitete mich dabei und stieg dann wieder in die Rolle ein. Auf der Bühne selbst standen nur ein Caféhaustisch und zwei Stühle, aber Stühle und Tisch wurden von uns ständig eingesetzt, mal saßen wir rittlings auf den Stühlen, mal standen wir hinter ihnen, oder einer setzte sich auf den Tisch, während der andere den Stuhl an die Rampe stellte, das ergab eine gute Choreographie, und wir spielten die »Flüchtlingsgespräche« zuerst im TAT in Frankfurt und gingen dann damit drei Wochen nach Berlin, als Gastspiel in der Schaubühne am Halleschen Ufer, wo wir noch besser ankamen. Wir hatten allerdings auch ungemein präzise gearbeitet, konnten den Text im Tiefschlaf, verwechselten kein »daß« mit »damit«, denn der Brecht weiß schon, wann er »daß« schreibt und nicht »damit« und umgekehrt, und der Text ist sehr schwer zu lernen, und wir Kabarettisten sind ja dadrin manchmal etwas lax. Werner Finck soll ja in einer früheren Aufführung der »Flüchtlingsgespräche« sehr improvisiert haben, und es soll streckenweise mehr Finck als Brecht gewesen sein. Die drei Wochen in Berlin waren sehr aufreibend. Ich wohnte bei Vivi und Schobert auf dem Ostpreußendamm, und die beiden fuhren mich abends zur Schaubühne, holten mich hinterher ab, und dann zogen wir oft bis morgens um fünf durch alle möglichen Kneipen und landeten meist erst gegen 6.00 Uhr in den Betten, dann schlief man bis 14.00 Uhr, stand auf, guckte nach, welcher Wochentag überhaupt dran war, trank Kaffee, und dann fuhr man wieder ins Theater, spielte und so weiter. Freitags und samstags machte ich noch zusätzlich im »Reichskabarett« ein Mitternachtsprogramm, verdiente noch ein bißchen dazu und lernte halb Berlin kennen, von Volker Ludwig bis Katja Ebstein, und danach ging man noch ein bißchen zu Elke und Alexander, denn die hatten auch gerade eine Kneipe aufgemacht, und so wurde man immer ganz schön alt und wußte oft gar nicht, auf welcher Welt man eigentlich war. Aber es haben sich durch all diese Reisen und Auftritte im Laufe der Jahre viele Freundschaften entwickelt, und heute hat man oft so ein Kabarett- und Theaterfamiliengefühl, wenn auch nicht alles gleich gut anfing. Wolfgang Neuss zum Beispiel meinte am Anfang, ich solle mich lieber »Plüsch« statt Hüsch nennen, wegen der Harmlosigkeit, aber Volker Kühn brachte uns beim Hessischen Rundfunk zusammen, und von da an wurden wir respektable Freunde, und zuletzt habe ich ihn mit den Leuten von der »Lach- und Schießgesellschaft« oder mit den drei Tornados besucht und bin einmal wie betrunken nach Hause gegangen, denn er sprach, und wir hörten zu, und was er sprach, war oft so druckreif, daß ich vor Neid ohnmächtig wurde und auf dem Rückweg eine Stunde lang mein Hotel nicht mehr finden konnte. Und manchmal beschimpfte er mich auch und meinte, ich solle nicht länger den feinen Herrn aus Mainz spielen, sondern jetzt endlich meiner Rolle gerecht werden, nämlich Komiker zu sein und zu bleiben. Ach, wenn du wüßtest, Wolfgang, wie sehr ich diese Rolle inzwischen übernommen habe, und zwar so, daß die Leute schon wieder sagen, daß ich gar nicht mehr so politisch wie früher sei, dann hätte ich schon gerne, du würdest von da oben mal eins deiner Machtwörter sprechen. Ich weiß, du sitzt da oben, und Petrus hält dir die Pauke. Wolfgang Neuss war immer etwas weiter als wir, in allem, auch in seinem Aussehen, und wer das nicht begreift, der hat überhaupt nichts begriffen. Und als wir ihn beerdigten, waren auch nur zweihundert Menschen da, und das war der Beweis, wie sehr er allein war. 1973 verließ ich meine Familie, ich mußte einfach gehen, ich weiß, es war kein guter Schritt, aber damals wollte ich weit weg, und weiß der Teufel, warum ich so hart war und einfach Frau und Kind in Bretzenheim zurückließ, mir eine Aktenmappe unter den Arm klemmte, zweitausend Mark einsteckte und ging. Natürlich gab es einen besonderen Grund, nein, es waren wohl mehrere. Ich gastierte im April/Mai in der »Kellerbühne am Müllertor« in Sankt Gallen. Das war ein langer, immer etwas feuchter Keller mit etwa 160 Sitzplätzen, und diese Kellerbühne wurde damals geleitet von Fred Kurer, der wohnte Heinestraße 20 und war eigentlich ein englischer Schweizer, ja für mich war er manchmal mehr Engländer als Schweizer, auch heute noch, hatte und hat eine Holländerin zur Frau und ein süßes Töchterchen, mein Gott, das wird inzwischen eine junge Dame sein, und Fred Kurer hatte mich gebeten, doch auch einmal nach Sankt Gallen in die »Kellerbühne am Müllertor« zu kommen, in der er mit Freunden auch selbst ein sehr gutes, weil äußerst ironisches Kabarett machte, so ironisch, daß seine Landsleute schon wieder nicht mitkamen, und guter Jazz wurde dort auch gemacht, und ich sagte mir, warum nicht, Sankt Gallen fehlt dir noch in deiner deutschsprachigen Schweizer Sammlung. Ich fuhr also hin, und es war eine gute Entscheidung, die Sankt Galler kamen, und ich und meine Art, das war ihnen gerade recht. Bei meinem Gastspiel im April/Mai 1973 führte mir eines Abends Fred Kurer die junge Schauspielerin und Musicalspezialistin Silvia Jost in meine Garderobe, ein bißchen zum Unterhalten, zum Gedankenaustauschen, meinte er, und das wurde dann eine ziemlich lange Unterhaltung, ein langer Gedankenaustausch, nämlich bis 1979 dauerte diese Unterredung, und am ersten Abend gingen wir nach der Vorstellung in den »Hecht« was trinken, und danach fuhren wir stundenlang durch Sankt Gallen, also Silvia Jost fuhr, und ich saß daneben, sie hatte sich gerade am Tag davor einen Renault 5 gekauft, und als wir nicht mehr wußten, wohin wir noch fahren sollten, da fuhren wir dann in ihre Wohnung unter dem Dach am Marktplatz, Ecke Metzgergasse, unten an der Ecke ist ein großes Juweliergeschäft, und dann aßen wir noch etwas und saßen uns etwas sprachlos gegenüber, und dann meinte sie, daß sie auch eine Liege habe, und das war natürlich nur der Anfang, und ich kam erst am Morgen gegen 10.00 Uhr zu Kurers in die Wohnung, wo ich ein Zimmer hatte, das ich immer mit meiner Camel-Raucherei vollqualmte, und es war mir etwas peinlich Kurers gegenüber, denn sonst war ich nie so spät gekommen, aber diesmal ging es wirklich nicht früher. Ja, und dann wurde es schlimm. Es ging eine Liebe los, und ich konnte mich, wollte mich, sollte mich nicht wehren und spielte mit offenen Karten und sagte, was passiert sei und daß ich jetzt dahin müsse, und die Frieda sprach sofort von der jungen Schauspielerin, die sich wohl ins gemachte Bett legen wolle, und ob denn all die Jahre nichts wert seien, ich müsse ja wohl krank sein, und das komme überhaupt nicht in Frage, und so ging das wochenlang hin und her, und ich mußte mich entscheiden, und als die großen Ferien näher kamen und ich deshalb Silvia wochenlang nicht sehen konnte und es zu Hause kein Auskommen mehr gab, nahm ich auf einer Fahrt zum WDR nach Köln meine Aktenmappe, das Geld, und das, was ich auf dem Leibe hatte, mit und rief von Köln aus an, daß ich nicht zurückkäme, und Henryk M. Broder war der erste, dem ich meine Entscheidung mitteilte. Er wollte mit mir ein großes Interview machen und auch einen Porträtfilm, zusammen mit Franz van der Meulen, und nun saß ich ihm gegenüber und mußte erst mal meinen privaten Kram loswerden, und dann rief ich Silvia an und bat sie, mich in Baden-Baden abzuholen, sie bekam das zuerst gar nicht alles auf die Reihe, und ich fuhr ihr mit dem Zug entgegen, und wir übernachteten in Baden-Baden und fuhren dann am nächsten Tag weiter nach Sankt Gallen, und alle Welt stand kopf, nur ich mußte jetzt mit beiden Beinen auf der Erde bleiben und von vorne anfangen, alle Freunde anrufen, meine neue Adresse und Telefonnummer mitteilen, und offen gesagt, ich scheue mich sehr, das alles noch einmal aufzuschreiben, ich kann es heute nicht mehr begreifen, aber diese Geschichte gehört zu mir wie meine Füße, und ich überschrieb das Haus in Bretzenheim meiner Frau, und beide, die Frieda und die Anna, sollten keine Not leiden, außer der seelischen, und das konnte ich später kaum noch gutmachen, aber am Anfang war ich in einer anderen Welt, und das tat mir gut, denn ich bin auch nicht wenig vor der Krankheit der Frieda geflohen, aber der Grund war meine Liebe, und nun lief das Leben von St. Gallen aus. Und es war kein schlechtes Leben. Es gab viel Arbeit, denn alles andere lief ja weiter, meine Aufnahmen bei den deutschen Hörfunkanstalten, meine Synchronarbeit in München, und anfangs fuhr Silvia mich mit dem Renault 5, der gleich am ersten Tag schon einen langen Kratzer auf der Scheibe hatte, weil sie etwas mit der Hand wegwischen wollte, dann aber mit dem Ring versehentlich mit über die Scheibe fuhr, und wir fuhren durchs Elsaß nach Saarbrücken, wo ich nach meinen »Meier-Glossen«, jeden Mittag um 13.30 Uhr, gerade anfing, bei Karl-Heinz Schmieding, dem Nachfolger von Wolfgang Drescher, der ja nach einigen Meinungsverschiedenheiten mit A. C. Weiland zum Südwestfunk nach Baden-Baden ging, die ersten ironisch gemeinten »Gesellschaftsabende« zu machen, die ja heute noch sechsmal im Jahr im Großen Sendesaal des Saarländischen Rundfunks veranstaltet werden. Inzwischen bewegen wir uns langsam auf den hundertsten Gesellschaftsabend zu. Der Gesellschaftsabend ist eine Erfindung von Karl-Heinz Schmieding, und ich bin der Gastgeber, Moderator und Präsentator, ich stelle die Kollegen Kabarettisten, Liedermacher und Instrumentalisten vor und umrahme den Abend mit eigenen Texten, und bis jetzt waren die Gesellschaftsabende immer ausverkauft und sind in der deutschsprachigen Hörfunklandschaft in ihrer Kontinuität auch einmalig und in Saarbrücken schon fast ein gesellschaftliches Ereignis. Und zu einem solchen Erlebnis bin ich mit Silvia oft durchs Elsaß nach Saarbrücken gefahren, und auf der Rückfahrt haben wir manchmal in »La petit Pierre« haltgemacht und uns ein, zwei Tage ausgeruht, weil es dann schon wieder nach München ging, um bei Heinz Caloué neue Stummfilmtakes zu sprechen. 1974 machten wir ein Kabarettprogramm zusammen mit dem Titel »Faux pas de deux«. Es war ein sehr literarisches Programm. Wir saßen auf zwei weißen Stühlen an kleinen Caféhaustischchen, waren selbst nur in Schwarzweiß gekleidet, und es wurde vieles zusammen gesprochen und gesungen. Für dieses Programm entstand mein Abendlied, das eigentlich schon ein Heimwehlied war: »Schmetterling fliegt nach Haus«. Denn, ich sagte es, glaube ich, schon mal:

Es gibt keine stärkere Krankheit als die Erinnerung.

Wir haben das Programm nur in Sankt Gallen, in Basel und beim WDR in Köln gespielt, Wir sind dann umgezogen, nach Bern, in Silvias Heimatstadt, wo auch ihre Familie lebt, und bekamen eine herrliche Wohnung unterm Dach, mit einem riesigen Balkon, in der Altenbergstraße, direkt an der Aare. Und als wir die Wohnung hatten und alles eingerichtet war, holten wir uns einen Hund, vielmehr wir kauften einem jungen Ehepaar, das den Hund nicht mehr halten konnte, weil sie ganztägig beschäftigt waren, für 100 Schweizer Franken den kleinen Hund ab, und Zipfel oder Zipfi oder berndeutsch Zipfu wurde unser ein und alles, und ich ging jeden Morgen, wenn ich nicht gerade unterwegs war, mit Zipfi an der Aare entlang spazieren, verlor jede Furcht vor großen Hunden und lernte dabei ein paar Sätze Schweizerdeutsch: »Chunnst du jetzt daherre, es git nüht, häsch ka, kasch denke.« Ansonsten ist ja mit Sprachimitationen bei mir nicht viel los, und ich laß es auch lieber, denn es klingt gar nicht komisch, höchstens dilettantisch. In dieser Zeit lernte ich auch bei mehreren Aufnahmen fürs Radio Edith Bussmann näher kennen, die, unterstützt von Benno Kählin, bei Radio Bern den »Treffpunkt« erfunden hat, bei dem ich ja auch seit Jahren schon den Gastgeber spiele. Der »Treffpunkt« findet zweimal im Jahr statt, einmal im Frühjahr, und das andere Mal im Herbst, und zwar mit Publikum, im kleinen, extra für diesen Auftritt eingerichteten Sendesaal. Immer sind zwei Künstler oder Künstlerinnen oder auch zwei Gruppen zu Gast, und der Abend verläuft in zwei Teilen, in denen ich die Gäste vorstelle, mit ihnen Gespräche führe und sie dann bitte, ihre Werke zum besten zu geben. Der »Treffpunkt« ist eine sehr beliebte Kabarett- und Kleinkunstsendung, und wir haben in Bern, ähnlich wie in Saarbrücken, viele Kollegen und Freunde immer wieder um uns, und das ist wichtig, um die besondere Kunst, eben die Kleinkunst, ganz groß zu machen. Bern war schon tatsächlich ein bißchen meine Stadt, nicht nur daß Bern zeitweise die schönste Stadt der Welt ist, sondern sie ist für mich die deutscheste unter den Schweizer Städten. Und Silvias Vater, der ein Verlagsdirektor war, und Bruder Heinz, Maler und Grafiker, Literaturkenner ohnegleichen, hatten eine besondere Beziehung zur deutschen Sprache. Basel ist dagegen frankophil, Zürich, na ja, international, aber Bern hat was Deutsches und was Urdepressives, vor allem wenn die Berner nach der Polizeistunde vor den Beizen stehen und nicht nach Hause können, zum Beispiel wenn sie vor dem »Klötzli-Keller« stehen, dann habe ich immer das Gefühl, sie sind von den Bergen in die Stadt gekommen, Grafiker geworden, haben aber die Berge noch nicht

ganz abgeschüttelt und die Großstadt noch nicht ganz im Griff, und das macht depressiv, und ich weiß das, weil es dem Niederrheiner oft genauso geht, er hat Angst vor großen Städten und findet sich dort nur unter Aufbietung aller Kräfte zurecht. Und die Depression treibt ihn an die Theke, und wenn er da lang genug gestanden hat, dann geht es schon wieder besser. Silvia hat es fertiggebracht, daß ich mal Urlaub machte. Wir sind zweimal in die Bucht von Genua gefahren, bis Camogli, und von dort mit einem Motorboot nach Punta Chiappa, wo wir in der »Albergo Stella Maris« drei Wochen wohnten, ungeheuer viel Fisch und Muscheln aßen, den Hund immer dabeihatten und abends noch stundenlang aufs Meer gucken konnten, und nach ein paar Tagen war ich dann auch zufrieden und fand, daß man eigentlich öfter Urlaub machen sollte, wenn nur nicht soviel Arbeit wäre. In der Schweiz habe ich dann auch zum erstenmal gespürt, wie deutsch ich bin und daß ich mich langsam vor der Idylle zu fürchten begann, und daß die Schweizer oft mit Essen und Trinken den Problemen aus dem Wege gehen und doch voller Konflikte stecken. Ich habe ja mal die etwas kesse Behauptung aufgestellt:
Die Schweizer brauchen keine Gewerkschaften, sie haben ja die Berge.
Und als ich mal einem Schweizer Kollegen sagte, daß ich nach einem Monat sauberer, ordentlicher und schmucker Schweiz unbedingt acht Tage in den Kohlenpott müßte, war der tödlich beleidigt. Und als ich mit Silvia mal durchs Ruhrgebiet fuhr, konnte sie nicht begreifen, daß da manchmal neben einem Riesenwerk drei kleine »Häuskes« stehen, in denen Menschen wohnen, und um die Ecke ist sogar noch eine Kneipe, und die Menschen gehen dort nicht weg, das ist ihr Zuhause, das war für Silvia einfach ein Unding und für die Schweiz unvorstellbar. Und wir fuhren rasch weiter, denn wir waren auf Tournee, und Silvia fuhr mich, von Bremen bis Kaiserslautern, eine Karsten-Jahnke-Tournee, und dann ging es wieder zurück nach Bern. Ich hatte damals viel mehr Zeit als heute, obwohl ich immer schon stark beschäftigt war im Rundfunk und auf der Bühne. In Bern spielte ich ja nach wie vor in Bernhard Stirnemanns »Rampe«. Die Stirnemanns hatten ja auch zwei Hunde, Paco und Mützetli, zwei Drahthaardackel, wenn ich mich nicht irre, und das Büro leitete mit allumfassendem Lachen die Inge Widmer. Mein Programm »Enthauptungen« habe ich vier Wochen in der »Rampe« gespielt, und das Programm wurde Stadtgespräch, das war noch vor der Zeit mit Silvia,

und samstags spielte ich zwei Vorstellungen, bis mir am Ende der zweiten Vorstellung immer schwarz vor Augen wurde, in der Zeit verliebte ich mich auch für wenige Stunden in die schöne Elisabeth Kornfeld. Bern war für mich eine gefährliche Stadt, ich weiß nicht, warum, aber es war auch die Stadt, in der mich langsam meine Erinnerungen einholten, und wenn ich morgens mit Zipfi, dem Nuhd, Sie müssen wissen, ich verdrehe manchmal die Konsonanten derart, daß ganz neue Namen und Bezeichnungen entstehen, Hund heißt dann bei mir immer Nuhd oder, davon abgeleitet, Nühdlein oder Nühdelchen, gut, wenn ich also morgens mit Zipfi-Nuhd an der Aare entlangspazierte, habe ich oft gedacht, wie machst du es, wie kriegst du es hin, daß es nicht so schlimm wird, daß es niemandem weh tut. Was hatte ich da nur angerichtet. Nach drei Jahren fuhr ich dann nach Mainz, aber die Sache blieb ungeklärt, die Frieda wollte eine klare Trennung, und ich wollte Silvia noch einige Male sehen, um den Übergang nicht so schwer zu machen, vor allen Dingen für sie. Denn als ich ihr sagte, ich wolle, ich müsse nach Hause zurück, verlor sie sofort ihre Stimme und konnte ein Gastspiel in der Schaubühne in Berlin nur mühselig bewältigen. Ach, es war alles viel schlimmer, als ich es hier beschreibe, aber die Uhr lief, und die Frieda hatte gesagt:
Ich will nicht wissen, wann du zurückkommst, sondern ob du zurückkommst, und wenn, dann aber Nägel mit Köpfen, mein Herr.
Also fuhr ich nach Mainz, 1976, aber nach wenigen Monaten wieder zurück. Silvia hatte inzwischen die weibliche Hauptrolle in Kurt Gloors Film »Die plötzliche Einsamkeit des Konrad Steiner« gespielt und ging danach nach Basel ans Theater, und dort trafen wir uns und versuchten wieder von vorne anzufangen, und ich dachte, jetzt muß es klappen, jetzt mußt du wissen, wo du hingehörst, und wir gingen wieder nach Bern in unsere schöne Wohnung, um die uns alle beneideten, und lebten und arbeiteten. Ich schrieb »Hoffnung und Zärtlichkeit«, ein Kunst-Stück auf Leben und Tod. Ein verwegenes Experiment, welches ich mit Silvia, zwei Schweizer Schauspielern, Erwin Leimbacher und Lorenz Hugener, dem Journalisten Beat Hugi und mir ausprobierte. Literatur als Zirkusware. Der Zirkus heißt Sisyphus-Zirkus und hat kein Geld mehr, keine Tiere, keine Artisten, und nun greifen die Clowns zum Billigsten, was es gibt, nämlich zum Wort, und versuchen, ähnlich wie Musical-Clowns, mit virtuosen Stücken, Poesie vorzutragen, und das mißlingt vieltausendmal,

und im dritten Teil des Stückes, der den Titel trägt »Quiet Circus«, versuchen sie dann, ohne Worte die Pieta nachzubilden, auch das geht schief, und dann verlassen sie, einer auf den anderen gestützt, geschlagen, aber nicht besiegt, die Arena. Ich hatte mir für diesen Versuch 25000 Mark beiseite getan, um diese Produktion und die Proben dafür großzügig durchführen zu können. Silvia hatte in der Nähe unserer Wohnung einen Probenraum aufgetan, und dort trafen wir uns jeden Tag und probierten alles gemeinsam aus, wir gingen auch gemeinsam zum Mittagessen und auch abends saßen wir noch lange zusammen, ich wollte, daß ein Kollektiv entsteht, und das gelang auch, die Kostüme suchten wir auch gemeinsam und für die Möbel fuhren wir von Brockenhaus zu Brockenhaus, und als wir alles zusammenhatten und auf meine Anfrage von den Berliner Festwochen die Nachricht erhielten, daß sie das als Auftragsarbeit übernähmen, ich hatte vorher bei Peter Hahn angefragt, da wurden wir dann doch bühnennervös und trösteten uns immer mit der Musik von Steve Reich, denn wir hatten sein »Six Pianos« als durchgehendes Motiv mit eingebaut, und zwar kam die Musik vom Band, aber das Band war in einem Bauchladen versteckt, den ein Landstreicher vor sich hertrug, der tauchte immer wieder auf, verschwand wieder, kam wieder zurück, und dann hörte man schon von weitem das monomanische Klavierspiel der sechs Pianisten, das war für uns wie eine Nationalhymne, und für mich war es so etwas wie eine kleine Oper, die ich ja immer mal machen wollte und hier realisieren konnte. Allerdings war das ganze Werk sehr anspruchsvoll, episch und ohne jeden kabarettistischen Scherz, es war reine Poesie, von Goethe bis Ringelnatz, von Neruda bis Brecht, von Else Lasker-Schüler bis Rimbaud, von Georg Trakl bis Walther von der Vogelweide, und ab und zu ein bißchen Hüsch als Rahmen für die Philosophie, die wir vortragen wollten. Wir haben dabei mit Farben und Masken gearbeitet, uns gegenseitig bei einem Gastmahl angemalt, uns die Trauer ins Gesicht gemalt, uns lachend den Schmerz auf die Haut geklebt, und zuletzt sahen wir aus wie die, die zu lange im Walde gewesen sind. Dieses Bild von Max Ernst hat mich immer begleitet. Aber, gleich seis gesagt, wir hatten wenig Erfolg mit unserem Sisyphus-Zirkus, mit Hoffnung und Zärtlichkeit, entweder man verstand nichts, oder man hatte keine Ahnung. Unsere Probeaufführungen in der Schweiz gingen gerade so über die Bühne, obwohl wir exzellent in Form waren, nun hofften wir auf

Berlin. Wir fuhren mit mehreren Autos und einem Bus für die Requisiten, Versatzstücke und Kostüme in diese alte Kulturmetropole und spielten zwei Nachtvorstellungen, die in einen Skandal ausarteten. Meine Schweizer Freunde hatten ja so was noch nie erlebt, Störungen und Zwischenrufe, und nun mußten wir da durch, und in der Pause versuchte jemand den Veranstalter zu ohrfeigen, und bei dem von uns ironisch gemeinten Satz *Wir hatten ja auch schon mal eine Welttournee vor* rief das Publikum zurück: *In Berlin schon gescheitert!,* aber wir trugen tapfer unsere Poeten vor, und wenn es leiser wurde, kicherte das Publikum, und ich muß sagen, seit der Zeit habe ich etwas den Respekt vor dem weltberühmten Berliner Publikum verloren. Die Leute waren natürlich auf den Festwochen mit Clowns und Akrobaten, Artisten und einfach gestricktem Amüsement bedient worden, und jetzt mußten sie einmal zuhören und differenzieren, nichts zu machen, wir gingen mit fliegenden Fahnen unter, so richtig Daumen runter, laßt die Löwen rein. Aber trotzdem waren diese Berliner Abende insgesamt schöne Abende. Hinterher saß man lange zusammen, diskutierte, erklärte, verteidigte sich, und, welch ein Glück, wir trafen meinen alten Freund Wolfgang F. Henschel, genannt Jo, und der hatte alles mitbekommen und tröstete uns und sagte: *Eigentlich müßtet ihr dieses Publikum mitnehmen,* denn er habe manchmal den Eindruck gehabt, das Publikum gehöre zum Stück und habe die Tragödie erst vollendet. Jo Henschel hatte ein Jahr zuvor, 1977, mit mir für die Matinee-Redaktion des ZDF, die unser Freund Hajo Schedlich leitete, zur 500-Jahr-Feier der Johannes-Gutenberg-Universität im Theater am Gutenbergplatz eine 90-Minuten-Live-Sendung inszeniert unter dem Titel: »Und das Herz schlägt wie ein blinder Passagier«. Kurz die Story: Der Niederrheiner Hüsch kommt nach Mainz, versucht zu studieren, wird Poet, und Mainz macht ihn zum Aschermittwochsmenschen. Also meine Geschichte. Das haben wir nun szenisch aufgelöst, natürlich mit den Musikern um Fritz Maldener dramaturgisch angereichert, und es war der lange Weg nach Mainz zu zeigen, viel Leben und viel Lust, viel Zweifel und Verlust, der Mensch und die Familie, die kleine Stadt, wie bei mir immer, und der Friedhof, die Themen wiederholen sich, und vorher hatten wir in Bretzenheim in einer Probenhalle des Theaters geprobt, ich war von Bern nach Mainz gekommen, wohnte zu Hause, und die Frieda fragte mich: *Wann kommst du ganz wieder?,* und ich sagte: *Bald,* und sie lag schon seit ein paar Tagen, weil die Nieren nicht richtig arbeiteten, und wir hofften alle, daß es ihr bis zum Sonntag besser ginge, damit sie ins Theater kommen könne, sie hatte die ersten Feierlichkeiten noch strahlend mitgemacht. Mein Freund Rudolf Jürgen Bartsch hatte im Saal des Gutenbergmuseums eine großartige Lesung mit Werner Rundshagen, Heinz Schimmelpfennig und Günter Strack, und wir gingen anschließend alle noch zum Jugoslawen nebenan, und alle freuten sich, daß es der Frieda im Moment so gut ging, aber bei dem Konzert mit den Uni-Rhythmikern, das ich moderierte, war sie, glaube ich, schon nicht mehr dabei, sondern lag in Bretzenheim im Wohnzimmer auf der langen Couch, zu Füßen meist Bella oder Lieschen, und wir hofften, daß es sich nicht verschlimmern würde, ich rief von der Probe zwischendurch immer an, und es ging auf und ab, und einen Tag vor der Live-Sendung gingen wir dann doch ins Krankenhaus, und wir mußten draußen auf dem Gang lange warten, und es ging bis in den Abend hinein, und dann bekam sie ein Bett, aber kein Zimmer, und es wurde spät, und wir durften sie noch mal mit nach Hause nehmen, und am anderen Morgen ging ich dann ohne die Frieda ins Theater, übernächtigt und ängstlich vor dem großen Auftritt, neunzig Minuten live, und es war vieles zu beachten, denn das Ganze war eine große Collage mit vielen Statisten auf verschiedenen Ebenen, die wie Laufstege hinter mir aufgebaut waren, unter einer großen Eisenbahnbrücke, und es gab vorne auf der Bühne richtiges Gras, Hajo Schedlich wollte das so, und dann wurde das so für mich gemacht, und vor der Sendung verkündete Peter Schneider, der damalige Präsident der Universität, dem Publikum noch, daß der Senat der Universität mich einstimmig zum Ehrenbürger der Universität ernannt habe, und es war für mich ein aufregender Vormittag, meine Nerven lagen völlig offen, und als die Sendung begann, dachte ich noch, in neunzig Minuten ist alles vorbei, und die Frieda lag zu Hause, wollte sich alles am Fernsehschirm ansehen, und dann ging ich auf die Bühne, und es gab einen Applaus, der mich beinahe umwarf, und ich mußte sehr auf die Lippen beißen und nach oben gucken, und dann begann ich, und es wurde ein einmaliger Erfolg, und wir lagen uns hinterher alle in den Armen, glücklich, daß wir dieses schwierige Kunststück gemeistert hatten, und wie gemeistert, wir hatten alle an diesem Morgen wohl einen Schutzengel, der Regisseur Jo, die Kameraleute, die Lichtwechsler, der Ton, alles klappte wie vorgese-

hen, ich hatte keinen Versprecher, sagte nur einmal bei einer Aufzählung der Messer und das Gabel, aber sonst waren wir voll draufgewesen und gingen anschließend noch ins »Heilig Geist« ein bißchen feiern, und das hätte ich mal seinlassen sollen, denn als ich so gegen 16.00 Uhr nach Hause kam, lief Anna mir schon entgegen und sagte:
Vati, wir fahren ins Krankenhaus.
Und vor dem Haus stand ein Sanitätswagen, da lag die Frieda drin, denn sie war völlig zusammengebrochen, die Nieren hatten einen Stau bekommen und waren beide funktionsunfähig, und das Kreatinin war auf 10 gestiegen, und die Frieda fast ohnmächtig, so daß sie gar nicht mehr gemerkt hatte, was um sie herum vor sich ging, und wir fuhren hinter dem Sanitätswagen zur Klinik, dort stand schon vor Bau zwei der Professor Philipp und dirigierte alles an den richtigen Platz, und die Frieda wurde gleich an den Tropf gehängt, damit das Kreatinin runterging, und es nahm alles seinen ordentlichen medizinischen Gang, und in der Nacht noch hat die Frieda sich das Rauchen für immer abgewöhnt, und nach drei Tagen war das Kreatinin schon wieder auf dem absteigenden Ast, und ich verlängerte meinen Mainz-Aufenthalt und machte der Silvia klar, daß ich jetzt in Mainz gebraucht würde und daß das vorginge, und ich saß oft mit der Frieda, wenn die Sonne schien, es war Juni 1977, vor dem Bau zwei auf einer Bank und merkte, wie sie sich freute, daß ich geblieben war, und spürte aber auch ihre Angst vor dem Tag, an dem ich wieder wegging, und ich fühlte, daß es so nicht weitergehen konnte, und wie oft habe ich später noch auf den Bänken im Park der Uni-Klinik gesessen. Wenn ich heute in Mainz bin und komme am Hauptportal der Klinik vorbei, fallen mir all diese Tage wieder ein, und dann kommt der Professor Köhler und sagt, Sie dürfen jetzt nicht aufgeben, und Sie müssen auch an sich denken. Und die Frieda kam nach drei Wochen nach Hause, das Kreatinin war wieder bei 3,5, und die Katzen erkannten sie sofort, und ich fuhr zurück nach Bern, aber ich wußte, ich mußte heim, ich mußte zur Ruhe kommen, und ich wollte eine andere Aufgabe übernehmen. Aber zwischendurch raste ich auch durch die Welt und hatte immer mehr zu tun und war oft nicht in der Lage, alles unter einen Hut zu kriegen, zumal ich ja noch in einer großen Familienfernsehsendung mitspielte, und zwar den Vater, altmodisch, aber nicht gestrig, dickköpfig, aber nicht reaktionär. Werner Schretzmeier, einer der klügsten und fleißigsten

Schwaben, aus Schorndorf gebürtig, hatte sich in seinen phantasievollen Schädel folgende Idee gesetzt, nämlich, eine deutsche Familie zu zeigen, sonntagmorgens zwischen 11.15 Uhr und 12.00 Uhr, in der Küche, im Flur, im Schlafzimmer, im Wohnzimmer, egal wo, Vater, Mutter, ein Sohn, zwei Töchter, manchmal kommen Freunde, Verwandte oder Nachbarn dazu, und immer ist in dieser Familie was los, sprich, sie setzen sich ständig mit großen und kleinen, mit Alltags- und Weltproblemen auseinander, und dabei gibts naturgemäß Streit, und es wird laut, und es wird wieder leise, und es gibt Meinungsverschiedenheiten, und dabei kommen die Politik und das Leben, die Jugend und das Alter nicht zu kurz, und alles gehört mit zu einer deutschen Familie, die es überall gibt und die jeder kennt. Dieser Werner Schretzmeier, der als freier Mitarbeiter im Süddeutschen Rundfunk damals noch einen Schreibtisch hatte, hatte mich schon in den wilden Zeiten, in denen Diskussion vor Kunst ging, ein paarmal nach Schorndorf in die »Manufaktur« eingeladen, jenem guten Club für Politik und Kultur, dem wir später mit diversen Benefizkonzerten auf dem Killesberg alle Mann hoch, von Biermann bis Hildebrandt, von Richling bis Jonas, von Kunze bis Hüsch und so weiter, immer mal wieder existenziell unter die Arme gegriffen haben, dieser Werner Schretzmeier, mit dem ich immer einig bin, daß wir nicht aus der Kirche austreten, holte mich nach Stuttgart, und wir machten achtzehn Folgen vom »Goldenen Sonntag« und neun Folgen von der »Kleinen Freiheit«, wo es um Auf und Ab eines kleinen Privattheaters ging. Die ersten Folgen vom »Goldenen Sonntag« hatten uns noch Peter Maiwald und Gerd Wollschon geschrieben, und Bruno Voges führte mit großer Sanftmut die Regie, und Werner Schretzmeier paßte auf, daß auch alles stimmte, und zwar nicht nur bei Licht und Ton, sondern vor allem auch bei den menschlichen Zwischen- und Untertönen, und das war eine gute Sache, und eines Tages fingen wir, Verzeihung, ich hab die anderen Mimen ja noch gar nicht genannt, Ingeburg oder Ingeborg, ich glaube Ingeburg, jetzt guck ich im Telefonbuch nach, Sekunde, da steht der Vorname nicht drin, also gut, Ingeburg Kanstein spielte die Mutter, und die Kinder hießen Magda, da weiß ich den Nachnamen schon nicht mehr, Nora Barner und Bengt Oberhof, und wir waren und wurden immer mehr eine richtige Familie, manchmal kamen noch Alfred von der »Roten Grütze« aus Berlin dazu und Ayten Erten, die junge türkische Freundin von Bengt, ja, und eines Tages fingen wir an zu improvisieren, hielten uns nicht mehr genau an den Text von Maiwald & Wollschon, sondern benutzten den Faden der Geschichte schon, improvisierten aber die Dialoge. Also wenn es hieß, die Magda, die älteste Tochter, will eine Gitarre, Mutter muß aber erst mit Vater darüber sprechen, dann setzten sich Vater und Mutter in die Küchensitzecke und improvisierten diesen Dialog auf ein Tonband, und dann wurde der Dialog von der fleißigen Ute vom Band abgeschrieben, dann sprachen wir den Text noch mal vom Blatt, improvisierten aber noch weiter dazu, diese Fassung wurde dann noch mal abgeschrieben, dann wieder vom Blatt gelesen, stellenweise auch wieder gekürzt, bis der Text endlich stimmte und wir alle den Eindruck hatten, so verläuft am Sonntagmorgen ein Gespräch zwischen einem deutschen Vater und einer deutschen Mutter, wenn es darum geht, der Ältesten eventuell eine Gitarre zu kaufen oder auch nicht, und wir schöpften dabei alle aus unserem bisherigen Lebensfundus, ich zum Beispiel spielte meinen Vater und mich auf einer Schiene, und das ergab dann oft eine neue, dritte Figur, mit allen Widersprüchen gesegnet und keiner Marotte aus dem Wege gehend. Wir waren alle sympathisch und unsympathisch, laut und leise, sozial und egoistisch, diszipliniert und anarchisch, jeder von uns hatte mal einen guten und einen schlechten Tag, und Werner Schretzmeier hatte auch die richtigen Leute zusammengeführt, die eine Geschichte spielten, wie sie sonst nie gespielt und gedreht wurde. So einige »richtige« Schauspieler, die manchmal als »Gäste« bei uns mitmachten, waren über die Maßen irritiert über unsere Arbeitsweise und auch immer sehr erstaunt über unseren Einsatz, ohne auf die Uhr zu gucken, denn als wir etwa von der vierten, fünften Folge an unsere Probenform gefunden hatten, wurden wir regelrechte Studiomenschen, und das ging so: Von 8.30 Uhr bis 17.15 Uhr wurde eingerichtet und gedreht, dann gabs eine Pause bis um 18.00 Uhr, in der Pause ging man in die Kantine oder telefonierte, aß rasch ein Tomatenbrot, trank einen Kaffee, und dann ging man wieder ins Studio und improvisierte die Texte für den nächsten Tag, so wie ich es beschrieben habe, und es wurde oft sehr spät, manchmal waren wir erst um 1.30 Uhr fertig, gingen dann noch ein Stündchen zu einem Italiener, am Anfang gingen wir meist in die »Traube«, und dann ging man ins Hotel, legte sich das Manuskript unters Kopfkissen, stand am Morgen um 7.00 Uhr auf und war um 8.30 Uhr wieder im Studio, lernte dort den Text beim Einrichten, oder bis Jim Lewis, unser Chefkameramann, mit seinem großartigen Licht fertig war, und wenn die erste Klappe fiel, so gegen 10.00 Uhr, dann konnte man den Text ganz leicht oben drüber auswendig, aber man wußte ja, daß die erste Klappe meist nie genommen wurde, mit wenigen Ausnahmen, meist wird sowieso noch eine zur Sicherheit gemacht oder eine dritte, die ist es dann, oder sie war es doch nicht, und wenn man acht Klappen macht, dann sagt der Regisseur meistens, es hat sich gelohnt, ihr werdet es sehen, oder er nimmt dann doch die zweite. Und bei diesen mehrmaligen Aufzeichnungen improvisierten wir manches noch dazu, und dann wurde es eben wie zu Hause, und das war das Erfolgsgeheimnis dieser Serie, auf die ich heute noch angesprochen werde und die mich zeitweise populärer gemacht hat als meine Kabarettarbeit, daß alles genau wie zu Hause war, und ganz langsam erfuhren wir, daß sich die Eltern mit ihren Kindern zu Hause vor den Fernsehschirm setzten, um zu sehen, wie es in einer deutschen Familie zugeht. Politisch hatte diese Sendung am Sonntag morgen einen hohen Stellenwert, denn neben den privaten Themen gab es ja immer eine aktuelle Geschichte, die in der Familie für Unruhe und Auseinandersetzung sorgte. Und hier brauchten wir gar nicht mit dem Zeigefinger zu arbeiten, sondern wir konnten gottlob unseren Alltagshumanismus langsam, aber sicher in jede andere Küche tragen. Wir haben insgesamt achtzehn »Goldene Sonntage« gedreht, und von der zehnten Folge an übernahm Werner Schretzmeier auch die Regie, und inzwischen waren wir auf den Fluren und Korridoren des SDR-Fernsehgebäudes als »die Familie schlechthin« bekannt, und Richard Epp, der Produktionsleiter, strahlte, und Elisabeth Schwarz, mit der ich doch in Mainz zusammen Theaterwissenschaften studiert hatte, deckte uns den Rücken, wenn es zu politischen Animositäten kam, und wir wohnten fast alle im »Haus Berg«, direkt neben der »Traube«, und Stuttgart kam uns oft wie ein zweites Zuhause vor, und Werner und Gudrun Schretzmeier sorgten auch dafür, daß wir davon nie ganz loskamen, und wir entdeckten dann auch für uns, daß Arbeit Leben und Leben Arbeit sein kann und diese krasse Unterscheidung zwischen Job und Freizeit auf die Dauer eigentlich unkreativ und tödlich ist. Wir wurden auch von Folge zu Folge besser, sicherer, und als die letzte Klappe fiel, in der achtzehnten Folge, und wir ein großes Abschlußfest machten, auf dem jeder etwas vortrug, da wollte man eigentlich gar nicht nach Hause, und es gab Tränen, und mir ist bis heute auch nicht ganz klar, warum der »Goldene Sonntag« dann ganz aufhörte, ja, die Serie könnte heute noch laufen, aber so ist es halt, wie Werner Schretzmeier immer sagt, der bald eine neue Idee hatte, nämlich die Geschichte eines Privattheaters zu erzählen, unter dem Titel »Kleine Heimat«. Die Folgen dieser Serie wurden auch von uns erfunden und die Dialoge wie immer per Improvisation hergestellt, eine interessante Geschichte, in der auch Silvia mitspielte und Heide Rohwedder, und der heute so berühmte Mathias Richling, Roland Reber, Susanne Tremper, auch Bengt Oberhof war wieder mit von der Partie, und von der »Roten Grütze« aus Berlin kamen die Freunde, allen voran der gnadenlose Komiker Günter Brombacher. Aber die Serie war kein großer Publikumserfolg, dennoch ein politischer Gewinn, und als wir in einer Folge mein Anti-Strauß-Lied sangen, geriet Herr Stoiber außer sich, was er ja auch sollte. Später versuchten wir noch zusammen mit der »Roten Grütze« einen Film zu machen, versuchten in der Schwäbischen Alb und in Berlin abwechselnd was auf die Beine zu stellen, es waren gute Ansätze vorhanden, wir gründeten sogar eine Filmfirma, aber ich weiß nicht, was, irgendeine Schraube fehlte, obwohl wir, glaube ich, eine gute Geschichte hatten: ein Vater, der mal Nazi war, sucht in Berlin seinen Sohn, der deswegen von zu Hause weggegangen ist, und der Vater will ihm das Uhrengeschäft übergeben und sich mit ihm auch aussöhnen, und der Sohn weiß jetzt nicht, was er machen soll. Also auch eigentlich wieder eine Familiengeschichte, wie sie in den besten deutschen Familien vorgekommen ist und immer noch vorkommt. Aber eines Tages gingen wir auseinander und gaben das Projekt auf. Heute leitet Werner Schretzmeier zusammen mit Freunden das »Theaterhaus« in Stuttgart-Wangen, und ist immer noch dabei, mich fürs Theater zu gewinnen. Und ich mach das eines Tages ja auch noch, aber erst wenn ich alles preisgegeben habe, wenn ich alles los bin, den Kleinkram und die sogenannten großen Dinge, wenn mir die Welt mal gestohlen bleiben kann und ich mich auf einer Schaukel befinde, die niemand anstoßen muß und keiner aufhalten kann, auf der Schaukel des Geistes, die mal hierhin und mal dahin pendelt und einfach schwerelos macht, und dann muß man Theater spielen, pathetische Komödien und ganz leichte Tragödien, und immer mit einem Augenzwinkern abgehen. Den Anfang davon hatte ich ja schon ein paarmal gemacht. Profes-

sor Kurt Horres, der jetzige Generalintendant der Deutschen Oper am Rhein in Düsseldorf und Duisburg, holte mich eines Tages ans Staatstheater nach Darmstadt. Er wollte, daß ich, einmal in jeder Spielzeit, in seinem Haus einen Hüsch-Abend mache, und zwar hatte er während einer Autofahrt im Radio von mir ein Niederrhein-Programm gehört, und da er selbst ein großer Niederrheiner ist, rief er sofort seinen Chefdramaturgen, Hans Peter Krellmann, an und sagte, daß er möglichst bald im Staatstheater einen Hüsch-Abend sehen wolle. Und schon bald darauf spielte ich im Staatstheater Darmstadt meine Kabarettprogramme, und es dauerte nicht sehr lange, da hieß es, jetzt müssen Sie aber auch mal ein Stück machen, und wenn ich sagte, ich könne so was vielleicht nicht, ich habe so was nämlich noch nie gemacht, hieß es immer:
Unsinn, Sie können das, ich weiß das, Sie können das, und Sie machen das, ich möchte das.
Und als ich mich dann nicht mehr rauswinden konnte, habe ich natürlich auch einen Wunsch, keine Bedingung, aber einen Wunsch geäußert, wenn schon, dann wollte ich einen Thomas Bernhard inszenieren, und zwar den »Immanuel Kant«, und als sich herausstellte, daß dieser Bernhard in Wiesbaden und Frankfurt nicht auf dem Spielplan stand, durfte ich mich an meine erste Regiearbeit heranwagen, und dann noch einen Bernhard, ein Stück, das schon von der bühnentechnischen Seite ziemlich schwierig ist, und ich kannte das Haus nicht und aus dem Ensemble nur zwei Kollegen, den Anfried Krämer und den Erwin Scherschel, aber ich stürzte mich hinein, und es ging, und ich merkte, daß ich mit Menschen umgehen konnte, und heute weiß ich, daß ich zwar kein Regisseur, aber ein guter Klimahersteller bin, das ist natürlich fürs Theater zuwenig, ist aber auf den Proben oft sehr nützlich, und mich haben auch immer die Proben mehr interessiert als die Aufführungen selbst, weil, auf den Proben, da spielt sich das Leben ab, da lernt man die Menschen kennen, da muß man sie anspornen, ermutigen, motivieren, sich nach ihnen erkundigen und herauskriegen, was ihnen auf der Seele liegt, und wenn sie einen »Funk« haben, der mitten in der Probenzeit liegt, großzügig sein und zum »Funk« laufen lassen, Nun kann man natürlich sagen, was ist denn das für ein Regisseur, dem die Schauspieler ständig auf dem Kopf herumtanzen, ja, das möchte ich auch mal gerne wissen, aber sie haben ja gar nicht gemacht, was sie wollten, sie haben dann doch gemacht, was

ich sagte, und die Frieda holte mich abends immer nach der Probe von Darmstadt ab und fragte mich, wie es denn gewesen sei, *Gut,* sagte ich, *sie lieben Bernhard nicht sehr, und ich muß behutsam vorgehen und sie so ganz allmählich für Bernhard begeistern.*

Elfie Garden, die die Frau des Bernhardschen Immanuel Kant spielte, war immer ganz ängstlich, wenn ich nichts Kritisches sagte, hat aber später, nachdem sie einen anderen Bernhard gespielt hatte, als wir uns trafen, gesagt, daß sie doch beim »Kant« viel gelernt habe. Und zwar Kleinigkeiten, die wir Kabarettisten aus dem amateurhaften Effeff machen, zum Beispiel können viele Schauspieler nicht sitzen, sie setzen sich, hampeln dann aber noch so lange auf dem Stuhl herum, daß der ganze Text kaputtgeht, anstatt den Satz mit einem Hinsetzen abzuschließen, und damit basta. Aber das ist eine Frage der Mentalität und der Musikalität, und das ist ja bei Bernhard entscheidend, obwohl mir natürlich die Frankfurter Pressemafia hinterher vollkommene Unmusikalität bescheinigte und die Intendanz fragte, warum sie mich so ins Messer habe laufen lassen. Ich habe später noch in Darmstadt, während der Horres-Zeit »Unsere kleine Stadt« von Thornton Wilder inszeniert. Und zwar hatte man mir fünf Stücke zur Auswahl mitgegeben, die anderen Stücke weiß ich schon gar nicht mehr, und ich wählte mir Wilders »Kleine Stadt« aus, ich hatte es im Zug noch mal gelesen, und plötzlich wußte ich, das ist dein Stück, und es ist auch mein Stück, und ich machte es, und man hatte es sich im stillen auch gewünscht, daß ich dieses Stück wählen würde, und es gab einen Riesenstreit mit den jungen Schauspielern, denn wenn ein Kabarettist mal eine Regie übernimmt, nimmt alle Welt automatisch an, na, jetzt machen wir aber eine Satire aus dem Stück, und zwar eine Satire auf das amerikanische Kleinbürgertum, hoppla. Und als ich ihnen auf der Leseprobe sagte, genau das machen wir nicht, waren alle zutiefst enttäuscht, verstanden mich nicht, als ich sagte, dieses Stück spielt überall und zu jeder Zeit, und die Hauptfigur, das ist der Erzähler, und die Szenen, das sind Zitate, Lebenszitate, und wenn ihr daraus eine Satire machen wollt, bitte schön, aber dann müßt ihr ein anderes Stück nehmen oder schreiben, aber sie kapierten es nicht, alles hochbegabte junge Männer und Frauen, die anscheinend noch nicht genug Leben hinter sich hatten, nur Anfried Krämer, der den Erzähler spielte, verstand mich auf Anhieb und war mir bei der Arbeit eine gute Stütze und nahm mich oft

über Mittag mit zu sich in sein schönes Haus, wo uns seine liebe Hella immer was kochte, und ich konnte mich ausruhen, denn abends um 18.00 Uhr ging die Probe ja bis 22.30 Uhr weiter und die Konflikte auch. Und es gab auch Schauspieler, die ständig stichelten, und wenn ich sagte:
Wirf den Satz ganz weg, sprich ihn ohne Wert, geh schnell drüber weg,
dann sagten die:
Du, das kannst du vielleicht beim Fernsehen machen, aber nicht auf der Bühne.
Das waren so Augenblicke, wo ich sehr ruhig bleiben mußte, und nie hätten sie mich zu irgendeinem Gebrüll gekriegt, das sind so Kleinkinderspielleiter, auch wenn sie noch so berühmt sind, das kann man bei mir nicht machen, aber erbost hat es mich doch, und ich war eigentlich froh, daß ich so was nicht immer machen mußte. In Darmstadt ging ich in die Lehre, und die Frieda holte mich meist ab, um 22.30 Uhr, oder manchmal kam auch Anna, je nachdem, wie es zu Hause gelaufen war, und dann fuhren wir über die Autobahn nach Hause, und ich komme heute sehr oft über diese kurze Strecke, wenn ich zu meinen Gastspielorten im Süden fahre oder auch zurückkomme, vorbei an Büttelborn, dann denk ich oft an diese Abende, und ich war ja auch schon lange aus Bern zurück, und die Frieda hatte wie Penelope die Tür aufgehalten, und wir hatten noch nie so ein schönes Weihnachtsfest wie in diesem Jahr, wir kauften uns eine ganz neue Krippe, und das waren in der Schweiz für mich, bei aller Liebe, immer die schlimmsten Tage, Weihnachten und Silvester, Tage und Abende, die mich umbringen können, aber nun war ich zu Hause, und es gab wieder am Heiligen Abend Kartoffelsalat mit Würstchen und Tee, und die Frieda zog sich fein an, und ich schmückte den Baum. Es war alles ganz anders als 1976, wo ich ja schon mal versuchsweise nach Hause zurückgekehrt war, aber wieder umkehrte, in München im »Atelier Jean« auf der Leopoldstraße spielte und abends immer Conny Wecker mit seinen Freunden kam und sagte, wenn ich es doch einmal so voll hätte wie du, und der damals noch im »Senftöpfchen« in Köln vor elf Leuten spielte und dann in ganz wenigen Monaten der große Konstantin Wecker wurde, und wo ich immer so stolz und so glücklich bin, daß wir beide so sehr befreundet sind, und immer wieder feststelle, obwohl wir so unterschiedlich ausschauen, daß wir von der gleichen Poesie herkommen und durchs Dickicht des Lebens rasen, uns nichts vormachen lassen und

aus unseren Verletzungen immer neue Kunst-Stücke machen, so lange bis wir unverwundbar in den letzten Schlaf fallen. Selbst dort werden wir wohl noch irgendeinen lasterhaften Dichter zitieren, was ich ja immer sage:
Die Unanständigsten sind die Unschuldigsten.
Nein, ich hatte die Labyrinthe langsam hinter mir und fing wieder an, etwas geregelter zu leben. Dabei hat mir Jürgen Kessler immer sehr geholfen. Zuerst beendete er sein Jurastudium, fuhr mich aber auch gleichzeitig durch die Gegend von Westen nach Süden, von Süden nach Norden und wieder zurück, und ich weiß noch genau, als wir vor dem »Open House« in Graz bei einem Steirischen Herbst aus dem Auto stiegen, standen wir uns von Tür zu Tür gegenüber, und ich sagte ihm, über das Dach hinweg:
Ich werde demnächst eine Geschichte schreiben, die beginnt folgendermaßen: »Hagenbuch hat jetzt zugegeben, daß die Erziehung seiner Kinder eine völlig verfahrene sei.«
Mehr hatte ich damals von dieser Geschichte noch nicht. Aber es war der Anfang von fünfundzwanzig sogenannten Hagenbuch-Geschichten, von denen später die meisten in einem Hotelzimmer in Saarbrücken, nämlich im »Hotel Meran«, Zimmer 502, geschrieben wurden, meist freitagnachts, und am darauffolgenden Samstag abend wurden sie von mir im Großen Sendesaal auf dem Halberg bei einem der »Gesellschaftsabende« uraufgeführt, so auch die erste, deren Anfangssatz ich in Graz dem Jürgen Kessler vor dem »Open House« beim Steirischen Herbst über das Dach des Autos zurief. Wir sahen an diesem Abend zum erstenmal Otto Grünmandl, von dessen introvertiertem Ein-Mann-Kabarett wir schon so viel gehört hatten, und der Otto ist ab und zu der Größte, weil er wie wenige den Mut hat, gar nichts zu machen, vor sich hin die Welt und das Leben zitiert, und das Publikum weiß oft gar nicht, was es machen soll, er ist großartig, ein Menschenkomiker von der philosophischen Sorte, der die Lacher schon hinter sich hat, obwohl er sie natürlich auch braucht, wir alle brauchen die Lacher. Franz Josef Bogner vielleicht nicht, doch, er braucht sie auch, er braucht sie ganz besonders, denn er ist ja noch konsequenter als der Grünmandl Otto. Ich bin da nicht ganz so konsequent, und die ganz Konsequenten sollen ja die Gefühllosen sein, hat, glaube ich, Montherlant gesagt. Jedenfalls, der Kessler und ich, wir haben bei Otto Grünmandl

sehr gelacht, wir lachten damals eigentlich immer, weil wir mit Thomas Bernhard sehr beschäftigt waren, und fuhren auch noch nach Klagenfurt, wo wir Ernst Stankowski trafen, der mich schon seit Jahren verehrte und den ich schon seit Jahren als Komödianten so sehr bewunderte, nur wußten wir beide davon nichts und haben das dann nachgeholt und uns von da an immer wieder getroffen, im Schloßtheater in Moers, wo wir zusammen mit Gisela May im Freien auf einem Laufsteg Lieblingslyrik sprachen, oder im »Unterhaus« in Mainz, wo Ernst Stankovski wenig später den Deutschen Kleinkunstpreis bekam. So kamen wir viel rum, und Jürgen Kessler begann die Dinge ein bißchen zu organisieren, denn bisher hatte ich ja alles alleine gemacht, was kam, kam, und was nicht kam, kam nicht. Und als er mit dem Jurastudium fertig war, ich sehe die Szene noch vor mir, kam er in einer Art Pfeffer-und-Salz-Anzug, ein Schnäpschen in der Hand, in die Garderobe des »Unterhauses«, wo ich gerade spielte, und sagte mir, daß er gerne eine Konzertdirektion aufmachen und ob ich ihm dabei mit meinen bisherigen Kontakten helfen wolle, so könnten wir dann gemeinsam die Dinge etwas straffer und gründlicher vorbereiten, und er wollte das Büro für mich machen, was ich davon halte, und mir gefiel das. Und dann haben wir es so gemacht und von da an Tag für Tag und Jahr für Jahr uns gegenseitig unterstützt, und heute ist Jürgen Kessler, der zwischendurch Oberrechtsrat im Rechtsamt der Stadt Mainz war, aber die Erlaubnis hatte, mich und Herbert Bonewitz, grüß dich, Bärbel, zu managen, weil wir ja auch eine Menge für das Ansehen der Stadt taten, heute ist Jürgen Kessler der geschäftsführende Direktor des Deutschen Kabarett-Archivs, wo er sich zusammen mit Reinhard Hippen um die deutsche Kleinkunst verdient macht. Er kennt die Szene in- und auswendig, und es gibt in Deutschland viele Agenturen und Konzertbüros, aber keine Künstlerdirektion ist so speziell für das Kabarett und die Kleinkunst da wie die Agentur Feuerstein-Kessler, und das kommt daher, weil Jürgen Kessler die Szene von der Pike auf kennt und auch bereit ist, junge Künstler aufzubauen, Er hat mich dann noch eine Zeitlang gefahren, aber dann doch mehr und mehr das Büro gemacht, und das Fahren übernahm dann der allseits umsichtige Gartenarchitekturstudent Philipp Dienst, und der übergab das Auto wieder ab 1980 an den Sozialpädagogikstudenten Peter Neumann, der mich auch heute noch fährt, Licht und Ton kontrolliert, die Orgel auf- und abbaut und mich wieder nach Hause bringt. Und wenn uns manchmal auf der Tour die Lust ausgeht, sage ich oft:

Komm, wir fahren nach Bremen ins »Hotel zur Post«.

Dort wohne ich furchtbar gerne. Und dort wohne ich schon seit Jahrzehnten. Alfred Oswald hat noch die ersten Kontakte zu Radio Bremen geknüpft, Walter Schilling machte die ersten Aufnahmen mit mir und der »Arche Nova«. Und nicht mehr aus dem Kopf gehen mir die vielen Abende, an denen Dieter Rohkohl schon sehr nach Mitternacht – Elfi, die Kellnerin, kam mit den Schnäpsen gar nicht nach – in der kleinen Kantine mit seinem Schnäpschen von Tisch zu Tisch ging und sagte:

Fabelhaft! Fabelhaft!

Er lebt nicht mehr. Bronno Plath lebt auch nicht mehr. Herrgottnochmal! Aber Jo Hanns Müller ist noch da, und wenn wir uns sehen, sind alle anderen Freunde sofort wieder lebendig. Ich weiß nicht mehr genau, in welchem Jahr ich zum erstenmal in Dieter Hildebrandts »Notizen aus der Provinz« mitmachen durfte. Ich weiß auch nicht, wer das angeleiert hatte, ob es Sammy Drechsel war oder Dieter Hildebrandt oder mein alter Freund Klaus Peter Schreiner, der ja zu meiner Zeit in Mainz Chemie studiert hat und eines Tages zu mir kam und sagte, daß er auch Kabarett schreibe und mache, und ob wir nicht mal einen Abend zusammen in seiner Heimatstadt Zweibrücken machen könnten, und den haben wir auch gemacht, und wir waren ja so zwei richtige Autorenkabarettisten mit wenig Bühnenerfahrung, aber viel Atmosphäre, immer noch so ein bißchen Wolfgang-Borchert-Schule, aber doch auch schon von eigenem Unterhaltungswert. Und eines Tages war Klaus Peter verschwunden, man sah ihn in Mainz nicht mehr, hörte nichts mehr, bis ich dann auf einmal von einem Klaus Peter Schreiner las, der in München mit Dieter Hildebrandt Cheftexter der »Lach- und Schießgesellschaft« sei. Zuerst wollte das niemand glauben, denn bei uns hieß er ja immer nur Klaus oder Kläuschen, aber die Vermutungen verdichteten sich langsam, und als wir 1958 mit der »Arche Nova« in der »Kleinen Freiheit« von Trude Kolman gastierten, nachdem ich meine verunglückte Reise von Wyk auf Föhr nach München gut überstanden hatte, trafen wir uns in München wieder, und Klaus Peter hatte den Chemiker völlig an den Nagel gehängt, in München als Kabarettist und Texter Fuß gefaßt und zu den richtigen Leuten gefunden, eben zu Sammy Drechsel und Dieter Hildebrandt, und da war natürlich ein Gespann zusammen, das unschlagbar war, und gerade fing ja auch die »Lach- und Schießgesellschaft« an, neben dem »Kom(m)ödchen« in Düsseldorf und den »Stachelschweinen« in Berlin, die dritte Säule des deutschen Nachkriegskabaretts zu werden. Bei den »Stachelschweinen« hatten wir auch mit der »Arche Nova« gastiert, und zwar damals noch in der »Ewigen Lampe«, und es gab nach der Premiere furchtbar viel Doornkaat, und es war ein schöner Erfolg, wenn wir auch nicht so politisch wie die »Stachelschweine« waren, deren Protagonist der Wolfgang Gruner heute noch ist. Wolfgang ist auch einer, der nie aufhören wird, und am letzten Abend waren wir alle noch bei Achim Strietzel, der nun auch schon tot ist und der mich noch mit Ralf Wolter bei meinem letzten Gastspiel in der »Lach- und Schießgesellschaft« besucht hat, und wir haben noch lange an der Bar gestanden, und ich hab mich so richtig gefreut, die beiden zu sehen, auch Ralf, den ich ja schon vom Frankfurter »Struwwelpeter« her kannte, wo als Pausennummer bei unserem literarischen Programm immer die Chansonette Jolly Marée auftrat, die Ralf ansagen und auf dem Akkordeon begleiten mußte. Das war 1949, als sich die Berliner »Dachluke« auflöste und Ralf Wolter und Günter Pfitzmann vorerst in Frankfurt zurückblieben. 1949, da waren wir noch blutige Anfänger, und unsere einzige Sorge war damals nur, wie kommt es an. Diese Frage hat mich lange begleitet, heute frag ich nicht so sehr danach, aber abhängig sind wir alle davon, und es gelingt nur ganz wenigen, da drüberzustehen und jedes Publikum kleinzukriegen, Eine kannte ich, die konnte das, und ich habe sie von klein auf, hätte ich beinahe gesagt, bewundert und verehrt, das war die Ulla Herking. Bei Ulla Herking legten vierhundert Betriebsausflügler der Hessischen Landesbank die Käsekuchengabel aus der Hand, hörten auf, in ihren Kaffeetassen rumzurühren oder überhaupt zu reden, guckten verlegen nach oben, wo Ulla in der Bucht des Flügels stand und mit ihrer tiefen Lache den Leuten erst mal sagte, daß sie ihnen was mitzuteilen habe, und dann wurde es still, und die Herking begann und steckte sie alle in die Tasche, auch uns Kollegen, die wir begeistert in der Kulisse standen, vorher schon alle durchgefallen waren, die Fifi Brix, der Wolfgang Gruner und ich, und da hab ich mir immer gesagt, so weit mußt du auch eines Tages kommen. Bei mir hat das vierzig Jahre gedauert. Aber die Ulla Herking war nicht zu schlagen, und an dem Tag erzählte sie mir, daß sie ganz allein ihre Biographie fertig geschrieben habe, und wenn wir uns im »Hotel Callas« auf der Hohen Straße in Köln trafen und wir gingen in den Frühstücksraum, sagte sie zu ihrem Ulli immer, guck mal, wen ich dir hier mitgebracht habe, und ich war dann immer ganz stolz und wagte fast nur ja und amen zu sagen. Mein Gott, ich könnte so viele Begegnungen schildern, alle von der Art, wie sich da ganz langsam die große Künstlerfamilie kennen- und schätzenlernt, und wo wir uns alle schon mal über den Weg gelaufen sind und was zusammen gemacht haben, obwohl ich mich immer sehr zurückgehalten habe, weil ich ja auch Angst vor großen Städten hatte und mir immer sagte, laß mal, das kommt schon noch, sage ich übrigens heute noch. Ich hatte auch immer einen ungeheuren Respekt vor den berühmten Kollegen. So wagte ich manchmal nicht, in die renommierten Kabaretts einfach hineinzugehen. Bei mir hat alles sehr spät begonnen. Ich stand einmal vor der »Münchner Lach- und Schießgesellschaft« und traute mich nicht rein. Auf einmal geht die Tür auf, und Sammy steht da, sieht mich an und sagt:

Kommst du jetzt wohl rein, du wirst doch wohl nicht da draußen stehen bleiben wollen,

zog mich mit rein und besorgte mir einen Platz an der Bar. Jetzt saß ich da, in der berühmten »Lach- und Schießgesellschaft«, ein Kabarett, an das unsereiner nie rankommt. Dieter Hildebrandt hat mir später zu meiner Geschichte die Pointe geliefert, denn während ich mit großem Respekt an der Bar saß, sagten die Lach-und-Schießer in der Garderobe:

Der Hüsch sitzt an der Bar, was wird der wohl zu unserem Programm sagen.

Das sind so Geschichten, die vergißt man nicht. Und auch als ich zum erstenmal bei den »Notizen aus der Provinz« mitmachen durfte, egal, wer das angeleiert hat, Gert Mechoff oder Ulli Harter, da war ich sehr aufgeregt und interessiert, wie die das machen werden, ob ich das auch kann, aber bald schon kam was ganz anderes dazu, denn ich stellte fest, daß meine ganze handwerkliche Angst und menschliche Scheu völlig unbegründet war, und Sammy war ja einer, der einem die Furcht nahm, obwohl man das zuerst gar nicht glauben wollte, aber es war so, er war für mich ein Animateur, wie überhaupt immer alle um ihn herum so etwas Aufnehmendes hatten und haben. Man kommt in dieses Team und fühlt sich aufgenommen. So was gehört für mich zu den wichtigsten Dingen bei meiner Arbeit. Und alle waren so, wahrscheinlich weil sie sich mochten und weil es gar nicht anders geht bei dieser Arbeit, wo einer vom anderen abhängt. Und so ist es mir auch im »Laden« selbst immer gegangen, die »Lach- und Schießgesellschaft« löst immer so ein warmes Zuhausegefühl in mir aus. Und wenn ich in der Garderobe sitze, denk ich immer, nun müßte Sammy noch mal reinkommen und sich nach meinem Leben erkundigen, denn er kam sehr oft vor der Vorstellung, unterhielt sich mit mir nicht über Programme, sondern wie ich so lebe und wie ich denn damit so zurechtkäme und was die Familie dazu sagt, und dann ging er wieder, und mir tat das gut, denn wann reden Kabarettisten schon mal übers Leben, sie reden stundenlang über den jeweiligen Bundeskanzler, aber übers Leben reden sie wenig oder gar nicht, höchstens wenns vorbei ist. Und wenn ich mit Irene Drechsel zum Friedhof gehe, dann ist das auch ein Dankeschön-Sagen für einen Mann, der mich sehr ernst genommen hat. Ich sehe ihn immer noch in der Bar vom »Seehof« am Lietzensee in Berlin auf einem roten Sofa sitzen, und alle um ihn herum lachen, trinken, debattieren und lärmen und laufen, Sammy schläft, als müsse er viele Nächte nachholen und sich gleichzeitig vorbereiten für das Gespräch mit dem Programmdirektor am nächsten Morgen wegen eines umstrittenen Textes in der »Scheibenwischer«-Sendung. Ich habe viele »Scheibenwischer« mitgemacht, und alle sind bei mir in bester Erinnerung. Und das Team ist unschlagbar, und es ist eine Freundschaft mit Dieter Hildebrandt entstanden, und jedesmal freue ich mich, nach Berlin zu fahren, um dort mitzuspielen, um dort bestes Kabarett abzuliefern und dabei furchtbar viele Freunde zu treffen, den Bruno Jonas, den Jochen Busse, den Werner Schneyder, den Gerhard Polt und die »Biermösl-Blosn« und den Dietrich (Piano) Paul. Ich muß zwar alles auswendig lernen, was ich sonst ja nicht tue, aber hier mache ich es mit großer Leidenschaft, und ich sehe Freunde wieder, und es geht mir dort oft genauso wie bei meinen Inszenierungen in Darmstadt, wo ich übrigens später unter Eike Grams, der ja in Krefeld Generalintendant geworden ist, aber bald schon nach Bern geht, den Narren in Shakespeares »Was ihr wollt« gespielt habe, daß nämlich der freundschaftliche Umgang miteinander für mich von höherem Wert ist als das Produktionsergebnis. Das muß natürlich auch stimmen, aber wenn das andere damit verbunden werden kann, dann ist das eine ungeheure Musik, die da abgeht. Aber so was muß erst mal entstehen, muß wachsen, und da ist im »Laden«, wie die Lach-und-Schießer ihr eigenes Kabarett salopp nennen, immer noch der Geist von Sammy zu spüren, und ich hoffe und wünsche mir, daß die Mannschaft noch lange so zusammenbleibt, ich meine die, die hinter den Kulissen den »Laden« auf Spur halten, die Gertie und die Ingrid, die Tine und die Ulli und die Traudl mit ihren Genossinnen, und daß die Catherine Miville Phantasie und Ökonomie nach alter Schweizer Art noch lange einzusetzen weiß. Und ich komm dann so alle zwei Jahre, wohne immer noch in dem alten »Hotel Astoria«, direkt neben dem Churrasco. Was sollen wir machen, wir alten Kabarettisten, wir müssen immer wieder an die Tatorte zurück, und ich habe in letzter Zeit ja begonnen, mehr en suite zu spielen als früher. Ich fahre regelmäßig zu Gerhard Woyda ins »Renitenztheater« nach Stuttgart, ich gehe nach Bonn zu den »Springmäusen«, ich springe vom Bett aus auf die Bühne des Kölner »Senftöpfchens«, das von meiner Freundin Alexandra Kassen mit viel Fleiß und Phantasie hochgehalten wird, Aber ich bin schon im nächsten Kapitel und schreibe eigentlich erst das Jahr 1983. Das war das Jahr, in dem ich anfing, meine Arbeit und meine Auftritte sehr stark zu reduzieren, weil das Kreatinin bei der Frieda auf 6 gestiegen war, und genau an dem Tag mußte ich in die Klinik wegen einer Divertikulose, und beinahe hätten sie mir den Darm ein Stück kürzer gemacht, aber sie sind dann doch konservativ vorgegangen, und als die Entzündung zurückgegangen war, da konnte ich mich entscheiden, Operation oder nicht. Ich entschied mich für keine Operation und konnte nach drei Wochen nach Hause gehen, hatte eine ganze Tournee abgesagt und im Krankenhaus Marquez' »Hundert Jahre Einsamkeit« gelesen. Und als ich dann nach Hause kam, sah ich endlich klarer ins Leben und fühlte auch, daß ich mein Leben herumwerfen mußte und daß man vieles abstreichen kann, abwerfen muß, und daß plötzlich Pflichten und deren tägliche Erfüllung zur Liebe gehören und daß das Leben sich nur unter ganz wenigen abspielt. Tucholsky spricht von zweihundert Menschen, mit denen man lebt. Es sind viel weniger, höchstens dreißig, vielleicht auch nur zehn oder zwei. Das kam mir alles in den Kopf, und ich spürte deutlich, wie ich mich veränderte und daß es jetzt an der Zeit war, nicht mehr wegzulaufen und der Frieda beizustehen und die Kunst ein bißchen zu vernachlässigen, sie in die zweite und dritte Reihe zu stellen, mich auf ein anderes Leben einzustellen, und es gelang mir auch, und wir hatten eine gute Zeit im Sommer und im Herbst 1983. Ich möchte die Krankheit und den Tod der Frieda so leicht wie eben möglich beschreiben, weil alles so ungerecht war und ich ihr so viele Jahre weggenommen hatte und die Schuld nicht mehr abtragen konnte. Es mußte zuerst der Shunt gemacht werden. Der »Shunt«, das ist, soviel ich medizinisch noch weiß, die Verknüpfung von zwei Arterien oberhalb der rechten oder linken Hand, Mediziner mögen mich schleunigst korrigieren, um später für den Anschluß an die künstliche Niere, an die Maschine, vorbereitet zu sein, und man macht den Shunt immer schon im voraus, meist wenn das Kreatinin von 6 auf 8 zugeht, damit man dann auf alles gefaßt sein kann. Aber die Shunt-Operationen in der Mainzer Uniklinik mißlangen zweimal, weil der Shunt immer wieder zuging, und die Mainzer schickten die Frieda dann zu einem Shunt-Spezialisten nach Neckargemünd, bei dem dann die Operation gelang. Und die Frieda mußte an einem Hirtenstab, habe ich immer gesagt, den Arm hochhalten und beim Liegen den Arm auf eine Art Bügelbrett, hab ich immer gesagt, legen, damit der Shunt nicht wieder zuging. Aber dieses Mal lief die Sache, und ich kam von München, wo ich gerade bei der »Lach- und Schießgesellschaft« gastierte, für zwei, drei Stunden nach Neckargemünd, besuchte sie und mußte dann wieder zurück. Einmal konnte ich sonntags dort sogar übernachten, und wir gingen in die Kantine, immer den Arm schön hoch, und aßen zwei Brathähnchen und redeten mit den Behinderten, denn die Klinik in Neckargemünd war vor allem ein großes Rehabilitationszentrum für körperlich Behinderte. Im August 1984, meine Schwägerin Uschi aus Amerika kam zu Besuch, nicht ahnend, daß sie vorerst nicht nach Amerika zurückkehren würde, kam der Tod zum Vorschein. In den Wochen davor hatten wir noch oft vor dem Fernsehschirm gesessen und begeistert die Fußballeuropameisterschaft verfolgt. Die Frieda war nach anfänglichem Zögern und Naserümpfen und nach einigen Erklärungen von mir über Abseits und Aufstützen ein richtiger Fußballfan geworden und saß nun mit mir immer ganz nahe vor dem Fernsehschirm, nicht so nah wie Wolfgang Neuss, der ja bei Fußballspielen fast in den Fernseher hineinkroch, und Uschi saß immer auf dem langen Sofa und konnte nicht ganz begreifen, warum wir so aus dem Häuschen waren, wenn ein Fußballspiel lief und die Deutschen ein Tor schossen. Das waren eigentlich die letzten Tage, in denen die Frieda voller Fröhlichkeit war und so gut wie keine

Schmerzen hatte. Aber dann kam der August 1984, und bei einer Routinedurchleuchtung waren die Ärzte mit einer Stelle auf den Röntgenbildern gar nicht zufrieden, und die Frieda kam zurück in das Wartezimmer und sagte zu mir:
Ich glaube, ich habe Krebs.
Und ich sagte sofort, Unsinn, und die Frieda sagte, nein, sie müssen die Aufnahme noch mal machen, da stimmt was nicht, eben, sagte ich, da stimmt wahrscheinlich technisch etwas nicht, das kann ja vorkommen, nein, sagte die Frieda, du wirst ja sehen, ich gehe noch mal, bis gleich. Die Frieda malte immer schwarz, und ich war immer der Beschwichtiger, aber sie behielt immer recht, auch hier. Sie kam weinend zurück und sagte, sie meinen, ich solle zur Beobachtung in die Klinik kommen, sie sind über die Stelle in der Lunge gar nicht glücklich und wollen jetzt alles mögliche mit mir machen, um auszuschließen, daß es wirklich Krebs ist. Und die Frieda ging, wie immer, tapfer in die Klinik, und wir waren alle aufs äußerste angespannt, Anna, Uschi und ich, was dabei herauskommen würde, und die Frieda kam von einer Abteilung in die andere, um vielleicht einen Krebsherd zu entdecken, es wurden ständig Skopien gemacht, unangenehme Bronchoskopien, gynäkologische Untersuchungen, Magen und Darm, alles kam noch mal dran, und immer mußten wir auf die Ergebnisse drei Tage warten, und die kleine Frau Dr. Wandel meinte immer, daß Krebs so gut wie ausgeschlossen sei und daß sie wahrscheinlich dann die Sache medikamentös in den Griff bekämen, und wir nahmen die Frieda an den Wochenenden mit nach Hause, und Hund und Katzen freuten sich, denn die Frieda war ihre größte Bezugsperson, und wir gingen dann zum Chinesen und machten uns beim Essen gegenseitig Hoffnung, und am Montag mußte die Frieda, die ich meist Jannung nannte, das war eine Koseabkürzung von Marianne, wieder in die Klinik, und wir erfuhren, daß die neuen Untersuchungen negativ ausgefallen waren, und wir freuten uns und gingen manchmal in den Park, setzten uns auf eine Bank, und die Frieda lehnte sich an mich, denn sie merkte, daß ich jetzt da war, und das waren sehr innige Minuten, und ich weiß, wo die Bank steht, und darf da nie mehr hingehen. Nach drei Wochen stellte sich dann bei einer neuen Gewebeuntersuchung heraus, daß es doch ein bösartiger Tumor von der Größe einer Apfelsine in der Lunge war, und die Mainzer empfahlen uns eine berühmte Klinik in

Heidelberg-Rohrbach mit einem berühmten Thorax-Chirurgen, zu dem Patienten aus ganz Europa kämen, und einen besseren gebe es nicht. Dort fuhren wir hin und stellten uns vor und bekamen gleich gesagt, daß so eine Operation ein Risiko sei, und die Frieda mußte sich mit allem einverstanden erklären und unterschrieb alles. Und wenige Tage später zog die Frieda in ein freundliches Einzelzimmer ein, und die Schwestern waren sehr lieb, und die Ärzte waren sehr gut, das sah man ihnen an, und nun begannen noch mal die genauesten Voruntersuchungen, ich fuhr jeden Tag von Mainz nach Heidelberg, Uschi kümmerte sich um den Haushalt, Anna hatte inzwischen geheiratet und lebte mit ihrem Willi in Kirn, kam aber oft zu uns, wenn sie Zeit hatte, denn sie hatte ihr Studium gut hinter sich gebracht, hatte wie ihre Mutter Psychologie studiert und arbeitete jetzt in einem großen Zentrum für geistig und körperlich Behinderte in Meisenheim am Glan, und nachmittags gingen die Frieda und ich immer in Heidelberg in den Klinikpark und setzten uns dort auf eine andere Bank, und die furchtbare Angst bestand darin, daß beide Nieren bei der schweren Operation vielleicht zusätzlich ausfallen würden, und so wurde dann auch in den OP eine Dialyse-Maschine mitgenommen, für den Fall, daß die Nieren nicht mehr arbeiteten, und wir hatten keine Ahnung von der Operation und ihrem Ausmaß, und ich war jeden Tag in Heidelberg, und der Operationstermin kam auf uns zu, und in der Nacht davor blieb ich in Heidelberg, übernachtete im »Crest-Hotel«, und am anderen Morgen saß die Frieda auf der Bettkante, und ich half ihr beim Anziehen der weißen Strümpfe für den Operationssaal und fuhr sie dann mit dem Bett durch die Gänge bis zum Operationssaal, und dann mußten wir uns trennen, und die Tür wurde zugemacht, und keiner kann sich vorstellen, was dann gemacht wird, aber der Arzt sagte mir später, daß alles gutgegangen sei, und sie hätten alles herausgeholt, was herauszuholen war, und der Tumor hätte für den Eingriff günstig gelegen, und wir hätten noch mal Glück im Unglück gehabt. Aber als ich dann die Frieda auf der Intensivstation wiedersah, dachte ich wieder, mater dolorosa, denn ich sah vor mir ein einziges Schmerzbündel mit Schläuchen in Mund und Nase und aus der Seite, und sie sprach nichts, sah uns nur an, als wollte sie sagen, was habt ihr mit mir gemacht, ich breche durch, ich habe Durst, aber sie hatte nur so kleine Watteschwämmchen, die mit einer Flüssigkeit getränkt waren und die ihr ab und zu auf die Lippen gelegt wurden, und der Arzt sagte, der dritte Tag ist der schlimmste, dann geht es langsam bergauf, und ich durfte den ganzen Tag bis spätabends bei ihr sein, mit einem Kittel an und einer Haube und Mundschutz auf, ich war wohl eine Ausnahme, oder die Frieda war es, denn die anderen Besucher mußten immer schon nach zwanzig Minuten wieder gehen, und so sah ich, wie die Frieda sich Tag für Tag quälte, die Schmerzen zu besiegen, und wie nur ganz langsam das Leben wiederkam. Sie war zehn Tage auf der Intensivstation, andere liefen schon nach vier Tagen wieder auf der Station herum, aber die Nieren, die bei der Operation gehalten hatten, hatten ja den Körper über Jahre schon hinfällig gemacht, und die Abwehrkräfte der Frieda waren nicht mehr vorhanden, und so dauerte alles länger, auch bis sie wieder die ersten Schritte machen konnte, und sie sollte laufen, viel laufen, daß alles wieder in Gang kam, das dauerte zwei Wochen, und der Schnitt ging von der Mitte des Rückens nach vorne bis unter die rechte Brust, und wir waren alle in Gedanken nur in Heidelberg-Rohrbach und waren übernervös und dekonzentriert, und ich lief mal, nachdem ich aus dem Taxi gestiegen war, mit voller Wucht gegen die gläserne Eingangstür, ich hatte die Glastür nicht mehr wahrgenommen, ich wollte möglichst rasch auf die Station, ich wollte einfach wissen, wie es ihr geht und wieviel Mut sie noch hatte, und eines Tages, Anfang November, konnten wir sie mit dem Auto nach Hause holen, und wir holten eine schwerkranke und vollkommen erschöpfte Frieda nach Hause, die noch über Weihnachten und Silvester hinweg sich aufrechthielt, mit uns Halma und Monopoly spielte, und auch als Christel Priemer bei uns einen Teil ihres Porträtfilms über mich drehte, war sie nochmal voll und ganz dabei, ging mit zu »Lello«, unserem Italiener in Bretzenheim, aß und trank, und wir dachten, na, endlich, sie kommt über den Berg, sie hats geschafft, sie ist wieder zu Hause. Aber im Januar 1985 brachen beide Nieren so zusammen, daß die Frieda an die Maschine mußte, dreimal wöchentlich, zuerst in der Klinik und später dann im Dialyse-Zentrum in der Wallaustraße, wo sie gar nicht gerne hinging, denn dort lag sie mit vier Patientinnen zusammen, die ihr alle nicht lagen, und es ging dort ein bißchen zu militärisch zu, und wer da nicht mitmachte und mitlachte, der war eben ein Außenseiter und wurde auch so behandelt, und jedesmal, wenn die Frieda von dort nach Hause kam, war sie zehn Jahre älter, und außerdem begannen zu dieser Zeit die Gelenkschmerzen in den

Hüften und in den Füßen, und alle Welt wußte wieder nicht, wo die nun herkamen, in der Klinik wußte es jedenfalls niemand, und alles wurde ausprobiert, aber nichts half, nichts ging vorwärts, selbst die Ärzte aus der Schmerzklinik waren ratlos, und alles begann sich zu multiplizieren, und wenn das eine überstanden war, begann die nächste Tortur, und ich weiß heute, daß die Frieda da längst aufgegeben hatte, sie konnte einfach nicht mehr, und zuletzt wollte sie auch nicht mehr, und als dann ein Radiologe herausfand, daß es Knochenkrebs sei, sagte die Frieda zu mir, Hüsch, jetzt können wir unser Testament machen. Und sie hatte recht, wie immer, obwohl ich es nicht glauben wollte, aber alle sagten zu mir auf dem Flur, wir können Ihre Frau nicht retten, wir werden alles tun, um die Schmerzen zu lindern, aber retten können wir Ihre Frau nicht, es kann Juni werden, es kann Mitte Juli sein, aber sie stirbt, und die Frieda wußte es und wandte sich fast schon von uns ab, als wollte sie sagen, lebt ihr mal schön weiter, ich gehe jetzt, das wars, und weint nicht soviel, aus den Augen, aus dem Sinn, ich kenn das ja, Hüsch. Dabei hatte sie mir vorher noch gesagt, daß sie ohne mich durch all die vielen dunklen Stunden gar nicht durchgekommen wäre, aber die Nachricht vom Knochenkrebs machte sie so ohnmächtig, daß sie nun nicht mehr wollte, und nun kamen noch die schweren Bestrahlungen hinzu und zwischendurch immer noch mal die Blutwäsche in der Dialyse-Station, ich habe das alles gesehen, das Erbrechen und das Sprachloswerden, und ich feierte meinen 60. Geburtstag mit vielen Freunden im Mainzer Theater und im »Unterhaus«, wir hatten mit der Bernd-Reichow-Jazz-Formation, Jürgen Kessler hatte das alles arrangiert, eine richtige kleine Revue ausgearbeitet, die Stadt stellte mir kostenlos das Theater zur Verfügung, und es wurde ein großer Abend, nur Anna und ich wußten, was auf uns zukam, und wir konnten den Geburtstag nicht mehr rückgängig machen, denn die Einladungen waren schon zu einer Zeit herausgegangen, in der wir noch gehofft und geglaubt hatten. Und im »Unterhaus« haben wir dann noch lange zusammengesessen, alle waren gekommen, und das war am 6. Mai 1985, und ich sagte am nächsten Tag der Frieda unter Tränen, daß nur sie gefehlt habe, aber sie sah schon durch mich hindurch und wollte unbedingt, daß ich die Blumen anders ordne, und daß der Radiologe doch ein großartiger Mann sei und die anderen alle Nichtskönner und Nichtswisser. Und in den letzten vier Tagen hat sie kein Wort mehr gesprochen und war schon in einer

anderen Welt, und auch die Ärzte konnten nichts mehr aus ihr herausbekommen, nur Anna hat sie in der letzten Nacht auf Wunsch noch mal aufgerichtet, und dabei hat sie gesagt:
Und da hab ich mich so gefreut.
Am Morgen des 11. Mai 1985, gegen 10.00 Uhr, ist die Frieda gestorben. Die kleine Frau Dr. Wandel hatte die Uhr in der Hand, und Anna und ich sahen zu, wie unser Lebensmensch einfach fortging, um sich von den irdischen Schmerzen zu befreien. Und ich ging mit Jürgen Kessler zu einem Beerdigungsinstitut, um alles für die Beerdigung vorbereiten zu lassen, und als ich gefragt wurde, welches denn die Lieblingsblumen meiner Frau gewesen seien, begann ich zu weinen, und es war gut, daß der lange Jürgen dabei war. Und wir beerdigten die Frieda auf dem kleinen Friedhof in Bretzenheim, Regine, genannt Moben, Mariannes Schwester, war aus Arnerika gekommen, und Günter Kehr, mit dem ich so viele Konzerte als Erzähler bei der Präsentation von konzertanten Opernaufführungen gemacht habe und der auch nicht mehr lebt, spielte damals mit seiner Frau in der kleinen Kapelle die Trauermusik. Wir nahmen Abschied von der Frieda, und damit begann auch mein Abschied von Mainz, denn Mainz, das waren die Frieda, die Anna, die Freunde, das Haus in Bretzenheim, der Hund und die Katzen, unsere Freude und unsere Not, und alles war nun zu Ende, war gelebt worden und ist heute wertvolle Erinnerung und nicht zu wiederholen.

Mein braunes Auge und mein blaues Herz
Ziehn im Oktober und im März
Zu sehn ob meines Lebens Spiel will glücken
Oft in die Fremde
Mit meiner Schicksalsstadt im Rücken

Mein altes Mainz
Ganz klein und heimlich sollst du sein
In meiner krausen Seele
Ganz nah und warm
In meinem kranken Wanderbein

Du bist nicht meine Mutterstadt
Auch nicht mein Vaterland
Du bist wie meine tote Frau
Mein Vorort mit dem Trauerrand
Ich brauche dich

Oft steh ich in der Fremde still
Und spür
Wie mich Vergangenes
Erdrücken will
Und hoff der Himmel
Ist kein Kindermund
Und nimmt mich auf
In meiner letzten Stund

Ich bin Nomade
Evangelisch und zugleich
Ein Deserteur
Bin flüchtig undankbar
Am Morgen arm am Abend reich
Am nächsten Tag verwahrlost
Heimatlos und liederlich
Dann denke ich an dich
Mein gutes Mainz

Ich brauch nicht deinen Dom
Und dein geschichtliches Gedöns
Nimm meine Ängste mir
Ich brauch nicht deinen Wein
Und deine lauten Tage
Deine Prahlerei und deinen Protz
Ich brauche deinen Aschermittwoch
Mainz

Du bist wie meine tote Frau
Gewissen und Erinnerung
Und liegst in meinem Rücken
Streng und weich
Auf meinen Reisen
Durch das Heil'ge Römische Reich
Deutscher Nation
So alt bin ich geworden
Du hast mich so gemacht
Und ich will sein genau wie du:
Im Leben oft geweint
Im Tode noch gelacht.

Texte & Lieder II

Frühes Lied
Ich schäm mich so

Wenn die Frieda nicht gewesen wäre
War das alles nicht gekommen
Doch man hat ja noch ein bißchen Ehre
Und so hab ich mir mein Leben nicht genommen

Sei kein Frosch und auch kein Werther
Hab ich mir beiseite dann gesagt
Denn Pistolen und auch Schwerter
Sind ja heut nicht mehr gefragt

Und dann ging ich in die Bar zum Blauen Ritter
Weil ich so für blaue Ritter bin
Doch das Ende war so furchtbar bitter
Immerhin …
Ich schäm mich so
Ich schäm mich so
Ich schäm mich so
Denn ich hab wieder viel zuviel getrinkt
Ein Sherry und ein Apricot
Ein Vino Vino Tinto to
Und dann dann bin ich umgesinkt

Und die Kellner standen wie Laternen
Auf zwei Beinen 2 mal 2 ist 4
Und der Wirt versuchte mich dann zu entfernen
Doch die Drehtür drehte drehte sich nicht mehr
Auch die Gäste waren fest entschlossen
Und bewarfen mich mit losen Worten
Ferner auch mit kleinen Dings-Bums-
Wurfgeschossen
Eine inn're Stimme sagte mir: zu den Aborten

Ich schäm mich so
Ich schäm mich so
Ich schäm mich so
Denn ich hab wieder viel zuviel getrinkt
Ein Sherry und ein Apricot
Ein Vino Vino Tinto to
Und dann dann bin ich umgesinkt

Diese Frieda sag ich Ihnen
Nein, ich sage Ihnen nichts
Diese Frieda sag ich Ihnen
Sagte sie »Die Toteninsel« wäre nicht von Feuerbach
Und dann gab es endlich Krach
Und dann sprangen alle Fensterscheiben
Und dann klirrte es wie Sammeltassen
Und dann wollt ich mich entleiben
Und dann wollt ichs wieder bleibenlassen
Und dann ging ich in die Bar von eben
Und Sie wissen ja wie's weiterging
Schiefging alles
Denn ich wollte weiterleben
Immerhin …

Ich schäm mich so
Ich schäm mich so
Ich schäm mich so
Denn ich hab wieder viel zuviel getrinkt
Ein Sherry und ein Apricot
Ein Vino Vino Tinto to
Und dann dann bin ich umgesinkt

Und als ich draußen war, war gar kein Nebel
Und die Luft war auch nicht violett
Denn Mister Mond saß wie ein Säbel
Auf dem großen Himmelbett

Und die Straßen hatten Pause
Keine Seele war zu sehn
Und ich sehnte mich nach einer Himbeerbrause
Denn ich wollt noch nicht nach Hause gehn

Ich schäm mich so
Ich schäm mich so
Ich schäm mich so
Denn ich hab wieder viel zuviel getrinkt
Ein Sherry und ein Apricot
Ein Vino Vino Tinto to
Und dann
Dann bin ich
Umgesinkt.

Früher Text

Himmlisches Gespräch

Am Himmel bewegt sich eine Gardine,
Die Engel haben Ladenschluß,
Da sitzt ein Mann an der Schreibmaschine
Und schreibt, weil er schreiben muß.

Der liebe Gott sitzt mit ihm zusammen
Und macht ein faltenreiches Gesicht.
Der Mann sagt leise: Reiß dich zusammen,
Komm, wir spielen
Menschärgeredichnicht.

Der liebe Gott sagt: Du kannst mir glauben,
Ich hätt es schon längst so gemacht wie du,
Aber Selbstmord kann ich mir nicht erlauben,
Sonst machen sie mir meinen Himmel zu.

Erst gestern kam wieder einer und sagte:
Die Gottlosen müssen hier raus!
Und als er sich dann über mich beklagte,
Da wußte ich nicht mehr ein noch aus.

Das hatte der Mann an der Schreibmaschine
Schon länger als lange kommen sehn;
Traurig zieht er an seiner Gardine
Und sagt: Ich kann das sehr gut verstehn.

Hier oben gibts keine Militaristen,
Wird keine Hand an die Hose genäht,
Aber hier gibt es schwarze Listen,
Für den, der nicht richtig zu glauben versteht.

So ist es, flüstert der liebe Gott,
Und geht es so weiter, kann ich nicht mal bleiben,
Da ist zum Beispiel der Presbyter Knott.
Willst du mir nicht einen Artikel schreiben?

Der Mann gegenüber winkt müde und matt:
Ich will dir mein Tagebuch zeigen,
Und er blättert durch bis zum letzten Blatt,
Darauf steht: *sprechen – schreiben – schweigen.*

Am Himmel bewegt sich eine Gardine,
Und über die Milchstraße läuft eine Maus.
Da sitzt ein Mann an der Schreibmaschine,
Der sieht wie Kurt Tucholsky aus.

Frieda-Geschichte
Die Bescherung

Daß mir keiner ins Schlafzimmer kommt! Alle Jahre wieder ertönt dieser obligatorische Imperativ aus dem Munde meiner Frieda, wenn es darum geht, am Heiligen Abend Pakete und Päckchen in geschmackvolles Weihnachtspapier zu schlagen, wenn es darum geht, den Rest der Familie in Schach zu halten, damit auch ja keiner einen voreiligen Blick auf die Geschenke werfen kann.

Ich dagegen habe es etwas einfacher: Ich schmücke den Baum! Punkt 17.00 Uhr begebe ich mich auf die Veranda und hole den schönen Baum herein,

Es ist wirklich ein schöner Baum, sagt die Frieda.

Doch, sage ich, der Baum ist schön.

Dann kommt die kleinere Frieda auch noch und sagt, daß der Baum schön ist.

Und nachdem wir alle noch ein paarmal um den schönen Baum herumgegangen sind, sagt die Frieda: Mein Gott! Es ist ja schon halb sechs!

Und damit beginnt offiziell in allen Familien, die sich bei diesem Fest noch bürgerlicher Geheimnistuerei bedienen, der nervöse Teil der Bescherung.

Deshalb stecke ich mir vorbeugend – einmal im Jahr – zunächst mal eine Zigarre an und überlege in aller Ruhe, welche formalen Prinzipien ich dieses Mal zur Ausschmückung des schönen Baumes anwende.

Habe ich dann den Baum nach einigen Schnitzereien mit einem Sägemesser glücklich in den Christbaumständer gezwängt, weiß ich auch schon, wie ich's mache:

Dieses Mal werde ich endlich dem Prinzip huldigen: Je schlichter, desto vornehmer! Zwei, drei Kugeln, Vier bis fünf Kerzen, hie und da einen Silberfaden, aus! Schließlich ist das ja ein Baum und keine Hollywoodschaukel.

Das soll natürlich nicht heißen, daß wir nicht genug Kugeln und Kerzen, Lametta und Engelshaar, Glöckchen und Trompetchen hätten. Im

Gegenteil. Ich könnte damit drei Bäume, Pardon, drei schöne Bäume schmücken.
Und schon erhebt sich die Frage: Nur bunte Kugeln oder nur silberne? Nur weiße Kerzen oder nur rote? Engelshaar oder kein Engelshaar? Ja, was sollen meine intellektuellen Freunde denken, wenn die am 2. Feiertag zu Besuch kommen und sehen dann meinen Mischmasch aus Sentimentalität und Kunstgewerbe. In diese meine präzisen ästhetischen Überlegungen hinein platzt die Frieda mit dem Ruf: Wie weit bist du? Um sechs Uhr ist Bescherung!
Das schaffe ich nicht, rufe ich zurück, ich kann ja den Baum nicht übers Knie brechen.
Wir haben zu Hause, sagt die Frieda, immer um sechs Uhr die Bescherung gehabt.
Wir haben die Bescherung, sage ich, immer um halb acht gehabt.
Wir haben sie um sechs gehabt, sagt die Frieda.
Um sechs Uhr schon Bescherung, sage ich, warum dann nicht schon gleich um vier oder im Oktober. Wir haben die Bescherung immer um halb acht gehabt, manche Leute haben ja die Bescherung erst am anderen Morgen.
Und wann sollen wir essen, fragt die Frieda.
Nach der Bescherung, sage ich.
Also um 9.00 Uhr, sagt die Frieda, bis dahin sind wir ja verhungert. Wer hat übrigens das Marzipan gegessen, das hier auf der Truhe lag?
Ich nicht, ruft die kleinere Frieda, aus der Küche.
Also, sagt die Frieda, also, wenn du jetzt nicht den Baum in einer Viertelstunde fertig hast, dann könnt ihr euch eure Bescherung sonstwo hinstecken!
Vielleicht fängt schon mal einer an zu singen, sage ich, desto leichter geht mir der Baum von der Hand. Und alle ästhetischen Überlegungen nun über den Haufen werfend, überschütte ich den schönen Baum mit allem, was wir haben, so daß man schließlich vor lauter Glanz und Gloria keinen Baum mehr sieht, und die Frieda kommt herein und sagt: Nun hast du's ja doch wieder so gemacht wie im vorigen Jahr, das nächste Mal schmücke ich den Baum!
Ja, sage ich, wenn ihr mir keine Zeit laßt, dann kann natürlich kein Kunstwerk entstehen.

Nun steh hier mal nicht im Weg, sagt die Frieda, geh jetzt mal raus, ich muß nämlich jetzt hier die Geschenke packen und aufbauen!
Ja, wo soll ich denn hingehen, frage ich, darf ich vielleicht ins Wohnzimmer?
Nein, ruft da meine Schwägerin, die inzwischen eingetrudelt ist, daß mir keiner ins Wohnzimmer kommt, ich bin noch nicht fertig. Und in die Küche darf ich auch nicht, da bastelt nämlich die kleinere Frieda noch an diesen entzückenden Kringelschleifchen für jedes Päckchen herum.
Die Frieda kommt aus dem Christbaumzimmer und sagt: Augen zu! Ich halte mir die Augen zu und sage: Ins Bad nur über meine Leiche, da hab ich nämlich meine Geschenke versteckt!
Und so geht das die ganze nächste halbe Stunde: Dreh dich mal um, guck nur nicht unter den Teppich, wer hat den Schlüssel vom Kleiderschrank, ich brauche noch geschmackvolles Weihnachtspapier, der Klebestreifen ist alle, willst du wohl von der Tür da weggehn, such lieber mal die Streichhölzer, meine Mutter hat das alles alleine gemacht, das ist gemein, du hast geguckt, die paar Minuten wirste wohl noch warten können.
Bis es dann endlich soweit ist, aber selbst dann kommt bei uns keine Ordnung zustande, dann heißt es nämlich: Wer packt zuerst aus? Du! Nein, ich nicht, zuerst das Kind, dann du. Nein, du dann, Wieso ich? Also, dann du und dann ich. Ich zuletzt, bitte.
Nun werden Sie vielleicht fragen, mit Recht fragen:
Wird denn bei Ihnen gar nicht gesungen, wird denn bei Ihnen nur eingepackt und ausgepackt?
Doch, doch natürlich, eine Strophe wird schon gesungen, aber dann fällt das Singen meist auseinander. Aber, wissen Sie, beim Einpacken und Auspacken, da sind wir alle so nervös und verlegen, dabei merkt man die Liebe und den Frieden und den Menschen ein Wohlgefallen viel stärker als beim Singen. Und auch der Baum, der kann dann sein, wie er will, groß oder klein, dürr oder dicht, bunt oder schlicht, die Frieda sagt dann jedesmal – auch dieses Mal wieder –: Also, der Baum … also, der Baum … der Baum ist wunderschön!!!

Hagenbuch-Geschichte
Hagenbuch in Venedig

Hagenbuch
Hat jetzt zugegeben
Sagt der Venezianer so der Genueser
Daß nicht er
Sondern sie
Die Marchesa von Friaul
Ihm
Hagenbuch
Einen neuen Aufhänger
An seinen alten Mantel
Angenäht habe
Obwohl er
Hagenbuch
Sagt der Venezianer so der Genueser
Den alten Mantel
Gar nicht mehr aufhängen wollte
Seitdem er
Hagenbuch
In der Karosse
Eben der Marchesa von Friaul
Seinen alten Mantel nichtsahnend aufgehängt
Und beim Hinsetzen
Sich so nichtsahnend hingesetzt
Daß er
Hagenbuch
Den alten Aufhänger
An seinem alten Mantel
Abgerissen

Aber die Marchesa
Habe sich sofort auf alle zehn Finger

Sogenannte Fingerhüte gesteckt
Und gegen seinen
Hagenbuchs Willen
An den alten Mantel
Einen neuen Aufhänger genäht
So daß man ihn
Den Mantel
Von nun an wieder
An jeden x-beliebigen Haken in Venedig
Sagt der Venezianer so der Genueser
Habe hängen können
Denn die Marchesa
Habe mit ihren Fingern
Und ihren Fingerhüten
So schnell gearbeitet
Daß man die Nadel
Kaum habe sehen können
Und der neue Aufhänger an dem alten Mantel
Sei jetzt ein Ewigkeitsaufhänger
Sagt der Venezianer
Der sich gern als Nachfahre
Des Chevalier de Seingalt vorstellt
Und dem er
Hagenbuch
Auf einem Maskenball in die Arme gelaufen
Als er Hagenbuch dort
Zwar als Peer Gynt verkleidet
Aber als Hagenbuch auftrat
Um daselbst seinen alten Mantel
Mit dem noch alten Aufhänger
Auf keinen Fall auszuziehen
Geschweige denn aufzuhängen
Denn der alte Aufhänger
Sei in Wirklichkeit noch viel älter
Als der alte Mantel
Und er

Hagenbuch
Habe immer gewußt
Daß eines Tages
Sagt der Venezianer so der Genueser
Daß eines Tages
Wenn nicht in der Karosse
Der Marchesa von Friaul
Dann sicher in der Kalesche
Der Annamaria von Triest
Er Hagenbuch
Beim ahnungslosen Hinsetzen
Sich auf den Saum seines alten Mantels setzen werde
Und so den
Alten Aufhänger abreiße
Was denn auch tatsächlich so geschehn
Und ohne sein Zutun
Sagt der Venezianer so der Genueser
Tagelang Stadtgespräch in Venedig
Gewesen sei

Und Hagenbuch
Ziehe inzwischen seinen alten Mantel
Mit dem neuen Aufhänger
Nicht mal mehr über
Sondern trage ihn über dem rechten Arm
Obwohl er ihn
Den Mantel
Wie ehedem tatsächlich aufhängen könne
Und zwar wo immer er wolle
An jedem x-beliebigen Haken
Der in Venedig aufzutreiben sei
Hagenbuch
Aber trage ihn über dem rechten Arm
Und verachte den neuen Aufhänger
Über alle Maßen
Wie er denn auch

Auf dem Maskenball im Palazzo
Der Marchesa von Friaul
Einen Vortrag gehalten
Auf Deutsch
Vor lauter Italioten
Das sei keine Herabsetzung
Sondern so heiße man die Ureinwohner Italiens
Sagt selbst der Venezianer so der Genueser
Einen Vortrag gehalten
In dem er
Hagenbuch
Erstmalig das An- und Ausziehen
Von Kleidungsstücken
Als Idiotie bezeichnet habe
Sogar als Vollidiotie
Sagt der Venezianer so der Genueser
Und dies schon von Anfang an
Habe Hagenbuch gesagt
Als reine Verirrung
Als Kopflosigkeit
Nichts anders sei es
Wenn der oder die
Täglich sich an-
Und täglich sich auskleiden
Manchmal sogar stündlich

Als reine Kopflosigkeit
Sei das morgendliche Strümpfeanziehen
Zu bezeichnen

Das Hochziehen der Strümpfe bis unters Knie
Oder sogar darüber hinaus
Sei einer wahren Geistesfinsternis
Gleichzusetzen
Glaubten doch viele sich damit
Über den Alltag hinwegretten zu können

Und je höher der oder die
Die Strümpfe zögen
Desto tiefer gerieten sie
In ihre Gedankenverdunkelung hinein
Je höher der Strumpf
Desto auswegloser das Labyrinth
Habe Hagenbuch zu den Italioten

Auf Deutsch gesagt
Wohlgemerkt auf Deutsch
Sagt der Venezianer so der Genueser

Je höher der Strumpf
Desto tiefer der Wahnsinn
Meine Damen und Herren

Er
Hagenbuch
Könne sich selbst nicht davon freisprechen
Auch noch Tag für Tag
Einen Schuh über den Strumpf
Ziehen zu müssen
Aber je länger er sich einen Schuh
Über den Strumpf ziehen müsse
Desto verrückter werde er

Und wenn er morgens daran denke
Daß er abends den Schuh wieder ausziehe
Und danach auch noch den Strumpf
Und am nächsten Morgen den Strumpf
Wieder anziehe und darüber auch noch den Schuh
Und am Abend wieder den Schuh ausziehe
Und danach den Strumpf
Und am Morgen wieder den Strumpf
Und darüber den Schuh zöge
Könne er sich selbst nur noch

Zum König der Schwachsinnigen ernennen
König der Schwachsinnigen
Habe Hagenbuch wörtlich gesagt
Und zwar auf Deutsch
Sagt der Venezianer so der Genueser
Auf Deutsch
Zu den maskierten Italioten
Menschen
Habe Hagenbuch gesagt
Menschen zögen manchmal
Mit ihren Schuhriemen ihre Schuhe so fest zu
Bis die Adern zersprängen
Nur um sich über das Dasein hinwegzutäuschen
Aber am Abend wären die Füße tot

Menschen die alle meinen
Sie müßten am Morgen ihre Schuhe
So fest zuknöpfen
Um den Tag besser bestehen zu können
Und das jeden Morgen
Und jeden Abend
Und jeden Morgen den Strumpf bis über den
Kopf ziehen
Und den Schuh als Hut darüber stülpen
Und abends die Maske wieder ausziehen
Ein reiner Gewohnheitswahnsinn

Er selbst knöpfe seine Schuhe schon seit
Jahren nicht mehr zu
Schlimm genug daß er sie überhaupt anzöge
Schlimm genug
Und ein Paar Strümpfe seien für ihn
Eine Tragikomödie
Meine Damen und Herren
Eine Tragikomödie
Zwei Strümpfe

Dazu noch fein säuberlich über eine
Stuhllehne gehängt
Eine Pantomimen-Passion

Hier habe
Hagenbuch
Plötzlich gemerkt
Sagt der Venezianer so der Genueser
Daß die Italioten
Ihn
Hagenbuch
Überhaupt nicht verstanden hätten
Weil er alles auf Deutsch gesagt habe
Aber er habe keinen Moment innegehalten
Im Gegenteil
So als habe er festgestellt
Daß er allein rede
Und niemand ihn begreife
Habe nun
Ein wahres Verrücktsein begonnen
Und Hagenbuch
Sagt der Venezianer so der Genueser
Hagenbuch
Habe nun
Vom Hineinspringen in die Hose gesprochen
Welch ein Selbstbetrug am Morgen
Das Hineinspringen in die Hose
Welch eine Lächerlichkeit
Welch eine komische Krankheit
Das Hineinspringen
Wie überhaupt das Springen von Menschen
Das Übereinander
Das Drauf- und Druntersprinen
Immer und überall komisch und krank sei
Das Beinkleid
Hier habe Hagenbuch fast gelacht

Sagt der Venezianer so der Genueser
Das Beinkleid
Meine Damen und Herren
Wie man ja gerne sagt
Das Beinkleid
Ebenso der Hosenrock
Das sei der Verkleidungsirrsinn par excellence
Hinein und hinaus
Hinaus und hinein
Welch ein Lustspiel
Welch ein Trauerspiel
Auf die Dauer eine Gemütskrankheit
Das ewige Hoch- und Runterziehen
Welch eine tägliche Katastrophe
Eine irreparable Hirnlosigkeit
Und dann noch den Strumpf übern Kopf
Und auf dem Kopf den Schuh als Hut
Und in der Hand das Beinkleid
Und überm Arm
Den alten Mantel mit dem neuen Aufhänger
Nein!
Habe Hagenbuch gesagt
Sagt der Venezianer so der Genueser
Nein!
Habe Hagenbuch zur Marchesa von Friaul
Die mitten unter den Italioten gestanden
Gesagt
Nein!
Er zöge den alten Mantel nicht mehr an
Er müsse ihn ja doch wieder ausziehen

Er mache auch keine Schublade mehr auf
Er müsse sie ja doch wieder zumachen

Auch das Hochheben eines Löffels
Um ihn dann wieder in die Suppe zu tauchen

Die man sich auch noch selbst eingebrockt habe
Um den Löffel dann wieder hochzuheben
Das sei eine einzige Fallenstellerei
Bis man vollends in der Lebensfalle säße

Er wolle auch nicht noch mal leben
Er müsse ja doch wieder sterben

Und nun
Habe Hagenbuch
Mit seinem Stock
Dem mit dem silbernen Griff
Mit seinem Stock
Den die Marchesa von Friaul
Eigens für ihn bei einer Auktion ersteigert hatte
Mit seinem Stock
Angefangen zu dirigieren

Und die verwirrten Italioten
Hätten langsam
Einer nach dem anderen
Angefangen ohne irgendeine Musik
Sich zu bewegen und zu tanzen
Und Hagenbuch habe
Ohne Pause immerzu weiter dirigiert
Sagt der Venezianer
In dessen Gesicht
Die Ausschweifungen sämtlicher Vorfahren
Immer noch deutlich zu sehen sind
Und heute noch
Sagt der Venezianer so der Genueser
Der sich ihm
So der Genueser
Tatsächlich als Chevalier de Seingalt vorgestellt
Heute noch
Käme man am Palazzo der Marchesa von Friaul vorbei

Tanze dort eine schweigende maskierte Menge
Langsam auf und ab
Ohne auf den Tag
Und auf die Nacht zu achten
Nur Hagenbuch
Stünde nicht mehr an seinem Platz

Und es heißt
So erzählt man jedenfalls in den Nachtcafés von
Venedig
Er
Hagenbuch
Habe auf Empfehlung der Annamaria von Triest
Sogar dem Papst
Diesen Verkleidungsvortrag gehalten
Und dirigiere jetzt von Zeit zu Zeit
Im Petersdom vor geistesverwirrten Jesuiten
Sein vertontes Schweigen
Als Modus vivendi
Da capo al fine

Niederrhein-Geschichte
Heinrich von Asterlagen

Ich weiß nich
Ich muß Sie mal ganz dumm fragen
Ich weiß nämlich nich
Ob Sie den Heinrich von Asterlagen gekannt haben
Sehnse
Da fängt et nämlich schon an denn
Der hieß ja auch in Wirklichkeit gar nicht so
In Wirklichkeit hieß de ja Hein Schlottmann
Aber da der von Asterlagen gebürtig war
Un immer ein Monokel trug
Hamwer immer gesagt:
Kumma da kommt Heinrich von Asterlagen
Also wo de ging und stand
Immer hatte er ein Monokel im Auge
Dat muß doch auf de Dauer weh tun
Un immer son Stronztuch oben in de Jackentasch
Un wenn de kam
Dann kam de immer grad aus Paris oder aus London
Oder aus Düsseldorf
Un immer wie aus dem Ei gepellt
Aber wat de genau gemacht hat
Dat wußte kein Mensch
Irgendsowat mit Maschinenkram un Elektrozeug
Er selbst sagte ja immer:
Er war Erfinder
Er hätte schon Sachen erfunden die gäb et gar nich
Man hat ja gesacht er wär en Hochstapler
Haben viele gesagt
Ja wat willze machen
Wenn de vom Niederrhein bis
Da musse manchmal schon en bissken hochstapeln

Sons gehsse unter
Er hat sich ja selbst immer als
Aschermittwochsheinrich bezeichnet
Mit dem Monokel im Auge
Un er hat immer gesagt
Wenn et dann soweit wär dann würde er nach einem
Wundarzt rufen
Der sollt ihm dann de Adern öffnen
Er wollt wie Seneca im Bade das Zeitliche segnen
Mit Monokel
Un lächeln
Hat er immer gesagt
Er wär schon immer am Üben bis zuletzt zu lächeln
Sein Lieblingswort war ja Contenance
Also französisch
Haltung
Bevor de seinen 30. Whisky pur trank rief er immer
Mesdames Messieurs Contenance
Du hass ihm aber auch nix angesehen
Wirklich nix
Keinen einzigen Whisky
De konnt sich ja beherrschen sag ich immer
Tja
Vorgestern hamwer ihn begraben
Nix mit Seneca
Mitten auf de Straß is er umgefallen
Herzgeschichten
Er wollt grad wieder nach Warschau verreisen
Wegen son Maschinenkram
Hatte am Abend vorher noch groß verkündet
In Warschau würd er immer int Hotel Bristol gehen
Da gäb et die hübschesten Mädchen
Un am anderen Morgen isser mitten auf de
Straß umgefallen
Nix mit Warschau
Un jetzt is ja auch alles rausgekommen

Der war zwar in Paris un in London un in Warschau
Aber nix mit Maschinenkram un große Geschäfte un so
Er hat da immer nur drei Monate regelrecht geschuftet
Inne Fabrik oder auf em Bau
Um dann einen Abend bei uns zu Haus den großen
Gönner zu spielen
Bei Hein Lindemann anne Thek
Er war eben ein Erfinder aber auf eigene Kosten
Wat de nich all erfunden hat nur um zwei
Stunden lang
Den großen Mann zu spielen
Sie machen sich keinen Begriff davon
In sein Brieftasch waren mindestens
20 Adressen von Mädchen
Von überall her
Aber die gab et gar nich die Mädchen
Die hat de all erfunden
Dat is jetzt alles rausgekommen
Ich mein
Manchmal hat man ja schon mal gedacht
Da stimmt wat nich
Aber kein Mensch hat doch geahnt
Dat das alles nur Phantastereien waren
Aber wat willze machen wenn de von Niederrhein bis
Se haben ihm ja noch das Monokel in den Sarg gelegt
Zu sein Stronztuch
Aber dat mit dem Lächeln
Dat hat nich geklappt
Dat is schiefgegangen
De Pastor hat ja nix gesagt
Dat tut man ja auch nich
Aber hinterher hatte mich dann doch gefragt
Ja hab ich gesagt
Herr Pastor hab ich gesagt
Dat is bei uns so
Die einen haben et un die anderen müssen et erfinden

Ich sag Herr Pastor
Wat am Niederrhein nich alles schon
Erfunden worden ist
In der Hinsicht
Nur um sich über Wasser zu halten
Da müßten Sie dreimal am Tag predigen
Um dat alles unterzubringen
Un Herr Pastor sag ich
Heinrich von Asterlagen der wie Seneca auf un
Davon gehen wollte
Da gibbet am Niederrhein hunderte von
Alles Verrückte die keiner Fliege wat zuleide tun
Höchstens sich selbst
Er hat doch vor drei Tagen noch groß gesagt
Er würd jetzt nach New York gehen da war ein
Erfinder-Kongress
Ich halte den sogar dafür imstande
Daß der jetzt im Himmel zum lieben Gott sagt
Er müßt mal eben an den Niederrhein auf ne Patent-Messe
Un wenn de liebe Gott
Der ja ebenfalls ein Erfinder is
Einen guten Tag hat un en bissken wat vom
Niederrhein versteht
Dann sagt er vielleicht:
Heinrich von Asterlagen
Ich gebe dir eine Stunde in der du zu Hause bei
Hein Lindemann
Anne Thek stehen kannst un sagen sollst
Du wärst mit mir gerade dabei einen neuen
Himmel zu erfinden
Ich glaub ja nich dat sowat möglich ist
Aber schön wär et ja
Un in die ein Stunde
Wenn er dann käm
Da wären wir all da.

Gedicht

Fahrender Schüler

Ich fahre die Straßen entlang
In Zeiten die nicht sicher sind
Flöte und Baum Trommel und Traum
Sind in meinem Gesang

Ich bin gekommen um Trost zu schreiben
Auf ein Blatt Papier
Mit einem kleinen Klavier
Versuche ich Nachrichten aufzutreiben

Aus der Stadt
Die kleinlich klein
Im Grab mit einem Bein
Mich ausgespien hat

Bin ich gekommen euch zum Spaß
Und gehe hin wo Leides ist
Und Freude und wo beides ist
Zu lernen Mensch und Maß

Bis unter der Hand
Trommel und Traum mich verneinen
Flöte und Baum zu Gebeinen
Gott weiß in welchem Land.

Lied

Abendlied

Schmetterling kommt nach Haus
Kleiner Bär kommt nach Haus
Känguruh kommt nach Haus
Die Lampen leuchten
Der Tag ist aus

Kabeljau schwimmt nach Haus
Elefant läuft nach Haus
Ameise rast nach Haus
Die Lampen leuchten
Der Tag ist aus

Fuchs und Gans kommen nach Haus
Katz und Maus kommen nach Haus
Mann und Frau kommen nach Haus
Die Lampen leuchten
Der Tag ist aus

Alles schläft und alles wacht
Alles weint und alles lacht
Alles schweigt und alles spricht
Alles weiß man leider nicht
Alles schreit und alles lauscht
Alles träumt und alles tauscht
Sich im Leben wieder aus
Es sitzt schon der Abend
Auf unserem Haus

Schmetterling fliegt nach Haus
Wildes Pferd springt nach Haus
Altes Kind kommt nach Haus
Die Lampen leuchten
Der Tag ist aus.

Familienlied
Hedwig

Hedwig hieß damals mein Kindermädchen
Sie schob mich im Kinderwagen durch die Welt
Meine Beine bis zu den Knien in Gips
Doch Hedwig hatte ein Kopftuch auf
Und lachte mit ihrem traurigen Mund
Und dann wurde ihr Kopf kugelrund

Hedwig fuhr mich durch Wiesen und Schlacke
Und zeigte mir Höfe und Zechen
Hedpich Hedpich rief ich dann immer
Denn ich konnte das W noch nicht sprechen

Und wenn sie lachte dann lachte ich mit
Und wenn ich weinte dann weinte sie auch
Sie war eine einfache Bergmannstochter
Eine von vielen für zwanzig Mark
Freies Essen und das für den Monat
Und sonntags hatte sie frei

Hedwig Hedwig wo fährst du mich hin
Zu den Schwänen wohl auf dem Teich
Und die Schwäne kamen im Fluge herbei
Und waren so stolz und so bleich
Und wir fütterten sie und wir freuten uns
Vergaßen Welt und Gebrechen
Hedpich Hedpich juchzte ich dann
Denn ich konnte das W noch nicht sprechen

Manchmal hielt Hedwig den Kopf etwas schief
Und guckte mich lange an
Doch wenn ich dann Hedpich Hedpich rief

Fing sie wieder zu lachen an
Und fuhr mich nach Haus
Und trug mich hinauf
Wohl ganz bis unter das Dach
Denn mein Vater war wohl Beamter schon
Doch Geld warf man uns nicht nach

Bier und Aal gabs nur einmal die Woche
Wir hatten zwar mehr als Hedwigs Eltern
Und die Beamten konnten sich schon ein
Dienstmädchen leisten
Von ihren Anfangsgehältern

Und es fragt mich so mancher woher ich das hab
Was ich hier auf der Bühne so mach
Das kommt vom Lachen und Weinen mein Freund
Das kommt von den einfachen Menschen mein Freund
Ich hol das jetzt alles nach

Liese hieß eine Tante von mir
Sie rieb mit Franzbranntwein mich ein
Ihr Mann hieß Hein und spielte Klavier
Und hinkte auf einem Bein
Und war Schneider und lehrte mich zwischendurch
Gedichte auswendig zu lernen
Und freitags gabs Stockfisch
Und das Klo war auf dem Flur
Und es gab eine Waschbütt zum Baden nur
Und sonntags Vokabeln lernen

Und die Treppe hatte hundertzehn Stufen
In der Küche ein schäbiges Sofa
Doch das Haus voll Musik
Und die Leihbibliothek war gleich nebenan
Und ich las mich zu Tode
Wie man sich denken kann:

Hedwig Hedwig wo fährst du mich hin
Zu den Schwänen wohl auf dem Teich
Und die Schwäne kamen im Fluge herbei
Und waren so stolz und so bleich

Und wir fütterten sie und wir freuten uns
Vergaßen Welt und Gebrechen
Hedpich Hedpich juchzte ich dann
Denn ich konnte das W noch nicht sprechen

Und die Schwäne kamen im Fluge herbei
Und waren so weiß und so gleich
Und wir fütterten sie und wir freuten uns
Und das alles machte mich reich.

Politischer Text

Persönliche Empfehlung

Wenn die Krieger kommen

Lock sie aufs Dach der Taube
Lock sie ins Nest der Schwalbe
Lock sie in die Höhle der Löwin
Lock sie in den Wald der Rehe

Geh ihnen entgegen
Mit offenen Händen
Voll Brot und Salz
Obst und Wein

Daß sie sich verlaufen
Im Knüppelholz deiner Tugenden
Daß sie sich verirren
Im Labyrinth deiner Freundlichkeit

Mach sie staunen
Beschäme ihre Generäle und Präsidenten
Laß ihre Handlager ins Leere laufen
Sei eine Tiefebene voll Höflichkeit

Dein Gewehr sei die Klugheit
Deine Kraft sei die Geduld
Deine Geschichte sei die Liebe
Dein Sieg sei dein Schweigen

So daß sich die Landpfleger sehr verwundern

Lieblingstext
Weltende

Ich möchte mit herzlichem Verlaub hier noch einen
Vorschlag machen
Den niemand ernst zu nehmen braucht:
In etwa 80 Jahren hört die
Menschheit auf zu weinen und zu lachen
D.h. die Kinder die noch unterwegs die werden
Selbstverständlich noch geboren
Doch dann hörts auf
Und ähnlich wie beim Rütlischschwur
(Oder dergleichen) wird dann geschworen
Und frei erklärt:
Alles schön und gut
Doch einmal muß ja Schluß sein
Ende aus die Art pflanzt sich nicht fort sie läßt es
Am Anfang war das Wort am Ende kein Applaus sondern Stille
Das sei des Menschen Wille.

Nun kann ich mir natürlich denken
Daß viele damit gar nicht einverstanden sind und rufen:
Ja bitte wie wieso
Wir sind doch grad erst in der Entwicklung
Das kann ja wohl das darf doch nicht im Ernst
Wir sind doch grad so schön im Schwung wir haben doch noch
Zukunftspläne
Planung Forschung und so weiter
Worauf der größ're Teil der
Menschheit heiter und gelassen spricht:
Vielen Dank
Es reicht jetzt
Es hat sich was mit Ziel und Arbeit am Menschenbild

Wir haben jetzt die Nase voll
Wir danken für die Zeit wir danken für die Zeit
Doch sagen jetzt Adieu Verbeugung Diener Ende aus.

Nun geht es aber los:
Obristen hetzen Soldaten durch die Gassen
Um diese Internationale der Relativisten schnell zu fassen
Marxisten suchen in Sitzungen geheim
Nach einem neuen dialektischen Reim
Magier und Meditationsspezialisten versuchen mit
Happenings die Sensibilität
Noch einmal aufzurüsten
Astronauten werden im Triumphzug gezeigt
Damit die Menschheit sich noch einmal vor der
Wissenschaft verneigt
Gärtner versuchen mit Blümchen kleine Ablenkungsmanöver
Die Glöckner von Montreux werfen unentwegt
Weitere Radio- und Fernseh-Aufmunterungsmagazine
Durch die Gegend
Religionsstifter irren umher und sammeln ihre Leute
Und versprechen mehrere Himmel
Nebst fetter seelischer Beute
Schnulzenheuler werden von ihren Managern mit
Dopingmitteln
Auf die Märkte getrieben
Um da noch ein wenig Stimmung einzuüben
Und nicht zuletzt: Politiker kommen auf den Knien rutschend
Mit ganz neuen Vorschlägen
Etwa: Die Menschheit möge doch
Vernunft annehmen und die Geschichte
Müsse doch weitergehn.

Aber die Menschheit antwortet:
Danke schön sehr nett von Ihnen
Aber wir möchten nicht mehr und wo steht
Geschrieben

Daß es immer so weitergehen muß
Aus Ende Schluß

Auch der Tennisclub Grün-Weiß
Muß dann natürlich leider auf seine
200-Jahrfeier verzichten leider

Die Dichter hören auf zu dichten
Die Beweiser hören auf zu beweisen
Die Erzieher hören auf zu erziehen
Die Reisenden hören auf zu reisen
Die Flüchtlinge hören auf zu fliehen
Die Historiker hören auf zu analysieren
Die Humanisten hören auf zu bewegen
Die Fanatiker hören auf zu soufflieren
Die Erlöser hören auf zu erlösen
Die Beleger hören auf zu belegen
Denn jeder sieht es allmählich ein:
Es muß nicht sein. Es muß nicht sein.

Und es ist auch gar nicht so kompliziert:
Wenn wir uns alle fest an den Händen fassen
Kann man es lassen und der Geschichte den
Abschiedskuß verpassen
Zuletzt sinds noch sieben dann fünf dann drei
Der Letzte begräbt den Vorletzten
Verbeugt sich und sagt ganz frei und ganz unbefangen:
Meine Damen und Herrn
Das wärs
Wir sind verzeihn Sie der Geschichte aus dem Wege gegangen.
Nun
Wie gesagt
Das ist ein Vorschlag den niemand ernst zu nehmen braucht
Ein Vorschlag gedacht als Anregung
Als Denkanstoß als Diskussionsbeitrag
Von mir aus auch als Scherz Satire tiefere Bedeutung

Ein Vorschlag dessen weitere
Verbreitung ich nicht verfolgen möchte
Denn auch zu meinen eigenen
Gedanken fällt mir manchmal ein:
Es muß nicht sein.

Altes Kind

Chriiise ist krank. Ich habe sie gerade zum Bahnhof gebracht. Denn sie fährt immer um 8.22 Uhr oder um 9.22 Uhr mit der City-Bahn von Köln nach Rösrath, wo sie ein großes Textil-Reinigungsgeschäft hat, in der Hauptstraße, im 1. Stock, ganz in der Nähe von Dr. Farowski, dem Zahnarzt, der sich inzwischen auch um meine Zähne kümmert. Chriiise ist krank. Genau heißt sie Christiane, und gerufen wird sie Chris, und ich nenne sie, bei meiner alten Vorliebe, Vokale kilometerweit in die Länge zu ziehen: Chriiise. Und mit Nachnamen heißt sie Rasche, also: Raaasche. Chriiise Raaasche. Und sie wohnt eigentlich und in der Hauptsache bei Onkel und Tante in Werfen bei Herchen, und das liegt noch hinter Eitorf, wo immer die große Kirmes ist, ganz oben, fast auf einem Berg, und das Haus liegt noch höher, und man kann von der Terrasse aus über das ganze Siegtal sehen, und die ganze Gegend riecht nach Sommerfrische, und da wohnt meine Chrise mittendrin, ich schreibe sie jetzt etwas kürzer auf, und sie fährt jeden Morgen von dort zur Reinigung nach Rösrath, wenn sie nicht bei mir ist, in dem kleinen Appartement in Köln, am Rande der Altstadt. Von meinem Schreibtisch aus sehe ich direkt auf die Breitseite der St. Martinskirche. Die große dicke Kirche nenne ich sie immer, deren Hauptturm ja von vier kleineren Türmen umringt wird und die, wenn man über den Rhein kommt, gleich links vom Dom liegt, da wohne ich, höchstens sechzig Meter entfernt und hundertzwanzig Meter vom Rhein, wenn das mein Vater wüßte, dann könnte er den ganzen Tag am Rhein sitzen, während sein Sohn Fisimatenten macht. Und direkt schräg links gegenüber hat Heinrich Sauer mit seiner Frau, die eine geniale Köchin ist, sein wunderschönes elsässisches und französisches Spezialitätenrestaurant »La Colombe«. Und, die Welt ist winzig, Heinrich Sauer hat nämlich mal vor über dreißig Jahren bei uns im »Arche-Nova«-Keller in Mainz den Service gemacht. Und wenn mir mein Körper durchbricht und meine kleinen lebenswichtigen alten Füße aufgefrischt werden müssen, dann gehe ich ums Haus herum zu Frau Solecki, und für die Blumen ist die Frau Petry da, neben dem »Mondial«, und manchmal auch die Frau Schnyders am Heumarkt. Und alles kann ich in Sekundenschnelle erreichen, die Apotheke und die Metzgerei, und wenn wir die charmante Rachel Silberstein im »Chez Alex« sehen wollen, haben wir auch nur achtzig Meter von unserem Appartement aus zu gehen. In dieses kleine Appartement, das einer Ärztin aus Rodenkir-

chen gehört, sind wir als Mieter am 1. April 1986 eingezogen. Ein Glücksfall, denn ich hatte vorher schon monatelang nach einer Bleibe in Köln gesucht, und zwar in Rheinnähe, WDR-Nähe und Bahnhofnähe, weil wir das Hotelleben satt hatten, obwohl wir die Zeit im »Dom-Hotel« sehr genossen haben. Aber wir wollten was Eigenes, und eines Tages rief mich meine alte Freundin und Kollegin von der »Arche Nova«, Helga Mummert, die nach Auflösung der »Arche Nova« zum Deutschlandfunk nach Köln ging und heute wunderbare Ehedialoge schreibt, die wir von Zeit zu Zeit im WDR oder im »Senftöpfchen« zusammen lesen, die Mummi, wie wir sie nennen, rief mich an und sagte, da steht was im Stadtanzeiger, das wäre doch was für euch, ruf doch da mal an, und ich rief da an, und Frau Dr. Hansen fragte, ob ich zufällig der Hüsch vom WDR sei, und ich sagte, nicht ganz, weil ich ja nicht fest angestellt bin, aber die Richtung sei schon in Ordnung, und sie war froh, daß ich das Appartement sofort nahm, denn als sie uns, an einem Januarabend, das Appartement zeigte und ich mit Chrise auf den großen Balkon trat und vor uns die große, angestrahlte Kirche lag und unter uns der schöne Innenhof, da nahm ich das Appartement, ohne nach dem Preis zu fragen, und das war richtig, und ich, und wir, wir leben heute noch da, auch wenn Chriiise krank ist. Sie hat eine Wahnsinnserkältung in sich, und alles tut weh, und sie ist schlapp und nicht mehr widerstandsfähig, aber sie bleibt immer auf den Beinen und muß ins Geschäft, beißt sich eher die Zunge ab, als daß sie aufgibt, und sagt:
Hüschens, so nennt die Chrise mich, *du gehst ja auch mit Fieber auf die Bühne und bist kein Beamter und kannst einfach zu Hause bleiben.*
Aber sie war heute so fertig, daß ich, als sie in den Zug stieg, sofort wieder gegangen bin, damit sie sich gleich hinsetzen konnte, sonst bleibe ich immer noch und warte, bis die City-Bahn abfährt, und dann winken wir noch, bis die Chrise das Fenster hochschiebt und ich sie nicht mehr sehe, aber heute morgen habe ich mich gleich umgedreht und bin gegangen, damit sie sich schleunigst hinsetzen konnte. Ich hab mich beim Gehen nur noch zweimal umgedreht und gewunken, aber dann bin ich in dem Bahnsteigschacht verschwunden, und ich hoffe, sie hat sich hingesetzt, meistens schminkt sie sich dann, fürs Geschäft, aber ob sie das heute morgen gemacht hat, ich möchte es bezweifeln, weil sie so kaputt war wie eigentlich nie zuvor. Die Chrise ist eine junge und sehr schöne Frau

und Dame, immer abwechselnd, und dazu ist sie noch ein Kind, aber nur manchmal, und als Frau liebe ich sie, als Dame bewundere ich sie, und als Kind rührt sie mich, und wir müssen gut aufeinander aufpassen, zumal auch hier der liebe Gott wohl seine Hand mit im Spiel und zu Petrus wieder mal gesagt hat:

Geh mal diesem niederrheinischen Herrn nach und laß dem was über den Weg laufen, ich möchte nämlich nicht, daß der jetzt schon seinen Lebensabend beginnt, weil ich noch einiges mit ihm vorhabe, du weißt, also lauf, damit du nicht zu spät kommst.

Genau das muß der liebe Gott zu Petrus gesagt haben, sonst wären wir, die Chrise und ich, uns nicht so schnell in die Arme gelaufen, und ich hätte nicht zu ihr gesagt:

Halte mich, ich halte dich.

Und es war auch keine Liebe auf den ersten Blick, aber es war ein Suchen und Finden, obwohl ich so was gar nicht vorhatte und mich ganz andere Gedanken und Gefühle begleiteten. Meine Schwägerin Uschi war nach der Beerdigung der Frieda nach Amerika zurückgekehrt, um nach ihren Kindern zu sehen, kam aber nach eineinhalb Monaten wieder zurück, um den Haushalt in Bretzenheim zu führen, wenigstens vorerst einmal, bis alles wieder seinen alten Gang ging, den es eigentlich gar nicht gehen konnte, denn die Frieda war nicht mehr da, und ich habe in diesen eineinhalb Monaten, in denen ich allein im Haus war, oft am Küchenfenster gestanden und gesagt:

Komm doch jetzt bitte um die Ecke, Marianne, du mußt doch jetzt um die Ecke kommen.

Die Frieda war nämlich, immer wenn sie von ihren Gruppenberatungsabenden aus der Uni kam, wo sie als freie Mitarbeiterin in der Studentischen Beratungsstelle bei Helmut Bonn und Frau Mohr arbeitete, zuerst mit ihrem »Kabersche«, so nannte sie ihren VW-Käfer, in die Garage gefahren und kam dann aus der Garage »um die Ecke«. Aber sie kam nicht mehr, und mein Julchen, unsere Hündin, merkte meine Trauer und schmiegte sich dann immer an mich und leckte meine Hand. Ich habe in diesen sechs Wochen an jedem Tag etwa sechs bis acht Danksagungen zu den vielen Beileidsbriefen, die sehr persönlich ausgefallen waren, geschrieben. Ich habe jeden Brief sehr ausführlich, persönlich und handschriftlich beantwortet. Am Morgen habe ich die Katzen gefüttert, um 11.00 Uhr ging ich mit dem Hund die berühmte Strecke Kaninchenpfad, Krähenpfad und zurück und traf oft die Frau Müller oder die Frau Wettig oder die Frau Hefner mit ihrer »Queen«, einer Colliehündin, die sich mit Julchen gut verstand. Dann schrieb ich wieder weiter. Gegen Mittag warf ich mir meist drei Spiegeleier in die Pfanne, kochte eine große Kanne Kaffee und ging wieder an meine Briefe. Um 15.00 Uhr ging ich zu Späths, unserem Metzger an der Ecke, und kaufte für Katzen, Hund und für mich ein. Dann ging ich noch mal mit dem Hund, und um 17.00 Uhr wurden noch mal die Katzen gefüttert, und am Abend machte ich mir ein Steak und aß dazu weiße Pfirsiche und Brot und setzte mich dann wieder hin und schrieb, und wenn ich mit einem Brief nicht gut vorankam, legte ich mich eine halbe Stunde auf die lange Couch an der Klinkerwand, und Julchen legte sich zu meinen Füßen. Ich blieb lange auf, und guckte mir bis spät in die Nacht alle möglichen Filme an, hauptsächlich aber jede Folge der amerikanischen Krimiserie »Dr. Quincy«. Und wenn ich tatsächlich zwischendurch mal ein Gastspiel hatte, dann kam Anna aus Kirn und sprang für mich ein. Die gute Anna, meine kleine Tochter, kleinster Kind, wie ich sie nenne, Chrise ist jüngster Kind, Anna ist kleinster Kind, und ich bin das alte Kind, Anna ist immer eingesprungen, wenn es für die Familie brenzlig wurde, hauptsächlich aber dann, wenn ich nicht da war, und ohne Anna wäre auch die Frieda noch weniger über die Runden gekommen. Anna hat oft den Platz eingenommen, den ich eigentlich hätte einnehmen müssen, hat dabei auf vieles verzichtet, ihr Studium unterbrochen, die Frieda oft ins Krankenhaus geführt, besucht und auch wieder abgeholt, und oft gingen die beiden wie zwei Schwestern in den Kaufhof und aßen dort eine spezielle Bratenschnitte, deren Namen ich nicht mehr weiß. Oft lagen sie sich aber auch in den Haaren, weil Mutter und Tochter waren nämlich ein und dieselbe Person, und wenn das so ist, steht man sich manchmal im Weg, und dann fliegen die Fetzen. Und unsere gute Frau Gigla, die von Anfang bis Ende in unserem Bretzenheimer Haus aus- und einging, zweimal die Woche kam, montags und donnerstags, die wir immer Frau Gaglik nannten und die mit ihrem Mann und den Söhnen uns viel geholfen hat und alles mitbekam, was in unseren vier Wänden passierte, und oft das Julchen mit zu sich nahm, wenn wir allesamt mal nicht konnten, darf ich nicht vergessen. Und sie kam auch in den Wochen, in denen ich allein zu

Hause war, und sorgte dafür, daß alles wieder an seinen Platz kam. Und dann kam meine Schwägerin Uschi aus Amerika zurück, übernahm wieder den Haushalt, und wir suchten zusammen den Grabstein für die Frieda aus und konnten Julchen nicht mit auf den Friedhof nehmen wegen der vielen Kaninchen, und die evangelische Kirche hatte mich eingeladen, auf dem Kirchentag in Düsseldorf in einer großen Beatmesse die Predigt zu halten, und Uwe Seidel, mein Pfarrerfreund, in dessen Kirche in Köln-Klettenberg ich immer wieder mal predige, hatte das angeregt, und es war auch ein alter Wunsch von mir, einmal wieder auf einem Kirchentag aufzutreten, und jetzt sollte ich gleich predigen. Ich fuhr also nach Düsseldorf, hatte Anna, Willi und Jürgen Kessler als Geleitschutz mitgenommen, und als ich am ersten Abend vor sechstausend jungen Leuten auftrat, konnte ich vor lauter Begrüßungsbeifall erst gar nicht sprechen, und mir kamen die Tränen in die Augen, und ich mußte mich ganz schön zusammenreißen, und als ich am Abend darauf in der großen Beatmesse meine Predigt hielt, vor 22 000 Zuhörern, da wurden mir die Zeilen, die mir Mater Marcella und Mater Emiliana von den Ursulinen aus Königstein zum Tröste geschickt hatten, ganz klar und deutlich: Das Geheimnis der Liebe ist größer als das Geheimnis des Todes. Und ich spürte, daß ich noch was machen mußte und daß noch ein bißchen Glück für mich in der Luft lag. Und daß die theologischen Momente in meinen Texten ihren Platz gefunden hatten und daß da Jugend vor mir saß und darauf wartete, daß ihnen jemand Mut machte, und daß man auch dabei lachen darf und alle an einen Tisch gehören. Ich war dann später auch auf den Kirchentagen in Frankfurt und Berlin, und immer gab es eine wundersame Kommunikation, eine fröhliche Friedfertigkeit, eine starke und alles umfassende Zuversicht, daß die Liebe den Sieg davonträgt und daß wir aus Feinden Freunde machen können. Uwe Seidel ist ja immer ein bißchen der Zöllner vom Dienst, das heißt, er ruft bei mir an und sagt, ich brauche eine Zeitansage, eine Predigt und einen Segen, und dann schreib ich das ohne Widerworte, stelle aber auch oft fest, daß in meinem Repertoire schon viele weltliche Bibelstellen vorhanden sind, die dann, von einer Kanzel vorgetragen, einen ganz besonderen Wert erhalten, weil so etwas Küchenmenschliches ja sonst auf keiner Kanzel zu hören ist. So gesehen, hätte ich also auch Priester werden können, und ich wäre sicher kein schlechter Prediger geworden, und merkwürdigerweise bin ich mit meinen Vorträgen früher mehr in katholischen als in evangelischen Akademien aufgetreten. Der jetzige Direktor der katholischen Akademie in Trier, mein alter Freund Jürgen Wichmann, den ich von der Uni Mainz her kenne, wo er mit Karl-Heinz Roth, Heinz Risse, Ernst Otto Czempiel und Hans Kersting die Studentenzeitung »Nobis« machte, als noch der gute Willi Eberz ASTA-Vorsitzender war, dieser zähe Idealist und linke Katholik Wichmann holte mich zu seinen Primaner- und Studenten-Wochenendkursen ans Franz-Hitze-Haus nach Münster, später in die »Kommende« nach Dortmund-Brackel und dann noch ein paarmal nach Trier, und es waren immer sehr gute Vorstellungen, und ich begegnete damals vielen jungen Leuten, wie zum Beispiel Rolf Dörrlamm oder Werner Remmers, und einmal trat ich auch auf einem katholischen Kirchentag auf, oder ich diskutierte bis morgens um vier mit fünfzig jungen Dominikanern in Walberberg, alle kamen auf mich zu und hatten in irgendeiner Strophe bei mir etwas für sie Passendes gefunden und fühlten sich so angesprochen, daß sie mich einluden und mehr davon hören wollten, dabei hatte ich doch immer nur zugehört und zugeguckt, um herauszufinden, wo zwischen den Menschen die Nahtstellen und wo diese gerissen sind. Mehr machte ich ja eigentlich nicht, höchstens daß ich noch sagte, man solle beim neuen Zunähen behutsam vorgehen. Und daß ich zeigte, daß mich die Welt und die Menschen und Erde und Himmel immer noch bewegten und mich anhielten, weiter darüber nachzudenken, wie wir mit Feinden und Freunden am besten umgehen, das heißt, wie wir es ihnen so recht machen können, daß wir alle was davon haben. Und so hieß denn auch mein letztes geschlossenes Kabarettprogramm; »Und sie bewegt mich doch!« Viele haben ja dabei das Wort »geschlossenes« überlesen oder überhört, und sogleich hieß es: Hüsch hört auf, Hüsch ist auf Abschiedstournee, Hüsch ist krank, Hüsch will nicht mehr, Hüsch spielt sein letztes Programm. Dabei wollte ich nur sagen, vorläufig mache ich kein funkelnagelneues Programm mehr, sondern spiele Repertoire, immer mal wieder mit neuen Texten angereichert. Auf die Idee hatte mich mein Freund Franz Hohler gebracht, der sagte, das Publikum hört gern auch wieder mal die alten Sachen. Franz Hohler, der ja, als er begann, mich extra in den Heizungskeller der Universität in Zürich einlud, und zwar zu einer Nachmittagsvorstellung, denn am Abend spielte ich ja selbst, und ich erlebte dort sein erstes Programm mit dem Titel» Pizzicato

«. Und bald wurde er mit seinem Cello sehr bekannt, auch in Deutschland, weil da wieder einer alles »selbst machte«, den Text und die Musik, und auch seine Person mit preisgab. Franz und Ursula sind auch so ein Paar, das ich immer bewundert habe, so wie Werner und Gudrun Schretzmeier. Leben, aushalten, lieben, weitermachen. Und ich spielte am 4. und 5. und 6. Juli 1985 in der »Comedia Colonia« in Köln noch einmal mein »letztes« Programm, so beschreibt es ja auch Bernd Schroeder in seiner ausgezeichneten Collage über mich, »Hanns Dieter Hüsch hat jetzt zugegeben …«, und es ist sicher auch in einem ganz bestimmten, unabwendbaren Sinn mein letztes Programm, denn danach spiele ich zwar immer noch, mehr denn je, aber: Ich bin zu den Komikern übergegangen und fühle mich da ganz wohl, mit einem schönen Gruß an Wolfgang Neuss. Ich bin heute mehr ein literarischer Komiker als ein politischer Kabarettist. Aber Anfang Juli 1985 spielte ich noch mal, wegen des großen Erfolges, »Und sie bewegt mich doch« in der »Comedia Colonia«, und in der Nacht vom 5. auf den 6. Juli lief mir Chrise in die Arme oder ich ihr, und sie fragte mich, ob sie mir etwas Gesellschaft leisten dürfe, und ich sagte, wenn Sie mögen, gnädige Frau, und ich fuhr nach Mainz zurück und sie nach Werfen bei Herchen im Siegkreis, in der Gemeinde Windeck, um ganz genau zu sein, wo sie mit Onkel Siegfried und Tante Marita, zwei Hunden, Bubu und Sheila und der Katze Mimi lebt. Und so begann eine Geschichte, von der viele sagten, das geht nicht gut, das kann nicht halten, das ist eine Bettgeschichte, so jung und so alt, das kann ja nicht gutgehen, und so weiter. Aber ich habe ihr fast zweihundert Briefe geschrieben und ein Liebeslied:

Ich bin ein leichter Vogel
Und fliege durch die Nacht
Und meine beiden Flügel
Die hat mein Lieb gemacht

Sie hat sie fein geflochten
Aus Zärtlichkeit und Phantasie
Und stürze ich fängt sie mich auf
Und wenn sie fällt dann halt ich sie

Die Tage gehn vorüber
Die Nächte hinterher
Wir haben uns lieb und lieber
Als wenn nichts andres wär

Ich will sie allzeit herzen
Und trösten obendrein
Macht ihr das Leben Schmerzen
Solln sie geteilet sein

Sie heget und sie pfleget
Mein Leib und auch mein Seel
Sie eilet und beweget sich
Daß mir kein Wärme fehl

Wir reden und wir trinken
Wir schlafen und sind eins
Wir trennen uns und winken
In Werfen und in Mainz

Wer einst von uns erzählet
Der weiß es ganz genau
Wir warn zwar nie vermählet
Doch immer Mann und Frau

Wir sind zwei leichte Vögel
Und fliegen durch die Nacht
Und alle unsre Flügel
Haben wir im Schlaf gemacht.

Und ich nannte sie immer die Prinzessin, die Königin und die Gräfin von Windegg-Werffen, und ich hieß der Prinz von Bretzenheim, und ich erzählte die Geschichte sofort zu Hause, ich wollte wissen, was Anna dazu sagte, was meine Schwägerin dachte und ob das nicht alles sehr merkwürdig sei, aber die Familie fand das richtig und freute sich für mich, und Chrise und ich fuhren nach Luzern in den »Rebstock«, in das wunderbare Hotel-Restaurant von Claudia Moser und ihrem Christian, die ich beide vom »Goldenen Schlüssel« in Bern her kannte, und wir wurden wirklich ein Herz und eine Seele und gingen abends am See spazieren, und ich hatte das Gefühl, es fängt noch mal ein neues Kapitel an, und ich sagte ihr, daß ich sie liebe, und später, als wir uns in Köln wiedersahen, sagte sie, daß ich sie die nächsten zwanzig Jahre nicht mehr loswerden würde, und es war gut, daß wir beide immer zu tun hatten, uns immer wieder trennen mußten, obwohl es mir immer schwerer fiel, besonders in der allerersten Zeit, als ich für drei Wochen nach München mußte, um dort unter der Regie meines alten Freundes Hans Dieter Schwarze meinen Film »Die Torheiten des Ruhms« zu drehen, ein Film zum zweihundertsten Todestag Friedrichs des Großen, zu dem ich das Drehbuch geschrieben, die Hauptrolle spielte, und Schwarze die ganze Geschichte inszenierte. Es war eine großartige Produktion. Ich spielte den uralten Fritz, und Guntbert Wams spielte einen blutjungen Soldaten, der im Zweiten Weltkrieg gefallen war: Die beiden hausen zusammen in einer Todeskasematte, und der Alte repariert seine Flöte und bittet den Jungen, ihm doch einen Notenständer zu basteln, denn er will mit dem Jungen noch mal auf Welttournee gehen, und er soll ihm dabei die Noten umblättern. Der Junge hingegen versucht den Alten so weit zu kriegen, daß er bereut, daß er seine Menschenschinderei gesteht und sich öffentlich entschuldigt. Das gelingt ihm gegen Ende des Films fast, und zwischendurch bekommen die beiden immer wieder visionären Besuch von Voltaire, von Katte, von den Damen Katharina, Pompadour und Maria Theresia, von Friedrichs Vater und seinem Diener Fredersdorff. Alles in allem war es ein weiterer Versuch, sich diesem König von Preußen zu nähern. Es war eine ausgezeichnete Zusammenarbeit aller Kräfte, vor allem auch mit dem Produzenten von der Bavaria, Jürgen Lehmann, den ich ja schon von den Hildebrandtschen »Notizen« her kannte, und mit dem ich immer sehr gerne zusammengearbeitet habe. Andererseits war der Film für das ZDF schwer einzuordnen, Unterhaltung wars auf keinen Fall, Literatur auch nicht, Satire schon gar nicht, und für Herrn Penk war der Film zu lang, er wurde zwar gesendet, fiel aber kaum auf, und damit hatte sichs. Ein Jahr drauf habe ich dann Hans Dieter Schwarzes eigenwilliges, aber liebenswertes Wilhelm-Busch-Stück »Ein wunderlicher Kerl« als Spielleiter begleitet. Das war nicht ganz einfach für mich, denn

Schwarze, ein erfahrener Theater- und Regiemann, hatte das Stück geschrieben und spielte auch den Busch selbst, wollte deswegen aber von mir kontrolliert werden, was ich auch gut und gerne tat, aber, logisch, ihn juckte natürlich selbst oft genug der theatralische Einfall, und so gab es oft eine Zweifrontenregie, die aber der Sache nicht geschadet hat, wenngleich ich manchmal mit größter Ruhe alles wieder ins emotionale Gleichgewicht bringen mußte. Aber es wurde ein Erfolg. Das Stück wurde in Castrop-Rauxel, übrigens der Geburtsort von Chrise, so schließen sich die Kreise, geprobt und in Villingen-Schwenningen bei einem Treffen der deutschen Landesbühnen uraufgeführt. Es war ein typisches Schwarze-Stück. Theater, Literatur und Philosophie vereinigten sich in einem Bilderbogenspiel von hohem Unterhaltungswert. Und wenn ich ihn und seine Karin treffe, manchmal jahrelang nicht und dann wieder ganz plötzlich, zuletzt in Münster, dann ist große Freude bei uns, und schön ist, wenn die beiden mich fragen, na, immer noch so glücklich wie damals und immer noch dieselbe, und ich nicke dann etwas verlegen mit dem Kopf, und dann finden wir das toll. Und das war und das ist ja auch so, allen Unkenrufen zum Trotz gehen Chrise und ich immer noch Arm in Arm durch die Stadt, und jeder zweite sagt: *Du wirst ja immer jünger,* ich hab nichts dagegen, obwohl ich natürlich immer älter werde, aber gegen jünger aussehen hab ich nichts, nur jugendlich möchte ich nicht aussehen, das klingt dann gleich so nach Herberge und Liederbuch, soll von mir aus alles sein, aber ich bin dafür nicht gebaut, und die Chrise erst recht nicht, und sie macht jetzt noch ihre Meisterin als Textilreinigerin, obwohl sie drei Semester Jura studiert hat, und ich bin darüber ganz froh, daß sie nicht aus der Branche ist und ganz was anderes macht. Auf meinem Balkon, sehe ich gerade, ist zu den Tauben und Spatzen noch ein Mäuslein dazugekommen, wo soll das enden? Wo wird überhaupt alles enden? Wir haben das Reiheneckhaus in Mainz-Bretzenheim verkauft. Dafür stehen jetzt auf einem 1200-m^2-Grundstück in Rösrath ein Weber-Fertighaus und ein Atelier. In dem Fertighaus leben und wohnen Anna, mein Schwiegersohn Willi, die Schwoma, das ist die Schwiegeromma, und der kleine Clemens Henry, mein Enkelsohn, Julchen, die Hündin, und die fünf Katzen Liese, Sarah, Kasper, Paul und Benny. Vorne in dem Atelier arbeitet Willi, und Anna fahrt jeden Morgen nach Michaelshofen in Rodenkirchen, wo sie als Psychologin mit körperlich und geistig behinderten Kindern arbeitet. So setzen wir alle unser Leben fort, jeder auf seiner Schiene, jeder macht das, was er kann, und jeder kann das, was er braucht. Ich mache meine Gastspiele, fahre mit Peter Neumann vom Westen in den Norden und vom Norden in den Süden und bald sicher auch in den Osten, mache meine Hörfunksendungen und Fernsehauftritte, mache Bücher und Schallplatten, lebe mich weiter in Köln ein, was mir nicht schwerfällt, denn die Kölner mögen mich, und die Mainzer sind schon eifersüchtig, müssen sie aber gar nicht sein, denn ich bin ja der Mainzer Botschafter in Köln, aber wenn mir die Blumenfrau auf der Hohen Straße zu meinen Rosen für Chrise noch ein paar Tulpen einfach so dazugibt, und ich gucke erstaunt, und sie sagt dann zu mir, weil Sie immer so schöne Sendungen machen, dann tut mir das gut, und ich gehe fröhlich durch die Stadt, und wenn ich spätabends noch in die »Keule« gehe und mich an den Stammtisch zu meinem Freund Christian Hoffmann setze, der mal meine Williams Birnen gezählt hat, und es sollen sechzehn gewesen sein, dann bin ich ganz froh, den Dom gewechselt zu haben, oder ich gehe zu Erich Fehn ins »Krützche« oder abends schon mal rasch mit Chrise gleich nebenan zu Gigi Campi, hauptsächlich wegen der rabiaten Nudeln, oder zu »Schnitterts« ins kleine Restaurant, oder zu »Luciano« in der Marzellenstraße, oder am Samstagnachmittag trifft sich bei Campi die Korona von der »Unterhaltung am Wochenende auf WDRII« und bereitet die Livesendung vor. Das hat für mich was von Lebensqualität, dort sieht man sich wieder, dort trifft man die alten Haudegen des Kabaretts und die jungen Liedermacher, die Schauspieler und die Musiker, von Hans Scheibner, Thomas Freitag zu Thomas C. Breuer und Harald Schmidt, von Hannes Wader zu Manfred Maurenbrecher, und dann die festen Bestandteile, wie man so sagt, Konrad Beikircher und Wendelin Haverkamp und Kalle Pohl und ganz früher noch Elke Heidenreich und und und, und alles wird von Hille Bachor einigermaßen zusammengehalten, denn es wird auch gegessen und getrunken, und das nicht zu knapp, und Manfred Tauchen ist oft dabei und Volker Pispers, der zum »Kom(m)ödchen« gegangen ist, und das ist so eine Stelle, wo ich sicher einen übersehe, und ich beginn jetzt schon mal, alle um Verzeihung und Nachsicht zu bitten, deren Namen ich falsch geschrieben habe, und wo Zeit und Ort auch nicht ganz stimmen, und die, für die die hohe und große Politik und die ehrenwerten Künste zu kurz gekommen sind, und die, die nicht in diesem Buch vorkommen und doch in meinem Leben vorgekommen sind und immer noch oft neben mir sitzen, und wir reden miteinander, und sie fallen mir nicht ein, und morgen gehen sie über die Straße, kommen mir entgegen, und wir fallen uns um den Hals, und ich denke, den hast du vergessen, was nun? Da gäbe es zwei Möglichkeiten, entweder ein neues Buch schreiben oder in den Alten Wartesaal gehen und mal sehen, ob da noch jemand sitzt, den man vergessen hat, am besten nach Richard Roglers »Mitternachtspitzen«, dann kommen sie alle in den Alten Wartesaal, die Ortrud Beginnen und der Matthias Beltz, Gruß an Dieter Thomas und Hendrike von Sydow, der Heinrich Pachl, und der Achim Konejung hat den Horst Schroth mitgebracht, und »Die drei Tornados«, für mich bleiben das immer »Die drei Tornados«, auch wenn sie unter diesem Namen nicht mehr auftreten, und der Alfred Biolek lädt uns zum Essen ein, und die Alexandra Kassen kommt mit ihrer »Senftöpfchen« -Familie, mit Heiner und Franco, und, wenn sie in Köln sind, Robert Kreis und Ton, oder Alexandra bringt die »Springmäuse« aus Bonn mit, in deren Förderverein ich Ehrenpräsident bin, und Manfred Schmidt lädt mich zum Emi-Treff ein, und Kurt Rossa taucht plötzlich mit seiner Frau auf, und alle klatschen, und Günter Herterich kommt wie immer strahlend auf mich zu. Oder wir gehen in die Philharmonie und bitten meinen Freund Franz Xaver Ohnesorg noch um einige Namen, die nicht übersehen werden dürfen, Paul Kuhn zum Beispiel, der mich wieder an Bill Ramsey erinnert, mit dem ich mal zwei Lieder von mir zu zweit, und ganz schön jazzig, aufgenommen habe, gleichsam als Demo, wir wollten dann eine ganze LP machen, aber Peter Springer, mein Freund und Plattenproduzent von »Intercord«, wollte nicht, er steht mit seiner Sabine halt nur auf Hüsch, und viele gute Menschen kommen mir noch in den Sinn, der Heinz Schröter und die Ursula Deutschendorf, die ich beide schon von alten Guy-Walter-Zeiten her kenne, und die ganze alte Freundschaftsriege vom WDR Hörfunk mit Damen, Wolfgang Pahde, Günter Krotky, Alex Neumann, Kuddel Postel, Schorsch Bungter und Hilmar Bachor, durch den ich ja der Spezialist für öffentliche Polen-, Russen- und sonstige internationale Abende geworden bin. Mit einigen lebe und arbeite ich schon so lange zusammen, daß wir gar nicht merken, wie wir älter werden. Wir machen einfach so weiter. Dann fährt man wieder nach Saarbrücken, und der Manfred Spoo schickt einen auf die

Bühne, und hinterher geht man zum Jugoslawen, dann ruft mich der große Mathias Richling an, und unsere Gespräche fallen mal traurig und mal fröhlich aus, am Ende lachen wir meist und vergessen das Einhängen, und dann fährt man zu Klaus Reiners, der seinerzeit im Wahlkampf für Björn Engholm meine Kulturabende Hüsch-gerecht vorbereitet hat, nach Stenden, um dort eine Matinee über »Expressionismus und Politik« zu machen, und dann fährt man wieder zum Kleinkunstpreis nach Mainz ins »Unterhaus«, trifft die Internationale der Kleinkunst und die dazugehörigen Juroren, manchmal auch die hübsche, schlanke Gabriele Englet vom Bayerischen Rundfunk und den Norbert Scheumann vom SDR, und den Otmar Graefinger vom ORF, der mit mir in Wien unter der Regie von Rainer Ecke zwei Fernsehfilme gemacht hat und immer auftaucht, wenn ich in Österreich auftauche, und Hajo Schedlich, den Meister der Stadtschreiber-Redaktion im ZDF, der mich mit Jo Henschel meinen Film »Abschied von einer Stadt« machen ließ, in dem ich am Schluß mit einem weißen Schiff rheinabwärts nach Köln fuhr, meine Chrise fand und eine neue Geschichte, ein weiteres Leben begann. Dieses Stück Leben läuft nun, und es läuft hoffentlich immer nach Hause. Wo ist das? Ist es bei Chrise? Ist es auf der Bühne? Ist es meine Kindheit? Ist es auf den Friedhöfen? Sind es die Gewohnheiten? Ist es die Zukunft? Ist es die Sprache? Ist es die Liebe? Ich glaube, ich bin es selbst. Und wer davon etwas abhaben will, für den hab ich eigentlich dieses Buch geschrieben. Ich habe alles preisgegeben, nun mögen andere erzählen.

Hagenbuch
Hat jetzt zugegeben
Daß ihn der König von Portugal
Nachdem seine
Hagenbuchs Tag- und Nachtgespräche
Mit Lord Ravenhurst
Über Cromwell und seine Folgen
Keinen glücklichen Ausgang genommen
Daß ihn
Der König von Portugal
Mit seinem weltberühmten zweiten Hund
Einer Hündin namens Julchen

Zu einer Höflichkeitssuppe gebeten
Um ihm
Hagenbuch
Nach der Höflichkeitssuppe
Einen Landstrich südlich von Lissabon zu zeigen
Auf dem schon seit Jahren ein leerstehendes
Bahnwärterhäuschen
Stehe
Das er
Der König von Portugal
Ihm Hagenbuch
Als Lebensabendwohnsitz
So der König von Portugal wörtlich in seinem Brief
Als Lebensabendwohnsitz
Schenken wolle
Wenn er
Hagenbuch
Von Kopf bis Fuß geneigt sei
Dem König von Portugal
Von Zeit zu Zeit
Als Vorlesekünstler
Als Vorlesephilosoph
Oder gar als Vorlesekunstphilosoph
Zur Verfügung zu stehen
Sire
Obwohl Ihr kein Engländer seid
Habe Hagenbuch
Dem König von Portugal in einem
Handschreiben geantwortet
Nehme er Hagenbuch
Dieses Bahnwärterhäuschen südlich von Lissabon an
Er Hagenbuch
Habe nämlich immer schon eine große Vorliebe
Für leerstehende Bahnwärterhäuschen gehabt
Insbesondere für portugiesische
Bahnwärterhäuschen

Er nehme das Bahnwärterhäuschen aber nur
Unter einer Bedingung an
Nämlich
Wenn er die wunderschöne Prinzessin von Luzern
Mit in dieses Bahnwärterhäuschen nehmen dürfe
Und deshalb müßten in diesem Bahnwärterhäuschen
In jedem Falle
Zwei Betten vorhanden sein
Wenn auch portugiesische
Und diese zwei portugiesischen Betten müßten
Bedingungslos
So klein das Bahnwärterhäuschen auch immer sei
Zusammenzustellen sein
Und zwar so
Daß aus den zwei Betten mit Leichtigkeit
Ein einziges großes portugiesisches Bett entstehe
Von einer sogenannten Besuchsritze
Dürfe auch in Portugal
Auf keinen Fall etwas zu sehen sein
So eng müßten die Betten nebeneinanderstehen
Von Besuchsritzen habe er
Hagenbuch
Nämlich mit Verlaub
Schon seit Jahren die niederrheinische Nase voll
Ja Besuchsritzen würden ihm
Hagenbuch
Seinen Lebensabendwohnsitz vollkommen vergällen
Dann schon lieber gar kein Bett und auf dem
Fußboden geschlafen
In ganz Europa nämlich
Habe Hagenbuch geantwortet
In den feinsten Häusern des Kontinents
Besäße man nämlich immer noch und immer wieder
Die Impertinenz
Die Betten
Ohne die Liebenden vorher zu fragen

Einfach auseinanderzustellen
Eine Ungeheuerlichkeit
Das könne er
Hagenbuch
Der wunderschönen Prinzessin von Luzern nicht
Antun
Schließlich habe die Prinzessin
Die ja gleichzeitig noch eine Gräfin von
Windegg-Werffen
Und eine Fürstin von Saarbrücken sei
Ein Recht darauf
In einem großen portugiesischen Bett
Zu tagen und zu nächtigen
Zu schlafen und zu erwachen
Ganz abgesehen von ihm
Hagenbuch selbst
Wenn er die Prinzessin im Schlafe immer ansehen
Und über sie wachen müsse
Da könne er auf keinen Fall eine
Besuchsritze gebrauchen
Auf keinen Fall

Wie es denn außerdem
Mit einer sogenannten Dusche
Wenn überhaupt
In dem leerstehenden Bahnwärterhäuschen aussehe
Habe Hagenbuch weiter
Beim König von Portugal angefragt
Ob es vielleicht
Wenn überhaupt
Schon wieder eine von diesen
In der Mauer festsitzenden Duschen sei
Eine von diesen unverschämten Duschen
Wie er sie ebenfalls oft in den feinsten Häusern des Kontinents
Angetroffen habe

Oder ob die Bahnwärterhäuschendusche mit leichter
Hand zu bedienen sei
Auf die Gefahr hin daß dadurch das ganze Bad
Wenn es überhaupt ein Bad in diesem leerstehenden
Bahnwärterhäuschen
Gebe
Unter Wasser stünde
Sire
Bedenken Sie
Habe Hagenbuch dem König von Portugal weiter
Geantwortet
Die Prinzessin von Luzern brauche eine Dusche
Von kapriziösester Art
Und er
Hagenbuch
Lege größten Wert darauf
Daß diese kapriziöse Art eingehalten werden könne
Er könne es auf keinen Fall zulassen
Daß Haut und Haare der Prinzessin
Durch eine dieser schlechten nichtsnutzigen Duschen
Nicht zu ihrem Recht kämen
Ganz abgesehen davon
Daß das Wasser das aus diesen hinterwäldlerischen
Duschen käme
Gar nicht alle Körperteile
Besonders die Aufregendsten
Erreiche
Das könne er
Hagenbuch
Der Prinzessin von Luzern beim besten Willen
Nicht zumuten.

Und wie es denn mit dem Frühstück
In diesem leerstehenden Bahnwärterhäuschen
Bestellt sei
Habe Hagenbuch weiter angefragt

Die Prinzessin und er müßten zwar von Jahreszeit zu Jahreszeit
Etwas essen
Aber man solle sich nicht unterstehen
Ihm und der Prinzessin ein Frühstück aufzudrängen
Wenn der Prinzessin und ihm
Nicht danach sei
Selbst wenn es das beste portugiesische Frühstück sei
So müsse er
Hagenbuch
Darauf aufmerksam machen
Daß es Morgende gebe
An denen man gerne auf ein Frühstück verzichte
Die schönen Augen der Prinzessin
Würden dadurch nicht weniger blau
Ihre weißen Hände nicht weniger weiß
Und ihre Nase nicht weniger schlank
Im Gegenteil
Ohne Frühstück sei die Prinzessin
Von ganz besonderer Ausgelassenheit
Und reite mit ihrem Körper bis ans Ende der Seele
Deshalb:
Nieder mit dem Frühstück!
Habe Hagenbuch nach Lissabon geschrieben
Nieder mit dem Frühstück!

Sire
Obwohl Ihr kein Engländer seid
Habe Hagenbuch weiter geschrieben
Ich nehme dieses leerstehende Bahnwärterhäuschen
Nur
Wenn Ihr an den Wänden
Überall Spiegel anbringen laßt
In denen man die Prinzessin wohl zwölf oder sechzehn Mal
Gleichzeitig sehen kann
Obwohl es nur eine Prinzessin ist
Nämlich meine!

Wenn Ihr dies alles erfüllt
Will ich gern Euer Vorlesekunstphilosoph sein
Gegen Entgelt natürlich
Denn wovon soll ich sonst wohl die feinen
Mäntel bezahlen
Die die Prinzessin vor Kälte« und
Schüttelfrost schützen
Und die sie im Sommer nur auf der Haut trägt
Um mich zu erfreuen

Sire
Ich warte auf Antwort

Hagenbuch
Hat jetzt zugegeben
Daß der König von Portugal
Seine lebenswichtigen Fragen
Mit keiner Silbe beantwortet habe
Er
Hagenbuch
Habe darob

Die wunderschöne Prinzessin zurück nach
Luzern gebracht
Unversehrt ihrem Onkel zurückgegeben
Und sitze nun Tag und Nacht
Vor ihrem Hause
Zuversichtlich und selbstbewußt
Und wie immer
Die Zeit überlebend.

Mein Testament

Ich komme jetzt
Zu meinem Testament
Das ich schon als Kind
Vor dem Einschlafen
An der Zimmerdecke
Wiederholt
Gelesen habe

Auch heute noch
Bin ich vor dem Einschlafen
Oft hellwach

Und einmal bin ich wieder aufgestanden
Und habe endlich
Mein Testament
Eine altmodische Pastorale
Für eine kleine Republik
In einem Gedankengang
Aufgeschrieben:

Ein wenig Kartoffelsalat
Ein kaltes Kotelett
Ein kleiner Friedhof mit Kapelle
Dann und wann
Fährt der Landarzt
Mit seiner alten Kutsche
In unseren Hof
Und fragt
Wo wohnt hier Kerckhoffs Johanna
Da drüben rufen wir
Und laufen alle mit
Und erfahren von Kerckhoffs Wilhelm

Daß Kerckhoffs Johanna
Eine Frühgeburt hat
Ach du lieber Gott sagen wir alle

Aber es sei alles gutgegangen
Gott sei Dank sagen wir alle

Aber bitte keine Reden
Keine Rundbriefe
Und kein Kulturprogramm
Auf unserem Platz
Und kein Friedens-Varieté

Wir haben nichts dagegen
Wenn ab und zu ein stellungsloser Pfarrer
Auftaucht und uns fragt
Ob er unser Bad zur atomwaffenfreien Zone
Erklären könne
Nichts dagegen
Wir sind sogar dafür
Aber keine Reden bitte
Und keine Rundbriefe
Spaßig soll es bei uns zugehen
Spaßig traurig und schön
Kartoffelsalat
Ein kaltes Kotelett
Und einen Friedhof mit kleiner Kapelle
Wollen wir haben
Aber kein Kulturprogramm

Einen schlitzohrigen Kaplan
Und auch ein paar ganz Dumme
Soll es bei uns geben
Gutmütige Handwerker
Einen Schreiner der philosophiert
Und einen Philosophen der schreinert
Ein bis zwei Verrückte
Von denen einer immer in seiner Jackentasche
Ein altes gelbes

Ausgefranstes
Verschlissenes
Fettfleckenabgegriffenes
Eselsohrenumgeknicktes
Anbetungsschmutziges
Trostverströmendes
Reclam-Bändchen hat
Mit den Phantasus-Versen von Arno Holz
Oder
Unter dem Milchwald von Dylan Thomas
Egal
Nur keine Reden bitte

Manchmal soll einer mit einer Violine kommen
Und uns was Schönes darauf vorkratzen
Dazu Kartoffelsalat
Ein kaltes Kotelett aus der Hand
Und die Katzen sollen den Männern
In der offenen Hemdbrust liegen
Und die Frauen haben in ihren Augen
Lange Geschichten
Liegen stundenlang in den Fenstern
Und sehen alle aus
Wie blühende Begonien
Aufgedrehte Vergißmeinnicht
Und müde gewordene fleißige Lieschen
Aber keiner erhebt sich über den anderen
Oder erniedrigt sich unter den anderen
Keiner kommt auf den Gedanken
Er sei besser oder schlechter
Wichtiger oder wertloser
Als der andere

Und die kleinen Ferkel
Haben alle Namen
Und verlaufen sich ab und zu
Sogar in die Kirche
Und bringen den Organisten zur Raserei
Spaßig traurig und schön
Soll es sein

Ein ehemals
Regelrecht verpfuschter preußischer Beamter
Geht jeden Morgen um sieben
Die kleine Hauptstraße auf und ab
Alle fünfzig Schritt bleibt er stehen
Legt die rechte Hand an die rechte Schläfe
Und gibt das Kommando:
Exzellenz!
Ich stehe nicht mehr zur Verfügung!

Und wir wollen die Krankenschwester
Margarethe sehen
Deren Fahrrad ständig kaputt ist
Wir wollen sehen wie der betrunkene Dirigent
Jeden Abend aus dem »Goldenen Löwen« fällt
Und wie ihn der Apotheker über seine
Schulter nimmt
Und ihn ins Bett wirft
Und wie ihn seine Frau dann auf die Stirn küßt
Und sagt
Du dummes Schwein

Wir haben nur eine Kirche
Aber da geht alles rein
Was nicht niet- und nagelfest ist
Unser Lieblingschoral
Geht so:

Mensch du armes Lebewesen
Heil'ges Schwein von Gottes Gnaden
Sklave deiner eig'nen Thesen
Liebesschwüre Hetz-Tiraden

Ausgewaschen deine Wunden
Deine Narben überschminkt
Hast den Himmel dir erfunden
Daß er dir Erlösung bringt

Lebst mit wundersamen Sprüchen
Läßt dir Zukunft prophezeien
Zweigestirn und Zweigebein
Anderntags in Einbauküchen
Spülmaschinen-Litaneien

Einmal im Jahr
Kommt immer um dieselbe Zeit
Ein Landstreicher in unseren Hof
Und ruft
Hier bin ich wieder
Euer mit allen Wassern der Welt
Ungewaschenes Säugetier
Und dann brechen alle ihre Sparschweine auf
Und stecken ihm ein Fünf-Mark-Stück zu
Keiner weiß wie er heißt
Aber jeder will
Daß er im nächsten Jahr wiederkommt

Bei uns darf alles wachsen
Wir kennen keinen scheelen Blick
Das letzte Gras soll in unsere Stuben
Hineinwandern dürfen
Und es ist den Hühnern eine Ehre
Auf unseren Tischen herumzuflanieren
Das Lamm ist uns heilig

Es wird nicht geopfert
Sondern liegt auf dem Sofa
Und sieht allen Unzulänglichkeiten zu
In unserer kleinen Republik
Ein bißchen grün kann sie sein
Ein bißchen kommunistisch
Auch ein bißchen katholisch
Ein bißchen holländisch
Ein bißchen italienisch
Sie muß nicht aber sie darf
Das ist unser Geheimnis:
Daß man alles nicht muß
Aber alles darf
Und da man alles darf
Muß man nicht alles
Und wem das bißchen zu wenig ist
Dem bringen wir allesamt ein pompöses Ständchen
Mit Kartoffelsalat
Und einem kalten Kotelett
Im Henkelmann
Aber keine Reden bitte
Und kein Kulturprogramm

Dann und wann
Fährt der Landarzt mit seiner alten Kutsche
Wieder in unseren Hof
Und liest uns die Leviten
Warum wir ihn nicht früher gerufen
Jetzt sei es zu spät
Ach du lieber Gott sagen wir dann alle
Und die Hunde verstummen augenblicklich
Und der Hahn geht auch nicht mehr wie Fred Astaire
Der alte Flickschuster Ingenlath ist gestorben
Ach du lieber Gott sagen auch die Kinder
Denn wie oft saßen sie in seiner erbärmlichen
Schusterstube

Und schwänzten die Schule
Denn der alte Ingenlath wußte viel mehr
Als alle Lehrer zusammen

Er wußte zuviel
Daran soll er auch gestorben sein
Darum bitte keine Reden
Und kein Kulturprogramm
Die Trauer hat bei uns viel zu tun
Wir haben eine Trauerstraße
Und eine Trauer-Galerie
Aber die jungen Malerinnen und Maler
Die dort ausstellen
Malen alle wie August Macke

Wir haben sogar eine Staun-Schule
In der Kinder
Erwachsenen
Wieder das Staunen
Beibringen

Bei uns darf alles geschehen
Auch das Homoerotische und das Transsexuelle
Sollen es bei uns gut haben
Ja wir stecken voller Fehler
Aber wir sind stolz darauf
Bei uns können alle Widersprüche gedacht gefühlt
Und bis ins hohe Alter ausgekostet werden
Die Dialektik hängt bei uns in allen Gehirnen

Dann taucht wieder mal der stellungslose Pfarrer auf
Und fragt
Ob er auch unsere Waschküche
Zur atomwaffenfreien Zone erklären dürfe
Wir haben nichts dagegen
Wir sind sogar dafür

Das alles soll es bei uns geben können
Auch die roßkastanienrote Lilly
Von der jeder weiß
Daß sie mit jedem mal was gehabt hat
Sie sieht aus wie ein Engel
Und geht wie eine Giraffe

Schau sagen alle
Da geht die Lilly
Die Wiege der Welt
Denn sie geht tatsächlich als schaukele sich in ihr
Die ganze Menschheit
Sie sei
Leibgewordene Metaphysik
Hat der Schulrektor am Aschermittwoch gesagt

Wir haben nichts dagegen
Das soll alles bei uns zu haben sein

Säugetier und Sozialismus
Außenwelt und Eingeweide
Sisyphus mit Katechismus
Mal im Sumpf und mal in Seide

Fliegst du über Endmoränen
Bis sich All und Nichts begegnen
Suchst nach Trost für deine Tränen
Läßt verfluchen dich und segnen

Spielst den Herrn und spielst die Dame
Stirbst wie jedes Tier allein
Zweigestirn und Zweigebein
Mensch genannt welch schöner Name
Wir wolln deinesgleichen sein.

Auch unser Berufsromantiker Jacob
Der ununterbrochen Klavier spielt
Und alle fünf Minuten erzählt
Daß er schon in Café Verlaine in Warschau
Jahrelang zur Unterhaltung beigetragen
Und der sich gern wie Robert Schumann
Seine Finger länger machen möchte
Um größere Griffe für neue Harmonien zu wagen
Das ist alles bei uns zu finden

Ein älterer Herr
Der Tag und Nacht ein weißes Hemd
Und einen dezent gestreiften Schlips trägt
Und immer mit seinem Spazierstock auf den
Boden stößt
Und dabei sagt
Ich will mir meine Formen von der Geschichte
Und ihren Zumutungen
Nicht austreiben lassen
Ich
Mein Herz und meine Seele
Wir wollen das nicht
Auch das ist bei uns ohne Eintrittsgeld zu sehen

Und Johannes der Träumer ist unter uns
Sein Mund ist gelähmt
Und er hat einen zu kurzen Arm
Und seine Füße stehen 180 Grad nach hinten
Und in der Achse 90 Grad nach innen
Wir tragen ihn oft
Und haben ihm in unserem ältesten Baum
Ein Holzhaus gebaut
Dort sitzt er oft und wacht über uns
Und streicht sich mit dem langen Arm
Die widerborstigen Haare aus dem sanften Gesicht

Und er schreibt ein großes Buch über uns alle
Denn er ist der Hellste von uns im Kopf
Und ein redlicher Biologe

Der immer in große Schwierigkeiten gerät
Weil er nicht weiß
Wie er das alles seiner strapaziösen Freundin
Begreiflich machen soll
Keine Reden
Keine Rundbriefe
Kein Kulturprogramm
Und kein Friedens-Varieté
Sondern nur Kartoffelsalat
Und ein kaltes Kotelett auf der Faust
Und einen Friedhof mit kleiner Kapelle
Wir liegen nicht mit dicken Köpfen
Auf unseren Biertischen
Und schwatzen was von Utopie
Wir sind Utopie
Und sterben aus

Aber sonntags gehen wir noch einmal über die Felder
Mit allem Drum und Dran
Mit den Kindern
Den Gänsen und Kälbern
Den Hunden und Schweinen
Bis zum Horizont
Bis es nicht mehr weitergeht
Und dann drehen wir uns um
Und sagen
Da hinten
Da liegt unsere kleine Republik
Da ist unser Zuhause
Und wir laufen und laufen
So schnell wir können
Als müßten wir an diesem Abend noch

Den Grand Canyon überqueren
In unsere Welt hinein
Die ihre Arme weit aufhält
Und uns alle umschlingt

Und dann wird noch mal ein Fest gefeiert
Spaßig traurig und schön

Einer singt:
You are the sunshine of my life
Ein anderer singt:
Die Internationale

Und ein dritter:
Gloria in excelsis deo
Et in terra pax hominibus

Und dann
Bin ich eingeschlafen.